事典
日本の大学ブランド商品

開発商品からキャラクターグッズまで

日外アソシエーツ

Japanese Academic Brand of Original Goods

Compiled by
Nichigai Associates, Inc.

©2010 by Nichigai Associates, Inc.
Printed in Japan

本書はディジタルデータでご利用いただくことができます。詳細はお問い合わせください。

●編集担当● 小森 浩二
装　丁：赤田 麻衣子

刊行にあたって

　近年、「大学ブランド」が注目をあつめている。ここで述べる大学ブランドとは、大学に対するブランドイメージのことではなく、大学が開発などに関わっている商品のことである。これらは、大学を広く一般に向けて紹介し大学の価値を高めていくUI (University Identity) 活動の一環としてすすめられたものが多く、殊に2004（平成16）年4月の国立大学法人化以降には大学発のブランド商品が急増した。同時に、大学では新しくコミュニケーションマークなどの学章（校章）とは異なるマークを制定して商標登録し、大学発の商品にマークを表示して販売するようになってきた。

　また、最近では紀伊國屋書店「学市学座」において東京農業大学「エミューの卵（殻）」や玉川大学「たまがわはちみつ」など多種多様な大学ブランド商品が紹介され、2009（平成21）年6月には新宿高島屋・紀伊國屋書店を会場として小学館・紀伊國屋書店協力「大学は美味しい‼」フェアも開催された。その他、大学によっては専用の大学グッズ販売施設を設けるところも増えてきている。

　本書は、これら全国の特徴的な大学発ブランド商品を中心に、産学官連携などで共同開発された商品や大学に関するグッズ類を収録したものである。変わりゆく大学の姿を知るとともに、大学における最新の研究成果を調べることができる。ただし、理系分野では特許に関連して詳細がわからないもの、商品化・製品化がなされたか確認できないものも少なくなかった。その点、遺漏が少なくないと思われるが、今後の課題としたい。

　なお、本書に掲載した商品は、必ずしも一般の方々が購入できるものばかりではないことをお断りしておく。特定の専門知識がないと購入できない商品や、大学の生活協同組合の組合員とその家族にしか購入資格がない商品もある。また、価格・在庫状況も調査確認した時点でのものであり、その後、価格変更や品切などになったものもあると推測され

る。本書記載の価格・在庫状況はあくまで参考として掲載したものであるので、ご理解いただきたい。

　小社では、地域団体商標登録の地域ブランドや国指定の伝統的工芸品などを掲載した『事典　日本の地域ブランド・名産品』(2009年2月刊)を刊行している。その他、大学を知るためのツールとして、『学校名変遷総覧　大学・高校編』(2006年11月刊)、『学校創立者人名事典』(2007年7月刊)、『大学博物館事典―市民に開かれた知とアートのミュージアム』(伊能秀明監修、2007年8月刊)などもある。あわせてご利用いただければ幸甚である。

　国内の大学や産業に関心をもつ多くの方々にとって、幅広く活用されることを期待したい。

　2010年2月

　　　　　　　　　　　　　　　　　　　　　　日外アソシエーツ

凡　　例

1．本書の内容
　　本書は、国内の大学ブランド893件を都道府県別、大学ごとにまとめた事典である。

2．収録対象
　(1)　大学で独自に開発されたもの、産学官連携などにより共同開発されたもの、大学に関するグッズ類などを中心に収録した。原則として有形のものを対象とした。
　(2)　無形のもの、特許に関連し非公開のものなどは収録対象外とした。ただし、大学のキャラクターについては、例外的に収録した。

3．本文記載事項
　(1)　記載形式
　　1)　商標を取得している商品は、原則として登録商標の名称通りに掲載した。商標登録外のものは、体裁上表記を一部統一した。
　　2)　見出しの読みについては、最も一般的な読みを掲載した。
　　3)　大学概要の記述は、以下のデータをもとに構成した。
　　　　・各大学公式ウェブサイトの公表データ
　　　　・小社刊『学校名変遷総覧』（2006年11月）
　　　　・小社刊『学校創立者人名事典』（2007年7月）
　　4)　本文中に記載した価格ならびに取り扱い先は、調査時点で取り扱い先や参考資料に表示されていた掲載価格・在庫状況を示したものである。その後に価格改定や品切が生じている可能性があり、あくまでも参考情報としてご理解願いたい。
　(2)　記載項目
　　　大学概要
　　　◇見出し　見出し読み　［種別］
　　　　本文

4．本文の排列
　(1)　大学所在地の都道府県ごとに、概ね北から南へと排列した。その

際、所在地は本部または最も主要なキャンパスとみなした。ただし、商品開発地がわかっている場合は、該当するキャンパスや施設を所在地とした箇所がある。
　(2)　見出しは、大学別に五十音順の排列とした。その際、濁音・半濁音は清音扱い、ヂ→シ、ヅ→スと見なし、拗促音は直音扱い、長音は無視した。ただし、生活協同組合などで総合的に販売されているグッズ類は末尾にまとめた。

5．種別索引
　(1)　種別ごとに見出しの五十音順に排列した。
　(2)　排列上、濁音・半濁音は清音扱い、ヂ→シ、ヅ→スと見なし、拗促音は直音扱い、長音は無視した。
　(3)　見出しの後ろには大学名を補記し、掲載頁を示した。

6．参考資料
　　全国の大学・短期大学公式ウェブサイト
　　全国の大学・短期大学生活協同組合・購買部ウェブサイト
　　全国の大学・短期大学校友会・同窓会ウェブサイト
　　本文中に掲載した大学附属研究機関、共同研究企業および団体、商品取り扱い先のウェブサイト
　　経済産業省・文部科学省・特許庁など省庁の公式ウェブサイト
　　全国の地方公共団体公式ウェブサイト
　　承認ＴＬＯ・認定ＴＬＯウェブサイト
　　地方新聞記事
　　紀伊國屋書店「学市学座」ウェブサイトおよび新宿店配布ちらし
　　(独) 科学技術振興機構ウェブサイト
　　(独) 工業所有権情報・研修館「特許電子図書館」
　　　http://www.ipdl.inpit.go.jp/homepg.ipdl
　　国立大学協会編『国立大学発特色ある取組紹介』(国立大学協会、2008年2月)
　　『大学は美味しい!!(ダイム増刊)』(小学館、2008年3月)
　　『美味サライ(サライ増刊)』2009年夏号(小学館、2009年6月)

　　そのほか直接引用した部分については、本文中に明示した。

目　　次

北海道
　北海道 ……………………………… 3
　　小樽商科大学 …………………… 3
　　帯広畜産大学 …………………… 5
　　北里大学〈獣医学部附属フィー
　　　ルドサイエンスセンター八
　　　雲牧場〉……………………… 8
　　北見工業大学 …………………… 10
　　公立はこだて未来大学 ………… 14
　　札幌国際大学 …………………… 15
　　札幌大学 ………………………… 15
　　専修大学北海道短期大学 ……… 16
　　拓殖大学北海道短期大学 ……… 17
　　東海大学〈札幌キャンパス〉… 17
　　東京農業大学〈生物産業学部〉… 18
　　藤女子大学 ……………………… 24
　　北星学園大学 …………………… 25
　　北海道教育大学 ………………… 26
　　北海道大学 ……………………… 26
　　北海道薬科大学 ………………… 33
　　酪農学園大学 …………………… 34

東北
　青森県 ……………………………… 35
　　青森県立保健大学 ……………… 35
　　弘前大学 ………………………… 35
　岩手県 ……………………………… 39
　　岩手大学 ………………………… 39
　宮城県 ……………………………… 41
　　東北大学 ………………………… 41
　秋田県 ……………………………… 45
　　秋田県立大学 …………………… 45
　　秋田大学 ………………………… 46
　　国際教養大学 …………………… 47
　山形県 ……………………………… 49
　　山形大学 ………………………… 49
　福島県 ……………………………… 51
　　福島大学 ………………………… 51

関東
　茨城県 ……………………………… 53
　　茨城大学 ………………………… 53
　　筑波技術大学 …………………… 54
　　筑波大学 ………………………… 55
　　流通経済大学 …………………… 58
　栃木県 ……………………………… 60
　　宇都宮大学 ……………………… 60
　　国際医療福祉大学 ……………… 63
　群馬県 ……………………………… 64
　　群馬医療福祉大学短期大学部 … 64
　　群馬大学 ………………………… 64
　　高崎健康福祉大学 ……………… 65
　埼玉県 ……………………………… 67
　　埼玉工業大学 …………………… 67
　　埼玉大学 ………………………… 68
　　女子栄養大学 …………………… 68
　　駿河台大学 ……………………… 70
　　聖学院大学 ……………………… 71
　　獨協大学 ………………………… 72
　　文教大学 ………………………… 73
　千葉県 ……………………………… 76
　　城西国際大学 …………………… 76
　　千葉商科大学 …………………… 76

事典　日本の大学ブランド商品　（7）

目　次

千葉大学 …………………… 77
東京歯科大学 ……………… 78
東京情報大学 ……………… 79
放送大学 …………………… 80
東京都 ……………………… 81
　青山学院大学 …………… 81
　亜細亜大学 ……………… 82
　桜美林大学 ……………… 83
　お茶の水女子大学 ……… 84
　学習院大学 ……………… 85
　杏林大学 ………………… 87
　慶應義塾大学 …………… 88
　國學院大學 ……………… 95
　国士舘大学 ……………… 96
　駒澤大学 ………………… 96
　白百合女子大学 ………… 98
　成蹊大学 ………………… 99
　星美学園短期大学 ……… 99
　専修大学 ………………… 100
　大正大学 ………………… 101
　拓殖大学 ………………… 102
　玉川大学 ………………… 103
　大東文化大学 …………… 106
　中央大学 ………………… 107
　帝京大学 ………………… 109
　電気通信大学 …………… 110
　東海大学 ………………… 111
　東京医科歯科大学 ……… 112
　東京芸術大学 …………… 112
　東京工業大学 …………… 114
　東京工芸大学 …………… 115
　東京慈恵会医科大学 …… 115
　東京女子大学 …………… 117
　東京大学 ………………… 117
　東京農業大学 …………… 128
　東京農工大学 …………… 130

東邦大学 …………………… 130
東洋大学 …………………… 131
日本女子大学 ……………… 132
日本体育大学 ……………… 133
日本大学 …………………… 134
一橋大学 …………………… 135
法政大学 …………………… 136
武蔵野大学 ………………… 138
武蔵野美術大学 …………… 138
明治学院大学 ……………… 141
明治大学 …………………… 147
明星大学 …………………… 152
立教大学 …………………… 153
立正大学 …………………… 154
早稲田大学 ………………… 156
神奈川県 …………………… 163
　神奈川大学 ……………… 163
　関東学院大学 …………… 163
　湘北短期大学 …………… 164
　聖マリアンナ医科大学 … 165
　横浜国立大学 …………… 166
　横浜市立大学 …………… 168

北陸甲信越

新潟県 ……………………… 171
　敬和学園大学 …………… 171
　長岡技術科学大学 ……… 171
　新潟工科大学 …………… 172
　新潟国際情報大学 ……… 173
　新潟産業大学 …………… 173
　新潟大学 ………………… 174
富山県 ……………………… 176
　富山県立大学 …………… 176
　富山短期大学 …………… 177
　富山大学 ………………… 177
石川県 ……………………… 179

目　次

石川県立大学 ………………… *179*
金沢工業大学 ………………… *179*
金沢星稜大学 ………………… *180*
金沢大学 ……………………… *181*
北陸大学 ……………………… *181*
福井県 ………………………………… *183*
　福井大学 ……………………… *183*
山梨県 ………………………………… *184*
　山梨学院大学 ………………… *184*
　山梨大学 ……………………… *184*
長野県 ………………………………… *186*
　信州大学 ……………………… *186*
　松本大学・松本大学松商短期
　　大学部 ……………………… *188*

東海
岐阜県 ………………………………… *190*
　大垣女子短期大学 …………… *190*
　岐阜女子大学 ………………… *190*
　岐阜大学 ……………………… *191*
静岡県 ………………………………… *193*
　静岡県立大学 ………………… *193*
　静岡大学 ……………………… *193*
　静岡理工科大学 ……………… *194*
　日本大学〈国際関係学部〉…… *195*
　浜松医科大学 ………………… *196*
愛知県 ………………………………… *198*
　愛知大学 ……………………… *198*
　愛知文教大学 ………………… *199*
　金城学院大学 ………………… *199*
　豊橋技術科学大学 …………… *201*
　同朋大学 ……………………… *202*
　名古屋大学 …………………… *203*
　南山大学 ……………………… *206*
三重県 ………………………………… *208*
　三重大学 ……………………… *208*

近畿
滋賀県 ………………………………… *210*
　滋賀医科大学 ………………… *210*
　滋賀県立大学 ………………… *211*
京都府 ………………………………… *212*
　大谷大学 ……………………… *212*
　京都教育大学 ………………… *212*
　京都産業大学 ………………… *213*
　京都造形芸術大学 …………… *214*
　京都大学 ……………………… *215*
　同志社女子大学 ……………… *218*
　同志社大学 …………………… *220*
　佛教大学 ……………………… *223*
　立命館大学 …………………… *224*
　龍谷大学 ……………………… *231*
大阪府 ………………………………… *235*
　大阪医科大学 ………………… *235*
　大阪学院大学 ………………… *235*
　大阪国際大学 ………………… *236*
　大阪城南女子短期大学 ……… *237*
　大阪大学 ……………………… *237*
　大阪府立大学 ………………… *239*
　関西大学 ……………………… *242*
　近畿大学 ……………………… *243*
　摂南大学 ……………………… *245*
兵庫県 ………………………………… *246*
　関西学院大学 ………………… *246*
　甲南大学 ……………………… *247*
　神戸学院大学 ………………… *248*
　神戸女学院大学 ……………… *249*
　神戸大学 ……………………… *250*
　園田学園女子大学 …………… *252*
　兵庫教育大学 ………………… *253*
　兵庫県立大学 ………………… *253*
　武庫川女子大学 ……………… *254*

事典 日本の大学ブランド商品　（9）

目　次

奈良県 …………………………… *256*
　奈良教育大学 ………………… *256*
　奈良女子大学 ………………… *257*
　奈良大学 ……………………… *259*
和歌山県 ………………………… *261*
　近畿大学〈水産研究所〉……… *261*
　和歌山大学 …………………… *262*

中国

鳥取県 …………………………… *265*
　鳥取大学 ……………………… *265*
島根県 …………………………… *267*
　島根大学 ……………………… *267*
岡山県 …………………………… *269*
　岡山県立大学 ………………… *269*
　岡山大学 ……………………… *269*
　吉備国際大学短期大学部 …… *272*
広島県 …………………………… *273*
　近畿大学〈工学部〉…………… *273*
　広島経済大学 ………………… *273*
　広島大学 ……………………… *274*
山口県 …………………………… *277*
　水産大学校 …………………… *277*
　梅光学院大学 ………………… *278*
　山口大学 ……………………… *279*

四国

徳島県 …………………………… *281*
　徳島大学 ……………………… *281*
　鳴門教育大学 ………………… *282*
香川県 …………………………… *283*
　香川大学 ……………………… *283*
　四国学院大学 ………………… *285*
　高松大学・高松短期大学 …… *285*
愛媛県 …………………………… *287*
　愛媛大学 ……………………… *287*
　松山大学 ……………………… *288*

高知県 …………………………… *289*
　高知工科大学 ………………… *289*
　高知大学 ……………………… *289*

九州・沖縄

福岡県 …………………………… *292*
　九州工業大学 ………………… *292*
　九州国際大学 ………………… *294*
　九州産業大学 ………………… *294*
　九州大学 ……………………… *295*
　久留米大学 …………………… *299*
　西南学院大学 ………………… *299*
　西南女学院大学 ……………… *300*
　福岡工業大学 ………………… *301*
　福岡大学 ……………………… *302*
佐賀県 …………………………… *304*
　佐賀大学 ……………………… *304*
長崎県 …………………………… *306*
　長崎県立大学 ………………… *306*
　長崎総合科学大学 …………… *307*
　長崎大学 ……………………… *307*
熊本県 …………………………… *309*
　熊本大学 ……………………… *309*
　崇城大学 ……………………… *311*
　東海大学〈阿蘇キャンパス〉‥*312*
大分県 …………………………… *314*
　大分大学 ……………………… *314*
　日本文理大学 ………………… *316*
　別府大学 ……………………… *318*
　立命館アジア太平洋大学 …… *318*
宮崎県 …………………………… *320*
　宮崎大学 ……………………… *320*
鹿児島県 ………………………… *322*
　鹿児島女子短期大学 ………… *322*
　鹿児島大学 …………………… *322*
　鹿屋体育大学 ………………… *325*
沖縄県 …………………………… *327*

目　次

　　沖縄国際大学 *327*
　　沖縄大学 *328*
　　琉球大学 *328*
種別索引 *331*
大学名索引 *351*

事典 日本の大学ブランド商品

北海道

小樽商科大学　［国立］

［所在地］〒047-8501　北海道小樽市緑3-5-21
［TEL］0134-27-5200
［URL］http://www.otaru-uc.ac.jp/
［設置者］国立大学法人小樽商科大学
［沿革・歴史］1910（明治43）年3月、小樽高等商業学校を設置。1944（昭和19）年4月、小樽経済専門学校と改称。1949（昭和24）年5月、小樽商科大学を設置。2004（平成16）年4月、国立大学法人小樽商科大学となる。
［マーク類］1998（平成10）年10月、学章（シンボルマーク）を制定。学章「ヘルメスの翼に一星」は、商業神ヘルメスの翼の上にある一星が、北の大地から英知の光を放つ様子をあらわしたもの。

◇エコバッグ　［日用雑貨］
　小樽商科大学グッズ認定商品のエコバッグ。黄緑・黄・水色・紫・赤の5色で展開。価格は、各500円。小樽商科大学生活協同組合・商大駅前プラザゆめぽーと取り扱い。

◇小樽緑丘　おたるみどりがおか　［飲料（酒類）］
　小樽商科大学グッズ認定商品の純米吟醸酒。余市郡仁木町産の酒造好適米「彗星」を使用。ラベルには、小樽生まれの風景画家・中村善策（1901〜1983）の「緑丘回想」が用いられている。製造は、田中酒造株式会社（小樽市）。華やかな香りとまろやかな口当たりが特徴。価格は、1本500mlで1600円（税込）。小樽商科大学生活協同組合・田中酒造株式会社取り扱い。なお、「小樽緑丘」は、2007（平成19）年6月に商標登録済（第5050651号）。権利者は、国立大学法人小樽商科大学。

◇キーケース　［文房具］
　小樽商科大学グッズ認定商品のキーケース。商学部企業法学科の中村秀雄ゼミナール（国際取引法ゼミ）で生まれた商品。学生がアルバイトで貯めた資金を出資金として使い、中村教授の指導のもと、取引や海外企業との交渉から

契約締結にいたるまですべて学生がおこなうなど、国際取引を実際に学びながらつくったもの。価格は、2100円（税込）。小樽商科大学生活協同組合・商大駅前プラザゆめぽーと取り扱い。

◇シャープペン・ボールペン　［文房具］
　小樽商科大学グッズ認定商品のシャープペン・ボールペン。価格は、各105円（税込）。小樽商科大学生活協同組合・商大駅前プラザゆめぽーと取り扱い。

◇商大くん（商大君）　しょうだいくん　［キャラクター（大学）］
　大学のマスコットキャラクター。2011（平成23）年に創立100周年を迎える小樽商科大学。そのオフィシャルロゴマークとともに大学のマスコットキャラクターに決定したのが商大くん（商大君）。「商大」の2文字を擬人化したキャラクターで、小樽商科大学の前身である小樽高等商業学校時代の学生服・学生帽をモチーフにしたデザインとなっている。教職員の有志が小樽商科大学に関する情報を発信する非公式ブログ「商大くんがいく！」(http://d.hatena.ne.jp/shoudai-kun/)でも活躍中。ストラップなどの商大くんグッズもある。

◇商大くんストラップ　しょうだいくんすとらっぷ　［キャラクターグッズ］
　小樽商科大学グッズ認定商品のストラップ。マスコットキャラクターの商大くんがストラップに付属している。携帯ストラップのほかシャープペンやボールペン付きのストラップ、さらには耳かき付きのものもある。価格は、各525円（税込）。小樽商科大学生活協同組合・商大駅前プラザゆめぽーと取り扱い。

◇商大饅頭　しょうだいまんじゅう　［菓子］
　小樽商科大学グッズ認定商品の酒饅頭。原料には北海道産小豆を使用。余市郡仁木町産の酒造好適米「彗星」を使用した大学オリジナルの日本酒「小樽緑丘」の酒粕を生地とあんに練り込み、豊かな風味が実現されている。製造は、岡田屋（虻田郡洞爺湖町）。箱のパッケージに採用されている写真は、1923（大正12）年3月の卒業アルバムから引用したもの。価格は、1箱6個入り600円（税込）。小樽商科大学生活協同組合・田中酒造株式会社取り扱い。なお、「商大饅頭」は、2007（平成19）年11月に商標登録済（第5089460号）。権利者は、国立大学法人小樽商科大学。

◇商大ラーメン　しょうだいらーめん　［加工食品］
　小樽商科大学グッズ認定商品のラーメン。卒業生が役員をつとめる新日本海物産株式会社（小樽市）と株式会社兼正　阿部製麺（小樽市）の協力によって開発された。醤油味中太麺の「深醤油」と塩味縮れ面の「久塩味」の2種類がある。価格は、2食入り各550円。小樽商科大学生活協同組合・運河プラザ・小樽

駅内キヨスク取り扱い。2008（平成20）年には、大学会館1階の食堂メニューとして登場した。

◇**創立100周年記念切手**　そうりつひゃくしゅうねんきねんきって　［記念品］
2011（平成23）年の創立100周年を記念した製作された切手シート。小樽商科大学の前身・小樽高等商業学校の卒業生であった小林多喜二（1903～1933）や伊藤整（1905～1969）、小樽高等商業学校時代の校舎、その授業風景、現在の大学キャンパスなどの写真や絵画を用いた切手から100年間の歴史を振り返ることができる。価格は、1シート（80円切手×10枚）1500円。小樽商科大学生活協同組合取り扱い。問い合わせ先は小樽商科大学総務課。

◇**名刺入れ**　めいしいれ　［皮革製品］
小樽商科大学グッズ認定商品の名刺入れ。キーケースと同様に商学部企業法学科の中村秀雄ゼミナール（国際取引法ゼミ）で生まれた商品。黒の革製、二つ折りのデザインで、右下には「Otaru University Of Commerce」（小樽商科大学）の表記がある。外箱には校章があしらわれている。価格は、1575円（税込）。大学入試説明会で配付されるほか、同窓会入会の特典としても活用される。小樽商科大学生活協同組合・商大駅前プラザゆめぽーと取り扱い。

帯広畜産大学　［国立］

［所在地］〒080-8555　北海道帯広市稲田町西2-11
［TEL］0155-49-5216
［FAX］0155-49-5229
［URL］http://www.obihiro.ac.jp/
［設置者］国立大学法人帯広畜産大学
［沿革・歴史］1941（昭和16）年4月、帯広高等獣医学校を創立。1944（昭和19）年4月、帯広獣医畜産専門学校と改称。1946（昭和21）年4月、帯広農業専門学校と改称。1949（昭和24）年5月、帯広農業専門学校を包括し、帯広畜産大学を設置。2004（平成16）年4月、国立大学法人帯広畜産大学となる。
［マーク類］2006（平成18）年、校章規則が定められた。色彩は濃緑色。柏の葉をモチーフにしたもので、中央に「大学」の2文字があしらわれている。

◇**オリジナルラベルワイン**　［飲料（酒類）］
帯広畜産大学生活協同組合で販売されているオリジナルラベル付きの十勝ワ

イン。赤ワインと白ワイン、清見の3種類がある。清見は、中川郡池田町で改良された「清見」からつくられるミディアムボディー。価格は、赤・白2本セット2410円、赤・白2本＋チェダーチーズ（オリジナル化粧箱入り）2コセット3475円、白・清見2本セット3868円、赤・白・清見3本セット5073円（すべて税込）。帯広畜産大学生活協同組合取り扱い。

◇かしわ茶　かしわちゃ　［飲料］
　十勝地方に自生するかしわの葉を加工した茶。かしわの葉にはオイゲノールという抗菌成分が含まれ、カテキンやタンニンも緑茶と同じように豊富。また、研究によりかしわの葉には食用効果があることも明らかとなり、2006（平成18）年3月に帯広畜産大学や農業生産法人ランラン・ファーム（上川郡清水町）などの共同開発によって生みだされた。無添加の自然食品。渋みのない味と香りが特徴。価格は、1.2g×20包（ティーバッグ入）×6箱セットで5040円（税込）。有限会社ランラン・ファーム取り扱い。

◇産学官連携青汁　さんがくかんれんけいあおじる　［飲料］
　産学官の連携によって生まれた青汁。2008（平成20）年3月、文部科学省「都市エリア産学官連携促進事業」として農業生産法人ランラン・ファーム（上川郡清水町）・帯広畜産大学地域共同研究センター・財団法人十勝圏振興機構（帯広市）が連携し、商品開発を実施。食の安心安全の観点からトレーサビリティーのしっかりとした原料を用いている。原料の80％は十勝産の高品質の長いも・枝豆・小麦若菜で、その他に抹茶・トレハロース・デキストリンを使用。ホテルの総料理長が味付けを担当したことから、飲みやすい青汁となった。たんぱく質・食物繊維が豊富で、カリウム・カルシウム・鉄などのミネラルもバランスよく含まれている。価格は、3.0g×30包で4200円（税込）。有限会社ランラン・ファーム取り扱い。

◇ゼオライトマスク　［医療・健康］
　鳥インフルエンザウイルスを短時間で99％以上不活化する機能をもったマスク。大動物特殊疾病研究センターの今井邦俊教授と日清紡ホールディングス株式会社（東京都中央区）との共同研究によって開発された。4層構造の3層目に新高機能素材である銅ゼオライト高機能コットンシート（GAIACOT）を使用。銅イオンの高い抗菌性とゼオライトの優れた消臭力、表側には通気性の良いメッシュタイプの上質コットン100％不織布オイコスを用い、一般的なガーゼマスクと同様に乾燥を防ぐ基本機能がある。本体を4層構造にしているため、花粉もカットできる。1パック2枚入り。価格は、5パック1900円、12パック（1箱）4560円、24パック（2箱）9120円。帯広畜産大学生活協同組合取り扱い。なお、「ガイアコット＼GAIACOT」は、日清紡ホールディングス株

式会社の登録商標。

◇**畜大牛乳・畜大低温殺菌牛乳**　ちくだいぎゅうにゅう・ちくだいていおんさっきんぎゅうにゅう　［飲料］
　畜産フィールド科学センターで製造されている牛乳。この牛乳は、およそ120haに及ぶ広大な農場で自家生産の飼料や草を食べストレスの少ない環境で暮らしている牛からとれる。すべての工程をHACCPシステムに準拠し、製造されているため安心安全。畜大牛乳は、毎週月・水・金15時頃生協入荷。価格は、1000ml入り185円（税込）。畜大低温殺菌牛乳は、毎週木曜日の15時頃生協入荷。価格は、500ml入り118円（税込）。帯広畜産大学生活協同組合、コープ札幌（帯広ベルデ店・かしわ店）取り扱い。なお、帯広畜産大学生活協同組合の2階食堂では毎日コップ1杯35円で畜大牛乳が提供されている。

◇**田園の雫（畜大オリジナル祝ラベル）**　でんえんのしずく（ちくだいおりじなるいわいらべる）　［飲料（酒類）］
　十勝管内限定発売ワイン「田園の雫」に畜大オリジナル祝ラベルを貼ったもの。田園の雫（赤）は、十勝を代表する品種・清見と北海道産ツバイゲルトレーベを、90％と10％でブレンドしたワイン。田園の雫（白）は、北海道産ケルナー種を新鮮な状態で圧搾し、シュール・リー法を用いて造られたワイン。価格は、赤・白2本セット（各720ml箱入り）十勝ワインロゴ入りオープナー付き4010円、田園の雫（赤）畜大オリジナル祝ラベル（720ml箱入り）1960円、田園の雫（白）畜大オリジナル祝ラベル（720ml箱入り）1960円（すべて税込）。帯広畜産大学生活協同組合取り扱い。

◇**とうふくん**　［加工食品］
　豆腐の燻製食品。手土産になるもの・日持ちがするものがコンセプト。材料には、甘く雑味の少ない十勝産大豆トヨマサリが使用されている。地域共同研究センター、帯広産業クラスター研究会（帯広市）を中心に開発がスタート。北海道立十勝圏地域食品加工技術センター（帯広市）の指導を受け、有限会社中田食品（帯広市）が、豆腐を薫煙し、豆の風味を残したまま長持ちさせる技術を開発した。十勝産大豆を通常の倍ほど脱水してからしょうゆ調味液に浸し、6時間をかけての薫煙処理で製造される。薫煙材にも十勝産の桜チップを使用。カマンベールチーズのような丸い形をした商品。価格は、とうふくん（700g×1個）840円（税込）。とうふくんジャーキー（100g×1個）630円（税込）。有限会社中田食品取り扱い。

◇**十勝・ブラン**　とかち・ぶらん　［菓子］
　2006（平成18）年9月、地域共同研究センターと有限会社永花堂（帯広市）との

共同開発によって生まれた濃縮ヨーグルトケーキ。通常、ヨーグルトは凍結変性してしまうため、冷凍保存が難しい。そこで、共同開発した特許技術、特定の多糖類を用いた水あめをわずか5％濃縮ヨーグルトに加えることで、ヨーグルト本来の低カロリーという利点は生かしたまま凍結変性を抑えた十勝・ブランが完成した。乳酸菌自体は冷凍しても変性しないため、解凍後も1gあたり8億個から10億個と、通常の約80倍の乳酸菌もしっかり含まれる。ヨーグルトのさっぱり感と生クリームの濃厚な味わいは、解凍後はもちろん、凍った状態でも楽しむことができる。価格は、1セット（1個50g×12個）2980円、2セット（1個50g×24個）4990円、3セット（1個50g×36個）7300円。有限会社永花堂取り扱い。

◇**帯広畜産大学生協オリジナルグッズ**　おびひろちくさんだいがくせいきょうおりじなるぐっず　［大学グッズ］
帯広畜産大学生活協同組合で販売されているオリジナルグッズ。文房具・雑貨は、白と緑を基調にしたデザインのものが多い。特徴的な商品としては、カマンベールチーズ（100g×1個入り）470円やチェダーチーズ（150g×1個入り）480円などのチーズ商品、牛乳飴（バター味約40個入）315円などがある。そのほか以下の雑貨・文房具・菓子などが販売されている。アクアスカッシュボールペン105円、クリアファイル（A4サイズ3枚セット）315円、フェイスタオル630円、ミニタオルハンカチ420円、校章入りマフラータオル（漢字・英字）各840円、畜大オリジナルクッキーアソート（畜大牛乳入り）5種類詰合せ1200円、オリジナルクッキー牛焼き印タイプ（畜大牛乳入り）18枚入り945円、畜大牛乳鉛筆（鉛筆5本セット）315円、畜大牛乳木札450円、豆凧420円（価格はすべて税込）。帯広畜産大学生活協同組合取り扱い。

北里大学〈獣医学部附属フィールドサイエンスセンター八雲牧場〉　［私立］

［所在地］〒049-3121　北海道二海郡八雲町上八雲751
［TEL］0137-63-4362
［FAX］0137-62-3042
［URL］http://kitasato-u-fsc.jp/
［設置者］学校法人北里研究所
［創立者］（私立北里研究所）北里柴三郎
［キャンパス］白金キャンパス（東京都港区）／相模原キャンパス（神奈川県相模原市南区）／十和田キャンパス（青森県十和田市）／三陸キャンパス（岩手

県大船渡市）
[沿革・歴史]1962（昭和37）年、北里大学を設立。

◇◇

◇北里八雲牛ハンバーグ　きたさとやくもぎゅうはんばーぐ　[加工食品]
　草熟北里八雲牛を使用したハンバーグ。草熟北里八雲牛とは、北里八雲牛となる多数の子牛を産み育てた母牛のこと。自然の循環を重要視し、環境保全型農業をすすめている獣医学部附属フィールドサイエンスセンター八雲牧場で飼育されている。子牛を育てるための乳を大量に出すために多くの牧草を食べた草熟北里八雲牛の肉は、健康・安全で脂肪も少なくヘルシー。また、一般的な牛肉に比べ、機能性活性物質である共役リノール酸濃度が高い。鉄や亜鉛、マグネシウムも豊富。高い栄養価が特徴。旨味成分が凝縮された赤身肉を加工し、オリジナルのレトルト商品として販売している。価格は、1パック160gで220円。北里ライフサービス株式会社取り扱い。なお、「北里八雲」は、2004（平成16）年2月に商標登録済（第4747489号）。権利者は、学校法人北里研究所。

◇北里八雲牛ビーフジャーキー　きたさとやくもぎゅうびーふじゃーきー　[加工食品]
　草熟北里八雲牛を使用したビーフジャーキー。草熟北里八雲牛とは、北里八雲牛となる子牛を多数産んで育てた母牛のこと。自然の循環を大切にした環境保全型農業をすすめている獣医学部附属フィールドサイエンスセンター八雲牧場で飼育されている。子どもを育てるための乳を大量に出すため、牧場の草を大量に食べた草熟北里八雲牛の肉は、健康・安全・脂肪が少なくヘルシー。その肉を加工したビーフジャーキー（ウチモモ、ソトモモ）は、かめばかむほど肉の旨みが出るソフトタイプ。価格は、1パック（30g）300円。北里ライフサービス株式会社取り扱い。なお、「北里八雲」は、2004（平成16）年2月に商標登録済（第4747489号）。権利者は、学校法人北里研究所。

◇牛丼の具　ぎゅうどんのぐ　[加工食品]
　草熟北里八雲牛を使用した牛丼の具。草熟北里八雲牛とは、北里八雲牛となる多数の子牛を産み育てた母牛のこと。自然の循環を大切にした環境保全型農業をすすめている獣医学部附属フィールドサイエンスセンター八雲牧場で飼育されている。子どもを育てるための乳を大量に出すため、牧場の草を大量に食べた草熟北里八雲牛の肉は、健康・安全・脂肪が少なくヘルシー。その肉を加工した牛丼の具（トモバラ）は、化学調味料を一切使わず、牛肉とタマネギを醤油など天然の調味料で調理しているため、タマネギの甘みが増し、歯ごたえもある。価格は、1パック（210g）300円。北里ライフサービス株式会

社取り扱い。

◇草熟北里八雲牛から生まれたビーフカレー　そうじゅくきたさとやくもぎゅうからうまれたびーふかれー　［加工食品］

　草熟北里八雲牛を使用したビーフカレー。草熟北里八雲牛とは、北里八雲牛となる多数の子牛を産み育てた母牛のこと。自然の循環を大切にした環境保全型農業をすすめている獣医学部附属フィールドサイエンスセンター八雲牧場で飼育されている。子どもを育てるための乳を大量に出すため、牧場の草を大量に食べた草熟北里八雲牛の肉は、健康・安全・脂肪が少なくヘルシー。その肉を加工して、中辛のビーフカレー（肩ロース、シンタマ）に仕上げた。しっかり煮込まれた牛肉は軟らかく、旨味成分が溶け込んだカレーとなっている。価格は、1パック210gで300円。北里ライフサービス株式会社取り扱い。なお、「北里八雲」は、2004（平成16）年2月に商標登録済（第4747489号）。権利者は、学校法人北里研究所。

◇草熟北里八雲牛コンビーフ　そうじゅくきたさとやくもぎゅうこんびーふ　［加工食品］

　草熟北里八雲牛を使用したコンビーフ。草熟北里八雲牛とは、北里八雲牛となる多数の子牛を産み育てた母牛のこと。自然の循環を大切にした環境保全型農業をすすめている獣医学部附属フィールドサイエンスセンター八雲牧場で飼育されている。子どもを育てるための乳を大量に出すため、牧場の草を大量に草熟北里八雲牛の肉は、健康・安全・脂肪が少なくヘルシー。その肉を加工した草熟北里八雲牛コンビーフ（ウデ、スネ）は、味付けをせずに野菜と一緒に炒めることで、肉本来の旨みを実感することができる。価格は、1缶350円、1箱（3缶入り）1000円。北里ライフサービス株式会社取り扱い。なお、「北里八雲」は、2004（平成16）年2月に商標登録済（第4747489号）。権利者は、学校法人北里研究所。

北見工業大学　［国立］

　［所在地］〒090-8507　北海道北見市公園町165
　［TEL］0157-26-9113
　［URL］http://www.kitami-it.ac.jp/
　［設置者］国立大学法人北見工業大学
　［沿革・歴史］1960（昭和35）年4月、北見工業短期大学を設置。1966（昭和41）年4月、北見工業大学を設置。2004（平成16）年4月、国立大学法人北見工業

大学となる。

◇◇

◇**オホーツクビール（北見工業大学オリジナルラベル）**　おほーつくびーる（きたみこうぎょうだいがくおりじなるらべる）　［飲料（酒類）］
　北見市で製造されている麦芽100%の地ビール・オホーツクビールの瓶に大学のオリジナルラベルを貼ったもの。オホーツクの流氷を背景に大学の名前が印刷されている。エール・ピルスナー・ヴァイツェン・マイルドスタウトの4種類から6本を自由に組み合わせて選ぶことができる。価格は、6本セット3660円。オホーツクビール株式会社（北見市）取り扱い。

◇**貴肌水**　ききすい　［美容］
　国際交流センターの山岸喬教授（センター長）が開発した化粧品。漢方生薬の地膚子・蛇床子を主成分に製造された漢方ローションである。地膚子とは、湿疹を治す作用のあるアカザ科ホウキギの種子。その果実を加工したものが「陸のキャビヤ」とも呼ばれるトンブリである。蛇床子は、地膚子と同様に痒みを解消する効果があるセリ科オカゼリの果実。これらの生薬の効能に着目し、もっと手軽に利用できるよう開発された。アトピーや乾燥によるかゆみや手あれ・肌あれなど世代を問わず幅広く使用できる。製造は、株式会社はるにれバイオ研究所（北見市）。価格は、150ml入り2310円（税込）。北見情報技術株式会社「はるにれ本舗ハマナス堂」取り扱い。なお、「ききすい＼貴肌水」は、2005（平成17）年3月に商標登録済（第4844183号）。権利者は、株式会社はるにれバイオ研究所。

◇**キャット**　［日用雑貨］
　ネコの好きな香りを配合したペットに優しい消臭除菌剤。北見産ハッカの精油にはニオイを蔽い閉じこめる効果があり、キャットニップは猫が好むマタタビと似た匂いの成分を含む。これらのほか、同じく消臭効果のあるサイクロデキストリンや界面活性剤を配合してつくられている。室内の気になる所や空間に数回スプレーして使用することで、生ゴミやペット臭などの悪臭を抑えることができる。製造は、株式会社はるにれバイオ研究所（北見市）。価格は、1本（100ml 約700回スプレー分）980円（税込）。北見情報技術株式会社「はるにれ本舗ハマナス堂」取り扱い。

◇**クリアリーク・ミント**　［日用雑貨］
　北見産のハッカを使用した消臭剤。ハッカの他にもアンモニアなどの臭いを吸着する北海道産昆布やサイクロデキストリンを配合。内容量は1本100mlで、およそ700回のスプレーが可能。製造は、株式会社はるにれバイオ研究

所(北見市)。価格は、980円(税込)。北見情報技術株式会社「はるにれ本舗ハマナス堂」取り扱い。

◇高貴香ハマナス花石鹸　こうきこうはまなすはなせっけん　[美容]
オホーツク産のハマナスを配合した石鹸。国際交流センター・山岸喬教授(センター長)と株式会社マックス(大阪府八尾市)の共同開発によって生まれた。なめらかな泡立ちと優美なハマナスの香りが楽しめる。ハマナスはバラの原種のひとつで、北海道の花でもある。価格は、1575円(税込)。北見情報技術株式会社「はるにれ本舗ハマナス堂」取り扱い。

◇高貴ハマナス花ティー　こうきはなますはなてぃー　[飲料]
オホーツク産のハマナスを使用した茶。国際交流センター・山岸喬教授(センター長)が古文書中の薬用植物を研究、古くからアイヌの人々が活用していたハマナスにビタミンCや抗酸化物質であるポリフェノールなどの成分が豊富に含まれることを解明し、北見工業大学発ベンチャー企業のはるにれバイオ研究所(北見市)と共同開発して完成させた。北見市端野町で契約栽培されたハマナスの花にキーマン紅茶をベースに、マリーゴールド・レモングラス・マロー・ラベンダー・ローズなどのハーブがブレンドされている。価格は、12包入1260円。北見情報技術株式会社「はるにれ本舗ハマナス堂」取り扱い。

◇昆布真根酢　こんぶまねす　[調味料]
知床産昆布仮根(ガニアシ)を用い酢酸発酵させた調味料。ガニアシとは、根コンブが岩盤に付着する部分で、カリウムなどのミネラルやフコイダンを含む。熟成されたコクのある酢。5倍程度に薄めて飲用するほか、砂糖や蜂蜜、塩などを加えても美味。ドレッシングとしても使用できる。価格は、1本(120ml)1260円(税込)。北見情報技術株式会社「はるにれ本舗ハマナス堂」取り扱い。

◇スウィートブレア　[美容]
原料にハマナスを用いた美容食品。国際交流センター山岸喬教授(センター長)の研究により、ローズヒップティーの原料であるハマナスには、ビタミンCが多く含まれ、しかも熱によって壊れにくい性質を持っていること、抗酸化作用や整腸作用、消臭作用を有するポリフェノールが多く含まれることなどが明らかになった。ハマナスの花びらのみを丁寧に取り出し、微細末に生成してカプセル詰めされている。原料のハマナスは、環境面や製造コストの問題から野生のものではなく北見市郊外の農園「クッカーたんの」が栽培したものを利用。価格は、120カプセル(43.5g)7350円(税込)。北見情報技

術株式会社「はるにれ本舗ハマナス堂」取り扱い。

◇爽快ミントティー　そうかいみんとてぃー　［飲料］
紋別郡滝上町でつくられたハーブを使用したミントティー。風香房（紋別郡滝上町）でミント・ヒソップ・タイムがブレンドされている。製造は、株式会社はるにれバイオ研究所（北見市）。価格は、12包入り1260円（税込）。北見情報技術株式会社「はるにれ本舗ハマナス堂」取り扱い。

◇太陽タマネギ酢　たいようたまねぎす　［調味料］
フラボノイドなどのポリフェノールが豊富な太陽光照射タマネギを使い酢酸発酵させた調味料。5倍程度に薄めて飲用するほか、砂糖や蜂蜜、塩などを加えても美味。ドレッシングとしても使用できる。価格は、1本（120ml）1260円（税込）。北見情報技術株式会社「はるにれ本舗ハマナス堂」取り扱い。

◇ハッカミスト　［美容］
北見産のハッカを使用した保湿水。室内の加湿や整髪などに使用できる。ハーブのほかオーストラリア産のユーカリ製油が用いられている。内容量は、1本150ml。製造は、株式会社はるにれバイオ研究所（北見市）。価格は、980円（税込）。北見情報技術株式会社「はるにれ本舗ハマナス堂」取り扱い。

◇はまなす花酢　はまなすはなす　［調味料］
北見市産のハマナスの花や果実を用いた酢。製造は、株式会社はるにれバイオ研究所（北見市）。価格は、1本120mlで1260円（税込）。北見情報技術株式会社「はるにれ本舗ハマナス堂」取り扱い。

◇雪まりも　ゆきまりも　［菓子］
苺風味のアーモンドクッキー。雪まりもとは、工学部社会環境工学科・亀田貴雄准教授が1995（平成7）年南極での越冬観測をおこなったときに発見した霜が球形化する自然現象。その雪まりもをイメージし、大学・北見工業大学生活協同組合・株式会社清月（北見市）が連携して菓子を共同開発した。価格は、1箱（12個入り）630円（税込）。北見工業大学生活協同組合・株式会社清月取り扱い。なお、「雪まりも」は、2000（平成12）年1月と2007（平成19）年7月に商標登録済（第4349117号・第5066581号）。権利者は、国立大学法人北見工業大学。

◇ワンタ　［日用雑貨］
イヌの好きな匂いを配合したペットに優しい消臭剤。北見産ハッカの精油にはニオイを蔽い閉じこめる効果があり、キッソウは犬の好む脂肪酸が豊富で、

リラックス効果をもつ。これらのほか、同じく消臭効果のあるサイクロデキストリンや界面活性剤を配合してつくられている。室内の気になる所や空間に数回スプレーして使用することで、生ゴミやペット臭などの悪臭を抑えることができる。価格は、1本（100ml 約700回スプレー分）980円（税込）。はるれ本舗ハマナス堂取り扱い。

◇北見工業大学オリジナルグッズ　きたみこうぎょうだいがくおりじなるぐっず　［大学グッズ］
　北見工業大学生活協同組合で販売されている北見工業大学のオリジナルグッズ。商品としては、絵はがき300円、ステッドラー トリプラスマルチセット840円、ネーム入りシャープペン100円、ネーム入りボールペン100円、ネーム入り湯呑み700円などがある（価格はすべて税込）。北見工業大学生活協同組合取り扱い。

公立はこだて未来大学　［公立］

［所在地］〒041-8655　北海道函館市亀田中野町116-2
［TEL］0138-34-6448
［URL］http://www.fun.ac.jp/
［設置者］公立大学法人公立はこだて未来大学
［沿革・歴史］2000（平成12）年4月、公立はこだて未来大学が開学。2008（平成20）年、公立大学法人公立はこだて未来大学となる。

◇IKABO　［機械］
　2006（平成18）年、公立はこだて未来大学と函館工業高等専門学校（函館市）の学生が中心となって製作したイカロボット。正式名称は、函館観光用産業ロボットIKABO（イカボ）。2005（平成17）年、函館市民有志が新しい観光資源を求めて人工知能を専門とする情報アーキテクチャ学科・松原仁教授に相談し、プロジェクトがスタートした。当初、2体つくられたイカボは、新型も製作され増殖中。新たな観光シンボルとして函館市の地域イベントで活躍、函館の認知度アップに貢献している。

札幌国際大学　［私立］

［所在地］〒004-8602　北海道札幌市清田区清田4条1-4-1
［TEL］011-881-8844
［URL］http://www.siu.ac.jp/
［設置者］学校法人札幌国際大学
［沿革・歴史］1969（昭和44）年、札幌静修短期大学を開学。1993（平成5）年、静修女子大学を開学。1997（平成9）年、札幌国際大学と改称。

◇コクサイくん　［キャラクター（大学）］

大学のキャラクター。「コクサイ」にかけた黒いサイのキャラクターデザイン。鼻の大きい角としっぽが灰色になっている。札幌国際大学入学課のスタッフが書く"コクサイくんの独り言"ブログ（http://siu.weblogs.jp/kouho/）やオープンキャンパスで活躍中。

札幌大学　［私立］

［所在地］〒062-8520　北海道札幌市豊平区西岡3条7-3-1
［TEL］011-852-1181
［URL］http://www.sapporo-u.ac.jp/
［設置者］学校法人札幌大学
［沿革・歴史］1967（昭和42）年、札幌大学が開校。
［マーク類］1982（昭和57）年、創立15周年を記念してクレスト（紋章）を制定。樹を中心に、教育目標の三精神である信頼・生気・知性をあらわすものとして、樹・雪・本が入っている。上部のPVFはラテン語のPERSPICUITAS、VITALITAS、FIDELITASの頭文字を表示したもので、知性・生気・信頼の三精神を示す。下部の1967は創立年。デザインは、故・熊谷直勝氏（元・北海道教育大学教授）によるもの。

◇SAPPとUNIPON　［キャラクター（大学）］

大学のキャラクター。40周年記念事業として新キャラクターの公募がおこなわれ、SAPP（サップ）とUNIPON（ユニポン）が誕生した。北海道各地に生息し、神様として尊ばれたヒグマをキャラクター化。名前の由来は、男の子が、SAPPOROの4文字で「SAPP（サップ）」。女の子は、UNIVERSITYの3

専修大学北海道短期大学　　　　北海道

文字に、「PON（ポン）」をつけて、「UNIPON（ユニポン）」。2人で札幌大学を表現している。また、「S」字の髪の毛と「U」字形のマフラーでも大学が象徴されている。札幌大学のキャラクター紹介ページ（http://www.sapporo-u.ac.jp/su40/sapp&unipon.html）に拠れば、SAPPは「いつもはやさしくおっとりしてますが、ここ一番では誰にも負けない意志と力の強さを見せます」とあり、UNIPONは「好奇心旺盛で、何にでも興味を示し自分の可能性をいつも追及しています」とある。記念制作物に記念DVD、校歌・讃歌CD、藻嶺縮刷版があり、記念グッズとしてキューピーストラップ・エコバッグ・ななめもーる・ポストカードセットなどがある。

専修大学北海道短期大学　［私立］
［所在地］〒079-0197　北海道美唄市字美唄1610-1
［TEL］0126-63-4321
［FAX］0126-63-3097
［URL］http://www.senshu-college.jp/
［設置者］学校法人専修大学
［沿革・歴史］1968（昭和43）年4月、専修大学美唄農工短期大学を開学。1973（昭和48）年4月、専修大学北海道短期大学と改称。

◇黒大豆ドン　くろだいずどん　［菓子］
専大ファームで有機無農薬栽培された黒大豆を用いてつくられた菓子。2008（平成20）年に完成し、体験工房よーいDON（美唄市）で製品化された。昔ながらの「どん菓子」はバクダンとも呼ばれ、窯の中で圧力をかけてつくられる際にドンという爆発音が聞こえることからそう呼ばれるようになったとされる。黒大豆には視力改善に効果のあるアントシアニンや更年期障害を改善するイソフラボン、強い抗酸化作用を持つサポニンなどが豊富に含まれており、健康食品として最適。

◇そば　［加工食品］
農場・専大ファーム生産の原料を使用したそば。農薬・化学肥料を用いずに栽培されている。専大ファーム生産のそばと小麦「春よ恋」、それに山陰地方奥出雲の清冽な水と塩が原料。製麺は、本田商店（島根県大原郡木次町）。専大ファームでは奥出雲そば（全層石臼挽き）として出荷。

◇韃靼そば　だったんそば　［加工食品］
　農場・専大ファーム生産の原料を使用した韃靼そば。農薬・化学肥料を用いずに栽培されている。韃靼そばには、脳出血などの予防に効果があるとされるルチンが豊富。

◇冷麦　ひやむぎ　［加工食品］
　農場・専大ファーム生産の原料を使用した冷麦。農薬・化学肥料を用いずに栽培されている。原料は、小麦「春よ恋」。製麺は、フタバ製麺（留萌市）。

拓殖大学北海道短期大学　［私立］
　［所在地］〒074-8585　北海道深川市深川町メム4558
　［TEL］0164-23-4111
　［FAX］0164-23-4411
　［URL］http://www.takushoku-hc.ac.jp/
　［設置者］学校法人拓殖大学
　［沿革・歴史］1966（昭和41）年、北海道拓殖短期大学を設置。1990（平成2）年、拓殖大学北海道短期大学と改称。

◇芽生さくらむらさき　めむさくらむらさき　［食品］
　環境農学科の石村櫻教授（現・名誉教授）の研究室で育種されたうるち種の黒米。2004（平成16）年9月、北海道で唯一栽培されている黒米・きたのむらさきから突然変異体を発見。3年の歳月をかけて固定化し、「芽生さくらむらさき」の育種に成功した。アントシアニン系の色素が、きたのむらさきの数倍もあり豊富。収穫量も増えており、今後数年間かけて種苗登録（出願番号第21581号）が完了する予定。2008（平成20）年3月に記者発表がおこなわれた。

東海大学〈札幌キャンパス〉　［私立］
　［所在地］〒005-8601　北海道札幌市南区南沢5条1-1-1
　［TEL］011-571-5111（代表）
　［URL］http://www.u-tokai.ac.jp/
　［設置者］学校法人東海大学
　［創立者］（航空科学専門学校）松前重義

東京農業大学　　　　　　　　　北海道

[キャンパス]札幌キャンパス（札幌市南区）/代々木キャンパス（東京都渋谷区）/高輪キャンパス（東京都港区）/旭川キャンパス（北海道旭川市）/湘南キャンパス（神奈川県平塚市）/伊勢原キャンパス（神奈川県伊勢原市）/沼津キャンパス（静岡県沼津市）/清水キャンパス（静岡県静岡市）/熊本キャンパス（熊本県熊本市）/阿蘇キャンパス（熊本県阿蘇郡南阿蘇村）

[沿革・歴史]1943（昭和18）年、松前重義が航空科学専門学校を開設。1944（昭和19）年3月、電波科学専門学校・電波工業学校を設置。1945（昭和20）年8月、航空科学専門学校・電波科学専門学校を統合し、東海科学専門学校と改称。1946（昭和21）年4月、東海大学を設立。

[マーク類]1992（平成4）年11月、建学50周年を機に学校法人東海大学UI検討専門委員会がコンペをおこなって決定された。学校法人東海大学の頭文字「T」を波にみたててデザインされたもの。このマークは「T・ウェーブ」という。マークは、商標登録済。

◇エコはしくん　　[食器]
北海道産の木材を利用した作り箸キット。箸作りに必要な材料がすべて揃っているため、誰でも簡単にマイ箸をつくることができる。当初は学校祭で販売するための100セット限定手作り箸キットとして企画され、空沼工房（札幌市南区）が製作、東海大学地域連携研究グループがパッケージの製作・包装作業・販売をおこなったが、好評を博したため学校祭後も継続販売されることとなった。札幌スタイル認証商品。L（男性用）・M（女性用）・S（子ども用）の3種類があり、価格は、各840円（税込）。空沼工房取り扱い。

◇南沢蜂蜜　　みなみさわはちみつ　　[調味料]
大学のある南沢で採れる良質のアカシア蜂蜜。高見養蜂場（滝川市）の協力を得た東海大学地域連携研究グループが、地域発商品として製品化したもの。アカシア蜜は蜂蜜の成分である果糖とブドウ糖のうちブドウ糖の割合が低いため、低温下でも白濁が少なく、透き通った黄金色のまま保存できるのが特徴。蜂蜜特有の匂いもなく、上品な甘さとさっぱりした味わい。価格は、145gギフトボックス入り980円（税込）。旧道茶屋（札幌市南区）取り扱い。

東京農業大学〈生物産業学部〉　[私立]

[所在地]〒099-2493　北海道網走市八坂196
[TEL]0152-48-3811
[FAX]0152-48-2940

18　事典 日本の大学ブランド商品

北海道　　　東京農業大学

［URL］http://www.nodai.ac.jp/
［設置者］学校法人東京農業大学
［創立者］(育英黌農業科)榎本武揚
［キャンパス］オホーツクキャンパス(網走市)/世田谷キャンパス(東京都世田谷区)/厚木キャンパス(神奈川県厚木市)
［沿革・歴史］1891(明治24)年、榎本武揚が育英黌農業科を創立。1893(明治26)年、東京農学校を設立。1925(大正14)年、東京農業大学を設立。

◇**網走大麦若葉青汁**　あばしりおおむぎわかばあおじる　［飲料］
　網走で栽培された大麦若葉を用いてつくられた青汁。ビタミン・ミネラルを豊富に含む二条大麦「りょうふう」の若葉を、栄養成分はそのままに乾燥させ、青汁に仕上げた。すっきりした味わいで飲みやすく、毎日の健康維持に容易に取り入れることができる。価格は、10食1050円(税込)。株式会社東京農大バイオインダストリー「東京農大たくみ屋」取り扱い。

◇**エミューオイル配合石鹸**　えみゅーおいるはいごうせっけん　［美容］
　エミューオイル配合の無添加石鹸。エミューとは、オーストラリアに生息するダチョウ目エミュー科の鳥。1990年代からエミューの飼育をすすめた生物産業学部食品科学科・渡部俊弘教授は、2004(平成16)年に東京農業大学発ベンチャー企業として株式会社東京農大バイオインダストリーを設立。エミューに関する商品の販売を開始した。エミューオイル配合石鹸もそのなかで開発された商品。エミューオイルの保湿成分が潤いを保つ。身体を洗う時ばかりでなく、洗髪用の石鹸としても使用が可能。防腐剤無添加のため、乳幼児や敏感肌の人でも安心して使用できる。価格は、3個セット2700円(税込)、6個セット5000円(税込)。株式会社東京農大バイオインダストリー「東京農大たくみ屋」取り扱い。

◇**エミュー生どら焼き**　えみゅーなまどらやき　［菓子］
　エミューの卵を使用した生どら焼き。エミューの卵の大きさ・重さは鶏卵の数倍で、独特の弾力性を有する。エミュー生どら焼きは、その卵、北海道産小麦粉、オホーツク海沖の海洋深層水を用い、すがの商店(網走郡大空町)の職人によって一枚ずつ手焼きされている。膨張剤以外の添加物は使われていない。大きさは一般的などらやきの1.5倍ほど。表面には「東京農大」の焼印が施され、なかには小豆クリームが挟まれている。日本でのエミューの産卵は、11月後半～4月初頭までの約5ヶ月間と限られるため、期間限定の商品。2008(平成20)年2月の「小学館DIME主催・大学は美味しい」(開催：新宿高島屋)では、およそ1万個を売り上げた。価格は、10個入り3150円(税込)。株

事典 日本の大学ブランド商品　19

式会社東京農大バイオインダストリー「東京農大たくみ屋」取り扱い。

◇エミューの卵（殻）　えみゅーのたまご（から）　［美術］
エミューの卵の殻。エミューはアフリカ原産で、世界で2番目に背の高い鳥類。飼育が容易で、肉、卵はもちろん羽毛、皮、骨にいたるまで有効活用できるため、生物産業学部ではエミューの飼育方法と畜産品の商品化を目指して研究がすすめられている。これまで「エミュー生どら焼き」や「エミュープリン」が発売されてきた。菓子に使用されるのは卵の中身であるが、外の殻も加工用材料として注目されている。特徴ある深い緑色を帯びた殻は、エッグアートなどの素材として最適。

◇エミュープリン　［菓子］
エミューの卵を使用した白いプリン。牛乳ビン型容器入り。エミューの卵の大きさ・重さは鶏卵の数倍で、独特の弾力性を有する。そのエミューの卵と網走牛乳を原料に、オホーツク産にこだわって製造した。鶏卵でつくられたプリンよりも固く、むしろババロアに近い食感が特徴である。日本でのエミューの産卵は、11月後半〜4月初頭までの約5ヶ月間と限られるため、期間限定の商品。価格は、1260円（税込）。株式会社東京農大バイオインダストリー「東京農大たくみ屋」取り扱い。

◇エミューモイスチャーオイル　［美容］
保湿用オイル。エミューから採取したエミューオイルとオーストラリア産マカダミアンナッツオイルのみを配合した天然素材オイル。エミューオイルは、動物性だが植物性に近く、オイルのべたつきがほとんどない。マカダミアンナッツオイルは、植物性で保湿効果が高く、人間の皮脂中に存在するパルミトオレイン酸を豊富に含んでいるため、皮膚になじみやすい。こうした特徴を持つため、乾燥肌や敏感肌の人の使用に適する。化粧の下地としても使用でき、天然ビタミンEにより日やけも防ぐことができる。添加物は不使用。価格は、1本（30ml）5000円（税込）、3本セット1万4000円（税込）。株式会社東京農大バイオインダストリー「東京農大たくみ屋」取り扱い。

◇エミューモイスチャークリーム　［美容］
保湿用クリーム。エミューオイルは、動物性だが植物性に近く、オイルのべたつきがほとんどない。またマカダミアンナッツオイルは、植物性で保湿効果が高く、人間の皮脂中に存在するパルミトオレイン酸を豊富に含んでいるため、皮膚になじみやすいのが特徴。これらの原料のほかスクワランオイルなどを配合することで、保湿効果の高いクリームに仕上げられた。価格は、1個3500円（税込）。株式会社東京農大バイオインダストリー「東京農大たく

み屋」取り扱い。

◇**大麦若葉ロールケーキ**　おおむぎわかばろーるけーき　［菓子］
網走特産の大麦若葉を使用したロールケーキ。網走市との共同参画により生まれた商品である。粉末加工した大麦若葉を生地に練りこみ、パン店「ダニエル・ドゥ・ノゥ」（網走市）と提携して製造した。生クリーム・マスカルポーネチーズ・十勝産小豆を混ぜ合わせたこだわりのクリームが入って和風テイストに仕上がっている。価格は、10切2500円（税込）。株式会社東京農大バイオインダストリー「東京農大たくみ屋」取り扱い。

◇**コレカット**　［飲料］
天然の食物繊維を多く含む飲料。多年に及び昆布の水溶性食物繊維アルギン酸ナトリウム研究を進めてきた食品科学科（2010年4月から食品香粧学科に変更予定）・西澤信教授が、特許素材「低分子化アルギン酸ナトリウム＝ソルギン」を開発。コレカットは、その特許素材を用いて株式会社カイゲン（大阪府大阪市中央区）が製造、商品化した。海草由来の食物繊維であるアルギン酸は、食物繊維が不足しがちな現代人の食生活の改善に役立つ成分。腹部の調子を整える効果、コレステロールにも効果的な働きをするため、特定保健用食品として認められている。カロリーOFFのレモン味飲料。アルギン酸4g配合。価格は、コレカットレモン（1缶150g×30缶）6300円（税込）。株式会社カイゲン取り扱い。なお、飲料としての「コレカット」は、1998（平成10）年5月に商標登録済（第4151491号）。権利者は、株式会社カイゲン。

◇**昆布「仮根」ガニアシ**　こんぶかこんがにあし　［食品］
北海道が高い収穫量を誇る昆布の仮根（ガニアシ）。仮根とは、昆布が海底の岩場に張りつくための器官で、カニの足に似ているためガニアシと呼ばれる。非常に硬く食用にならないことから、以前は、昆布養殖の現場で廃棄処分されていた。約20年にわたり食品科学科（2010年4月から食品香粧学科に変更予定）・西澤信教授が昆布の仮根を研究した結果、仮根には食物繊維のアルギン酸やミネラルが豊富であることが判明。どちらも昆布のおよそ2倍含有。いまも大学の研究所や製薬会社などによって構成される「ガニアシ研究会」で、ガニアシの研究が進められている。現在、株式会社カイゲン（大阪府大阪市中央区）との共同調査開発によるサプリメントが販売されている。価格は、ガニアシフコイダン（360カプセル）3万6750円（税込）。株式会社カイゲン取り扱い。

◇**鮭太郎・鱒次郎**　さけたろう・ますじろう　［調味料］
魚醤油。北海道内でも上位の鮭・鱒水揚げ量を誇る網走。1999（平成11）年、

網走第一水産加工業協同組合（網走市）は、豊かな水産資源を有効活用すべく魚醤油の製造に着手。食品科学科（2010年4月から食品香粧学科に変更予定）・永島俊夫教授率いる研究開発チームも積極的に協力し、魚醤油を開発した。鮮度を保つため水揚げ当日に急速冷凍した鮭・鱒のみを使用。旨味成分であるグルタミン酸を多く含む。頭や内臓は一切使用せず身の部分だけを用いる。米麹を加え発酵させたこいくちと、米麹を使用しないうすくちがある。価格は、鱒次郎（こいくち 120ml）450円、鱒次郎（うすくち 120ml）450円、鮭太郎（こいくち 120ml）450円、鮭太郎（うすくち 120ml）450円（すべて税込）。株式会社東京農大バイオインダストリー「東京農大たくみ屋」取り扱い。

◇**鮭とば**　さけとば　［加工食品］
鮭のアラを発酵させてつくられた魚醤。食品科学科（2010年4月から食品香粧学科に変更予定）・永島俊夫教授がこれまで活用されてこなかった鮭のアラを発酵させることによって開発した。魚醤油（鮭太郎）をもとにしたタレに網走産の鮭の切り身を漬けこみ、乾燥させることでできる。北海道を代表する珍味としても有名。価格は、4袋セット2000円（税込）。株式会社東京農大バイオインダストリー「東京農大たくみ屋」取り扱い。

◇**鹿肉しゃぶしゃぶ**　しかにくしゃぶしゃぶ　［食品］
エゾシカのしゃぶしゃぶ肉。生物生産学部生物生産学科・増子孝義教授率いる研究チームは、コンソーシアムをつくり「エゾシカ学」に取り組んでいる。生態調査から、皮や食用肉の商品化、流通までを研究するプログラム。このプログラムではエゾシカ肉の高タンパク・低カロリー・高鉄分という特長を活用すべく「養鹿」という飼育方法を提案。近年食用肉として注目をあつめているエゾシカ肉の品質を均一の肉質にすることが、その狙い。このエゾシカ肉製造に株式会社知床エゾシカファーム（斜里郡斜里町）が取り組んでいる。育成・加工等は自社工場でおこなうため安心・安全。知床エゾシカしゃぶしゃぶ250g 2パックセット3800円（税込・送料込）。東京農大バイオインダストリー「オホーツク・網走産直みのり屋」取り扱い。

◇**天才ビートくんシロップ**　てんさいびーとくんしろっぷ　［加工食品］
北海道産てん菜の黒糖シロップ。以前は、黒糖といえば沖縄産サトウキビから生産されるもののことで、甜菜の黒糖は存在しなかった。北海道ビート黒糖株式会社（網走市）は、北海道産甜菜から黒糖をつくるべく食品科学科（2010年4月から食品香粧学科に変更予定）・永島俊夫教授と技術連携。試行の結果、免疫力を高める効果があるといわれるラフィノースや、脂肪とコレステロールの代謝に作用するといわれているイノシトールが豊富に含まれる、甜菜黒糖の製品化に成功した。ホタテの貝から抽出したカルシウムを使用している

のも特徴。価格は、300gで450円（税込）。株式会社東京農大バイオインダストリー「東京農大たくみ屋」取り扱い。

◇長芋入りメロンパン　ながいもいりめろんぱん　［加工食品］
網走産の長芋を練り込んだメロンパン。原材料には網走産の長芋や北海道産の小麦やビート糖が用いられている。製造は、ダニエル・ドゥ・ノウ（網走市）。価格は、10個入り2100円（税込）。株式会社東京農大バイオインダストリー「東京農大たくみ屋」取り扱い。

◇農大オリジナルクッキー　のうだいおりじなるくっきー　［菓子］
和製ハッカを用いてつくられるクッキー。北見の薄荷草は、1901（明治34）年頃持ち込まれた和種ハッカと呼ばれるもので、最盛期には世界市場の約70％を北見産の薄荷が占めるほどの名産品であった。しかし、第2次世界大戦後、海外産の安い薄荷の進出や合成薄荷（ミント）の出現などにより衰退。現在は栽培農家もわずかになっている。農大オリジナルクッキーは、貴重な和種ハッカの結晶を溶かし、北海道産小麦の生地に練りこんで焼き上げ、そこにホワイトチョコレートを挟んだもの。ヴァンノワールの鈴木製菓（北見市）が製造しているチョコレート生地にミルクチョコレートを挟んだものとの詰め合わせで販売。価格は、3箱セット（1箱12枚入り）2100円（税込）。株式会社東京農大バイオインダストリー「東京農大たくみ屋」取り扱い。

◇農大特性オリジナルジャム　のうだいとくせいおりじなるじゃむ　［菓子］
食品科学科（2010年4月から食品香粧学科に変更予定）・永島俊夫教授のもとで開発された保存料なしのジャム。アプリコット・オレンジマーマレード・ストロベリー・ブルーベリーなどがある。

◇マスせんべい　［菓子］
食品資源開発学研究室・永井毅教授率いる開発チームと横山蒲鉾店（網走市）が、3年かけて開発したマスのせんべい。北海道におけるカラフトマスの漁獲量のおよそ半分は、網走や斜里などのオホーツク南部海域で獲れたもの。その網走を代表する魚・マスがおよそ50％も練りこまれる。魚をすり身に加工する際、通常水さらしという材料の臭いを抜く工程があるが、これをあえて省き、水さらしなしでも臭みを抜く方法を開発。水さらしで失われていた味や栄養分を損なわない、マス本来の良さがわかる揚げせんべいの完成となった。価格は、3箱セット2200円（税込）。株式会社東京農大バイオインダストリー「東京農大たくみ屋」取り扱い。

藤女子大学　　　　　　　　　北海道

◇**モイスチャー洗顔フォーム**　もいすちゃーせんがんふぉーむ　［美容］
　エミューオイル3％配合の洗顔フォーム。オイル配合成分は1％以下という配合が業界の常識とされるが、それを覆した商品。エミューオイルに含まれるオレイン酸やリノール酸などの天然成分によって潤いが保たれる。価格は、3000円（税込）。株式会社東京農大バイオインダストリー「東京農大たくみ屋」取り扱い。

藤女子大学　［私立］

　［所在地］〒001-0016　北海道札幌市北区北16条西2丁目
　［TEL］011-736-0311
　［URL］http://www.fujijoshi.ac.jp/
　［設置者］学校法人藤学園
　［創立者］（藤学園）ヴェンツェスラウス・キノルド、クサヴェラ・レーメ
　［キャンパス］北16条キャンパス（札幌市北区）／花川キャンパス（石狩市）
　［沿革・歴史］1961（昭和36）年4月、藤女子大学を開設。

◇**いしかりタコ茶漬け**　いしかりたこちゃづけ　［加工食品］
　石狩市の特産品であるタコを使用したタコ茶漬け。石狩青年会議所の依頼を受け、石狩市にキャンパスがある人間生活学部食物栄養学科・池田隆幸教授のゼミで学生たちが企画、50種類の試作を経て商品化された。ご飯の上に柔らかく煮たタコやほぐした焼鮭、野菜を乗せ、だし汁をかける。石狩市内数店舗で食べることができるほか、家庭でも気軽に楽しんでもらえるようにとレシピも公開されている。「いしかりお茶漬け音頭」もつくられた。

◇**カナストーリー**　［飲料（酒類）］
　女子大生の感性をいかしたピンク色の発泡酒。石狩市の地域振興を目的として、地ビール製造の株式会社日本地麦酒工房（石狩市）と藤女子大学によって共同開発された。開発に協力したのは石狩市にキャンパスがある人間生活学部の食物栄養学科・池田隆幸教授と、食物栄養学科および人間生活学科に当時在籍していた女子大生約30名。味はもちろんラベルやネーミングについても共同開発をおこなった。色は、石狩産のシソの果汁でピンク色に着色。ラベルには四つ葉のクローバーがあしらわれている。カナストーリーの「カナ」は、イエスが出席した婚礼の場所に由来。2006（平成18）年12月から発売されている。折しもその頃、石狩市北部の厚田公園展望台が「恋人の聖地」に選

ばれたこともあり、石狩をいろどる商品となった。価格は、1本（330ml入り）380円（税込）。株式会社日本地麦酒工房取り扱い。北海道の空港売店でも販売されている。

◇**北海道いしかりバーガー**　ほっかいどういしかりばーがー　［加工食品］
石狩市の特産品を使用したハンバーガー。石狩市にキャンパスがある人間生活学部食物栄養学科の学生たちが商品化に協力し、2007（平成19）年12月に完成した。北海道いしかりバーガーFC事務局（石狩市）による北海道いしかりバーガー統一バーガーの定義（http://www.bulldog.co.jp/gotochi/ishikariburger/index.html）には、「1.バンズは石狩産の小麦粉『春よ恋』を100％使用し、市内で製造。2.統一バーガーのパテは高級ブランド豚『望来豚』※と道内産牛の合挽き、石狩産のタコを使う。3.石狩産の野菜を出来るだけ使用する。4.ソースはブルドックソース社製の特製オリジナルソースとする。」とあり、地産地消を指向した商品。石狩市では、この統一バーガーのはか、各店オリジナルのハンバーガーが販売されている。

北星学園大学　［私立］

［**所在地**］〒004-8631　北海道札幌市厚別区大谷地西2-3-1
［**TEL**］011-891-2731
［**URL**］http://www.hokusei.ac.jp/
［**設置者**］学校法人北星学園
［**創立者**］（スミス女学校）サラ・クララ・スミス
［**沿革・歴史**］1962（昭和37）年、北星学園大学を設立。
［**マーク類**］1991（平成3）年、開学30周年記念事業の一環として校章を制定。全体の形は校花であるライラックを表現したもので、中央の星は北星学園の象徴と教育の殿堂を示す。美術家・矢崎勝美によるデザイン。

◇**北星学園大学オリジナルワイン**　ほくせいがくえんだいがくおりじなるわいん　［飲料（酒類）］
経済学部経営情報学科・西脇隆二教授のゼミがつくったワイン。良質な醸造用ぶどうの生産量を誇る北海道で、『ワイン王国　北海道』のブランドづくりを目標に、2009（平成21）年4月、ゼミの活動としてオリジナルワイン醸造プロジェクトがスタート。鶴沼ワイナリー（樺戸郡浦臼町）の協力を得、ぶどうを栽培・収穫。北海道ワイン株式会社（小樽市）での醸造・製品化を経て、2009（平成21）年11月中旬に完成した。赤ワインに合うセーベル13053をブドウ品

種として使用。500本(250セット)の限定販売商品。価格は、2本1セット3150円(税込)。学生が編集したワイン解説本付き。北星学園大学取り扱い。

北海道教育大学　［国立］

［所在地］〒002-8501　北海道札幌市北区あいの里5条3-1-3
［TEL］011-778-0206
［URL］http://www.hokkyodai.ac.jp/
［設置者］国立大学法人北海道教育大学
［キャンパス］札幌校(札幌市北区)/函館校(函館市)/旭川校(旭川市)/釧路校(釧路市)/岩見沢校(岩見沢市)
［沿革・歴史］1949(昭和24)年5月、北海道第一師範学校・北海道第二師範学校・北海道第三師範学校・北海道青年師範学校を統合し、北海道学芸大学を設置。1966(昭和41)年4月、北海道教育大学と改称。2004(平成16)年4月、国立大学法人北海道教育大学となる。
［マーク類］シンボルマークは、創立50周年を記念して制定されたもの。愛称ヒューマーク。大学の英字表記「Hokkaido University of Education」の頭文字「hue」を取ったもの。右側の5つの星は、大学の5校を表している。2007(平成19)年11月、商標登録済(第5087763号)。

◇北海道教育大学5キャンパスご当地ラーメン　ほっかいどうきょういくだいがくごきゃんぱすごとうちらーめん　［加工食品］
　北海道教育大学の5つのキャンパス(旭川・岩見沢・釧路・札幌・函館)のご当地ラーメンをセットにした商品。2007(平成19)年2月から販売。セット内容は、旭川豚骨醤油らーめん・岩見沢ピリ辛らーめん・釧路昔風醤油らーめん・札幌味噌らーめん・函館塩らーめん。それぞれ特徴ある風味が楽しめる。価格は、1セット1050円(税込)。北海道教育大学生活協同組合取り扱い。

北海道大学　［国立］

［所在地］〒060-0808　北海道札幌市北区北8条西5丁目
［TEL］011-716-2111
［URL］http://www.hokudai.ac.jp/
［設置者］国立大学法人北海道大学

北海道　　　　　　　　　　　　北海道大学

［キャンパス］札幌キャンパス（札幌市北区）/函館キャンパス（函館市）
［沿革・歴史］1869（明治2）年7月、開拓使を設置。1872（明治5）年4月、開拓使仮学校が開校。1875（明治8）年7月、札幌学校と改称。1876（明治9）年8月、札幌農学校と改称。1907（明治40）年6月、東北帝国大学農科大学と改称。1918（大正7）年4月、北海道帝国大学農科大学と改称。1919（大正8）年2月、北海道帝国大学農学部と改称。1947（昭和22）年10月、北海道大学と改称。2004（平成16）年4月、国立大学法人北海道大学となる。
［マーク類］1996（平成8）年9月、同年が1876（明治9）年の札幌農学校から創基120周年にあたることから、1950（昭和25）年の公募入選作品を修正を加え、正式にシンボルマークとして決定。校内に自生しているユリ科の多年草・エンレイソウを図案化したもの。ロゴタイプと合わせたロゴマークもある。また、2006（平成18）年4月、広報活動の一環として「コミュニケーションマーク」を制定、大学オリジナルグッズに付して使用している。同年が創基130周年にあたることから、北海道大学の位置を中心に北海道を130度回転させた軌跡のデザインとなっている。2007（平成19）年1月商標登録済（第5017093号）。

◇エンレイソウネクタイ　［服装］
　北海道大学認定オリジナルグッズ。北海道大学のシンボルマークにも描かれているオオバナノエンレイソウを、大学の森を表現している深い緑色の生地にあしらったデザイン。デザインのコンセプトは、北海道大学生活協同組合のウェブサイト（http://www.hokudai.seikyou.ne.jp/ordergoods/univ/univ-item_other.html）に拠れば、「過去・現在・未来へと脈々と続く、生命と精神の連続性の象徴」。長さは144cmと長め。価格は、6800円（税込）。北大交流プラザ「エルムの森」内「エルムの森ショップ」オンラインショップ取り扱い。

◇置時計　おきどけい　［記念品］
　北海道大学認定オリジナルグッズ。盤面にコミュニケーションマークがあしらわれている。色は、黒と濃茶の2種類。価格は、それぞれ3675円（税込）。北大交流プラザ「エルムの森」内「エルムの森ショップ」オンラインショップ取り扱い。

◇オリジナルキャンパスバッグ　［日用雑貨］
　北海道大学認定オリジナルグッズ。左下にコミュニケーションマークが入っており、その右側に「HOKKAIDO UNIVERSITY」の文字がある。色は、赤・黒・白・緑の4種類。価格は、それぞれ630円。北大交流プラザ「エルムの森」内「エルムの森ショップ」オンラインショップ取り扱い。

北海道大学　　　　　　　　　北海道

◇ガゴメコンブ　［食品］
　フコイダンを多く含む昆布。ガゴメはコンブ目コンブ科トロロコンブ属の海藻で、函館沿岸でとれる。大学院水産科学研究院・安井肇准教授の研究によって、このガゴメコンブに、ガンを抑制する効能を持つフコダインのほか健康によいとされるアルギン酸やラミナランが大量に含まれることがわかり、健康食品として注目を集めるようになった。2003（平成15）年、文部科学省都市エリア産学官連携促進事業（函館エリア）に認定。フコイダン抽出・精製技術などについての共同研究が進められ、数十社がガゴメコンブを函館の地域資源として活用すべく参加。現在では、さまざまな商品が開発され、販売されている。

◇札幌農學校　さっぽろのうがっこう　［菓子］
　北海道大学認定オリジナルグッズ。北海道産ミルクをふんだんに使用した風味豊かな純北海道産ミルククッキー。商品名の由来である札幌農学校は、1876（明治9）年8月に開校した学校で、北海道大学の前身。「フロンティア精神」「国際性の涵養」「全人教育」「実学の重視」の教育理念をかかげた。価格は、札幌農學校3枚入り147円（税込）、12枚入り525円、15枚入り882円、24枚入り1050円、30枚入り1680円、48枚入り2100円、BOOK型スペシャル60枚入り3675円（すべて税込）。製造は、洋菓子きのとや（札幌市東区）。洋菓子きのとや、北大交流プラザ「エルムの森」内「エルムの森ショップ」オンラインショップ取り扱い。なお、「札幌農學校」は、2007（平成19）年1月に商標登録済（第5017053号）。権利者は、きのとや製菓株式会社。

◇水産放浪歌　すいさんほうろうか　［記念品］
　水産学部の実習に使われていた訓練用カッターの木を用いてつくられたオルゴール。ケヤキ製のものはシリアルナンバー入りで、30台の限定生産商品。価格は、1万5000円（税込）。札幌キャンパスのハルニレでつくられたシリアルナンバーなしのタイプは、1万3000円（税込）。北大交流プラザ「エルムの森」内「エルムの森ショップ」取り扱い。

◇総合博物館オリジナルグッズ　そうごうはくぶつかんおりじなるぐっず　［大学グッズ］
　北海道大学総合博物館のオリジナルグッズ。北海道大学総合博物館は、1999（平成11）年に開館。世界的にも貴重な学術標本や資料が多数所蔵されている。その貴重な標類のなかでも最もよく知られるデスモスティルスの骨格標本や、札幌農学校初代教頭・クラーク博士をデザインに用いた商品を中心に、下記のものなどが販売されている。博物館オリジナル置時計（デスモスティルス柄／クラーク柄）各3150円、博物館オリジナル懐中時計（クラーク柄／デス

モスティルス柄)各3150円、博物館オリジナル角型キーホルダー(クラーク柄/デスモスティルス柄/博物館柄/アンモナイト柄)各600円、博物館オリジナルデスモスティルス耳かき525円、博物館オリジナルデスモスティルスボールペン525円、博物館オリジナルデスモスティルスシャープペン525円、博物館オリジナルデスモスティルス根付ストラップ525円、博物館オリジナルデスモスティルスビーズストラップ525円、バンダナ(デスモスティルス柄 青・赤・黒・緑の4色)各700円、木製キーホルダー(デスモスティルス柄/クラーク柄)各450円、このほか、株式会社小六(札幌市豊平区)製造の新渡戸稲造グッズもある。ストラップ(革ひも)630円、ビーズストラップ630円、ブックマーカー630円(価格はすべて税込)。北海道大学総合博物館ミュージアムショップ取り扱い。

◇**永遠の幸** とこしえのさち ［加工食品］
北海道大学認定オリジナルグッズ。農学部畜産科学科の学生が実習でつくっているハム・ソーセージは、高い評価を受けながらも製造量が少ないため、「幻のハム・ソーセージ」と呼ばれてきた。50年に及ぶ研究室での研究の成果が蓄積されたハム・ソーセージの製造法を、大金ハム株式会社(札幌市中央区)が再現。製品化されたものが永遠の幸である。その名は、北海道大学前身・札幌農学校卒業生の有島武郎(1878〜1923)が在学中の1901(明治34)年に作詞した札幌農学校歌「永遠の幸」に由来。北海道産豚ロース肉を冷温長期熟成。2週間かけてロースハムが仕上げられる。価格は、ロースハム1本(650g)5250円、プレスハム1本(650g)3465円、ロースハム&プレスハム詰め合わせ(各650g 2本入り)8715円(すべて税込)がある。北大交流プラザ「エルムの森」内「エルムの森ショップ」オンラインショップ取り扱い。

◇**新渡戸稲造BUSHIDOキャラメル** にとべいなぞうぶしどうきゃらめる ［菓子］
缶入りのキャラメル。北海道大学の前身・札幌農学校の2期生で、旧五千円札の肖像になった新渡戸稲造(1862〜1933)。1900(明治33)年に英語で書いた『武士道』は、日本人の精神性を世界に知らしめた一冊。その本をデザインした缶にキャラメルが詰められている。製造は、株式会社小六(札幌市豊平区)。価格は、バターキャラメル8個缶入り630円(税込)。北海道大学総合博物館館長監修による武士道精神をまとめた小冊子も入っている。北海道大学生活協同組合取り扱い。

◇**函館がごめ雑炊** はこだてがごめぞうすい ［加工食品］
フリーズドライの雑炊の素。北海道大学・北海道立工業技術センター(函館市)と海藻技術研究所アルガテックKyowa(函館市)が共同で開発した産官学

連携商品である。がごめ昆布の持つ独特のとろみには、生活習慣病予防に役立つフコイダン、アルギン酸などのミネラルが豊富に含まれている。函館がごめ雑炊は、独自の栽培法でとろみを増したがごめ若葉からつくられており、食器に移してさっと湯を注ぐだけで雑炊ができあがる。価格は、1箱10個入2625円（税込）。共和コンクリート工業株式会社海洋水産部（札幌市北区）取り扱い。

◇はすかっぷちゃん　［キャラクター（図書館）］
北海道大学学術成果コレクションのキャラクター。このコレクションは、北海道大学の研究者や大学院生たちが著した学術論文・学会発表資料・教育資料などを公開する機関リポジトリ。そのマスコットキャラクターとして2005（平成17）年に生まれたのが、はすかっぷちゃん。学術成果コレクションはHUSCAP（はすかっぷ）と呼ばれることからこの名前がついた。北海道大学附属図書館のキャラクター紹介ページ（http://eprints.lib.hokudai.ac.jp/character_info.html）に拠れば、「出身：エルムの森　誕生日：2005年7月20日　好物：ハスカップ　趣味：園芸　特技：おすまし、美味しいハスカップを見分けること　性格：HUSCAPとハスカップのことばかり考えてまったり暮らしているトリ。北大の先生たちの笑顔とハスカップの収穫が最大の喜び。」とある。

◇北晨寮逍遙歌　ほくしんりょうしょうようか　［記念品］
水産学部の実習に使われていた訓練用カッターの木を用いてつくられたオルゴール。ケヤキ製のものはシリアルナンバーが入っている限定生産商品。20台限定。価格は、1万5000円（税込）。札幌キャンパスのハルニレでつくられたシリアルナンバーなしのタイプは、1万3000円（税込）。北大交流プラザ「エルムの森」内「エルムの森ショップ」取り扱い。

◇北大のハルニレで作ったお箸　ほくだいのはるにれでつくったおはし
［食器］
北海道大学認定オリジナルグッズ。男性用サイズのL（9mm角　長さ220mm）・女性用サイズのM（9mm角　長さ200mm）・子ども用サイズのKIDS（9mm角　長さ160mm）の3種類がある。価格は、いずれも1600円（税込）。北大交流プラザ「エルムの森」内「エルムの森ショップ」オンラインショップ取り扱い。

◇北大のハルニレボタンのお箸袋　ほくだいのはるにれぼたんのおはしぶくろ　［食器］
北海道大学認定オリジナルグッズ。北大のハルニレで作ったお箸（前出）を入れるための箸袋。マイ箸の携帯用として便利。価格は、800円（税込）。北大交流プラザ「エルムの森」内「エルムの森ショップ」オンラインショップ取り

扱い。

◇**BOXティッシュ**　［日用雑貨］
　北海道大学認定オリジナルグッズ。クラーク博士やポプラ並木など、北海道大学を想起させるイラストが多数盛り込まれている。卒業生がデザインした。価格は、1箱（300枚 150組）200円（税込）。北大交流プラザ「エルムの森」内「エルムの森ショップ」オンラインショップ取り扱い。

◇**ポプラ並木（大吟醸）**　ぽぷらなみき（だいぎんじょう）　［飲料（酒類）］
　北海道大学認定オリジナルグッズ。吟醸酒。原料米には北海道産「吟風」が用いられているが、北方生物圏フィールド科学センター生物生産研究農場で生産されたきらら397も使用されている。北方生物圏フィールド科学センター森林圏ステーション苫小牧研究林に湧出する清冽な水も用いられている。米本来の旨み成分が引き出されている。醸造は、日本清酒株式会社（札幌市中央区）。価格は1本（500ml）2500円（税込）。北大交流プラザ「エルムの森」内「エルムの森ショップ」オンラインショップ取り扱い。なお、「ポプラ並木」は、2007（平成19）年1月に商標登録済（第5019142号）。権利者は、日本清酒株式会社。

◇**ポプラ並木（特別純米）**　ぽぷらなみき（とくべつじゅんまい）　［飲料（酒類）］
　北海道大学認定オリジナルグッズ。純米酒。原料米には北海道産「吟風」が用いられているが、北方生物圏フィールド科学センター生物生産研究農場で生産されたきらら397も使用されている。北方生物圏フィールド科学センター森林圏ステーション苫小牧研究林に湧出する清冽な水も用いられている。米本来の旨み成分が引き出されている。醸造は、日本清酒株式会社（札幌市中央区）。価格は、1本（500ml）2000円（税込）。北大交流プラザ「エルムの森」内「エルムの森ショップ」オンラインショップ取り扱い。なお、「ポプラ並木」は、2007（平成19）年1月に商標登録済（第5019142号）。権利者は、日本清酒株式会社。

◇**ポプラの黒板消しストラップ**　ぽぷらのこくばんけしすとらっぷ　［日用雑貨］
　北海道大学認定オリジナルグッズ。携帯電話用のストラップ。2004（平成16）年の台風で被害を受け、倒木してしまったポプラ材を利用してつくられた。ストラップにミニサイズの黒板消しがついており、携帯電話の画面などを拭いてきれいにすることができる。有限会社三島木工（札幌市南区）の職人で、大学の卒業生でもある三島千枝氏が、ひとつひとつ手づくりした。黒板消し

の表面に、コミュニケーションマークが入っている。価格は、1200円(税込)。学内限定販売。北大交流プラザ「エルムの森」内「エルムの森ショップ」オンラインショップ取り扱い。

◇マグカップ　［食器］
　北海道大学認定オリジナルグッズ。白地のマグカップ。緑色のコミュニケーションマークがあしらわれている。価格は、980円(税込)。北大交流プラザ「エルムの森」内「エルムの森ショップ」オンラインショップ取り扱い。

◇都ぞ弥生　みやこぞやよい　［記念品］
　北海道大学認定オリジナルグッズ。北海道大学のハルニレ材を使用してつくられたオルゴール。曲目は、恵迪寮歌「都ぞ弥生」。価格は、9800円(税込)。過去には、2004(平成16)年の台風18号により倒れたポプラ材を使用したシリアルナンバー入りの限定品も販売された(すでに完売)。なお、高等教育機能開発総合センター裏に都ぞ弥生の歌碑がある。

◇雪の天使たち(梅酒)　ゆきのてんしたち(うめしゅ)　［飲料(酒類)］
　北海道大学認定オリジナルグッズ。日本酒ベースの梅酒。低温科学研究所の雪の結晶を瓶のデザインに取り入れている。原料米は吟風。醸造は、日本清酒株式会社(札幌市中央区)。価格は、1本(180ml入り)800円(税込)。北大交流プラザ「エルムの森」内「エルムの森ショップ」オンラインショップ取り扱い。なお、「雪の天使たち」は2007(平成19)年1月に商標登録済(第5019143号)。権利者は、日本清酒株式会社。

◇雪の天使たち(ブルーベリーリキュール)　ゆきのてんしたち(ぶるーべりーりきゅーる)　［飲料(酒類)］
　北海道大学認定オリジナルグッズ。日本酒ベースのブルーベリーリキュール。低温科学研究所の雪の結晶を瓶のデザインに取り入れている。北海道産ブルーベリーとビートオリゴ糖を多く含んでいる。ブルーベリーは、眼精疲労の回復に効果があり、食物繊維も豊富。原料米は、吟風。醸造は、日本清酒株式会社(札幌市中央区)。価格は、1本(180ml入り)800円(税込)。北大交流プラザ「エルムの森」内「エルムの森ショップ」オンラインショップ取り扱い。なお、「雪の天使たち」は2007(平成19)年1月に商標登録済(第5019143号)。権利者は、日本清酒株式会社。

◇北海道大学認定オリジナルグッズ(文房具)　ほっかいどうだいがくにんていおりじなるぐっず(ぶんぼうぐ)　［文房具］
　北海道大学認定オリジナルグッズ。どの文房具にもシンボルマークやコミュニケーションマークなどがあしらわれている。商品としては、エンレイソウアル

ミクリップ(3個入り)400円、A4クリアファイル2枚セット(シンボルマーク・北大コミュニケーションマーク各1枚)240円、クリップオンマルチボールペン200円、ジムノックボールペン126円、ジムメカシャープペン0.5mm126円、A4ノート200円、ハルニレシャープペン2680円、ハルニレボールペン2680円、ピュアモルトシャープペン(ナチュラル・ダークブラウン)各1260円、ピュアモルトボールペン(ナチュラル・ダークブラウン)各1260円、木製定規399円、B7リングメモ(100枚入)294円などがある(価格はすべて税込)。北大交流プラザ「エルムの森」内「エルムの森ショップ」オンラインショップ取り扱い。

◇**北海道大学認定オリジナルグッズ(ミズナラグッズ)** ほっかいどうだいがくにんていおりじなるぐっず(みずならぐっず)　[大学グッズ]

北海道大学認定オリジナルグッズ。北方生物圏フィールド科学センター森林圏ステーション雨龍研究林(雨竜郡幌加内町)のミズナラの木でつくられた木工品。すべてのミズナラグッズにコミュニケーションマークの刻印がある。現在の在庫がなくなり次第、順次販売終了となる。商品としては、イヤリングケース2900円、ウッディコンパススケール2200円、ウッディコンパスDX3200円、カードケース3400円、卓上名刺入れ3700円、ペントレイ3400円、メイクミラーS3900円、デスククロック(ハウス/アーチ)各6600円、テープカッターS6500円、ペーパーキャッチSTD600円、メガネ受け2900円、UCペンシルケース2600円、UCペントレイ1900円、リップミラー(丸型/四角)各1300円(すべて税込)がある。北大交流プラザ「エルムの森」内「エルムの森ショップ」オンラインショップ取り扱い。

北海道薬科大学　[私立]

[所在地]〒047-0264　北海道小樽市桂岡町7-1
[TEL]0134-62-5111
[FAX]0134-62-5161
[URL]http://www.hokuyakudai.ac.jp/
[設置者]学校法人北海道尚志学園
[創立者](自動車運転技能教授所)伏木田隆作
[沿革・歴史]1974(昭和49)年5月、北海道薬科大学が開学。
[マーク類]開学30周年の記念行事の一環として新学章を制定。柳の葉(薬学・薬のイメージ)と星(北海道・雪のイメージ)および大学の英名表記を連ねた輪のなかに、英字表記の頭文字である「HPU」が配されている。

酪農学園大学　　　　　　　　　　北海道

◇**ハーブ入りタイムクッキー**　はーぶいりたいむくっきー　［菓子］
　薬用植物園で栽培されたハーブを使った焼菓子。製造は、洋菓子工房きつねのオーブン（札幌市手稲区）。タイムクッキーは、2008（平成20）年秋より試験販売として少量の生産・販売がなされてきたが、2009（平成21）年1月に、新レシピで大幅リニューアル。洋菓子工房きつねのオーブン取り扱い。

酪農学園大学　［私立］

　［所在地］〒069-8501　北海道江別市文京台緑町582
　［TEL］011-386-1111
　［FAX］011-386-1214
　［URL］http://www.rakuno.ac.jp/
　［設置者］学校法人酪農学園
　［創立者］（酪農学園）黒沢酉蔵
　［沿革・歴史］1933（昭和8）年、北海道酪農義塾を開校。1960（昭和35）年、酪農学園大学を開校。
　［マーク類］2007（平成19）年9月、商標登録済（第5079463号）。

◇**小豆スイーツ**　あずきすいーつ　［菓子］
　小豆の皮と煮汁を利用した水羊羹。酪農学部食品流通学科食品企画開発研究室・本多芳彦教授と田中製餡株式会社（東京都大田区）が、以前有料で廃棄処分されていた小豆の皮や煮汁の有効利用について共同研究を実施。独立行政法人中小企業基盤整備機構（東京都港区）の支援を受け、渋味がなく低カロリーの水羊羹・小豆スイーツを商品化した。原料の小豆の皮を微細化することによって、滑らかな食感が実現されている。カロリーは、一般的な水羊羹のおよそ7分の1。主成分が小豆の皮であることから食物繊維や抗酸化作用のあるポリフェノール類が豊富。2009（平成21）年7月から試験販売開始。酪農学園生活協同組合取り扱い。

◇**健土健民バター**　けんどけんみんばたー　［加工食品］
　大学で飼育している牛の乳を使った缶入りバター。酪農学部食品科学科の乳製品の製造実習施設でつくられている。商品名は、創立者・黒澤酉蔵（1885～1982）が掲げた建学理念「健土健民」に由来。健土健民バターのほか、健土健民牛乳やチーズ・アイスクリームなどが製造されている。健土健民バターは、酪農学園大学生活協同組合取り扱い。

青森県

青森県立保健大学　［公立］

［所在地］〒030-8505　青森県青森市大字浜館字間瀬58-1
［TEL］017-765-2000
［URL］http://www.auhw.ac.jp/
［設置者］公立大学法人青森県立保健大学
［沿革・歴史］1999（平成11）年、青森県立保健大学が開校。2008（平成20）年、公立大学法人青森県立保健大学となる。

◇ジョミ　［飲料］

産学官で開発したガマズミ果汁100％の機能性飲料。ガマズミは全国の山野に自生しているスイカズラ科の落葉低木で、晩秋に紅く実り、天然のクエン酸やリンゴ酸を豊富に含み、昔から体に良いと言われ珍重された野生果実。大学・青森県工業総合研究センター（現・地方独立行政法人青森県産業技術センター）・株式会社小野寺醸造元（三戸郡三戸町）がガマズミについて共同研究をおこなった結果、果実に含まれているポリフェノールが優れていることを発見。1996（平成8）年、三戸町ジョミ生産組合（三戸郡三戸町）がガマズミの栽培を手がけ、糖度を計測して合格した果実だけを厳選使用し、一滴の水さえ加えない完全無添加・100％天然果汁飲料をジョミとして商品化した。価格は、小びん入り（5本入り）1050円（税込）、びん入り2310円（税込）。小野寺醸造元取り扱い。なお、「ジョミ」は、2005（平成17）年7月に商標登録済（第4878221号）。権利者は、株式会社小野寺醸造元。

弘前大学　［国立］

［所在地］〒036-8560　青森県弘前市文京町1
［TEL］0172-36-2111
［URL］http://www.hirosaki-u.ac.jp/
［設置者］国立大学法人弘前大学

弘前大学　　　　　　　　　　　　青森県

[キャンパス]文京町地区/本町地区（ともに弘前市）

[沿革・歴史]1949（昭和24）年、弘前高等学校・青森師範学校・青森医学専門学校・青森青年師範学校・弘前医科大学を母体として、弘前大学が発足。2004（平成16）年4月、国立大学法人弘前大学となる。

[マーク類]学章は、2007（平成19）年2月に商標登録済（第5027099号）。そのほか、2006（平成18）年7月にロゴマークを制定。弘前の桜がモチーフ。中央にある丸は、地球を象徴するもの。5学部を表す5つの桜の花が結集し、未来に向けひとつの大きな花を咲かせるというイメージの図案化。2007（平成19）年5月、商標登録済（第5045072号）。

◇アップルスナック　［菓子］
農学生命科学部附属生物共生教育研究センター藤崎農場（南津軽郡藤崎町）生産のりんごでつくられた菓子。原料のりんごは陸奥・玉林をブレンドして使用。サクサクと軽い口当たりが楽しめるスナックに仕上げた。価格は、1箱（37g×2袋入り）630円（税込）。弘前大学生活協同組合取り扱い。

◇医果同源　いかどうげん　［飲料］
無農薬栽培のりんご未熟果実を25％ブレンドしたリンゴジュース。未熟りんごは活性酸素の働きを阻害するポリフェノールを豊富に含む。さらに、果実をジュースにしたものには冬虫夏草を上回る免疫賦活効果があること、弘前産のりんごを用いたジュースを毎日飲用することで、癌細胞などを攻撃するナチュラルキラー細胞（NK細胞）が活性化されることが、農学生命科学部・城田安幸准教授の実験で明らかになり、未熟果実入りのりんごジュース・医果同源が開発された。1本飲むだけでりんご2個分以上のポリフェノールを摂取できる。2005（平成17）年4月特許（第3662248号）を取得した。価格は、1本160mlで6本入り1箱2200円、12本入り1箱4500円、30本入り1箱9900円。弘前大学生活協同組合取り扱い。その他、株式会社医果同源りんご機能研究所（弘前市）をはじめとして、青森県内を中心に販売されている。なお、「医果同源」に関する商標は、城田安幸准教授と城田あい子氏を権利者として登録されている。

◇医果同源アップルブリュー　いかどうげんあっぷるぶりゅー　［飲料（酒類）］
リンゴジュース・医果同源を40％含むりんご醸造酒。価格は、1本330mlの3本セット箱入2700円（税込）、6本セット箱入5400円。弘前大学生活協同組合取り扱い。なお、「医果同源」に関する商標は、城田安幸准教授と城田あい子氏を権利者として登録されている。

青森県　　　　　　　　　　　　　　　　　　　　弘前大学

◇**家具調トイレHSスライドくん**　かぐちょうといれえいちえすすらいどくん　［医療・健康］
肢体不自由者や高齢者には困難な「しゃがみ位」に最も近い形での排泄が可能なように開発されたポータブルトイレ。アームレスト部分を前方へスライドさせ、その上に前腕を載せることによって、自然かつ楽に前傾姿勢をとることができる。また、座面高やアームレスト高は身長に合わせて数段階で調節できる。肢体不自由者や高齢者に多い慢性便秘症の予防にも効果的。2004（平成16）年度グッドデザイン賞を受賞（商品デザイン部門）。特定福祉用具・特定介護予防福祉用具。価格は、8万7150円、暖房便座9万6600円、快適脱臭10万8150円、暖房・快適脱臭11万6550円（すべて税込）。アロン化成株式会社取り扱い。

◇**こうこう**　［食品］
農学生命科学部附属生物共生教育研究センター藤崎農場（南津軽郡藤崎町）で育成されたリンゴの品種。農学生命科学部・塩崎雄之輔教授が1981（昭和56）年に弘大1号とふじの交配をおこない、選抜して育成された。1994（平成6）年に安定化を実現。1999（平成11）年4月に品種登録された。果肉は黄色で蜜が豊富。

◇**7年間農薬を散布しないリンゴ園で集めたハチミツ**　しちねんかんのうやくをさんぷしないりんごえんであつめたはちみつ　［調味料］
農学生命科学部・城田安幸准教授が無農薬栽培しているリンゴ園で集めたハチミツ。生産量が限られるため、現在完売となっている。株式会社医果同源りんご機能研究所（弘前市）で取り扱われていた。

◇**弘前大学**　ひろさきだいがく　［飲料（酒類）］
農学生命科学部附属生物共生教育研究センター金木農場（五所川原市）で育った豊盃米を100％使用した純米吟醸酒。三浦酒造（弘前市）が醸造。キレとコクのある辛口に仕上がっており、味わい深いのど越し。価格は、2000円（税込）、学章入りグラス2個とのセットは2800円（税込）。弘前大学生活協同組合取り扱い。

◇**ひろだいアップルケーキ**　［菓子］
農学生命科学部附属生物共生教育研究センター藤崎農場（南津軽郡藤崎町）生産のふじを用いてつくられた菓子。なかにリンゴの果肉が入っている。2008（平成20）年から販売。価格は、1個180円（税込）、6個入り1100円（税込）。弘前大学生活協同組合取り扱い。

弘前大学　　　　　　　　　　青森県

◇ひろだいアップルデザート　［菓子］
　農学生命科学部附属生物共生教育研究センター藤崎農場（南津軽郡藤崎町）生産のふじを用いてつくられたゼリー菓子。価格は、6個入り1365円（税込）。弘前大学生活協同組合取り扱い。

◇リンゴキューピー　［キャラクターグッズ］
　弘前大学60周年記念のキャラクターグッズ。大学限定のキューピー人形のストラップ。デザインは学生公募から選ばれたものをもとにしている。白衣を着ており、胸に紫で弘前大学の文字が入っている。靴は黒い長靴。頭にはリンゴのかぶりものをかぶっている。価格は、500円。弘前大学生活協同組合取り扱い。

岩手県

岩手大学　［国立］

[所在地]〒020-8550　岩手県盛岡市上田3-18-8
[TEL]019-621-6006
[URL]http://www.iwate-u.ac.jp/
[設置者]国立大学法人岩手大学
[沿革・歴史]1949(昭和24)年5月、盛岡師範学校・岩手県立実業補修学校教員養成所・盛岡高等工業学校・盛岡高等農林学校を統合し、岩手大学を設置。2004(平成16)年4月、国立大学法人岩手大学となる。
[マーク類]1952(昭和27)年、公募により桐の花をモチーフとした学章を制定。デザインは、故・藤原徳太郎氏(元・学芸学部教授)によるもの。そのほか、2005(平成17)年1月に商標登録された地域連携推進シンボルマーク(第4833228号)や若草色をベースにしたロゴ文字(第4831846号)がある。

◇がんちゃん　［キャラクター(大学)］
　岩手大学のイメージキャラクター。岩大の岩と、岩手の由来とされる鬼がモチーフ。ツノはアンテナであり、大量の情報をキャッチし大学の存在や活動を地域に向けて発信していく岩手大学をイメージしている。岩手大学ウェブページ(http://www.iwate-u.ac.jp/ganchan/index.shtml)に拠れば、「誕生日　12月11日　射手座」「性格　がんばりや」「家族構成　せんべいやの父と花屋の看板娘との間に生まれる。ご先祖は、鬼を閉じこめた三石神社の石とのうわさ。そのため頭にツノ(アンテナ)がある。石割桜の石は遠縁か?」「好きなもの　南部せんべい、冷麺、ロッククライミング、花」「苦手なもの　ジャンケンのパー、水泳、苔」「将来の夢　自分を磨いてダイヤモンドになること」とある。広報用のためキャラクターグッズの販売はおこなわれていないが、クリアファイル・シール・しおり・メモ用紙などの文房具、さんさ踊り用ポシェット、さんさ踊り用うちわなどを大学行事の際に配布している。なお、「がんちゃん」は、2005(平成17)年1月と2005(平成17)年4月に商標登録済(第4831847号・第4859373号)。権利者は、国立大学法人岩手大学。

岩手大学　　　　　　　　　　岩手県

◇雑穀と大地のめぐみのパン　ざっこくとだいちのめぐみのぱん　［加工食品］

ヒエ・全粒小麦・全粒ライ麦を配合したブラウンブレッド。アワ・キビ・ヒエといった雑穀の健康機能性について研究してきた農学部・西澤直行教授が、岩手大学地域連携推進センター附属インキュベーション・ラボにて開発した。岩手県は、日本でも有数の雑穀の生産量を誇る。原材料のヒエ・ライ麦・牛乳は岩手県産にこだわり、龍泉洞の水、大船渡沖合の海洋深層水から製造した塩を使っている。卵は使用せず、ショートニング・マーガリン・バターなどの油脂も使用していないため、ガンや動脈硬化症、心臓病のリスクを高めるといわれるトランス脂肪酸は一切含まれていない。西澤教授が2005(平成17)年3月に設立した有限会社いわて西澤商店(盛岡市)と九戸郡大野村(現・九戸郡洋野町)とが共同で設立した「おおのパン工房」(九戸郡洋野町)で製造されている。価格は、レギュラーが大630円、中490円。レーズン入りが大660円、中510円。くるみ入り530円(すべて税込)。有限会社いわて西澤商店取り扱い。なお、「雑穀と大地のめぐみのパン」は2006(平成18)年10月に商標登録済(第4997181号)。権利者は、有限会社いわて西澤商店。

◇J-crypt　［機械］

Windowsアプリケーションソフトとハードウェア(USB)キーの組み合わせで動作する情報セキュリティシステム。親キーを持つ管理者が子キーユーザーの暗号化解除権限を持つことによって、管理者によるグループ員の情報管理・監視が可能となる。また、ハードウェアキーに対し、パスワードのほかに回数制限や有効期限等も設定することができるため、情報漏洩の危険を最小限に押さえられる。堅固性と実用性を併せ持った強力なツール。情報メディアセンター・吉田等明准教授および中西貴裕講師、石巻専修大学理工学部・川村暁講師の暗号化技術をもとに、株式会社エマージングテクノロジーズ(茨城県つくば市)と株式会社アドテックシステムサイエンス(横浜市保土ヶ谷区)が共同開発、製品化した。

宮城県

東北大学　［国立］

[所在地]〒980-8577　宮城県仙台市青葉区片平2-1-1
[TEL]022-717-7800
[URL]http://www.tohoku.ac.jp/japanese/
[設置者]国立大学法人東北大学
[キャンパス]片平キャンパス/川内キャンパス/青葉山キャンパス/星陵キャンパス/雨宮キャンパス（いずれも仙台市青葉区）
[沿革・歴史]1907（明治40）年6月、東北帝国大学を創立。1947（昭和22）年10月、東北大学と改称。1949（昭和24）年5月、宮城県女子専門学校・第二高等学校・仙台工業専門学校・宮城師範学校・宮城青年師範学校を併合・包括。2004（平成16）年4月、国立大学法人東北大学となる。
[マーク類]2005（平成17）年4月、公式ロゴマークを制定。同年11月に商標登録済（第4909297号）。2007（平成19）年6月には、ロゴマークを学章としても定めた。宮城野や仙台を象徴する植物とされてきた「萩」をモチーフとしたもの。

◇**ADSTEFAN**　［機械］
鋳造時の金属流入状態や凝固の過程を解析するシミュレーションシステム。工学研究科・安斎浩一教授の研究成果をもとに、株式会社日立製作所（東京都千代田区）の日立研究所によって商品化された。視覚的な確認が不可能だったためこれまでは技術者の経験に頼っておこなわれてきた鋳造の試行を、実際の作業なしに3次元で確認することが可能となり、試作回数とコストの低減および開発期間の短縮を実現させた。UnixやLinux、Windowsなど様々な環境に対応。なお、「ADSTEFAN」は、茨城日立情報サービス株式会社（日立市）の登録商標。

◇**アロマパッチ**　［医療・健康］
アロマセラピックな手法で嚥下障害を改善する黒胡椒芳香含有シート。高齢者の誤嚥のメカニズムを解明し、安全に経口摂食するための方法確立に努めてきた東北大学病院老年科・海老原孝枝医師らの研究をもとに、ネイチャー

テクノロジー株式会社(岩見沢市)がライセンスを取得して2007(平成19)年の春に商品化した。衣服の胸元に貼ることによって、穏やかな黒胡椒の香りを長時間行き渡らせることができ、摂食・嚥下能力の改善に効果がある。特許第3762969号。価格は、14枚入り2100円(税込)、30枚入り3800円(税込)。ネイチャーテクノロジー株式会社取り扱い。なお、「アロマパッチ」は、1999(平成11)年3月に商標登録された(第4248729号)。現在は存続期間満了につき商標の権利抹消。

◇狩野文庫グッズ　かのうぶんこぐっず　[大学グッズ]
東北大学附属図書館所蔵の狩野文庫を素材としたオリジナルグッズ類。狩野文庫は明治の思想家・教育者である狩野亨吉(1865～1942)の10万8千点に及ぶコレクションからなり、「古典の百科全書」「江戸学の宝庫」として世界的にも知られた資料群。その中には国宝の「史記 孝文本紀 第十」および「類聚国史 巻第二十五」(平安時代末期写)も含まれる。商品としては、海幸・山幸 一筆箋(全3種類)各400円、海幸・山幸 絵葉書セット(8枚組)500円、海幸・山幸 ミニクリアファイル(全4種類)各250円、姫国山海録 おもしろアートシール300円、姫国山海録 携帯ストラップ900円などがある。東北大学生活協同組合店舗での限定販売。

◇乾燥しいたけ　かんそうしいたけ　[食品]
農学研究科附属複合生態フィールド教育研究センターで栽培された乾燥しいたけ。ミズナラなどの木材を原木として無農薬栽培されたもの。

◇漱石文庫グッズ　そうせきぶんこぐっず　[大学グッズ]
東北大学附属図書館所蔵の漱石文庫を素材としたオリジナルグッズ類。漱石文庫は夏目漱石(1867～1916)遺愛の約3000冊の蔵書からなり、漱石の愛弟子であった小宮豊隆(1884～1966)が東北大学(東北帝国大学)のドイツ文学教授および附属図書館長に就任していた縁で、1944(昭和19)年に東北大学に寄贈された。収蔵品には旧蔵書に加え、漱石の日記や原稿、学生時代の答案や教師時代の教材なども含まれている。商品としては、夏目漱石一筆箋(全2種類)各400円、夏目漱石絵葉書セット(8枚組)500円、夏目漱石直筆絵画クリアファイル(全2種類)各250円、夏目漱石ボールペン付き絵葉書(全2種類)各350円などがある。東北大学生活協同組合店舗での限定販売。

◇超臨界炭酸ガスクリーニング　ちょうりんかいたんさんがすくりーにんぐ　[機械]
洗剤なしで洗濯できるドライクリーニング装置。工学研究科超臨界溶媒工学研究センターの新井邦夫教授・猪股宏教授・リチャード・スミス教授および

独立行政法人産業技術総合研究所（東京都千代田区）とオートランドリータカノ（仙台市太白区）などとの共同研究により開発された。液体でも気体でもない「超臨界流体」化させたCO_2を洗浄溶媒として活用し、衣類の汚れを取り去る。洗濯物を制止させたままで洗浄でき乾燥も不要なため繊維が傷みにくく、従来は洗濯不可とされてきた衣料品にも適用できる。さらに、現在主流となっている石油系溶剤と違い、CO_2は繰り返し再利用できるので、環境保護の観点からも理想的なクリーニング法と考えられている。

◇はぎのすけ（萩ノ助）　はぎのすけ　［キャラクター（図書館）］
附属図書館創設百周年記念事業の一環として公募によって選ばれたイメージキャラクター。当時理学部学生の作品。東北大学の公式ロゴマークでもある萩をモチーフにしている。この萩に教育、研究、社会貢献の助けになるという意味をかけて「はぎのすけ（萩ノ助）」と命名された。附属図書館のシンボルとして、さまざまな場面で用いられる。

◇萩丸　はぎまる　［飲料（酒類）］
大学創立百周年を記念してつくられたオリジナルの純米大吟醸酒。萩丸の名前は、宮城県の県花であり、東北大学のロゴでもあるミヤギノハギに由来している。酒米の育種から栽培、醸造管理、蔵元、ネーミング、販売に至るまで、すべて大学関係者の手で製造された。酒米は農学部OBの松永和久副場長を中心に宮城県古川農業試験場（大崎市）で開発された宮城初の酒米「蔵の華」を使用し、三枝正彦東北大学フィールドセンター長が中心となって栽培。醸造は、農学研究科OB鈴木和郎氏が代表取締役会長を務める株式会社一ノ蔵（大崎市）に委託。麹菌および酵母の選定、醸造管理は農学研究科・五味勝也教授の指導下でおこなわれ、生産管理・販売システムは工藤昭彦教授が立案した。価格は、生酒と化粧箱入り火入れ酒が1本（720ml入り）3000円、化粧箱無しの火入れ酒は2800円。東北大学生活協同組合取り扱い。なお、「萩丸」は、2006（平成18）年12月に商標登録済（第5010333号）。権利者は、国立大学法人東北大学。

◇ブルーベリージャム　［加工食品］
農学研究科附属複合生態フィールド教育研究センターで栽培された無農薬のブルーベリー果実のみを使用したジャム。砂糖以外の添加物は一切加えず、果実本来の風味を生かした上品でさわやかな味わいが楽しめる。

◇MOMI超　もみちょう　［機械］
超臨界水を用いた連続水熱合成システム。新井邦夫名誉教授と阿尻雅文教授が開発した超臨界二酸化炭素中や超臨界水中で無機系微粒子を製造する装置

に関する特許をもとに、株式会社アイテック(大阪府堺市堺区)が商品化した。金属塩水溶液を高温水と混合することにより溶液温度を急激に上昇させ、結晶化度の高いナノ粒子を連続して高速に製造できる。従来法に比べ低温での処理が可能であり、粉砕する必要がないのが特長である。なお、「MOMI超」は、株式会社アイテックの登録商標(第5142409号・第5142410号)。

◇**東北大学オリジナルグッズ**　とうほくだいがくおりじなるぐっず　［大学グッズ］
　東北大学オリジナルの公式ロゴマークグッズ。2005(平成17)年4月に新たに制定された公式ロゴマークがそれぞれのグッズのなかに表示されている。特徴的な商品としては、限定注文販売品の玉虫塗宝石箱(オルゴール付　曲：荒城の月)8400円や、学生歌「青葉もゆるこのみちのく」の楽譜と歌詞が載っている東北大学学生歌うちわ100円などがある。そのほかの商品としては、A4クリアホルダー105円、オリジナル再生紙付箋210円、紙バッグ105円、キャンパスクラッチ525円、きんのしおり735円、シャープペン105円、扇子(紙製)2100円、扇子(布製)3360円、タオルギフト1575円、中湯のみ(2種)630円、Tシャツ2415円、東北大学瓦煎餅(2枚入り×7袋)700円、東北大学瓦煎餅(2枚入り×12袋)1100円、特太湯のみ840円、ハンドタオル(タオルハンカチ)420円、ポストカード(12枚セット・専用ケース入り)882円、ボールペン525円、マグカップ1050円、綿ふろしき1260円、レポート用紙210円などがある(価格はすべて税込)。その他、公式ロゴ以外の大学グッズや片平キャンパスのオリジナルグッズもある。東北大学生活協同組合取り扱い。

秋田県

秋田県立大学　［公立］

［所在地］〒010-0195　秋田県秋田市下新城中野字街道端西241-7
［TEL］018-872-1500
［FAX］018-872-1670
［URL］http://www.akita-pu.ac.jp/
［設置者］公立大学法人秋田県立大学
［キャンパス］秋田キャンパス（秋田市）／本荘キャンパス（由利本荘市）／大潟キャンパス（南秋田郡大潟村）
［沿革・歴史］1999（平成11）年4月、秋田県立大学が開学。2006（平成18）年、公立大学法人秋田県立大学となる。

◇**あきた麦酒 恵**　あきたばくしゅめぐみ　［飲料（酒類）］

田沢湖ビール（仙北市）との産学連携により開発された100％秋田県産のビール。大潟キャンパス（南秋田郡大潟村）フィールド教育研究センターの敷地内で栽培された六条大麦・二条大麦と田沢湖ビール敷地内で栽培されたホップ、和賀山塊の伏流水と秋田県能代市二ツ井の桜から取れた桜天然酵母を使用。使用されている麦の違いによる2種類の製品がある。価格は、6本セット3108円、12本セット6100円、24本セット1万2200円（すべて税込）。田沢湖ビール取り扱い。

◇**究**　きわむ　［飲料（酒類）］

産学連携により生まれた日本酒（純米吟醸酒）。生物資源科学部・岩野君夫教授と株式会社秋田今野商店（大仙市）の共同研究による新しい麹菌と、大学と新政酒造株式会社（秋田県）の共同研究による新しい酵母、さらには秋田県・農業試験場・醸造試験場が共同で開発した新しい酒米「秋田酒こまち」が用いられている。学生と若い杜氏・蔵人たちが協力して仕込み、醪の醸造は伝統の秋田流低温発酵でおこなわれた。名称は、学内公募によって究と決定。なお、「究」は、2009（平成21）年12月商標登録済（第5289823号）。権利者は、公立大学法人秋田県立大学。

秋田大学　　　　　　　　　　　　秋田県

◇**大学納豆**　だいがくなっとう　［加工食品］
　大潟キャンパス（南秋田郡大潟村）内で育てられた大豆を利用したオリジナルの納豆。生物資源科学部の実習で栽培された大粒のリュウホウを100％使用。有限会社簾内食品（潟上市）が製品化した。秋田市内のスーパーを中心に販売されている。フィルムとPOPのデザインは大学の考案による。有限会社簾内食品取り扱い。

◇**なまはげの塩**　なまはげのしお　［調味料］
　男鹿沖の海水を使用し、昔ながらの製法でつくられた塩。男鹿沖のミネラル豊富な海水に着目した企業組合男鹿半島振興会（男鹿市）の理事長が、生物資源科学部の松永隆司特任教授の指導を受けて製造を開始した。船川港の沖合いから汲み上げた海水をステンレス製の平釜に入れ、薪で炊いて煮詰めるという伝統的な製塩法でつくられている。海の香り漂うまろやかな味が特徴。企業組合男鹿半島振興会取り扱い。なお、なまはげの塩については、2004（平成16）年5月に商標登録済（第4769553号）。権利者は、企業組合男鹿半島振興会。

◇**雪の想いで**　ゆきのおもいで　［飲料（酒類）］
　システム科学技術学部と株式会社齋彌酒造店（由利本荘市）・株式会社三栄機械（由利本荘市）との産学連携によって開発された純米吟醸酒。地域連携・研究推進センターの日向野三雄教授考案による、熱力学・流体力学の原理を応用した真空蒸米調湿技術が取り入れられている。真空状態で米の水分を蒸発させていくことで均一な含水率が保たれ、また作業時間も従来に比べ大幅に短縮される。「雪の想いで」の命名やラベルデザインも同センターによるもの。価格は、720ml入り2310円（税込）。株式会社齋彌酒造店取り扱い。なお、「雪の想いで」は、2009（平成21）年11月に公立大学法人秋田県立大学を出願人として商標出願（商願2009-85020）。

秋田大学　［国立］
　［**所在地**］〒010-8502　秋田県秋田市手形学園町1-1
　［**TEL**］018-889-2207
　［**URL**］http://www.akita-u.ac.jp/honbu/
　［**設置者**］国立大学法人秋田大学
　［**キャンパス**］手形キャンパス/本道キャンパス/保戸野キャンパス（いずれも秋田市）
　［**沿革・歴史**］1949（昭和24）年5月、秋田師範学校・秋田青年師範学校・秋田

鉱山専門学校を母体として、秋田大学を設置。2004（平成16）年4月、国立大学法人秋田大学となる。
[マーク類]学章は、1949（昭和24）年9月に秋田大学開学記念の懸賞募集で1等当選となった図案。3枚の秋田蕗の葉に大学の文字を配したもの。デザインは、中村譲氏（当時の鉱山学部教官）によるもの。長くシンボルマークとして使用されてきたが、2004（平成16）年4月に学章として定められた。2005（平成17）年8月、商標登録済（第4888933号）。ロゴマークは、5つの円に、AKITA・COMMUNITY・HUMAN・FUTURE・UNIVERSITYの意味を込めたもの。オレンジの3つの頂点は秋田大学の3学部を示している。また、オレンジの形にはAkitaの"A"を、ブルーの形にはUniversityの"U"のイメージがある。2005（平成17）年8月、商標登録済（第4888934号）。

◇歩行環境シミュレータ　ほこうかんきょうしみゅれーた　[機械]
高齢者の車道横断時の交通事故防止を目的とした体験型訓練用のシミュレータ。事故防止のためには高齢者固有の感覚・運動特性および認知機能、事故を誘発しやすい環境条件を明らかにすることが不可欠であると考え、工学資源学部の吉村昇教授・水戸部一孝講師とエーピーアイ株式会社（大仙市）との共同研究により開発された。スクリーンに仮想的な車道を投影するとともに、モーションキャプチャにより高齢者の身体動作を計測することによって、高齢歩行者の能力の把握とバーチャル車道横断体験を可能にしている。すでに大分県警が導入している。

国際教養大学　[公立]

[所在地]〒010-1292　秋田県秋田市雄和椿川字奥椿岱193-2
[TEL]018-886-5900
[FAX]018-886-5910
[URL]http://www.aiu.ac.jp/
[設置者]公立大学法人国際教養大学
[沿革・歴史]2004（平成16）年4月、国際教養大学が開学。
[マーク類]2004（平成16）年11月、商標登録済（第4814824号）。

◇ONE　[キャラクター（大学）]
大学のマスコットキャラクター。緑色をした秋田犬。キャラクターデザインについては、同県の公立短大・秋田公立美術工芸短期大学が協力。大学内でのア

ンケート結果をえて、最終デザインが決定した。国際教養大学のマスコットキャラクター紹介ページ(http://www.aiu.ac.jp/japanese/one/index.html)に拠れば、「名前 ONE(ワン)」「夢・目標 ・AIUを世界に広めること ・AIUの伝説を作ること」「職業 AIU生」「誕生日 4月8日(AIUの開学記念日)」「住み家 図書館」「性格 ・エネルギッシュ! いつもポジティブ! ・ちょっと変わってる? ・でも秋田犬だから賢い」「特技 ・いろんな言語がペラペラ ・会話にいろんな言語が交じる」「好きなもの お祭り(特にAIU祭)」「好きな場所 図書館、カレッジカフェ」「口癖 ・留学どこ行きたい? ・せばね〜!」「その他 勉強に疲れたAIU生に夜、そっと布団を掛けてあげる癖がある。」とある。ONEのキャラクターグッズは、大学の売店で販売されている。なお、AIUとはAkita International University(国際教養大学)の略称。国際教養大学は、すべての学生に対し、海外の提携大学への留学(1年間)を義務付けており、2009(平成21)年12月時点で世界の29カ国95大学と提携を結んでいる。2009(平成21)年10月商標登録済(第5270521号)。権利者は、公立大学法人国際教養大学。

山形県

山形大学　[国立]

[所在地]〒990-8560　山形県山形市小白川町1-4-12
[TEL]023-628-4008
[URL]http://www.yamagata-u.ac.jp/index-j.html
[設置者]国立大学法人山形大学
[キャンパス]小白川キャンパス(山形市)/飯田キャンパス(山形市)/米沢キャンパス(米沢市)/鶴岡キャンパス(鶴岡市)
[沿革・歴史]1949(昭和24)年5月、山形高等学校・山形師範学校・山形青年師範学校・米沢工業専門学校・山形県立農林専門学校を母体として、山形大学を設置。2004(平成16)年4月、国立大学法人山形大学となる。
[マーク類]2001(平成13)年、ロゴマークを制定。山形大学の山の字がモチーフ。色は緑で豊かな山形をイメージしたもの。2003(平成15)年10月、商標登録済(第4722002号)。

◇**燦樹**　きらめき　[飲料(酒類)]
農学部産酒米を使った独自ブランドの純米大吟醸酒。酒米には山形県が開発し、農学部附属やまがたフィールド科学センター高坂農場(鶴岡市)で栽培した「出羽燦々」を使用。その他の原料も山形酵母や月山・朝日山系軟質清浄水を使用するなど地元産にこだわり、地元庄内の酒蔵渡會本店(鶴岡市)で醸造された。燦樹との命名には、地域に根ざしたきらめくような大学を目指すという意味が込められている。価格は、1本720mlで1700円(税込)。山ぶどう酒とのセット4500円(税込)。山形大学生活協同組合取り扱い。

◇**米粉100％パン(新ラブライス)**　こめこひゃくぱーせんとぱん(しんらぶらいす)　[加工食品]
米の消費量アップを目指し山形大学工学部で開発された米粉100％のパン。プラスチックを発泡させる技術を応用することで、米をパンのように膨らませることに成功した。きめ細かく弾力があり、米特有の自然な甘味があるパンに仕上がっている。米粉100％のため惣菜との相性もよく、小麦アレルギーの人も安心して食べられる。価格は、米粉パン310g(食パン)×2斤で1050円(税

込）。株式会社パウダーテクノコーポレーション（東根市）取り扱い。なお、「ラブライス」は、パウダーテクノコーポレーションの登録商標（第4854402号）。

◇**100％植物サプリポリフェノールC**　ひゃくぱーせんとしょくぶつさぷりぽりふぇのーるしー　［医療・健康］
　米沢特産のヒメウコギにアセロラと沖縄県産の秋ウコンを配合した100％植物性サプリメント。カプセルも植物性原料でつくられている。ヒメウコギは「食べられる垣根」として直江兼続・上杉鷹山により栽培が奨励され、米沢藩民を天明の大飢饉から救ったことで知られる植物。良質のポリフェノールを豊富に含む。このポリフェノールとアセロラに含まれるビタミンCの相乗効果によって老廃物の蓄積を抑制し、老化や疲労を低減させる。価格は、1個5000円、3個1万4000円、5個2万2000円、10個4万円（税込・送料込）。株式会社M&K（東京都港区）取り扱い。

◇**「山形大学」がくちょうせんべい**　やまがただいがくがくちょうせんべい　［菓子］
　2007（平成19）年9月山形大学学長に就任した結城章夫学長（科学技術省出身の元・文部科学事務次官）の似顔絵入り菓子。山形大学生活協同組合から商品化され、同年12月から発売されている。せんべいに描かれた似顔絵は、地域教育文化学部の学生がデザインしたもの。価格は、24個入り2800円（税込）、30個入り3450円（税込）。山形大学生活協同組合取り扱い。

◇**レンジで作るお米のケーキ**　れんじでつくるおこめのけーき　［菓子］
　レンジで簡単に作れるお米ケーキの素。原料には自社製粉した山形県産のはえぬき米を使用。ケーキの素1袋と卵1個を備え付けのカップで混ぜ合わせ、レンジで1分50秒（500w）加熱するだけで、米粉特有のもちもちした食感のヘルシーなカップケーキが出来上がる。らふらんす・さくらんぼ・だだちゃ・抹茶・プレーン・チョコ（冬期限定）の6種類がある。らふらんす・さくらんぼ・だだちゃも山形県産原料を100％使用。価格は、6個セット1575円、8個セット2100円、12個セット3100円（すべて税込）。株式会社パウダーテクノコーポレーション（東根市）取り扱い。

◇**山形大学オリジナル商品（食器）**　やまがただいがくおりじなるしょうひん（しょっき）　［食器］
　大学オリジナルの食器類。2001（平成13）年に公募され決定したロゴマークが入っている「山形大学」ワイングラスは、2個セット1400円、3個セット2050円。漢字で山形大学を力強くあらわした湯呑みは、2個セット1400円、4個セット2650円（価格はすべて税込）。山形大学生活協同組合取り扱い。

福島県

福島大学　[国立]

[所在地]〒960-1296　福島県福島市金谷川1
[TEL]024-548-8006
[URL]http://www.fukushima-u.ac.jp/
[設置者]国立大学法人福島大学
[沿革・歴史]1949(昭和24)年5月、福島青年師範学校・福島経済専門学校・福島師範学校を統合し、福島大学を設置。2004(平成16)年4月、国立大学法人福島大学となる。
[マーク類]2004(平成16)年、全学再編を機にシンボルマークを募集。2005(平成17)年9月に商標登録された(第4891371号)。縦長の長方形と2つの葉で福島大学の頭文字「F」を表現している。下の葉は若草色、上の葉は青のグラデーションで、人文社会学群・理工学群の2つを示したもの。

◇**IONiZE**　[日用雑貨]
トルマリンによる防虫効果を付加したマイナスイオン衣類収納ボックス。段ボール製造会社の株式会社福永(福島市)から持ち込まれた技術相談をもとに、共生システム理工学類・塘忠顕准教授がトルマリン塗料の防虫効果を検証。その結果を受けて経済経営学類・上野山達哉准教授を中心に三崎秀央・川上昌直・奥本英樹の各准教授がマーケットリサーチをおこないデザインを検討、商品化に成功した。産学連携・文理融合によって誕生した商品である。なお、「IONiZE」は、2002(平成14)年8月、登録商標済(第4598247号)。権利者は、株式会社福永。

◇**福島の風出逢い**　ふくしまのかぜであい　[飲料(酒類)]
会津産の有機栽培そばを100%使用したそば焼酎。福島県は全国有数のそばの産地に当たることから、そばを使った名産品作りの構想が生まれ、福島県飲食業生活衛生同業組合(福島市)加盟の蕎麦店との産学連携によって開発された。会津産の玄蕎麦100%を原料。辛口でさらりとしたのど越しの良さが特徴である。2009(平成21)年モンドセレクション最高金賞受賞。株式会社プロジェクトF21(福島市)取り扱い。なお、「福島の風＼出逢い」は、2007(平成

福島大学　　　　　　　　　福島県

19）年11月に商標登録済（第5087653号）。権利者は、人気酒造株式会社（二本松市）。

◇**ロゴマーク入りクッキー缶**　ろごまーくいりくっきーかん　［菓子］
　大学のシンボルマークが入っているクッキー。味は、メープル味。価格は、1缶950円（税込）。福島大学生活協同組合取り扱い。

◇**ロゴマーク入りコーヒーカップ**　ろごまーくいりこーひーかっぷ　［食器］
　大学のシンボルマークが入っているコーヒーカップ。ラインナップは、青・黄・橙・茶・緑の5色。価格は、各950円（税込）。福島大学生活協同組合取り扱い。

茨城県

茨城大学　［国立］

[所在地]〒310-8512　茨城県水戸市文京2-1-1
[TEL]029-228-8600
[URL]http://www.ibaraki.ac.jp/index.php
[設置者]国立大学法人茨城大学
[キャンパス]水戸キャンパス（水戸市）/日立キャンパス（日立市）/阿見キャンパス（稲敷郡阿見町）
[沿革・歴史]1949（昭和24）年5月、水戸高等学校・茨城師範学校・茨城青年師範学校・多賀工業専門学校を統合し、茨城大学を設置。2004（平成16）年4月、国立大学法人茨城大学となる。
[マーク類]ロゴマークは、茨城大学の広報・宣伝活動のシンボルとして作成されたもの。大学のイニシャル「I」の小文字をモチーフとし、「学問の灯」を表現。2005（平成17）年3月、商標登録済（第4849305号）。

◇**4-mate**　［飲料］
国・茨城県・大学・株式会社ハラキン（鹿嶋市）が産官学連携で共同開発した清涼飲料水。4-mateの4とは、β-グルカン・ポリフェノール・ニゲロオリゴ糖・乳酸菌の4つの成分を意味している。健康的な体作りに役立つとされるβ-(1, 3)グルカンを豊富に含むハナビラタケ抽出液に、強い抗酸化作用をもつポリフェノールを豊富に含んだラズベリー・ライチ・クランベリー・羅漢果果汁、健康維持をサポートするニゲロオリゴ糖をバランス良く配合。さらに、茨城県が特許登録した植物性乳酸菌HS-1発酵液を配合しており、整腸作用や免疫向上作用も期待できる。価格は、30ml×10本入り4000円（税込）。株式会社ハラキン取り扱い。

◇**和メロン**　わめろん　［菓子］
茨城産メロン果肉を贅沢に使用し、メロン本来の風味を活かした新感覚ようかん。甘さ控えめで、柔らかく滑らかな食感に仕上げられている。価格は、小420円（税込）、大735円（税込）。亀じるし製菓株式会社（水戸市）取り扱い。なお、「和メロン」は、2009（平成21）年10月商標登録済（第5277112号）。権

筑波技術大学　　　　　　　茨城県

利者は、亀じるし製菓株式会社。

◇わらづと君　わらづとくん　[キャラクター(図書館)]
　茨城大学図書館のキャラクター。「わらづと君」の名前は納豆を入れるための藁でつくった包みに由来。図書館職員のユニフォームである緑のエプロンをつけマスコットとして働いている。茨城大学図書館「わらづと君の部屋」(http://www.lib.ibaraki.ac.jp/gaiyo/wara/wara.html)に拠れば、わらづと君は「2月10日、茨城生まれ。マメで包容力があり、粘り強いのが身上です。好きな場所は図書館のカウンターです」とある。掲示・パンフレット・ウェブページなど、さまざまな場面に登場。そのほか、わらづと君グッズとして、職員手づくりのしおりもある。

筑波技術大学　[国立]

　[所在地]〒305-8520　茨城県つくば市天久保4-3-15
　[TEL]029-852-2931
　[FAX]029-858-9312
　[URL]http://www.tsukuba-tech.ac.jp/
　[設置者]国立大学法人筑波技術大学
　[キャンパス]天久保キャンパス/春日キャンパス(ともにつくば市)
　[沿革・歴史]1987(昭和62)年10月、筑波技術短期大学を設置。2004(平成16)年4月、国立大学法人筑波技術短期大学に移行。2005(平成17)年10月、国立大学法人筑波技術大学と改組・開学(筑波技術短期大学は大学短期大学部となる)。
　[マーク類]2005(平成17)年、筑波技術大学として新たに開学したのを機に、学章(シンボルマーク)を公募して制定。2007(平成19)年1月、商標登録済(第5021046号)。

◇遠隔情報保障システム　えんかくじょうほうほしょうしすてむ　[機械]
　聴覚障害者向け遠隔情報保障システム。大学内のスタジオと他大学の教室や会場をインターネットで結び、手話通訳や字幕を提供し、視聴覚障害者のコミュニケーション支援をおこなうというもの。産業技術学部産業情報学科内藤一郎教授を中心としたコミュニケーション支援研究グループによって開発された。専門用語などもリアルタイムに提示することによって手話通訳者や要約筆記者の理解を助ける。こうして作成された手話通訳画面や要約筆記字幕は、遠隔地の受講者や学会参加者にも提供される。すでに全国各地で導入

されており、現在は携帯電話を活用した聴覚障害者向けモバイル型遠隔情報保障システムの提供についても検証中である。

筑波大学　［国立］

[所在地]〒305-8577　茨城県つくば市天王台1-1-1
[TEL]029-853-2111
[URL]http://www.tsukuba.ac.jp/
[設置者]国立大学法人筑波大学
[キャンパス]筑波キャンパス（つくば市）/東京キャンパス大塚地区（東京都文京区）/東京キャンパス秋葉原地区（東京都千代田区）
[沿革・歴史]1899（明治32）年、東京帝国大学農科大学農業教員養成所を設立。1937（昭和12）年、東京農業教育専門学校と改称。1949（昭和24）年、東京教育大学と改称。1952（昭和27）年、東京高等師範学校を統合。1953（昭和28）年、東京文理科大学を統合。1973（昭和48）年10月、筑波大学を設置。1978（昭和53）年3月、東京教育大学を閉学。2002（平成14）年10月、図書館情報大学と統合。2004（平成16）年4月、国立大学法人筑波大学となる。
[マーク類]校章「五三の桐葉型」は、1903（明治36）年に改定された東京高等師範学校生徒徽章に始まるもので、1949（昭和24）年製作の東京教育大学学生バッジにも受け継がれた。1974（昭和49）年、東京教育大学の伝統を引き継ぎ、筑波大学でも校章を桐の葉とすることが了承された。2008（平成20）年8月ならびに2009（平成21）年10月、商標登録済（第5158364号・第5270491号）。

◇がまじゃんぱー　［キャラクター（図書館）］

附属図書館のキャラクター。筑波大学附属図書館は、中央図書館のほか体育・芸術図書館・医学図書館・情報学図書館・大塚図書館で構成され、240万冊の図書、2万3000タイトルの雑誌が開架されている図書館。がまじゃんぱーは、筑波山麓の四六のガマ（カエル）をモチーフにしたキャラクター。頭にはヘッドフォンをしており、首には赤いマフラーを着用。腕には腕章をつけている。筑波大学附属図書館のキャラクター紹介ページ（https://www.tulips.tsukuba.ac.jp/portal/char_prof_gama.html）に拠れば、「筑波山で修行していたが、学生になったのを機に下山した」という。好奇心旺盛。プロフィールは「出身　大学の中央池」「修行の地　筑波山」「好きな花：擬宝珠」「生態　冬眠はしない。雨が嫌い。」「スポーツ　夏は高飛び込み、冬はスキージャンプ（特にペア）」。2008（平成20）年、キャラクターの紹介ページが公開された。

筑波大学　　　　　　　　　　　茨城県

◇桐飴　きりあめ　［菓子］
　つくば市産のブルーベリーを贅沢に使用した飴。開学当時、公開講座の卒業記念としてブルーベリーの苗木が贈られた。それを端緒として、つくば市ではブルーベリー栽培が広まっていった。模様は、校章のかたちになっている。価格は、10個入り240円（税込）、35個入り735円（税込）。紫峰会Utshop取り扱い。

◇桐の華　きりのはな　［飲料（酒類）］
　桐の花酵母を使用した純米吟醸酒。生命環境科学研究科・内山裕夫教授の微生物生理化学研究室で開発された、桐の花から分離した清酒酵母を用い、来福酒造会社（筑西市）が醸造、商品化した。純米の香りがほのかに漂うすっきりとした辛口の味わいに仕上がっている。銘柄は大学の校章が五三の桐型であること、商品が桐の花由来の酵母仕込みであること、さらに桐の花の華やかで上品なイメージを考慮して、学内公募により選定された。ラベルの文字は書を専門とする人間総合科学研究科・菅野智明准教授、ラベルデザインはビジュアルデザインを専門とする同学科・田中佐代子准教授による。なお、「桐の華」は、2009（平成21）年10月に商標登録済（第5270492号）。権利者は、国立大学法人筑波大学。

◇ちゅーりっぷさん　［キャラクター（図書館）］
　附属図書館のキャラクター。筑波大学附属図書館は、中央図書館のほか体育・芸術図書館・医学図書館・情報学図書館・大塚図書館で構成され、240万冊の図書、2万3000タイトルの雑誌が開架されている図書館。筑波大学附属図書館のキャラクター紹介ページ（https://www.tulips.tsukuba.ac.jp/portal/char_prof_tulipsan.html）に拠れば、「遠い星からやってきた、図書館の使い方をわかりやすく解説してくれるお姉さん」で、「皆からの質問をチューリップ型のレシーバで受信している」という。「性格は温厚ですが、聞き分けのない人やがまじゃんぱーには、ごくまれに眉間の皺を見せてしまうことがある」らしい。「出身：りぽじとり星」「誕生日：4月30日（おうし座）」「勤務地：附属図書館」「資格：司書・生物分類技能検定（4級）」「好物：麦粉菓子」。生物分類技能検定は実際する資格。筑波大学附属図書館のウェブサイトは「Tulips」の愛称で広く知られている。2008（平成20）年、キャラクターの紹介ページが公開された。

◇ツクルクルッ　［日用雑貨］
　学生の企画によるオリジナルのトイレットペーパー。特設科目「筑波大学を創る」の受講生たちが、筑波大学らしさを求めて議論を重ね、製紙工場を見学するなどの過程を経て企画、商品化を成功させた。ロールには筑波用語集、

怪談話など大学に関するエピソードがプリントされており、大学の知られざる情報を楽しく伝える工夫がなされている。2枚重ね。芯にコロンの香りつき。価格は、1個300円（税込）。紫峰会Utshop取り扱い。

◇**HAL**　［機械］
世界で初めての全身装着型ロボットスーツ。大学院システム情報工学研究科・山海嘉之教授と筑波大学発ベンチャーであるCYBERDYNE株式会社（つくば市）とが連携し、利用者の声を取り入れながら開発した。装着者が筋肉を動かそうとしたとき皮膚表面に漏れ出てくる微弱な生体電位信号をセンサーで読み取り、それの結果をもとにパワーユニット制御をおこなって関節を動かし、装着者の筋肉の動きを支援する。生体電位センサーの他にも、関節角度を測定する角度センサー、重心の位置を検出する床反力センサー等を取り付け、人間のような動作が可能となった。今後、高齢者や身体運動機能障害者の介護支援や労働現場での作業支援、災害救助などでの事業化が期待されている。経済産業大臣賞受賞。CYBERDYNE株式会社取り扱い。なお、山海研究室の進める「サイバニクス」は、2007（平成19）年度グローバルCOEプログラム拠点に採択された。なお、ロボットスーツHALに関する商標は、CYBERDYNE株式会社によって登録・出願されている。

◇**ラグビー部キューピーストラップ**　らぐびーぶきゅーぴーすとらっぷ
　［スポーツ］
ラグビーボールを持ったキューピー人形のストラップ。筑波大学ラグビー部は、1924（大正13）年、東京高等師範学校にラグビークラブとして誕生。1927（昭和2）年ラグビー部に昇格し、東京文理科大学、東京教育大学の時代を経て、1974（昭和49）年より筑波大学ラグビー部となった。現在は、関東大学対抗戦Aグループに所属。直近の2009（平成21）年度は5勝2敗で第3位。価格は、500円（税込）。ベースボールマガジン社オフィシャル通販ショップ「BBM@SHOP」取り扱い。

◇**筑波大学オリジナルグッズ（衣料品）**　つくばだいがくおりじなるぐっず（いりょうひん）　［服装］
筑波大学のオリジナルグッズ「UT collection」の衣料品。「UT collection」は、1998（平成10）年、筑波における開学25周年を記念し校章などを統一した際に生まれた。売上の一部は、筑波大学における学生生活支援・課外活動支援につかわれている。衣料品の商品としては、靴下（3足セット）1000円、グラフィックTシャツ2800円、シルクネクタイ5100円、スポーツタオル1600円、スポーツTシャツ2800円、タオルハンカチ450円、フェイスタオル1000円、フルジップアップパーカー5300円、ベーシックTシャツ1600円、ポロシャツ4000

円などがある（価格はすべて税込）。紫峰会Utshop取り扱い。

◇筑波大学オリジナルグッズ（雑貨）　つくばだいがくおりじなるぐっず
（ざっか）　［日用雑貨］
　筑波大学のオリジナルグッズ「UT collection」の雑貨。商品としては、音声歩数計2700円、懐中時計3万円、カードホルダー財布1万2000円、桐の葉バッヂ500円、クラッチバッグ900円、校章キーホルダー850円、ステッカー200円、扇子「桐の葉」2000円、つくマグ700円、つくりんストラップ700円、ネックストラップ700円、はちまき530円、プレートバッグ1200円、防犯アラーム2000円、ポケット電波時計3000円、ボトルポーチ1200円、ミラークロック3500円、名刺入れ4000円などがある（価格はすべて税込）。紫峰会Utshop取り扱い。

◇筑波大学オリジナルグッズ（文房具）　つくばだいがくおりじなるぐっず
（ぶんぼうぐ）　［文房具］
　筑波大学のオリジナルグッズ「UT collection」の文房具。商品としては、アルミシャープペン750円、アルミボールペン750円、鉛筆（6本セット）410円、クリスタルルーペ3600円、スエードブックカバー2300円、スマートカードケース1300円、ノートA罫300円、ペーパークリップ240円、万年筆1万円、万年筆Expert-Tsukuba2万7000円。USBフラッシュメモリ 2GB「theUTopia」「Enjoy.」各3000円、4GB「筑波大学」4000円、ルーズリーフA罫300円、ルーズリーフカジュアル250円、レポート用紙A罫300円、レポート用紙プレーン250円などがある（価格はすべて税込）。紫峰会Utshop取り扱い。

流通経済大学　［私立］
　［所在地］〒301-8555　茨城県龍ケ崎市120
　［TEL］0297-64-0001
　［FAX］0297-64-0011
　［URL］http://www.rku.ac.jp/
　［設置者］学校法人日通学園
　［キャンパス］龍ケ崎キャンパス（龍ケ崎市）/新松戸キャンパス（松戸市）
　［沿革・歴史］1965（昭和40）年1月、流通経済大学を設置。
　［マーク類］2006（平成18）年6月、商標登録済（第4957855号）。

◇ラグビー部キューピーストラップ　らぐびーぶきゅーぴーすとらっぷ
［スポーツ］
　ラグビーボールを持ったキューピー人形のストラップ。流通経済大学ラグビー部は、1965（昭和40）年度に大学設立とともに創部された。現在は、関東大学リーグ戦1部に所属。直近の2009（平成21）年度は3勝4敗で第4位。価格は、500円（税込）。ベースボールマガジン社オフィシャル通販ショップ「BBM@SHOP」取り扱い。

栃木県

宇都宮大学 ［国立］
　［所在地］〒321-8505　栃木県宇都宮市峰町350
　［TEL］028-649-8649
　［URL］http://www.utsunomiya-u.ac.jp/
　［設置者］国立大学法人宇都宮大学
　［キャンパス］峰キャンパス／陽東キャンパス（ともに宇都宮市）
　［沿革・歴史］1949（昭和24）年5月、栃木師範学校・栃木青年師範学校・宇都宮農林専門学校を統合し、宇都宮大学が発足。2004（平成16）年4月、国立大学法人宇都宮大学となる。
　［マーク類］校章は、中禅寺湖に男体山が映る雄姿を図案化、中心に大学の文字を配したもの。デザインは、故・羽野禎三氏（元・宇都宮大学学芸学部教授）による。2006（平成18）年11月から2007（平成19）年1月にかけては、ロゴマークが募集された。2008（平成20）年7月、商標登録済（第5154434号）。

◇**宇大浪漫（芋焼酎）**　うだいろまん（いもしょうちゅう）　［飲料（酒類）］
　農学部附属農場で栽培されたベニアズマを使用した芋焼酎。原料には農学部附属農場産ベニアズマと同農場産米による米麹、酵母には東京農業大学短期大学部醸造学科酒類学研究室（東京都世田谷区）で分離開発した花酵母「蔓薔薇」を使用している。醸造は、株式会社白相酒造（那須郡那珂川町）。赤いボトルはサツマイモをイメージしており、教育学部美術教育専攻の学生がデザインしたもの。価格は、1本720mlで1400円（税込）。宇都宮大学消費生活協同組合取り扱い。

◇**宇大浪漫（麦焼酎）**　うだいろまん（むぎしょうちゅう）　［飲料（酒類）］
　農学部附属農場産の二条大麦「ミカモゴールデン」を使用した本格焼酎。使用している酵母の違いから青瓶と白瓶の2種類がある。天然吟香酵母使用の青瓶は口当たりが柔らかで甘く芳醇な味わい、花酵母日々草使用の白瓶は香味のバランスがとれた深い味わいが特徴。価格は、1本720mlで1300円（税込）。宇都宮大学生活協同組合峰キャンパス店・ミニストップ宇都宮大学店取り扱い。

◇宇どん　うどん　［加工食品］
　農学部附属農場で無農薬栽培されたイワイノダイチの小麦粉100％使用のうどん。宇どんという名称の「宇」は、宇都宮大学の「宇」からとったもの。栃木県産のイワイノダイチは、他の小麦に比べてなめらかさや弾力性に富む。価格は、1袋250g入り120円。宇都宮大学生活協同組合峰キャンパス店・ミニストップ宇都宮大学店取り扱い。

◇大麦GABAクッキー　おおむぎぎゃばくっきー　［菓子］
　大麦抽出のGABAを配合したクッキー。宇都宮大学・栃木県産業技術センター（宇都宮市）・財団法人栃木県産業振興センター（宇都宮市）・笠原産業株式会社（足利市）・株式会社大麦工房ロア（足利市）の産学官連携により、栃木県特産の二条大麦を使用して製品化された。GABAは高血圧を予防する効果を有するとされるアミノ酸だが、高温を加えると失われてしまう。その含有量を失わないようにするための製造法を共同開発で実現させた。発芽米20％入りの飯に比べ、100g当りのGABA含有量は12倍以上、食物繊維も10倍以上含まれる。価格は、130gで650円（税込）。株式会社大麦工房ロア取り扱い。

◇そば　［加工食品］
　農学部附属農場で無農薬栽培されたそば。このそばは、香りのある信濃1号。価格は、200gで220円。宇都宮大学生活協同組合峰キャンパス店・ミニストップ宇都宮大学店取り扱い。

◇ディンプルアート・カラー　［美術］
　廃材から生まれた特殊絵の具。2003（平成15）年10月、工学部の木村隆夫教授が栃木県内の企業経営者と有限会社エヌ・ピィ・アール（那須烏山市）を設立。自動車フロントガラスに使用されるポリビニルブチラール中間膜の廃材を再利用して特殊な絵の具を開発、商品化した。乾くと表面にさざ波のような細かな凹凸模様が生まれる。ステンドグラス調の作品を簡単につくることができる。また、ガラス・プラスチック・タイル・金属・布地など様々な素材に使用することができ、混色も自由であるため、多彩な表現が可能。全22色。2005（平成17）年10月、栃木県知事賞を受賞。2006（平成18）年8月よりレッツBuyとちぎ（新商品購入支援事業）の認定商品になっている。有限会社エヌ・ピィ・アール取り扱い。なお、「ディンプルアート」は、2005（平成17）年7月に商標登録済（第4881898号）。権利者は、有限会社エヌ・ピィ・アール。

◇フレッシュチーズ　［加工食品］
　農学部附属農場産の牛乳で作ったフレッシュチーズ。栃木県でもトップクラスの品質として表彰された搾りたての牛乳を乳酸発酵させフレッシュチーズ

に加工、製品化した。新鮮な生乳の風味が楽しめる。価格は、150gで550円（税込）。宇都宮大学生活協同組合峰キャンパス店・ミニストップ宇都宮大学店取り扱い。

◇**峰が丘の風**　みねがおかのかぜ　［飲料（酒類）］
　農学部附属農場で低農薬栽培した酒米「五百万石」を使用し、株式会社井上清吉商店（宇都宮市）で醸造した特別純米酒。吟醸並の精米歩合により、風味がよくすっきりとした飲み口に仕上がっている。価格は、720ml1200円（税込）。宇都宮大学生活協同組合峰キャンパス店・ミニストップ宇都宮大学店取り扱い。

◇**ミルクソース**　［加工食品］
　農学部附属農場から生まれた乳製品。農学部附属農場・長尾慶和准教授が、研究をすすめ、乳牛の飼育環境を改善した結果、牛にかかるストレスがすくなくなり乳脂肪率や無脂固形分率の高い生乳が採れるようになった。その生乳をいかしてつくられた乳製品の一つが、ミルクソース。牛乳に上白糖を加えて煮詰められる。価格は、150gで550円。宇都宮大学生活協同組合峰キャンパス店・ミニストップ宇都宮大学店取り扱い。

◇**モッツァレラチーズ**　［加工食品］
　農学部附属農場から生まれた乳製品。農学部附属農場・長尾慶和准教授が乳牛の飼育環境に関する研究をすすめ改善につとめた結果、牛にかかるストレスが少なくなり、乳脂肪率や無脂固形分率の高い生乳が採れるようになった。その生乳をいかしてつくられた乳製品の一つが、モッツァレラチーズ。価格は、140gで550円。宇都宮大学生活協同組合峰キャンパス店・ミニストップ宇都宮大学店取り扱い。

◇**モッツァレラのたまり漬け**　もっつあれらのたまりづけ　［加工食品］
　農学部附属農場から生まれた乳製品。農学部附属農場・長尾慶和准教授が乳牛の飼育環境に関する研究をすすめ改善につとめた結果、牛にかかるストレスが少なくなり、乳脂肪率や無脂固形分率の高い生乳が採れるようになった。その生乳をいかしてつくられた乳製品の一つが、モッツァレラのたまり漬け。那須のたまり醤油に漬け込んでつくられる。価格は、100gで550円。宇都宮大学生活協同組合峰キャンパス店・ミニストップ宇都宮大学店取り扱い。

◇**ゆうだい21**　［食品］
　農学部附属農場で開発した新品種のオリジナル米。コシヒカリに比べて倒伏やいもち病に強く、収量に優れている。炊き上がった飯は、ふっくらして粘

り気があり、香り豊かで強い甘味がある。価格は、精米2kgで1000円。販売時期は、11月初旬〜12月下旬。宇都宮大学生活協同組合峰キャンパス店・ミニストップ宇都宮大学店取り扱い。

◇**宇都宮大学キャンパスグッズ**　うつのみやだいがくきゃんぱすぐっず
［大学グッズ］
宇都宮大学消費生活協同組合で販売されているキャンパスグッズ。商品としては、クリアホルダー94円、蛍光ペン105円、シャープペンシル105円、ドキュメント（クラッチ）バッグ525円、ボールペン105円、ミニハンカチタオル420円、MOTTAINAIバッグ360円、湯呑み472円、ライター105円などがある（価格はすべて税込）。宇都宮大学生活協同組合取り扱い。その他、宇都宮大学にはロゴマークを使用した広報用非売品として、うちわ・紙製ホルダー・のぼり・はっぴ・封筒・不織布バッグなどがある。広報用非売品についての問い合わせ先は、企画広報室。

国際医療福祉大学　［私立］

［所在地］〒324-8501　栃木県大田原市北金丸2600-1
［TEL］0287-24-3000
［FAX］0287-24-3100
［URL］http://www.iuhw.ac.jp/index.html
［設置者］学校法人国際医療福祉大学
［創立者］高木邦格
［キャンパス］大田原キャンパス（大田原市）/小田原キャンパス（神奈川県小田原市）/福岡天神（福岡県福岡市中央区）/大川キャンパス（福岡県大川市）
［沿革・歴史］1995（平成7）年4月、国際医療福祉大学が開学。

◇**ライブくんとラリーちゃん**　［キャラクター（図書館）］
大学図書館のキャラクター。一次審査通過7点が図書館に掲示され、投票により2008（平成20）年に決定した。医療福祉学科の学生による作品。本を開いた状態の右頁と左頁で仲睦まじく微笑んでおり、本はIUHWとLiblaryと書かれた赤いリボンで蝶結びにされている。図書館のウェブサイトなどに登場。

群馬県

群馬医療福祉大学短期大学部　［私立］

　　［所在地］〒371-0823　群馬県前橋市川曲町191-1
　　［TEL］027-253-0294
　　［URL］http://www.shoken-gakuen.ac.jp/university/index.html
　　［設置者］学校法人昌賢学園
　　［沿革・歴史］1908（明治41）年、昌賢学堂を設立。1919（大正8）年、昌賢中学校と改称。1996（平成8）年、群馬社会福祉短期大学を開学。2002（平成14）年、群馬社会福祉大学短期大学部と改称。2010（平成22）年4月、群馬医療福祉大学短期大学部と改称（予定）。

◇**ボラ&ティア**　［キャラクター（大学）］

　大学のキャラクター。学内ではボランティア活動を略して「ボラ」と呼んでいることから、魚のボラがモチーフとして採用された。キャラクター紹介ページ（http://www.shoken-gakuen.ac.jp/junior/other/character.html）に拠れば、双子の兄弟で誕生日は11月11日。同日は、介護の日であるとともに、大学の創立記念日でもある。群馬社会福祉大学短期大学部は、2010（平成22）年4月より群馬医療福祉大学短期大学部に改称の予定。なお、イラストの著作権は株式会社アクセントに帰属。

群馬大学　［国立］

　　［所在地］〒371-8510　群馬県前橋市荒牧町4-2
　　［TEL］027-220-7111
　　［URL］http://www.gunma-u.ac.jp/
　　［設置者］国立大学法人群馬大学
　　［キャンパス］荒牧・昭和キャンパス（前橋市）/桐生キャンパス（桐生市）/太田キャンパス（太田市）
　　［沿革・歴史］1949（昭和24）年5月、群馬師範学校・群馬青年師範学校・前橋

医科大学・桐生工業専門学校を統合し、群馬大学が発足。2004（平成16）年4月、国立大学法人群馬大学となる。

◇小麦ブランブレッド　こむぎぶらんぶれっど　［加工食品］

群馬県産小麦粉W8号を100％使用したパン。工学部と有限会社アジア製パン所（前橋市）によって共同開発された。通常精製の過程で取り除かれてしまう小麦ふすまを含んだ小麦粉が用いられることにより、小麦特有の香ばしさをもつ健康パンに仕上がる。食物繊維や鉄分・亜鉛などの栄養成分を豊富に含んでいる。価格は、1本650円（税込）。有限会社アジア製パン所（アジアパン）取り扱い。

◇プライムデルタミスト　［日用雑貨］

殺菌作用のあるアロマオイルをブレンドした消臭除菌剤。医学部・佐藤久美子名誉教授の研究成果を、群馬大学発ベンチャー企業のプライム・デルタ株式会社（北群馬郡吉岡町）で実用化した。ティトリー・ペパーミント・ローズマリー・ローズ・ラベンダーのエッセンシャルオイルを適宜ブレンドして、手作りされている。数回の噴霧で除菌とともに豊かな香りが楽しめ、生活空間の消臭、衣類・日用品の除菌のほか、リラクゼーション・保健医療・介護に役立つ。ナチュラル・ミントリッチ・ローズマリーリッチ・ラベンダー・ユーカリプラス・ローズの6種類がある。価格は、2650円（税込）。有限会社アゲイン（岡山県岡山市）取り扱い。

高崎健康福祉大学　［私立］

［所在地］〒370-0033　群馬県高崎市中大類町37-1
［TEL］027-352-1290
［FAX］027-353-2055
［URL］http://www.takasaki-u.ac.jp/
［設置者］学校法人高崎健康福祉大学
［創立者］（須藤和洋裁女学院）須藤いま子
［沿革・歴史］1936（昭和11）年、須藤いま子が須藤和洋裁女学院を設立。1954（昭和29）年、須藤高等技芸学校と改称。1966（昭和41）年、群馬女子短期大学を設立。2001（平成13）年、高崎健康福祉大学を設立。
［マーク類］スクールマークは、大学の略称であるUHWをシンボル化したもの。Uの上には円があり、健康福祉の世界が表現されている。学章は、「伝統」と「未来」をあらわしたもの。左側にある藤の蔓が歴史や信頼、円形

が地球(国際社会)を示す。

◇**江口文味噌**　えぐちふみそ　［調味料］
　きのこ学食品栄養学専門の江口文陽教授が研究考案した天然醸造の味噌。米味噌と麦味噌の2種類がある。健康と福祉の両面から総合的な研究・教育を目指し、その結果生まれた高崎健康福祉大学発ベンチャーであるマッシュ・テック株式会社(高崎市)が商品化した。同教授はマッシュ・テック株式会社の代表でもある。国内に留まらず国外にも発信している。この味噌の最大の特色は、原材料に薬膳材料として知られ免疫向上に効果的なβ-グルカンを非常に多く含むヤマブシタケが加えられていることである。その他の原料も国産にこだわり、昔ながらの製法による無添加・天然醸造によって製造された味噌は、豊かで旨みのあるしっかりした味わいとなっている。

◇**GLDXハタケシメジエキス顆粒**　じーえるでぃーえっくすはたけしめじえきすかりゅう　［医療・健康］
　きのこを素材とした顆粒スティック状の健康食品。高崎健康福祉大学から誕生した大学発ベンチャーであるマッシュ・テック株式会社(高崎市)が、群馬県が品種登録したハタケシメジの菌株を用いて生産・加工。厳しい環境基準のもと、成分の安定的配合を重視して製品化した。ハタケシメジのおいしさを年齢問わず楽しめるよう摂取し易く仕上げている。1日1〜3包を目安に水又は湯と一緒に飲用。湯に溶かしハタケシメジ茶に、好みに応じ蜂蜜やレモン汁を入れても美味。内容量は1箱(2.5g×30包)。価格は、9800円(税込)。マッシュ・テック株式会社取り扱い。

埼玉県

埼玉工業大学　[私立]

　[所在地]〒369-0293　埼玉県深谷市普済寺1690
　[TEL]048-585-2521
　[FAX]045-585-2523
　[URL]http://www.sit.ac.jp/
　[設置者]学校法人智香寺学園
　[沿革・歴史]1903(明治36)年2月、東京商工学校を創立。1910(明治43)年4月、東京高等商工学校と改称。1938(昭和13)年4月、聖橋高等工学校と改称。1948(昭和23)年4月、聖橋高等学校を設置(のち閉校)。1961(昭和36)年4月、聖橋学園埼玉工業高等学校が開校(のち閉校)。1976(昭和51)年4月、埼玉工業大学を開設。
　[マーク類]校章は、徳川家の家紋「三つ葉葵」の中央に「大学」の文字をあわせたもの。ロゴマークは、大学の英字表記「Saitama Institute of Technology」の頭文字「SIT」からデザインされた。

◇フカニャン　[キャラクター(大学)]
　大学のマスコットキャラクター。英国紳士風の服装をしたキャラクターで、猫に似ているがその正体は風の街深谷に現れた風の精霊とのこと。埼玉工業大学のキャラクター紹介ページ(http://www.sit.ac.jp/fukanyan/index.html)に拠れば、「右手に持っているルーペは「洞察力」、左手に持っている手帳は「豊かな知識」を象徴している」という。2008(平成20)年、公募によりフカニャンと名づけられた。オープンキャンパスのほか大学外のイベントにも参加するなど幅広く活動している。携帯電話向けの大学ウェブサイトからは、フカニャンの待ち受け画像などがダウンロードできる。なお、「フカニャン」は、2009(平成21)年5月に商標登録済(第5231644号)。権利者は、学校法人智香寺学園。

埼玉大学　［国立］

[所在地]〒338-8570　埼玉県さいたま市桜区下大久保255
[TEL]048-858-3005
[FAX]048-858-3677
[URL]http://www.saitama-u.ac.jp/
[設置者]国立大学法人埼玉大学
[沿革・歴史]1949（昭和24）年5月、埼玉青年師範学校・埼玉師範学校・浦和高等学校を統合し、埼玉大学を設置。2004（平成16）年4月、国立大学法人埼玉大学となる。
[マーク類]ロゴマークは、埼玉（SAITAMA）の頭文字のSと埼玉の玉を表す円を図案化したもの。中央の円で表された埼玉を巡りながら、知と技を身に着けて実社会に飛び立っていく姿が表現されている。2006（平成18）年10月、商標登録済（第4999778号）。

◇埼玉大学饅頭　さいたまだいがくまんじゅう　［菓子］
大学と大学生協60周年を記念して企画発売された大学オリジナルの饅頭。皮には「埼大」の2文字が押されている。北海道の良質小豆を熟練職人が丁寧に練り上げたつぶ餡と、さつまいもと白餡をブレンドしたいも餡入りの2種類がある。製造元は足立屋（さいたま市浦和区）。価格は、小豆餡（赤包装紙）・いも餡（白包装紙）とも1個126円、6個入り（小）850円、埼玉大学饅頭化粧箱10個入り（大）1400円（すべて税込）。埼玉大学生活協同組合取り扱い。

◇さくらリーフパイ　［菓子］
2009（平成21）年の大学創立60周年に合わせ埼玉大学生活協同組合と洋菓子店・ボンドール（さいたま市浦和区）が協力して開発した菓子。埼玉大学付近にはけやき並木があることから、けやきの葉をイメージしたリーフ型のパイとなった。そこに、埼玉県の県花・サクラソウを加えたもの。パッケージには大学ロゴマークが入っている。価格は、1枚105円、7枚箱入り840円、14枚箱入り1600円（すべて税込）。埼玉大学生活協同組合取り扱い。

女子栄養大学　［私立］

[所在地]〒350-0288　埼玉県坂戸市千代田3-9-21
[TEL]03-3915-3668

埼玉県　　　　　　　　　　　　　　　　　**女子栄養大学**

［URL］http://www.eiyo.ac.jp/
［設置者］学校法人香川栄養学園
［創立者］（家庭食養研究会）香川綾、香川昇三
［キャンパス］坂戸キャンパス（坂戸市）/駒込キャンパス（東京都豊島区）
［沿革・歴史］1933（昭和8）年、香川昇三・香川綾が家庭食養研究会を発足。1937（昭和12）年、栄養と料理学園と改称。1940（昭和15）年、女子栄養学園と改称。1950（昭和25）年、女子栄養短期大学を設置。1961（昭和36）年、女子栄養大学を設置。
［マーク類］2002（平成14）年4月、商標登録済（第4561110号）。

◇**栄大スケール**　えいだいすけーる　［日用雑貨］
　香川栄養学園オリジナルグッズのデジタルスケール。1gまで計量できる。価格は、1万2600円。女子栄養大学代理部取り扱い。

◇**栄大特製洋包丁**　えいだいとくせいほうちょう　［日用雑貨］
　香川栄養学園オリジナルグッズの洋包丁。はがね製品。刃渡りは18cm。価格は、6800円。女子栄養大学代理部取り扱い。

◇**香川栄養学園校歌オルゴール**　かがわえいようがくえんこうかおるごーる　［記念品］
　香川栄養学園オリジナルグッズのオルゴール。価格は、2900円。女子栄養大学代理部取り扱い。

◇**香川式四群点数法フードモデル**　かがわしきよんぐんてんすうほうふーどもでる　［日用雑貨］
　香川栄養学園オリジナルグッズのフードモデル（食品模型）。香川式四群点数法とは、創立者・香川綾（1899～1997）がバランスのよい食事法として考案したもの。食品の栄養的な特徴が似ているものを4つの食品群に分け、バランスよく摂取することで健康的な食生活ができるというもの。このフードモデルでは、1点（80kcal）あたりの重量が示されている。製造は、株式会社川崎フードモデル（広島県竹原市）。食品50種入り。キャスターバッグ・掲示用ホワイトスチールのほか『食品80キロカロリーガイドブック』（女子栄養大学出版部発行）が付いている。価格は、14万9100円。女子栄養大学代理部取り扱い。なお、「四群点数法」は、2000（平成12）年6月・2003（平成15）年6月に商標登録済（第4391877号・第4685304号）。権利者は、学校法人香川栄養学園。

◇計量カップ・スプーン・ヘラ　けいりょうかっぷ・すぷーん・へら　[日用雑貨]
香川栄養学園オリジナルグッズの調理器具。創立者・香川綾(1899〜1997)が考案したもの。200mlのカップと15ml・5ml・1mlスプーン、すり切りヘラがセットになっている。メラニン製で耐久性に優れ、煮沸もでき、油や酸にも耐える。価格は、890円。軽量カップを除いたスプーンのみのセットは、570円。女子栄養大学代理部取り扱い。

◇Japanese Cook Book(復刻版)　じゃぱにーずくっくぶっく(ふっこくばん)　[本]
香川栄養学園オリジナルグッズの復刻本。創立者・香川綾の著書を復刻したもの。1949(昭和24)年、日本交通公社から刊行された。2005(平成17)年、香川栄養学園創立70周年の時に復刻したもの。価格は、600円。女子栄養大学代理部取り扱い。

◇豆腐作り枠　とうふづくりわく　[日用雑貨]
香川栄養学園オリジナルグッズの調理器具。ステンレス製の豆腐作り用の枠。価格は、5000円。女子栄養大学代理部取り扱い。

◇香川栄養学園オリジナルグッズ(文房具)　かがわえいようがくえんおりじなるぐっず(ぶんぼうぐ)　[文房具]
香川栄養学園オリジナルグッズの文房具。商品としては、クリヤーホルダー(3種)各100円、3色ボールペン(黒・赤)+シャープペン420円がある。女子栄養大学代理部取り扱い。

駿河台大学　[私立]

[所在地]〒357-8555　埼玉県飯能市阿須698
[TEL]042-972-1111
[URL]http://www.surugadai.ac.jp/
[設置者]学校法人駿河台大学
[創立者](東京高等受験講習会)山﨑寿春
[沿革・歴史]1918(大正7)年、山﨑寿春が東京高等受験講習会を創立。1987(昭和62)年4月、駿河台大学を開学。
[マーク類]2006(平成18)年11月、創立20周年を機にロゴマークを制定。駿河台大学の「S」を21世紀に羽ばたく鳥のかたちにしたデザイン。また、青色で入間川の流れ、緑色で加治丘陵を表現している。2007(平成19)年6月、

商標登録済（第5052039号）。

◇**駿河台大学オリジナルグッズ**　するがだいだいがくおりじなるぐっず
　　［大学グッズ］
　　駿河台大学同窓会事務局による駿河台大学オリジナルグッズ。多くの商品に新しく制定されたロゴマークが入っている。商品としては、ウォールマグ1365円、オリジナルエンブレム4200円、オリジナルキャップ1575円、キーホルダー450円、携帯クリーナー450円、サンバイザー1260円、写真立て（輪島塗）7350円、シャープペンシル105円、ストラップ450円、駿大煎餅（4種10枚入り）1050円、タイピン1500円、タイピン3点セット3500円、タオル3675円、ハットピン945円、フェイスタオル735円、フラッシュメモリー（2GB）1890円、ポストカード3枚入り315円、マウスパッド（光琳舞鶴）2814円、マフラータオル1500円などがある（価格はすべて税込）。駿河台大学ショッピングセンター取り扱い。

聖学院大学　［私立］

　　［所在地］〒362-8585　埼玉県上尾市戸崎1-1
　　［TEL］048-781-0925
　　［URL］http://www.seigakuin.jp/index.htm
　　［設置者］学校法人聖学院
　　［創立者］（聖学院神学校）ハーヴェイ・H.ガイ
　　［沿革・歴史］1903（明治36）年、ハーヴェイ・H.ガイが聖学院神学校を設立。1967（昭和42）年、女子聖学院短期大学を設立。1988（昭和63）年、聖学院大学に改組。

◇**ビュー**　［キャラクター（図書館）］
　　総合図書館のキャラクター。ふくろうをモチーフにしたデザインで、頭部は本を見開きにしたかたちをしている。大きな眼が特徴。聖学院大学総合図書館ウェブサイト（http://seiglib.seigakuin-univ.ac.jp/）内のキャラクター紹介ページに拠れば、2003（平成15）年9月にデビューしたキャラクターで、「鋭い目で、世界の出来事を見て考え」ているという。図書館報「ぱぴるす」にも登場している。

獨協大学　［私立］

[所在地]〒340-0042　埼玉県草加市学園町1-1
[TEL]048-946-1900
[FAX]048-943-1320
[URL]http://www.dokkyo.ac.jp/
[設置者]学校法人獨協学園
[創立者]天野貞祐
[沿革・歴史]1964（昭和39）年、獨協大学を開学。
[マーク類]1999（平成11）年、創立35周年記念事業の一環として、新しい校章を制定。獨協大学の前身・獨逸学協会学校の時代から使用されてきた、ドイツの花文字「D」を以前よりシャープにしたデザイン。2001（平成13）年8月、商標登録済（第4497209号）。

◇どく太くん（Dok+α）　どくたくん　［キャラクター（大学）］
大学のイメージキャラクター。獨協大学の頭文字「D」のなかに顔が描かれたデザインで、白い羽を持ち、黄色い靴を履いている。獨協大学ニュースのページ（http://www.dokkyo.ac.jp/d-news/news/0212/1225rapping.htm）に拠れば、1999（平成11）年、獨協大学35周年記念事業の一環として、公募で生まれたキャラクター。また、獨協大学のイメージキャラクター紹介ページ（http://www.dokkyo.ac.jp/nyuusi/students/character/index.html）に拠れば、「ロゴタイプの「Dok+α」には、在学中にそれぞれの学生が「自分に自信のもてる何か」―プラスアルファを見つけ、身につけて巣立ってほしいという意味が込められて」いるという。ブログ「どく太くんがゆく！」（http://www.dokkyo.ac.jp/d-news/dokuta/）でも活躍中。

◇マウス　［キャラクター（大学）］
2005（平成17）年、2006（平成18）年「日本におけるドイツ年」のマスコット。大学イメージキャラクター・どく太くんと一緒に、大学のPRを担当した。マウスは、オレンジ色の体に茶色の耳、大きな目が愛らしいネズミ。ドイツのTV教育番組で30年以上前に誕生し、現在でも子どもから大人まで幅広く親しまれている国民的キャラクター。日本では、2005（平成17）年4月からNHK教育テレビで放送され、注目を浴びた。大学におけるドイツ年イベントのPRをはじめ、大学ウェブサイトなどにも登場。オリジナルグッズも製作された。

文教大学　［私立］

　　［所在地］〒343-8511　埼玉県越谷市南荻島3337
　　［TEL］048-974-8811
　　［URL］http://www.bunkyo.ac.jp/
　　［設置者］学校法人文教大学学園
　　［創立者］（立正幼稚園・立正裁縫女学校）馬田行啓、小野光洋
　　［キャンパス］越谷キャンパス（越谷市）/湘南キャンパス（神奈川県茅ヶ崎市）
　　［沿革・歴史］1927（昭和2）年、馬田行啓・小野光洋が立正幼稚園ならびに立正裁縫女学校を創立。1966（昭和41）年、立正女子大学を設置。1976（昭和51）年、文教大学と改称。
　　［マーク類］シンボルマークは、「文」の草書体とギリシャ文字の「α」をモチーフとしたもの。円（グローバル・平和・人間愛）との組み合わせで形成されている。1998（平成10）年11月、商標登録済（第4209235号）。

◇伊藤正道イラスト紙袋　いとうまさみちいらすとかみぶくろ　［日用雑貨］
　イラストレーター・絵本作家の伊藤正道氏とのコラボレーションによって生まれた文教大学オリジナルグッズの紙袋。同氏は、北海道の米「きらら397」のパッケージデザインをしたことで有名。片面にイラスト、もう一方の面に文教大学学園シンボルマークが入っている。価格は、150円。越谷キャンパス・湘南キャンパス購買部取り扱い。学外者による問い合わせ先は、学校法人文教大学学園法人事務局地域連携課。

◇伊藤正道イラストクリアファイル　いとうまさみちいらすとくりあふぁいる　［文房具］
　イラストレーター・絵本作家の伊藤正道氏とのコラボレーションによって生まれた文教大学オリジナルグッズのクリアファイル。「黄色の飛行機」「FLY」「MUSIC」の3種類のデザインがある。いずれのデザインにも下部に文教大学学園シンボルマークが入っている。価格は、各100円。越谷キャンパス・湘南キャンパス購買部取り扱い。学外者による問い合わせ先は、学校法人文教大学学園法人事務局地域連携課。

◇伊藤正道イラストクリアファイル（ダブル）　いとうまさみちいらすとくりあふぁいる（だぶる）　［文房具］
　イラストレーター・絵本作家の伊藤正道氏とのコラボレーションによって生まれた文教大学オリジナルグッズのダブルクリアファイル。見開きでA3サイズになる。価格は、200円。越谷キャンパス・湘南キャンパス購買部取り扱

い。学外者による問い合わせ先は、学校法人文教大学学園法人事務局地域連携課。

◇ウォールマグ　［食器］
イラストレーター・絵本作家の伊藤正道氏とのコラボレーションによって生まれた文教大学オリジナルグッズのウォールマグ。容量は、320ml。価格は、800円。越谷キャンパス・湘南キャンパス購買部取り扱い。学外者による問い合わせ先は、学校法人文教大学学園法人事務局地域連携課。

◇オリジナルマウスパッド　［文房具］
文教大学オリジナルグッズのマウスパッド。白地に文教大学学園のシンボルマークが大きく表示されている。価格は、350円。越谷キャンパス・湘南キャンパス購買部取り扱い。学外者による問い合わせ先は、学校法人文教大学学園法人事務局地域連携課。

◇クラッチバッグ　［日用雑貨］
文教大学オリジナルグッズのクラッチバッグ。下部に「Bunkyo University」の文字が入っている。色は、暖色系から寒色系まで全10色ある。価格は、500円。越谷キャンパス・湘南キャンパス購買部取り扱い。学外者による問い合わせ先は、学校法人文教大学学園法人事務局地域連携課。

◇スポーツタオル　［スポーツ］
文教大学オリジナルグッズのスポーツタオル。青地をベースに「BUNKYO UNIVERSITY」の文字が大きく白抜きで表示されている。価格は、400円。越谷キャンパス・湘南キャンパス購買部取り扱い。学外者による問い合わせ先は、学校法人文教大学学園法人事務局地域連携課。

◇チアスティック　［スポーツ］
文教大学オリジナルグッズのチアスティック。黒をベースに黄色の文字で「Bunkyo University」と書かれている。チアスティックは2本入っており、応援グッズとして2本あわせると音を出すことができる。価格は、100円。越谷キャンパス・湘南キャンパス購買部取り扱い。学外者による問い合わせ先は、学校法人文教大学学園法人事務局地域連携課。

◇80周年記念両面差しパスケース　はちじっしゅうねんりょうめんざしぱすけーす　［日用雑貨］
文教大学オリジナルグッズの両面差しパスケース。文教大学学園シンボルマークの入った80周年記念商品。IC型の乗車券を両面で使い分けられる。価格は、

1980円。越谷キャンパス・湘南キャンパス購買部取り扱い。学外者による問い合わせ先は、学校法人文教大学学園法人事務局地域連携課。

◇はっぱくん（絵本）　はっぱくん（えほん）　［本］
子どものいる大学の男性職員とイラストレーター・絵本作家の伊藤正道氏とのやりとりから生まれた絵本。伊藤正道作・絵、文教大学学園編で丸善プラネット株式会社が発行。2007（平成19）年5月に刊行された。ISBNは、978-4-901689-71-7。価格は、1575円（税込）。全国の書店で取り扱われている。ただし、大学内では別途、特別価格で販売されている。

◇はっぱくんクリアファイル　［文房具］
イラストレーター・絵本作家の伊藤正道氏とのコラボレーションによって生まれた文教大学オリジナルグッズのクリアファイル。絵本の「はっぱくん」が描かれている。A4シングルのクリアファイル。価格は、100円。越谷キャンパス・湘南キャンパス購買部取り扱い。学外者による問い合わせ先は、学校法人文教大学学園法人事務局地域連携課。

◇はっぱくん付箋　はっぱくんふせん　［文房具］
イラストレーター・絵本作家の伊藤正道氏とのコラボレーションによって生まれた文教大学オリジナルグッズの付箋。絵本の「はっぱくん」が描かれている。価格は、150円。越谷キャンパス・湘南キャンパス購買部取り扱い。学外者による問い合わせ先は、学校法人文教大学学園法人事務局地域連携課。

◇はっぱせんせい（絵本）　はっぱせんせい（えほん）　［本］
はっぱくん（絵本）につづくシリーズ第2弾の絵本。伊藤正道作・絵、文教大学出版事業部編で丸善プラネット株式会社が発行。2009（平成21）年5月に刊行された。ISBNは、978-4-86345-015-8。価格は、1680円（税込）。全国の書店で取り扱われている。ただし、大学内では別途、特別価格で販売されている。

◇USBメモリー　［機械］
文教大学オリジナルグッズのUSBメモリー。容量は、1GB。色は、ピンクとブルーの2色。価格は、1500円。越谷キャンパス・湘南キャンパス購買部取り扱い。学外者による問い合わせ先は、学校法人文教大学学園法人事務局地域連携課。

千葉県

城西国際大学　［私立］

　　［所在地］〒283-8555　千葉県東金市求名1
　　［TEL］0475-55-8800
　　［FAX］0475-55-8811
　　［URL］http://www.jiu.ac.jp/
　　［設置者］学校法人城西大学
　　［創立者］（学校法人城西大学）水田三喜男
　　［キャンパス］千葉東金キャンパス（東金市）/東京紀尾井キャンパス（東京都千代田区）/安房キャンパス（鴨川市）/幕張キャンパス（千葉市美浜区）
　　［沿革・歴史］1992（平成4）年、城西国際大学が開学。

◇JとI　［キャラクター（大学）］

　大学のマスコットキャラクター。学校法人城西大学の創立40周年を記念して生まれた。城西国際大学のマスコットキャラクター紹介ページ（http://www.jiu.ac.jp/i/libraries/characters/index.html）に拠れば、「空飛ぶクジラ」のキャラクターで、「たくさんの人材が国際社会に飛び立っていく姿をイメージ」したものという。青いクジラがJ（ジェイ）、赤いクジラがI（アイ）。

千葉商科大学　［私立］

　　［所在地］〒272-8512　千葉県市川市国府台1-3-1
　　［TEL］047-372-4111
　　［URL］http://www.cuc.ac.jp/
　　［設置者］学校法人千葉学園
　　［創立者］（巣鴨高等商業学校）遠藤隆吉
　　［沿革・歴史］1928（昭和3）年2月、遠藤隆吉が巣鴨高等商業学校を創立。1944（昭和19）年3月、巣鴨経済専門学校と改称。1950（昭和25）年4月、千葉商

科大学を開設。

◇**オリジナルトイレットペーパー**　［日用雑貨］
　環境に配慮した大学オリジナルの古紙リサイクルトイレットペーパー。大学を運営する学校法人千葉学園は、「エコキャンパス」を掲げ、環境に配慮した大学運営を実施している。トイレットペーパーもISO14001活動の一環として開始されたもの。学内から回収された古紙でトイレットペーパーがつくられている。

千葉大学　［国立］
　［**所在地**］〒263-8522　千葉県千葉市稲毛区弥生町1-33
　［**TEL**］043-251-1111
　［**URL**］http://www.chiba-u.ac.jp/
　［**設置者**］国立大学法人千葉大学
　［**キャンパス**］西千葉キャンパス（千葉市稲毛区）/亥鼻キャンパス（千葉市中央区）/松戸キャンパス（松戸市）/柏の葉キャンパス（柏市）
　［**沿革・歴史**］1949（昭和24）年、千葉医科大学・千葉医科大学附属医学専門部・千葉医科大学附属薬学専門部・千葉師範学校・千葉青年師範学校・東京工業専門学校・千葉農業専門学校を統合し、千葉大学を設置。2004（平成16）年4月、国立大学法人千葉大学となる。
　［**マーク類**］1949（昭和24）年、学内公募でバッジ（シンボルマーク）を制定。「Chiba Daigaku」の頭文字「C」と「D」を組み合わせ、千葉大学の「千」をそのなかにあしらったもの。デザインは、故・赤穴宏氏（元・千葉大学名誉教授）による。2007（平成19）年12月、商標登録済（第5096787号）。そのほか、2009（平成21）年の創立60周年記念として創立60周年記念ロゴマークもつくられた。「60」を無限大のかたちに見立てて、末永く発展するよう願いが込められている。デザインは、宮崎紀郎氏（元・工学部デザイン工学科教授）によるもの。

◇**ジャム**　［加工食品］
　柏の葉キャンパス（柏市）にある環境健康フィールド科学センターで生産されているジャム。季節により販売するジャムは、異なる。りんご（紅玉・つがる）・キウイフルーツ＆りんご・巨峰・ぶどう＆りんご・マーマレード（夏柑・橙）などがある。価格は、各350円。キウイと巨峰は、柏の葉地区のセンター

東京歯科大学　　　　　　　　　　千葉県

産のもの、りんごは森林環境園芸農場（群馬県沼田市）産のもの、柑橘類は海浜環境園芸農場（静岡県賀茂郡東伊豆町）産のものが使用されている。環境健康フィールド科学センター農場生産品販売所「緑楽来（みらくる）」取り扱い。なお、販売所では、ジャム以外にも花卉・果物・野菜などが販売されている。

◇千葉大学ピーナッツサブレー　ちばだいがくぴーなっつさぶれー　［菓子］
千葉県の特産品であるピーナッツを使った大学オリジナルサブレー。価格は、6枚入り630円（税込）、12枚入り1260円（税込）。千葉大学生活協同組合取り扱い。

◇ピーナッツせんべい　［菓子］
千葉県県の特産品であるピーナッツを使った大学オリジナルせんべい。価格は、1050円（税込）。千葉大学生活協同組合取り扱い。

◇千葉大学グッズ　ちばだいがくぐっず　［大学グッズ］
千葉大学生活協同組合で販売されている千葉大学のオリジナルグッズ。シンボルマークの入った商品が多い。商品としては、キーケース（皮製）1260円、クラッチバッグ530円、コインケース682円、千葉大学タオルハンカチ（小）420円、千葉大学ネクタイピン（角型）525円（長型）577円（丸型）630円、千葉大学湯呑660円、ペンケース（皮製）2415円、マグカップ660円、4色ボールペン（ゼブラ製）294円、4色ボールペン＋シャープペン（ゼブラ製）420円、ライターケース（皮製）1575円などがある（価格はすべて税込）。千葉大学生活協同組合取り扱い。

東京歯科大学　［私立］

［所在地］〒261-8502　千葉県千葉市美浜区真砂1-2-2
［TEL］043-279-2222
［URL］http://www.tdc.ac.jp/
［設置者］学校法人東京歯科大学
［創立者］（高山歯科医学院）高山紀齋
［キャンパス］千葉キャンパス（千葉市美浜区）
［沿革・歴史］1890（明治23）年1月、高山紀齋が高山歯科医学院を創立。1900（明治33）年2月、東京歯科医学院と改称。1907（明治40）年9月、東京歯科医学専門学校を設置。1946（昭和21）年7月、東京歯科大学を設置。
［マーク類］ロゴマークは、従来使用されているものを基本として新たに選定

された。赤色の「T」、白色の「D」、青色の「C」を組み合わせたもので、高山歯科医学院の頭文字。Cのなかには1890-2010-の文字がある。

◇ビバノスケ　［キャラクター（大学）］
　大学創立120周年を記念して生まれたマスコットキャラクター。大きく丈夫な歯を持つビーバーで、右手に歯ブラシ、左手に本を持ち、東京歯科大学のエンブレムのついた白衣を着用している。なお、ビーバーは、勤勉の象徴とされる。愛称は、教職員・学生等から公募し、2008（平成20）年5月に開催された第3回創立120周年記念事業実行委員会で決定、ビーバーと建学者・血脇守之助（1870〜1947）の名前をあわせたビバノスケと命名された。なお、「ビバノスケ」は、2008（平成20）年12月・2009（平成21）年2月に商標登録済（第5191423号・第5203562号）。権利者は、学校法人東京歯科大学。

東京情報大学　［私立］

［所在地］〒265-8501　千葉県千葉市若葉区御成台4-1
［TEL］043-236-4603
［URL］http://www.tuis.ac.jp/
［設置者］学校法人東京農業大学
［創立者］（育英黌農業科）榎本武揚
［沿革・歴史］1891（明治24）年、榎本武揚が育英黌農業科を創立（東京農業大学の前身）。1988（昭和63）年、東京情報大学を設立。
［マーク類］ロゴ・シンボルは、葡萄をモチーフとしたデザイン。社会学の分野で、葡萄の木が大量の情報伝達能力をもつことの比喩として用いられることから、大学の教育理念を示すものとして採用された。2005（平成17）年1月、商標登録済（第4834794号）。

◇楽花生の詩　らっかせいのうた　［菓子］
　東京情報大学・東京農業大学・株式会社オランダ家（千葉市美浜区）の産学連携で生まれたピーナッツクッキー。東京情報大学情報ビジネス学科と株式会社オランダ家は、2008（平成20）年に学生のインターンシップやビジネスモデル構築の共同研究に関する連携協定を締結。千葉県を代表する特産品・ピーナッツの消費向上による地域振興を目指し、ピーナッツクッキー・楽花生の詩が開発された。なお、「楽花生の詩」は、株式会社オランダ家の登録商標。

放送大学　［特別］

[所在地]〒261-8586　千葉県千葉市美浜区若葉2-11
[TEL]043-276-5111
[FAX]043-297-2781
[URL]http://www.u-air.ac.jp/
[設置者]学校法人放送大学学園
[沿革・歴史]1983(昭和58)年4月、放送大学を設置。
[マーク類]シンボルマークは、知識を吸収し、集約し、人格形成され、外に向かって上昇していくこと、多数の人々が教育をうける機会をあわわしている。白は知識の吸収、ブルーは人格の形成を表現。デザインは、グラフィックデザイナー・永井一正氏によるもの。

◇**まなぴー**　［キャラクター(大学)］
大学のイメージキャラクター。放送大学のキャラクター紹介ページ(http://www.u-air.ac.jp/hp/o_itiran/2008/mascot.html)に拠れば、「「あなた」の心に学びを届ける伝書鳩をイメージ」したキャラクター。学帽をかぶっており、胸部にはテレビがある。

東京都

青山学院大学　［私立］

[所在地]〒150-8366　東京都渋谷区渋谷4-4-25
[TEL]03-3409-8111
[URL]http://www.aoyama.ac.jp/
[設置者]学校法人青山学院
[創立者](女子小学校)ドーラ・E.スクーンメーカー　(耕教学舎)ジュリアス・ソーパー　(美會神学校)ロバート・サミュエル・マクレイ
[キャンパス]青山キャンパス(渋谷区)/相模原キャンパス(神奈川県相模原市中央区)
[沿革・歴史]1874(明治7)年、ドーラ・E.スクーンメーカーが女子小学校を創設。1875(明治8)年、救世学校と改称。1877(明治10)年、海岸女学校と改称。1894(明治27)年、東京英和女学校と改称。1895(明治28)年、青山女学院と改称。1927(昭和2)年8月、青山学院高等女学部と改称。1878(明治11)年、ジュリアス・ソーパーが耕教学舎を創設。1879(明治12)年、ロバート・サミュエル・マクレイが美會神学校を創設。1881(明治14)年、東京英学校と改称。1882(明治15)年、美會神学校は、東京英学校に合同される。1883(明治16)年、東京英和学校と改称。1894(明治27)年、青山学院と改称。1949(昭和24)年、青山学院大学が開校。

◇イーゴ（EAGO）　[キャラクター(大学)]
大学50周年記念事業として制定されたマスコット。生年月日は、1999(平成11)年11月16日、大学50周年の日。養父は半田正夫学長(当時)。名前は、学内公募により鷲のeagleを英語の発音どおりに呼んだ時のイーゴと決定。青山学院校友会ウェブページ(http://www.alumni-aogaku.jp/school/eago.html)に拠れば、普段は1号館の1階に住み、天気の良い日は、時々学内を散歩。青祭や入学式、卒業式など学生で賑わう日は、よく歩きまわっているという。仕事は、青山学院大学のPR。愛読書は聖書で、座右の銘は、イザヤ書第40章31節「主に望みをおく人は新たな力を得、鷲のように翼を張って上る。走っても弱ることなく、歩いても疲れない」とのこと。なお、「EAGO＼イーゴ」は、2005(平成17)年11月・2006(平成18)年2月に商標登録済(第4910123号・

亜細亜大学　　　　　　　　　　　　東京都

第4930024号）。権利者は、学校法人青山学院。

◇**オリジナルブックカバー**　［本］
大学オリジナルのブックカバー。オリジナルブックカバーダウンロードページ（http://www.aoyama.ac.jp/target/college/book_jacket/index.html）から2種類のデザインがダウンロードできる。ひとつは白地に水色の文字で「AOYAMA GAKUIN YUNIVERSITY」と書かれたシンプルなデザイン。もうひとつは、緑色の帯があるブックカバーで、ガウチャーメモリアルホールと間島記念館の写真が入ったデザイン。

◇**硬式野球部グッズ（東都大学野球連盟公認）**　こうしきやきゅうぶぐっず（とうとだいがくやきゅうれんめいこうにん）　［スポーツ］
青山学院大学硬式野球部は、東都大学野球連盟2部リーグに所属。直近の2009（平成21）年度の秋季リーグ戦は、1部リーグ3勝8敗で第6位。その後、国士舘大学との入れ替え戦に敗れ、2010（平成22）年度春季リーグは、2部リーグに属することとなった。ベースボール・マガジン社（千代田区）から東都大学野球連盟公認の野球部グッズが販売されている。グッズとしては、スウェット4500円、ヴィンテージTシャツ2800円、ベーシックTシャツ2800円、ポロシャツ4800円があるほか、受注生産商品のスクールバッグ5800円、スポーツタオル2400円、スモールエナメルバッグ6600円、レプリカキャップ5200円、レプリカユニフォーム1万4000円などがある（価格はすべて税込）。ベースボールマガジン社オフィシャル通販ショップ「BBM@SHOP」取り扱い。

亜細亜大学　［私立］

［**所在地**］〒180-8629　東京都武蔵野市境5-24-10
［**TEL**］0422-36-3241
［**FAX**］0422-36-1479
［**URL**］http://www.asia-u.ac.jp/
［**設置者**］学校法人亜細亜学園
［**創立者**］（興亜専門学校）太田耕造
［**沿革・歴史**］1941（昭和16）年、太田耕造が興亜専門学校を設立。1945（昭和20）年、日本経済専門学校と改称。1950（昭和25）年、日本経済短期大学に改組（現在の亜細亜大学短期大学部）。1955（昭和30）年、亜細亜大学を設置。
［**マーク類**］1987（昭和62）年、シンボルマークを制定。デザインは、デザイナー・瀬口真誠一氏によるもの。1995（平成7）年12月、商標登録済（第3103253

号）。

◇硬式野球部グッズ（東都大学野球連盟公認）　こうしきやきゅうぶぐっず（とうとだいがくやきゅうれんめいこうにん）　［スポーツ］
　　亜細亜大学大学硬式野球部は、1958（昭和33）年創部。現在は、東都大学野球連盟1部リーグに所属。直近の2009（平成21）年度の秋季リーグ戦は、8勝5敗で第2位。ベースボール・マガジン社（千代田区）から東都大学野球連盟公認の野球部グッズが販売されている。グッズとしては、スウェット4500円、ヴィンテージTシャツ2800円、ベーシックTシャツ2800円、ポロシャツ4800円があるほか、受注生産商品のスクールバッグ5800円、スポーツタオル2400円、スモールエナメルバッグ6600円、レプリカキャップ5200円、レプリカユニフォーム1万4000円などがある（価格はすべて税込）。ベースボールマガジン社オフィシャル通販ショップ「BBM@SHOP」取り扱い。

桜美林大学　［私立］

　　［所在地］〒194-0294　東京都町田市常盤町3758
　　［TEL］042-797-2661
　　［URL］http://www.obirin.ac.jp/
　　［設置者］学校法人桜美林学園
　　［創立者］（桜美林学園）清水安三
　　［キャンパス］町田キャンパス（町田市）/プラネット淵野辺キャンパス（神奈川県相模原市中央区）/四谷キャンパス（新宿区）/新宿キャンパス（渋谷区）
　　［沿革・歴史］1966（昭和41）年4月、桜美林大学を開設。
　　［マーク類］校章は、スリー・ネイルズ・クラウン（Three-nails crown）。「苦難を通して栄光に入る」ことを象徴している。商標登録済。

◇テディベアー　［記念品］
　　桜美林カラーの服を着た熊のぬいぐるみ。胸部にはスリー・ネイルズ・クラウンの校章が入っている。価格は、840円。桜美林学園消費生活協同組合取り扱い。

お茶の水女子大学　［国立］

［所在地］〒112-8610　東京都文京区大塚2-1-1
［TEL］03-5978-5106
［FAX］03-5978-5890
［URL］http://www.ocha.ac.jp/
［設置者］国立大学法人お茶の水女子大学
［沿革・歴史］1875（明治8）年11月、東京女子師範学校が開校。1885（明治18）年8月、東京師範学校と統合し、東京師範学校女子部と改称。1886（明治19）年4月、高等師範学校と改称。1890（明治23）年3月、女子高等師範学校を創設。1908（明治41）年4月、東京女子高等師範学校と改称。1949（昭和24）年5月、東京女子高等師範学校を統合し、お茶の水女子大学を設置。2004（平成16）年4月、国立大学法人お茶の水女子大学となる。
［マーク類］学章は、茶の花がモチーフ。2006（平成18）年9月に商標登録済（第4990745号）。

◇**おかめちゃん**　［キャラクター（図書館）］
機関リポジトリであるお茶の水女子大学教育研究成果コレクション「TeaPot」のイメージキャラクター。お茶の水女子大学附属図書館のお知らせページ（http://www.lib.ocha.ac.jp/topics/topic080228.html）に拠れば、オカメインコをモチーフにしたキャラクター。2008（平成20）年には、附属図書館と総合情報処理センター（現・情報基盤センター）によって作成されたマウスパッドが附属図書館のラーニング・コモンズに設置された。

◇**お茶とお豆のパウンドケーキ**　おちゃとおまめのぱうんどけーき　［菓子］
大学公認サークルOchasのオリジナルパウンドケーキ。「お茶大らしいお土産」を目指してレシピ開発の段階から試作を重ね、洋菓子店との契約や販売までのすべてを学生がおこなった。茶を使用することでお茶の水女子大学らしさを表現。バター不使用でカロリー控えめ、ほろ苦い抹茶味の生地に、彩り豊かな甘納豆が入って、和風テイストになっている。徽音祭・卒業式では好評を得て完売した。今後も、入学式・卒業式・徽音祭などの各行事で販売される予定。

◇**おちゃのみぃぜ**　［菓子］
大学公認サークルOchasのオリジナルパウンドケーキ。Ochasが開発した大学オリジナルハーブティー、ハーブ＆焙茶を使用し、自然の素材にこだわってつくられた。米粉と小麦粉を1:1の割合で配合することによって独特のモチ

モチとした食感を実現。価格は、230gで1260円(税込)。株式会社下堂園(鹿児島県鹿児島市)取り扱い。

◇こどもちゃれんじ　［本］
内田伸子副学長と株式会社ベネッセコーポレーション(岡山県岡山市北区)が共同で開発した乳幼児用の学習教材。発達心理学の知見が応用されている。絵本・おもちゃだけでなく、DVDなどのマルチメディア教材もある。また、こどもちゃれんじのキャラクター「しまじろう」は、いまや全国の子どもたちに知られる人気キャラクターとなった。なお、「こどもちゃれんじ」・「しまじろう」は、ともに株式会社ベネッセコーポレーションの登録商標。

◇ハーブ&焙茶　はーぶあんどほうじちゃ　［飲料］
大学公認サークルOchasオリジナルティー。有機栽培の緑茶とほうじ茶にレモングラスやジンジャーをブレンドされている。ハーブの香りと日本茶の和テイストがマッチした軽い飲み口が特徴。価格は、ティーバッグ(2.3g)×18パック840円(税込)、18パック×7袋5880円(税込)、18パック×10袋8400円(税込)。株式会社下堂園(鹿児島県鹿児島市)取り扱い。

◇ゆず&ミント緑茶　ゆずあんどみんとりょくちゃ　［飲料］
大学公認サークルOchasのオリジナルティー。国産の厳選された茶葉に、着香という技術によってミントのほのかな香りをうつし、さらに柚子の皮を合わせた。香り高く優しい味わいの茶に仕上げられている。価格は、ティーバッグ(3g)×18パック840円(税込)、18パック×7袋5880円(税込)、18パック×10袋8400円(税込)。株式会社下堂園(鹿児島県鹿児島市)取り扱い。

学習院大学　［私立］

　［所在地］〒171-8588　東京都豊島区目白1-5-1
　［TEL］03-3986-0221
　［URL］http://www.gakushuin.ac.jp/univ/
　［設置者］学校法人学習院
　［沿革・歴史］1949(昭和24)年4月、学習院大学を開設。
　［マーク類］1995(平成7)年11月、商標登録済(第3096116号)。

学習院大学　　　　　　　　　　　　東京都

◇GLIMくん　　［キャラクター（図書館）］
　学習院大学図書館のキャラクター。学習院大学の投書への回答ページ（http://www.gakushuin.ac.jp/univ/glim/service/opinion/answer.html#2007_01）に拠れば、利用者カードの空きスペースに文字だけではなくキャラクターを入れることになり、特に理由はなくキタキツネが入れられることになったという。その後、「図書館キャラクターとして使用範囲が拡大し、配布資料や案内パンフレット、館内掲示資料、広報誌等々に使用され、10年を超えて愛されて」いるという。名前は「GLIM（グリム）くんと呼ばれて」いる。ちなみに、学習院大学の蔵書検索システムは「GLIM/OPAC」という。

◇蛇子沢　じゃこざわ　［飲料（酒類）］
　学習院のラベルがついたオリジナルワイン。名称は、校外施設の奥只見・蛇子沢小屋（魚沼市）に由来。登山などで親しまれている施設。ラベルにもこの奥只見・蛇子沢小屋が描かれている。赤と白の2種類。製造は、株式会社アグリコア越後ワイナリー（南魚沼市）。価格は、750mlで各1680円（税込）。学習院蓁々会事務室取り扱い。

◇緑川（学習院ラベル）　みどりかわ（がくしゅういんらべる）　［飲料（酒類）］
　緑川酒造株式会社（魚沼市）の「緑川」に学習院のラベルを貼った日本酒。校外施設の奥只見・蛇子沢小屋がある魚沼市でつくられた日本酒。製造は、緑川酒造株式会社。価格は、本醸720mlが1103円、純米720mlが1260円、北穣吟醸720mlが2543円、吟醸720mlが5775円（価格はすべて税込）。学習院蓁々会事務室取り扱い。なお、緑川に関する商標は、緑川酒造株式会社が登録済。

◇学習院グッズ（菓子）　がくしゅういんぐっず（かし）　［菓子］
　学習院オリジナルの菓子。商品としては、学習院煎餅8枚入り1000円・15枚入り1800円、学習院チョコレート（ダーク・ミルク各6枚入り）1350円、学習院チョコレートポーチ（大）ダーク・ミルク各6枚入り）1000円、学習院チョコレートポーチ（小）ダーク5枚入り450円・ミルク5枚入り450円のほか、株式会社ヨックモック（千代田区）の菓子を学習院オリジナルの箱に詰めたシガール20本入り1260円・36本入り2100円、サンクデリス詰合せ3150円などがある（価格はすべて税込）。株式会社学習院蓁々会　大学売店取り扱い。

◇学習院グッズ（革製品）　がくしゅういんぐっず（かわせいひん）　［皮革製品］
　大峡製鞄株式会社（足立区）とのコラボレーションによって生まれた革製品。いずれの商品にも「学習院」の文字が入っている。商品としては、インビテー

ション2万6250円と2万4150円のもの、サンタクローチェ折札1万7850円、サンタクローチェ長札1万8900円、デュプイストラップ3990円、デュプイ長札3万450円、デュプイポケットブック3万4650円、デュプイ名刺入れ1万5750円、ブックカバー1万2600円、ベビーカーフ折札2万9400円、ベビーカーフ長札2万8350円と3万6750円のもの、ベビーカーフ名刺入れ2万1000円などがある(価格はすべて税込)。株式会社学習院蓁々会 大学売店取り扱い。

◇**学習院グッズ(雑貨)** がくしゅういんぐっず(ざっか) [日用雑貨]
学習院オリジナルの雑貨。商品としては、絵はがき12枚セット800円、オリジナルバッジ300円、オリジナルベア1260円、クラッチバッグ(パール)600円・(パール以外)550円、ゴルフキャップ(Srixon)1890円、ゴルフキャップ(Titleist)2940円、ゴルフボール(SrixonZ-urC 3個 学習院のマーク入り)1800円、ゴルフボール(Newing 3個 学習院のマーク入り入り)1000円、ゴルフマーカー・プレートセット1500円、サブバッグ500円、ジョギングタオル1100円、しろくま(小)1100円・(中)1680円・(大)2500円、スポーツタオル1100円、ネクタイ3900円、フェイスタオル650円、風呂敷1500円、ミニタオル200円などがある(価格はすべて税込)。株式会社学習院蓁々会 大学売店取り扱い。

◇**学習院グッズ(文房具)** がくしゅういんぐっず(ぶんぼうぐ) [文房具]
学習院オリジナルの文房具。商品としては、シャープペンシル200円、ボールペン200円、ボールペン・シャープペンシルセット500円、クリアファイル(1枚)87円・(6枚セット)500円、ペーパーウェイト1400円、ブックマーカー600円などがある(価格はすべて税込)。株式会社学習院蓁々会 大学売店取り扱い。

杏林大学　[私立]

[**所在地**]〒181-8611　東京都三鷹市新川6-20-2
[**TEL**]0422-47-5511
[**URL**]http://www.kyorin-u.ac.jp/
[**設置者**]学校法人杏林学園
[**創立者**](三鷹新川病院)松田進勇
[**キャンパス**]三鷹キャンパス(三鷹市)/八王子キャンパス(八王子市)
[**沿革・歴史**]1966(昭和41)年4月、杏林学園短期大学を開設。1970(昭和45)年4月、杏林大学を開設。
[**マーク類**]2006(平成18)年、新たにシンボルマークを制定。建学の精神「真・

善・美の探究」の3つの要素を三角形の角で表し、相互に関連していることを表現している。そして、「杏林」の意味する「社会への貢献」を進めていく新しい風を表している。

◇**杏林大学グッズ**　きょうりんだいがくぐっず　［大学グッズ］
学生が主体となって企画・デザインされた大学グッズ。商品化されたものとしては、ケースファイル850円、タオル300円、ネックストラップ350円、絆創膏300円、フェイスシールド500円などがある（価格はすべて税込）。八王子キャンパス内コンビニエンスストアK-Shop取り扱い。

慶應義塾大学　［私立］

［所在地］〒108-8345　東京都港区三田2-15-45
［TEL］03-5427-1517
［URL］http://www.keio.ac.jp/
［設置者］学校法人慶應義塾
［創立者］（一小家塾）福沢諭吉　（藤原工業学校）藤原銀次郎
［キャンパス］三田キャンパス（港区）/日吉キャンパス（神奈川県横浜市港北区）/矢上キャンパス（神奈川県横浜市港北区）/信濃町キャンパス（新宿区）/湘南藤沢キャンパス（神奈川県藤沢市）/芝共立キャンパス（港区）
［沿革・歴史］1858（安政5）年10月、一小家塾を福澤諭吉が開く。1868（慶応4）年、慶應義塾と命名。1890（明治23）年1月、慶應義塾大学部が発足。1939（昭和14）年6月、藤原銀次郎が藤原工業大学を開校（のち工学部）。1949（昭和24）年4月、慶應義塾大学が発足。
［マーク類］ペンマークは、1885（明治18）年頃、塾生が帽章を考案したことに始まる。その後、公式に認められた。エンブレム（大学紋章）は、1989（平成元）年作成。そのほか、創立150年記念ロゴマークも制定された。いずれも商標登録済。

◇**動け演算**　うごけえんざん　［本］
学生の課題から生まれたフリップブック（パラパラマンガ）集。フリップブックは単純な計算や数式を用いてつくられた原始的なアニメーション。元は1999（平成11）年春、環境情報学部の研究会「コンピュータにとっての次の表現」において16人の学生が提出したものであったが、その世界の美しさに魅せられた佐藤研究員（現・環境情報学部客員教授）が世に出すことを決意、書籍と

して生まれ変わった。2001（平成13）年度グッドデザイン賞を受賞（コミュニケーションデザイン部門）。他にも、佐藤雅彦研究室はNHK教育テレビで放送されている「ピタゴラスイッチ」のピタゴラ装置制作などで有名。

◇**Eliica**　［機械］

電気自動車。Eliicaとは、エレクトリックリチウムイオンバッテリーカーの略である。2001（平成13）年に開発した電気自動車KAZの後継車として、大きさも普通乗用車サイズに小型化し、より実用性を重視して開発された。環境情報学部の清水浩教授を中心に、研究スタッフ・多くの学生・民間企業38社が開発に参加。最高速度400kmを目指した結果、370kmまで出すことに成功した。さらにEliicaの最大の特徴として加速度の大きさがあげられ、スタート時から時速約90kmまで0.68Gで加速できる。2003（平成15）年11月には、東京モーターショーに出品され注目を浴びた。なお、「Eliica」は、2004（平成16）年4月・2007（平成19）年8月に商標登録済（第4760913号・第5072754号）。権利者は、吉田博一教授・清水浩教授の2氏。

◇**おれん字**　おれんじ　［機械］

理工学部・中島真人教授を中心とする研究グループの研究成果をいかした手書き文字フォント作成ソフト。手書きの文字をフォント化する技術「i-Font Creator」が、イースト株式会社（渋谷区）へ技術移転され、2003（平成15）年2月にソフトウェアおれん字として発売された。使用者が紙に書いた文字の癖を判別し、オリジナルフォントとして登録することができる。葉書や年賀状を製作するときなどに最適。現在は、後継ソフトとして、おれん字2・手づくりおれん字が発売されている。おれん字2は1万290円（税込）、手づくりおれん字は7980円（税込）。いずれも全国の家電量販店などで取り扱われている。

◇**オフィスファニチャー**　［日用雑貨］

政策・メディア研究科の渡邊朗子准教授（当時はSFC研究所研究員）と株式会社内田洋行（中央区）の共同研究によって生み出されたオフィス用品。オフィスレイアウトを働き方に応じて自由に変えられる。株式会社内田洋行から製品化された。これらのオフィスファニチャーは、慶應義塾大学と株式会社慶應学術事業会（千代田区）で実際に使用される家具として実用化された。

◇**革製携帯ストラップ**　かわせいけいたいすとらっぷ　［皮革製品］

慶應義塾公式グッズの牛革製携帯ストラップ。150周年記念ロゴマークを箔押ししたものがついている。色は、ネイビー・ブラウン・ブラック・レッドの4色。価格は、各2000円（税込）。慶應義塾取り扱い。

慶應義塾大学　　　　　　　　東京都

◇革製写真立て　　かわせいしゃしんたて　　［皮革製品］
　慶應義塾公式グッズの牛革製写真立て。銀座の時計塔で有名な株式会社和光（中央区）とのコラボレーションによって生まれた商品。外側の下部に150周年記念ロゴマークがあしらわれている。色は、ワインレッド。価格は、6000円（税込）。慶應義塾取り扱い。

◇革製パスポートケース　　かわせいぱすぽーとけーす　　［皮革製品］
　慶應義塾公式グッズの牛革製パスポートケース。銀座の時計塔で有名な株式会社和光（中央区）とのコラボレーションによって生まれた商品。内側左下部に150周年記念ロゴマークがあしらわれている。色は、ネイビーとワインレッドの2色。価格は、1万3500円（税込）。慶應義塾取り扱い。

◇革製ブックカバー　　かわせいぶっくかばー　　［皮革製品］
　慶應義塾公式グッズの牛革製ブックカバー。銀座の時計塔で有名な株式会社和光（中央区）とのコラボレーションによって生まれた商品。内側右上部に150周年記念ロゴマークの金箔がほどこされている。色は、アイボリー・ネイビー・ワインレッドの3種類。価格は、各7000円（税込）。慶應義塾取り扱い。

◇革製名刺入れ　　かわせいめいしいれ　　［皮革製品］
　慶應義塾公式グッズの牛革製名刺入れ。銀座の時計塔で有名な株式会社和光（中央区）とのコラボレーションによって生まれた商品。内側右上部に150周年記念ロゴマークがあしらわれている。色は、ネイビーとワインレッドの2色。価格は、1万4500円（税込）。慶應義塾取り扱い。

◇クリアファイル　　［文房具］
　慶應義塾公式グッズのクリアファイル。150年記念ロゴマークがあしらわれている。価格は、3枚セット500円（税込）。慶應義塾取り扱い。

◇クリップマーカーセット　　［スポーツ］
　慶應義塾公式グッズのゴルフ用クリップマーカーセット。長方形の三色旗と円形マーカーの2点。円形のマーカーのなかにはペンマークがデザインされている。価格は、3000円（税込）。慶應義塾取り扱い。

◇慶應義塾創立150年記念切手　　けいおうぎじゅくそうりつひゃくごじゅうねんきねんきって　　［記念品］
　創立150周年を記念して発売された切手。(1)福澤諭吉肖像写真、(2)三田キャンパス図書館旧館（重要文化財）内エンブレム、(3)三田キャンパス図書館旧館（重要文化財）外観1、(4)同2、(5)早慶戦（ラグビー）、(6)早慶戦（野球）、

(7)三田キャンパス図書館旧館(重要文化財)内大ステンドグラス(部分)1、(8)同2、(9)同3、(10)同4の10種類がセットになっている。価格は、800円。日本郵便株式会社取り扱い。

◇慶應義塾大学ユニコーンズグッズ　けいおうぎじゅくだいがくゆにこーんずぐっず　[スポーツ]
　慶應義塾体育会アメリカンフットボール部ユニコーンズのグッズ。ユニコーンズは、関東学生アメリカンフットボール連盟1部リーグAブロックに所属。直近の2009(平成21)年秋期成績は、5勝2敗で第3位。ユニコーンズのグッズとしては、ウィンドブレーカー5000円、キャップ2500円、キーリング1200円、サンバイザー2500円、ジャージ型ストラップ1500円、スウェット4000円、チャームストラップ800円、Tシャツ2500円、パーカー4000円、ポロシャツ3500円、ファスナー付きパーカー5000円、ネックストラップ1000円、ネックホルダー600円、リボンマグネット2000円などがある。慶應義塾体育会アメリカンフットボール部ユニコーンズ取り扱い。

◇ゴルフボール　[スポーツ]
　慶應義塾公式グッズのゴルフボール。ダンロップスポーツとのコラボレーションにより生まれた商品。スリクソンZ-UR2の1ダースセット。150年記念ロゴマークとペンマークが入っている。価格は、6000円(税込)。慶應義塾取り扱い。

◇サブバッグ　[日用雑貨]
　慶應義塾公式グッズのサブバッグ。色は、ネイビー。金色のペンマーク型チャームが付いている。価格は、3200円(税込)。慶應義塾取り扱い。

◇蹴球部キューピーストラップ　しゅうきゅうぶきゅーぴーすとらっぷ　[スポーツ]
　ラグビーボールを持ったキューピー人形のストラップ。慶應義塾体育会蹴球部は、1899(明治32)年に創部。日本ラグビーのルーツ校である。現在は、関東大学対抗戦Aグループに所属。直近の2009(平成21)年度は5勝1敗1分で第2位。ジャージの色は、黒黄の横縞で「タイガージャージ」の名で有名。また、同じく対抗戦Aリーグに所属する明治大学と早稲田大学との対戦には、慶明戦(明慶戦)・慶早戦(早慶戦)として大きな注目が集まる。価格は、500円(税込)。ベースボールマガジン社オフィシャル通販ショップ「BBM@SHOP」取り扱い。

◇スカーフ　[服装]
　慶應義塾公式グッズのスカーフ。色は、ネイビーとワインレッドの2色。ペン

慶應義塾大学　　　　　　　　東京都

マークが模様として用いられている。価格は、各6000円（税込）。慶應義塾取り扱い。

◇**高蒔絵シール**　たかまきえしーる　［文房具］
慶應義塾公式グッズの高蒔絵シール。50年記念ロゴマークとペンマークの2種類がある。価格は、各300円（税込）。慶應義塾取り扱い。

◇**Tシャツ**　［服装］
慶應義塾公式グッズのTシャツ。胸部に「KEIO」の文字があり、その下に「1858」「UNIVERSITY」の文字が小さめにプリントされている。色は、ホワイトとメトロブルーの2色。価格は、各3000円（税込）。慶應義塾取り扱い。

◇**トートバッグ**　［日用雑貨］
慶應義塾公式グッズのトートバッグ。150年記念ロゴマークが上部と付属ポーチにあしらわれている。柄は、「KEIO150」「Design the Future」「Keio University」の文字列を組み合わせたもの。色は、ブラック。価格は、1500円（税込）。慶應義塾取り扱い。

◇**ニットマフラー**　［服装］
慶應義塾公式グッズのニットマフラー。生地はネイビーで、両側にペンマーク、中央に「KEIO UNIVERSITY」の文字が黄色で入っている。価格は、3000円（税込）。慶應義塾取り扱い。

◇**ネクタイ**　［服装］
慶應義塾公式グッズのネクタイ。150年記念ロゴマークがあしらわれている。慶應義塾のカラーであるBRB（ブルー・レッド・ブルー）のほかイエロー・ネイビー・ブルーのデザインのものがある。価格は、各5000円（税込）。慶應義塾取り扱い。

◇**ノリタケ記念プレート**　のりたけきねんぷれーと　［記念品］
慶應義塾公式グッズのノリタケ記念プレート。ボーンチャイナで知られる株式会社ノリタケカンパニーリミテド（愛知県名古屋市西区）とのコラボレーション商品。三田キャンパスの旧図書が描かれている。価格は、1万5000円（税込）。慶應義塾取り扱い。

◇**ハンドタオル**　［日用雑貨］
慶應義塾公式グッズのハンドタオル。パイル地のハンドタオルで乳幼児にも使える。色は、アイボリー。角にペンマークの刺繡がある。価格は、1200円

（税込）。慶應義塾取り扱い。

◇パーカー　［服装］
　慶應義塾公式グッズのパーカー。色は、ネイビー。胸部に大きく白抜きで「KEIO」の文字が入っている。価格は、6000円（税込）。慶應義塾取り扱い。

◇ブランケット　［服装］
　慶應義塾公式グッズのブランケット。色は、ネイビーとレッドの2色。価格は、1000円（税込）。慶應義塾取り扱い。

◇ボールペン　［文房具］
　慶應義塾公式グッズのボールペン。アメリカ合衆国の筆記具ブランドCROSS（クロス）のボールペン・クラシックセンチュリーにペンマークを刻印したもの。色はシルバー・ネイビー・ブラックの3種類。価格は、各5000円（税込）。慶應義塾取り扱い。

◇マグカップ　［食器］
　慶應義塾公式グッズのマグカップ。デザインは、青いマグカップに白抜きでペンマークを描いたもの、エンブレムを描いたもの、白いマグカップに150周年記念デザインのもの、青い字で「KEIO」と縁取りで大きく表示されているものの4種類がある。価格は、各1500円（税込）。慶應義塾取り扱い。

◇ミニトートバッグ　［日用雑貨］
　慶應義塾公式グッズのミニトートバッグ。150年記念ロゴマークが上部にあしらわれ、ペンマークのチャームが付いている。色は、ピンク・ブルーの2色（ネイビーもあったが完売）。価格は、各900円（税込）。慶應義塾取り扱い。

◇やさシート・シャキっとシート　［日用雑貨］
　株式会社プラスト（石川県白山市）と共同で開発された野菜・果実の鮮度保持材。理工学部・白鳥世明准教授の交互吸着膜フィルタ技術をもとに開発に成功したもので、特許を取得している。野菜・果物の腐敗原因の一つであるエチレンガスの発生を抑制し、竹の抽出物で抗菌・抗カビ効果・野菜・果物から発生する水分を調湿。冷蔵庫の野菜室周辺で使用すれば、野菜・果物の鮮度を保ち、魚・野菜・卵の腐敗臭も吸収するなどの効果がある。天然素材でできているため、土中で生分解し自然に戻るため安全で環境的にも優しい。やさシートは、2001（平成13）年度日経優秀製品サービス賞優秀賞、2003（平成15）年文部科学大臣賞を受賞した。シャキっとシートは、そのやさシートをより効果的で自然に優しく改良した新製品である。なお、「やさシート」は、

2005（平成17）年5月に商標登録済（第4863880号）。「シャキっとシート」は、2005（平成17）年1月に商標登録済（第4832860号）。いずれも権利者は、株式会社SNT（千葉県市川市）。株式会社SNTの代表取締役は、白鳥世明准教授。

◇UNICORNストラップ　［本］
慶應義塾公式グッズのUNICORNストラップ。ストラップは、ペンマーク・ロゴマークの2種類。どちらにもUNICORNが付いている。価格は、各1500円（税込）。慶應義塾取り扱い。

◇UNICORNブックエンド　［文房具］
慶應義塾公式グッズのブックエンド。UNICORNの腹部にはペンマークが描かれている。色は、グレー。価格は、5000円（税込）。慶應義塾取り扱い。

◇ラグビー部ジャージ型ベビーウェア　らぐびーぶじゃーじがたべびーうぇあ　［スポーツ］
ラグビージャージ型のベビーウェア。雑誌「ラグビーマガジン」の出版元であるベースボール・マガジン社が開発した商品。慶應義塾大学ラグビー部（蹴球部）のジャージは、黒黄の横縞。タイガージャージの名で親しまれている。サイズは、70cm・80cm・90cmの3種類。価格は、1万4980円（税込）。ベースボールマガジン社オフィシャル通販ショップ「BBM@SHOP」取り扱い。

◇ルービックキューブ 東京六大学野球　るーびっくきゅーぶ とうきょうろくだいがくやきゅう　［スポーツ］
玩具ルービックキューブの東京六大学野球連盟モデル。東京六大学野球連盟には、慶應義塾大学・東京大学・法政大学・明治大学・立教大学・早稲田大学が所属。そのスクールカラーで6面が彩られている。使用前の状態では、9つの枠の中央にロゴマーク、残りの8つにキャップ（帽子）がデザインされている。製造は、株式会社メガハウス（台東区）。価格は、2625円。なお、「ルービックキューブ」は、株式会社メガハウスの登録商標。

◇ワッペン　［日用雑貨］
慶應義塾公式グッズのワッペン。150年記念ロゴマークが大きく描かれている。帯ありと帯なしの2種類がある。価格は、500円（税込）。慶應義塾取り扱い。

國學院大學　［私立］

- ［所在地］〒150-8440　東京都渋谷区東4-10-28
- ［TEL］03-5466-0111
- ［URL］http://www.kokugakuin.ac.jp/
- ［設置者］学校法人國學院大學
- ［創立者］（皇典講究所）山田顕義
- ［キャンパス］渋谷キャンパス（渋谷区）/横浜たまプラーザキャンパス（神奈川県横浜市青葉区）
- ［沿革・歴史］1890（明治23）年、國學院を設置。1906（明治39）年、私立國學院大學と改称。1919（大正8）年、國學院大學と改称。1920（大正9）年、大学に昇格。
- ［マーク類］シンボルマークは、2004（平成16）年4月商標登録済（第4760192号）。

◇硬式野球部グッズ（東都大学野球連盟公認）　こうしきやきゅうぶぐっず（とうとだいがくやきゅうれんめいこうにん）　［スポーツ］

國學院大學大学硬式野球部は、東都大学野球連盟1部リーグに所属。直近の2009（平成21）年度の秋季リーグ戦は、7勝5敗で第3位。ベースボール・マガジン社（千代田区）から東都大学野球連盟公認の野球部グッズが販売されている。グッズとしては、スウェット4500円、ヴィンテージTシャツ2800円、ベーシックTシャツ2800円、ポロシャツ4800円があるほか、受注生産商品のスクールバッグ5800円、スポーツタオル2400円、スモールエナメルバッグ6600円、レプリカキャップ5200円、レプリカユニフォーム1万4000円などがある（価格はすべて税込）。ベースボールマガジン社オフィシャル通販ショップ「BBM@SHOP」取り扱い。

◇國學院どらやき　こくがくいんどらやき　［菓子］

学生によるK:DNAチームの発案で誕生した新感覚のどらやき。Kマークの焼印と米粉を使用したもっちりした食感が特徴の米どらやきと、旬のフルーツを餡にした季節のフルどら、どらやきとあんみつを組み合わせたユニークなあんみつどらやきの3種類がある。製造は、1938（昭和13）年創業の老舗・亀屋（世田谷区）。包装には文学部・佐野光一教授による題字があしらわれている。箱入りは大学所蔵「源氏物語 螢の巻」の画像入り。価格は、米どらやき135円、季節のフルどら165円、あんみつどらやき165円。箱入り基本セット（米どらやき4個、季節のフルどら2個、あんみつどらやき2個）1330円。國學院大學生活協同組合、カフェラウンジ若木が丘取り扱い。

国士舘大学　［私立］

　　［所在地］〒154-8515　東京都世田谷区世田谷4-28-1
　　［TEL］03-5481-3111
　　［URL］http://www.kokushikan.ac.jp/
　　［設置者］学校法人国士舘
　　［創立者］（私塾国士舘）柴田德次郎、阿部秀助、上塚司、喜多悌一、花田大助らの青年有志
　　［キャンパス］世田谷キャンパス（世田谷区）/町田キャンパス（町田市）/多摩キャンパス（多摩市）
　　［沿革・歴史］1917（大正6）年、柴田德次郎・阿部秀助・花田大助・喜多悌一・上塚司らの青年有志が私塾国士舘を創立。1964（昭和39）年、国士舘大学を設置。
　　［マーク類］1997（平成9）年、創立80周年記念事業の一環として制定された。国士舘の頭文字「K」がモチーフ。

◇硬式野球部グッズ（東都大学野球連盟公認）　こうしきやきゅうぶぐっず（とうとだいがくやきゅうれんめいこうにん）　［スポーツ］
　　国士舘大学硬式野球部は、東都大学野球連盟1部リーグに所属。直近の2009（平成21）年度の秋季リーグ戦は、2部リーグ9勝3敗1分で、第1位。その後、青山学院大学との入れ替え戦に勝利。2010（平成22）年度春季リーグは1部リーグに属することになった。ベースボール・マガジン社（千代田区）から東都大学野球連盟公認の野球部グッズが販売されている。グッズとしては、スウェット4500円、ヴィンテージTシャツ2800円、ベーシックTシャツ2800円、ポロシャツ4800円があるほか、受注生産商品のスクールバッグ5800円、スポーツタオル2400円、スモールエナメルバッグ6600円、レプリカキャップ5200円、レプリカユニフォーム1万4000円などがある（価格はすべて税込）。ベースボールマガジン社オフィシャル通販ショップ「BBM@SHOP」取り扱い。

駒澤大学　［私立］

　　［所在地］〒154-8525　東京都世田谷区駒沢1-23-1
　　［TEL］03-3418-9828
　　［URL］http://www.komazawa-u.ac.jp/
　　［設置者］学校法人駒澤大学

[キャンパス]駒沢キャンパス/玉川キャンパス/深沢キャンパス（いずれも世田谷区）

[沿革・歴史]1592（文禄元）年、曹洞宗が吉祥寺会下学寮を設立。1657（明暦3）年、旃檀林と改称。1875（明治8）年、曹洞宗専門学本校が開校。1876（明治9）年、曹洞宗専門学本校・旃檀林が合併。1882（明治15）年10月、曹洞宗大学林専門学本校が開校。1890（明治23）年、曹洞宗大学林と改称。1905（明治38）年、曹洞宗大学と改称。1925（大正14）年、駒澤大学と改称。

[マーク類]1998（平成10）年度よりシンボルマークを使用。駒澤の頭文字「K」をかたどっている。各所が、栴檀の葉が過去から未来へと伸びつつある様やエネルギーの輝き・活動・慈悲のはたらき、知性と知恵などを表現している。1999（平成11）年7月、商標登録済（第4300018号）。

◇**硬式野球部グッズ（東都大学野球連盟公認）**　こうしきやきゅうぶぐっず（とうとだいがくやきゅうれんめいこうにん）　［スポーツ］
　駒澤大学硬式野球部は、1947（昭和22）年創部。現在は、東都大学野球連盟2部リーグに所属。直近の2009（平成21）年度の秋季リーグ戦は、7勝6敗1分で、第4位。ベースボール・マガジン社（千代田区）から東都大学野球連盟公認の野球部グッズが販売されている。グッズとしては、スウェット4500円、ヴィンテージTシャツ2800円、ベーシックTシャツ2800円、ポロシャツ4800円があるほか、受注生産商品のスクールバッグ5800円、スポーツタオル2400円、スモールエナメルバッグ6600円、レプリカキャップ5200円、レプリカユニフォーム1万4000円などがある（価格はすべて税込）。ベースボールマガジン社オフィシャル通販ショップ「BBM@SHOP」取り扱い。

◇**サッカー部グッズ**　さっかーぶぐっず　［スポーツ］
　サッカー部のグッズ。商品としては、サポーターマフラー2625円、レプリカゲームシャツ8190円、レプリカゲームシャツ（番号アリ）9800円などがある（価格はすべて税込）。シンワネクスト株式会社（世田谷区）取り扱い。

◇**陸上部グッズ**　りくじょうぶぐっず　［スポーツ］
　陸上部のグッズ。商品としては、駅伝ミニチュアランニングシャツ（ハンガー付き）840円、駒澤大学駅伝タオル1000円、駒大応援旗420円、箱根街道 欅 純米（300ml）1550円・（720ml）2400円、箱根街道 欅 吟醸（300ml）1750円・（720ml）2980円、陸上部公認Tシャツ1680円、陸上部公認トレーナー3800円などがある（価格はすべて税込）。シンワネクスト（世田谷区）株式会社取り扱い。

白百合女子大学　［私立］

［所在地］〒182-8525　東京都調布市緑ヶ丘1-25
［TEL］03-3326-5050
［URL］http://www.shirayuri.ac.jp/
［設置者］学校法人白百合学園
［沿革・歴史］1965（昭和40）年、白百合女子大学が開学。

◇携帯ストラップ　けいたいすとらっぷ　［日用雑貨］
　白百合女子大学同窓会オリジナルグッズの携帯ストラップ。色は、紺・サックス・サーモンピンク・白・パープルの5色。価格は、2000円（税込）。白百合女子大学同窓会事務局取り扱い。なお、同窓会オリジナルグッズの収益の一部は、カメルーン等へ寄付される。

◇白百合女子大学同窓会×PLAYERSコラボレーションエコバッグ
　しらゆりじょしだいがくどうそうかいぷれいやーずこらぼれーしょんえこばっぐ　［日用雑貨］
　自由ヶ丘にある本店があるバッグブランド「PLAYERS」とのコラボレーションによって生まれたエコバッグ。「PLAYERS」は、川辺株式会社（新宿区）のブランド。色は、7色ある。持ち手は合皮でつくられているため持ちやすい。サイズは、S・Lの2種類。価格は、Sサイズ800円（税込）、Lサイズ1200円（税込）。白百合女子大学同窓会事務局取り扱い。

◇白鳳堂のオリジナルリップブラシ・ミラーセット　はくほうどうのおりじなるりっぷぶらし・みらーせっと　［美容］
　化粧筆メーカー・白鳳堂（広島県安芸郡熊野町）とのコラボレーションによって生まれた大学オリジナルのリップブラシ・ミラーセット。Shirayuriの文字が入っている。価格は、朱2700円・黒3300円（ともに税込）。各100セットの限定商品。白百合女子大学同窓会事務局取り扱い。なお、熊野町は全国一の筆のシェアを持つ町であり、特に書道筆は広島を代表する伝統工芸品として有名。

◇ミニタオル　［日用雑貨］
　白百合女子大学同窓会オリジナルグッズのミニタオル。価格は、300円（税込）。白百合女子大学同窓会事務局取り扱い。

成蹊大学　［私立］

［所在地］〒180-8633　東京都武蔵野市吉祥寺北町3-3-1
［TEL］0422-37-3531
［URL］http://www.seikei.ac.jp/university/
［設置者］学校法人成蹊学園
［創立者］（成蹊学園）中村春二
［沿革・歴史］1906（明治39）年、中村春二が学生塾を設立。1907（明治40）年、成蹊園と命名。1912（明治45）年、成蹊実務学校を開設。1914（大正3）年、成蹊中学校を開設。1917（大正6）年、成蹊実業専門学校・成蹊女学校を開設。1925（大正14）年、成蹊高等学校を開設。1949（昭和24）年、成蹊大学を開設。
［マーク類］2001（平成13）年10月よりシンボルマークを使用開始。校章にある成蹊の名の由来「桃」を新しく表現し、SEIKEIの文字をマークと一体化させている。2002（平成14）年7月、商標登録済（第4585202号）。

◇ラグビー部キューピーストラップ　らぐびーぶきゅーぴーすとらっぷ
［スポーツ］
ラグビーボールを持ったキューピー人形のストラップ。成蹊大学ラグビー部は、関東大学対抗戦Aグループに所属。直近の2009（平成21）年は1勝6敗で第7位。入れ替え戦ではBグループ2位の明治学院大学と対戦し、31-3で勝利。Aグループへの残留を決めた。価格は、500円（税込）。成蹊大学ラグビー部事務局・ベースボールマガジン社オフィシャル通販ショップ「BBM@SHOP」取り扱い。

星美学園短期大学　［私立］

［所在地］〒115-8524　東京都北区赤羽台4-2-14
［TEL］03-3906-0056
［FAX］03-5993-1600
［URL］http://www.seibi.ac.jp/college/
［設置者］学校法人星美学園
［創立者］ドン・ボスコ、マリア・マザレロ
［沿革・歴史］1960（昭和35）年、星美学園短期大学を設置。

専修大学　　　　　　　　　　東京都

◇P‐のとFa‐た　［キャラクター（大学）］
　短大のマスコットキャラクター。星美学園短期大学のキャラクター紹介ページ（http://www.seibi.ac.jp/college/top_pino_fata.html）に拠れば、P‐のは「イタリア生まれのピノッキオ」で、赤い帽子に赤いチョッキ、緑のズボンを履いている。Fa‐たは「妖精」で、首にスカーフを巻き、右手には星形のマークがついたステッキを持っている。

~~~~~~

専修大学　［私立］

［所在地］〒101-8425　東京都千代田区神田神保町3-8-1
［TEL］03-3265-6821
［URL］http://www.senshu-u.ac.jp/
［設置者］学校法人専修大学
［創立者］（専修学校）駒井重格、相馬永胤、田尻稲次郎、目賀田種太郎
［キャンパス］神田キャンパス（千代田区）/生田キャンパス（神奈川県川崎市多摩区）
［沿革・歴史］1880（明治13）年9月、相馬永胤・田尻稲次郎・目賀田種太郎・駒井重格が専修学校を創立。1913（大正2）年7月、私立専修大学と改称。1919（大正8）年9月、専修大学と改称。
［マーク類］2004（平成16）年、シンボルマークを制定。「S」の字は、専修大学のイニシャルと21世紀ビジョン「社会知性（Socio-Intelligence）」の開発を象徴するもの。2005（平成17）年4月、商標登録済（第4859855号）。

~~~~~~

◇硬式野球部グッズ（東都大学野球連盟公認）　こうしきやきゅうぶぐっず（とうとだいがくやきゅうれんめいこうにん）　［スポーツ］
　専修大学硬式野球部は、1925（大正14）年創部。現在は、東都大学野球連盟2部リーグに所属。直近の2009（平成21）年度の秋季リーグ戦は、3勝10敗1分で、第6位。入替戦では大正大学に勝利し、2部リーグへの残留を決めた。ベースボール・マガジン社（千代田区）から東都大学野球連盟公認の野球部グッズが販売されている。グッズとしては、スウェット4500円、ヴィンテージTシャツ2800円、ベーシックTシャツ2800円、ポロシャツ4800円があるほか、受注生産商品のスクールバッグ5800円、スポーツタオル2400円、スモールエナメルバッグ6600円、レプリカキャップ5200円、レプリカユニフォーム1万4000円などがある（価格はすべて税込）。ベースボールマガジン社オフィシャル通販ショップ「BBM@SHOP」取り扱い。

◇**専修一番**　せんしゅういちばん　［飲料（酒類）］
　大学オリジナルの日本酒。醸造は、株式会社山西専太郎商店（和歌山県海南市）がおこなっており、和歌山県の清らかな地下水が使用されている。売上の一部は、校友会奨学金となる。価格は、特別純米酒1800ml入り2200円、純米吟醸酒1800ml入り2900円、純米吟醸酒300ml×5本詰3000円（すべて税込）。株式会社山西専太郎商店取り扱い。

◇**専修大学創立130年記念切手**　せんしゅうだいがくそうりつひゃくさんじゅうねんきねんきって　［記念品］
　2009（平成21）年9月の大学創立130年記念事業の一環として発行された切手。シンボルマークやセンディ、生田10号館などの図柄がある。切手として使用した後は、図柄部分だけをシールとして再利用できる2重構造。1000部限定の商品。価格は、1シート（80円切手×10枚）1200円（税込）。専修大学取り扱い。

◇**センディ**　［キャラクター（大学）］
　大学のマスコットキャラクター。体育会のキャラクターとして使用されているデザインを原案とし、それをデフォルメすることによってできあがった。専修大学のお知らせページ（http://www.senshu-u.ac.jp/koho/top/info_060615-petname.html）に拠れば、「獅子の顔と鳳の羽を配したこのデザインは、若者たちに、無限の可能性を持つ未来へ力強く羽ばたいて欲しいという思いが込められて」いるという。また、センディの画像は、携帯電話用待ち受け画面として、携帯電話用サイトのURL（http://www.senshu-u.ac.jp/koho/m/wp/）やQRコードからダウンロードが可能。なお、2005（平成17）年4月に商標登録済（第4859856号）。権利者は、学校法人専修大学。

大正大学　［私立］

［**所在地**］〒170-8470　東京都豊島区西巣鴨3-20-1
［**TEL**］03-3918-7311
［**FAX**］03-5394-3037
［**URL**］http://www.tais.ac.jp/
［**設置者**］学校法人大正大学
［**キャンパス**］巣鴨校舎（豊島区）/埼玉校舎（埼玉県北葛飾郡松伏町）
［**沿革・歴史**］1885（明治18）年、天台宗大学を設立。1887（明治20）年、宗教大学（浄土宗）、新義派大学林を設立。1914（大正3）年、私立大学智山勧学院を設立（のち智山専門学校）。1922（大正11）年、各宗幹部の有志が仏教連合大学を設立。1925（大正14）年、天台宗大学・豊山大学（新義派大学林）

拓殖大学　　　　　　　東京都

を、仏教連合大学に編入。1926（大正15）年、大正大学を設立。1943（昭和18）年、智山専門学校を合併。
［マーク類］シンボルマークは、大正大学の頭文字「T」をベースに、向上心・人間性・宇宙観を表現。また、2つの輪と1本の道により、人と自然の調和をもあらわしている。

◇T-DUCK　［キャラクター（大学）］
大学のマスコットキャラクター。大学のある巣鴨の「鴨（Duck）」からとって、名前はT-DUCK、アヒルのキャラクターとなった。大正大学の受験生応援スペースのページ（http://www.tais.ac.jp/admission/support_room.html）に拠れば、アドミッションセンター前にある「受験生応援スペース」でT-DUCKとの写真撮影が可能だという。

拓殖大学　［私立］

［所在地］〒112-8585　東京都文京区小日向3-4-14
［TEL］03-3947-7111
［URL］http://www.takushoku-u.ac.jp/
［設置者］学校法人拓殖大学
［創立者］（台湾協会学校）桂太郎
［キャンパス］文京キャンパス（文京区）/八王子キャンパス（八王子市）
［沿革・歴史］1900（明治33）年、台湾協会学校を設立。1907（明治40）年、東洋協会専門学校と改称。1918（大正7）年、拓殖大学と改称。
［マーク類］ロゴマークは、2001（平成13）年3月商標登録済（第4463011号）。

◇硬式野球部グッズ（東都大学野球連盟公認）　こうしきやきゅうぶぐっず（とうとだいがくやきゅうれんめいこうにん）　［スポーツ］
拓殖大学硬式野球部は、東都大学野球連盟2部リーグに所属。直近の2009（平成21）年度の秋季リーグ戦は、3勝8敗1分で、第5位。ベースボール・マガジン社（千代田区）から東都大学野球連盟公認の野球部グッズが販売されている。グッズとしては、スウェット4500円、ヴィンテージTシャツ2800円、ベーシックTシャツ2800円、ポロシャツ4800円があるほか、受注生産商品のスクールバッグ5800円、スポーツタオル2400円、スモールエナメルバッグ6600円、レプリカキャップ5200円、レプリカユニフォーム1万4000円などがある（価格はすべて税込）。ベースボールマガジン社オフィシャル通販ショップ「BBM@SHOP」

◇ラグビー部キューピーストラップ　らぐびーぶきゅーぴーすとらっぷ
　［スポーツ］
　ラグビーボールを持ったキューピー人形のストラップ。拓殖大学麗澤会体育局ラグビー部は、1929（昭和4）年創部。現在は、関東大学リーグ戦1部に所属。直近の2009（平成21）年は、3勝4敗で第5位。価格は、500円（税込）。ベースボールマガジン社オフィシャル通販ショップ「BBM@SHOP」取り扱い。

玉川大学　［私立］

　［所在地］〒194-8610　東京都町田市玉川学園6-1-1
　［TEL］042-739-8111
　［URL］http://www.tamagawa.jp/
　［設置者］学校法人玉川学園
　［創立者］（玉川学園）小原國芳
　［沿革・歴史］1929（昭和4）年、小原國芳が玉川学園を創立。1947（昭和22）年、玉川大学を設置。

◇たまがわウォールマグカップ　［食器］
　玉川学園オリジナルグッズ。デザインは4種類。価格は、各1000円（税込）。玉川学園購買部（紀伊國屋書店）取り扱い。

◇たまがわうちわ　［日用雑貨］
　玉川学園オリジナルグッズのうちわ。小丸屋住井（京都市左京区）製造のその京丸うちわ。片面に「玉川大学」の文字、反対の面に校章は入っている。価格は、1000円（税込）。玉川学園購買部（紀伊國屋書店）取り扱い。

◇たまがわクラッチバッグ　［日用雑貨］
　玉川学園オリジナルグッズのクラッチバッグ。色は、パールピンク・パールホワイト・ブルー・ローズピンク・ワインの5色。価格は、パールピンク・パールホワイト各735円（税込）、ブルー・ローズピンク・ワインが各525円（税込）。玉川学園購買部（紀伊國屋書店）取り扱い。

◇たまがわコースター　［日用雑貨］
　玉川学園オリジナルグッズのコースター。デザインは富士・桜・波・花魁の4種

類がある。価格は、各1050円(税込)。玉川学園購買部(紀伊國屋書店)取り扱い。

◇玉川さくらのオルゴール　たまがわさくらのおるごーる　［記念品］
　創立80周年を記念して製作されたオリジナルのオルゴール。日本製オルゴールとしては最大級の72弁を使用、通常の箱型オルゴールではなく立体型を採用したことにより、あらゆる角度からオルゴール内部を見ることができる。オルゴールの背面と底面の素材として玉川の丘の桜を使用した。曲目は玉川学園校歌、ベートーベン第九交響曲、賛美歌312「いつくしみ深く」の3種類。編曲は日本電産サンキョー商事株式会社(東京都品川区)による。価格は、8万円(税込)。80台限定製作、シリアル番号・ネーム入り。玉川学園購買部(紀伊國屋書店)取り扱い。

◇たまがわショルダーバッグ　［日用雑貨］
　玉川学園オリジナルグッズのショルダーバッグ。色は、黄・紺・ピンクの3色。価格は、各200円(税込)。玉川学園購買部(紀伊國屋書店)取り扱い。

◇たまがわタンブラー　［食器］
　玉川学園オリジナルグッズのタンブラー。7種類のデザインがある。価格は、各1000円(税込)。玉川学園購買部(紀伊國屋書店)取り扱い。

◇たまがわ手提げ袋　たまがわてさげぶくろ　［日用雑貨］
　玉川学園オリジナルグッズの手提げ袋。色は紺色。価格は、100円(税込)。玉川学園購買部(紀伊國屋書店)取り扱い。

◇たまがわトートバッグ　［日用雑貨］
　玉川学園オリジナルグッズのトートバッグ。色は紺色を基調としている。価格は、300円(税込)。玉川学園購買部(紀伊國屋書店)取り扱い。

◇たまがわはちみつ　［調味料］
　玉川学園オリジナルグッズのはちみつ。卒業生の契約養蜂家の協力を得て生産されたもの。玉川大学のミツバチ科学研究センター・農学部生産加工室監修で、その品質をこだわりぬいたはちみつ。価格は、アカシア(180g)1200円、アカシア(570g大瓶)3200円、百花蜜(180g)1000円、百花蜜(570g大瓶)2600円(すべて税込)。玉川学園購買部(紀伊國屋書店)取り扱い。

◇たまがわハニーアイスクリーム　［菓子］
　玉川学園オリジナルグッズのアイスクリーム。農学部を中心に検討と改良を

すすめ、2009(平成21)年5月に新製品が販売開始となった。たまがわはちみつが使用されている。内容量は、1個120ml。価格は、6個パック1500円、12個パック3000円、18個パック4500円、1000mlホームサイズ1600円。なお、たまがわアイスクリームスプーンも1本1800円で販売されている(すべて税込)。玉川学園購買部(紀伊國屋書店)取り扱い。

◇たまがわハローキティねつけ　［キャラクターグッズ］
　玉川学園オリジナルグッズのハローキティねつけ。価格は、300円(税込)。玉川学園購買部(紀伊國屋書店)取り扱い。なお、「ハローキティ」は、株式会社サンリオ(東京都品川区)の登録商標。

◇たまがわハローキティハンドタオル　［キャラクターグッズ］
　玉川学園オリジナルグッズのハローキティハンドタオル。価格は、300円(税込)。玉川学園購買部(紀伊國屋書店)取り扱い。なお、「ハローキティ」は、株式会社サンリオ(東京都品川区)の登録商標。

◇たまがわポストカード　［記念品］
　玉川学園オリジナルグッズのポストカード。価格は、5枚1組400円(税込)。玉川学園購買部(紀伊國屋書店)取り扱い。

◇たまがわマウスパッド　［文房具］
　玉川学園オリジナルグッズのマウスパッド。デザインは金閣と富士の2酒類。価格は、各2200円(税込)。玉川学園購買部(紀伊國屋書店)取り扱い。

◇たまがわマグカップ　［食器］
　玉川学園オリジナルグッズのマグカップ。価格は、550円(税込)。玉川学園購買部(紀伊國屋書店)取り扱い。

◇たまがわミニタオル　［日用雑貨］
　玉川学園オリジナルグッズのミニタオル。色は、青・黄・白・ピンク・緑の5色ある。価格は、300円(税込)。玉川学園購買部(紀伊國屋書店)取り扱い。

◇ぽんかんハニーシャーベット　［菓子］
　玉川学園オリジナルグッズの氷菓子。農学部熱帯植物機能開発施設(鹿児島県南さつま市)で栽培されたぽんかんと、たまがわはちみつを使用したシャーベット。ぽんかんは、鹿児島の特産品としても有名。みかん類の果物。その手絞りのストレート果汁50%が用いられている。数量限定商品。内容量は、1個120ml。価格は、6個パック1500円、12個パック3000円、18個パック4500

円(すべて税込)。玉川学園購買部(紀伊國屋書店)取り扱い。

◇**玉川学園オリジナルグッズ(文房具)**　たまがわがくえんおりじなるぐっず(ぶんぼうぐ)　［文房具］
玉川学園オリジナルグッズの文房具。商品としては、たまがわえんぴつ(5本入り　B・2B)各200円、たまがわクリアファイル(エンブレム柄・コスモス柄)各80円、たまがわクリップ(校章・エンブレム　各3個入り)各200円、たまがわ色紙840円、たまがわシャープペン105円、たまがわシャープペン(Dr.GRIP)630円、たまがわ定規(15cm)105円、たまがわバインダー(B5サイズ)50円、たまがわボールペン105円、たまがわボールペン(Dr.GRIP)630円、たまがわ木製スケール(30cm)2625円、たまがわ4色ボールペン525円、たまがわルーズリーフ(B5)100円、たまがわレポート用紙(A4横)100円などがある(価格はすべて税込)。玉川学園購買部(紀伊國屋書店)取り扱い。

大東文化大学　［私立］

［**所在地**］〒175-8571　東京都板橋区高島平1-9-1
［**TEL**］03-5399-7800
［**URL**］http://www2.daito.ac.jp/jp/
［**設置者**］学校法人大東文化学園
［**キャンパス**］板橋キャンパス(板橋区)/東松山キャンパス(埼玉県東松山市)/信濃町キャンパス(新宿区)/緑山キャンパス(埼玉県東松山市)
［**沿革・歴史**］1923(大正12)年9月、大東文化学院を設立。1944(昭和19)年3月、大東文化学院専門学校と改称。1949(昭和24)年4月、大東文化学院専門学校を廃止。1949(昭和24)年6月、東京文政大学を開学。1951(昭和26)年2月、文政大学と改称。1953(昭和28)年3月、大東文化大学と改称。
［**マーク類**］シンボルマーク(DBマーク)は「大東」の"D"と「文化」の"B"がモチーフ。21世紀に飛躍する「翼」が表現されたもの。2003(平成15)年1月、商標登録済(第4642290号)。

◇**パラブン**　［キャラクター(大学)］
大学のイメージキャラクター。大学のシンボルマーク等の使用についてのページ(http://www2.daito.ac.jp/jp/modules/etc/index.php/J18-00-00-01)に拠れば、「モチーフは、ユニークで愛嬌のある「鳥」で、「顔が大東の"D"で独創的な情報交流をサポートするパラボラアンテナを、ボディが文化の"B"で都市型大学をイメージする高度な人材育成の場を表現して」いるという。

なお、パラブンに関する商標が2003(平成15)年1月に登録された(第4642291号)。権利者は、学校法人大東文化学園。

◇**ラグビー部キューピーストラップ**　らぐびーぶきゅーぴーすとらっぷ
［スポーツ］
　ラグビーボールを持ったキューピー人形のストラップ。大東文化大学ラグビー部は、関東大学リーグ戦1部に所属。直近の2009(平成21)年度は、2勝5敗で第7位。入れ替え戦では2部2位の立正大学に33-17で勝利。1部リーグへの残留を決めた。価格は、500円(税込)。ベースボールマガジン社オフィシャル通販ショップ「BBM@SHOP」取り扱い。

中央大学　［私立］

［**所在地**］〒192-0393　東京都八王子市東中野742-1
［**TEL**］042-674-2210
［**URL**］http://www.chuo-u.ac.jp/chuo-u/index_j.html
［**設置者**］学校法人中央大学
［**創立者**］(英吉利法律学校)合川正道、磯部醇、江木衷、岡村輝彦、岡山兼吉、奥田義人、菊池武夫、渋谷慥爾、高橋一勝、高橋健三、西川鉄次郎、土方寧、藤田隆三郎、穂積陳重、増島六一郎、元田肇、山田喜之助、渡辺安積
［**キャンパス**］多摩キャンパス(八王子市)/後楽園キャンパス(文京区)
［**沿革・歴史**］1885(明治18)年7月、増島六一郎・高橋一勝・岡山兼吉・高橋健三・岡村輝彦・山田喜之助・菊池武夫・西川鉄次郎・江木衷・磯部醇・藤田隆三郎・土方寧・奥田義人・穂積陳重・合川正道・元田肇・渡辺安積・渋谷慥爾が英吉利法律学校を創設。1889(明治22)年10月、東京法学院と改称。1903(明治36)年、東京法学院大学と改称。1905(明治38)年、中央大学と改称。
［**マーク類**］ブランドマークは、箱根駅伝で広く知られた朱色の「C」マークと、伝統ある独自書体の「中央大学」の文字を組み合わせたもの。2007(平成19)年度、このブランドマークに、新たに「行動する知性。」というメッセージが付加された。

◇**ウォールマグ**　［食器］
　中央大学125周年記念グッズのウォールマグ。小と大の2種類がある。小は赤色、大は青色。マグの中央には「1885-2010 125th Anniversary」の文字があ

り、下部にはブランドマークが入っている。価格は、各1000円（税込）。中央大学生活協同組合取り扱い。

◇**エコボトル**　［食器］

中央大学125周年記念グッズのエコボトル。ボトルの下部にブランドマークが入っている。容量は、500ml。価格は、1000円（税込）。中央大学生活協同組合取り扱い。

◇**キーホルダー**　［日用雑貨］

中央大学125周年記念グッズ。「1885-2010 125th Anniversary」の文字とブランドマークが入っている。価格は、1個700円（税込）。中央大学生活協同組合取り扱い。

◇**硬式野球部グッズ（東都大学野球連盟公認）**　こうしきやきゅうぶぐっず（とうとだいがくやきゅうれんめいこうにん）　［スポーツ］

中央大学硬式野球部は、1930（昭和5）年創部。現在は、東都大学野球連盟1部リーグに所属。直近の2009（平成21）年度の秋季リーグ戦は、5勝7敗で第4位。ベースボール・マガジン社（千代田区）から東都大学野球連盟公認の野球部グッズが販売されている。グッズとしては、スウェット4500円、ヴィンテージTシャツ2800円、ベーシックTシャツ2800円、ポロシャツ4800円があるほか、受注生産商品のスクールバッグ5800円、スポーツタオル2400円、スモールエナメルバッグ6600円、レプリカキャップ5200円、レプリカユニフォーム1万4000円などがある（価格はすべて税込）。ベースボールマガジン社オフィシャル通販ショップ「BBM@SHOP」取り扱い。

◇**ゴルフマーカー**　［スポーツ］

中央大学125周年記念グッズのゴルフマーカー。中央にブランドマークが入っている。価格は、1個1000円（税込）。中央大学生活協同組合取り扱い。

◇**中央大学ラクーンズグッズ**　ちゅうおうだいがくらくーんずぐっず　［スポーツ］

中央大学アメリカンフットボール部ラクーンズのグッズ。ラクーンズは、関東学生アメリカンフットボール連盟1部リーグBブロックに所属。直近の2009（平成21）年秋期成績は、5勝2敗で第3位。ラクーンズのグッズとしては、アメフトボールキーホルダー630円、折畳シートクッション1050円、カフェタンブラー1260円、キャップ2625円、三色ボールペン525円、サンバイザー2625円、スウェットパンツ（グレー・黒・紺）各4725円、2009Ver.バスタオル2940円、2009Ver.マフラータオル1785円、2009Ver.破壊Tシャツ2625円、2009Ver.ボールロゴTシャツ2625円、ネックストラップ945円、フリースネックウォー

マー1260円、プルオーバーパーカー（グレー・黒・紺）各3675円、ヘルメット型キーホルダー1050円、ポロシャツ（黒・紺・白）各3675円、マフラータオル1050円、ユニフォーム型携帯ストラップクリーナー735円などがある（価格はすべて税込）。有限会社スタジオ貳拾壱（京都府京都市北区）取り扱い。

◇**不織布バッグ**　ふしょくふばっぐ　［日用雑貨］
中央大学125周年記念グッズの不織布バッグ。青色で、4枚1セット。下部にブランドマークが入っている。価格は、1000円（税込）。中央大学生活協同組合取り扱い。

◇**ラグビー部キューピーストラップ**　らぐびーぶきゅーぴーすとらっぷ　［スポーツ］
ラグビーボールを持ったキューピー人形のストラップ。中央大学ラグビー部は、関東大学リーグ戦1部に所属。直近の2009（平成21）年度は、2勝5敗で第6位。価格は、500円（税込）。ベースボールマガジン社オフィシャル通販ショップ「BBM@SHOP」取り扱い。

◇**中央大学オリジナルグッズ**　ちゅうおうだいがくおりじなるぐっず　［大学グッズ］
中央大学生活協同組合取り扱いの大学オリジナルグッズ。商品としては、中大エンブレム5040円、中大ジッポーセット2835円、中大Cマーク機能Tシャツ1785円、中大スポーツタオル1029円、中大チャンピオンスウェットパンツ4725円、中大Tシャツ（漢字タイプ・サイドプリントタイプ・ベーシックタイプ）各1785円、中大トレーナー3045円、中大ナイロントートバッグ1260円、中大ネクタイ3990円、中大ネクタイピン2058円、中大バスタオル1575円、中大札入れ4200円、中大マーク入りキャップ1200円、中大まんじゅう（10個入り）1428円、中大ミルフィユ（10個入り）1260円、中大メリーチョコレート（18個入り）1365円、中大湯のみ・マグカップセット1285円、手振り旗（2本セット）1260円、万年筆（パイロット）8400円、Lancelot（ぺんてる社）3アクションペン2520円などがある（価格はすべて税込）。中央大学生活協同組合取り扱い。

帝京大学　［私立］

［**所在地**］〒173-8605　東京都板橋区加賀2-11-1
［**TEL**］03-3964-1211
［**URL**］http://www.teikyo-u.ac.jp/
［**設置者**］学校法人帝京大学

電気通信大学　　　　　　　　東京都

　　[創立者]（帝京商業学校）沖永荘兵衛
　　[キャンパス]八王子キャンパス（八王子市）／板橋キャンパス（板橋区）／相模湖キャンパス（神奈川県相模原市緑区）／宇都宮キャンパス（宇都宮市）／福岡キャンパス（大牟田市）
　　[沿革・歴史]1966（昭和41）年、帝京大学を設立。
　　[マーク類]帝京大学グループのシンボルマークは、3つの楕円に「実学」「国際性」「開放性」の3つの教育指針をシンボライズしたもの。1999（平成11）年7月、商標登録済。

◇ラグビー部キューピーストラップ　　らぐびーぶきゅーぴーすとらっぷ
　　[スポーツ]
　　ラグビーボールを持ったキューピー人形のストラップ。帝京大学学友会体育局ラグビー部は、関東大学対抗戦Aグループに所属。2008（平成20）年度のリーグ戦では、早稲田大学に勝利。対抗戦連勝記録を53でストップさせ、その勢いのままに対抗戦Aグループ初優勝。同年度の大学選手権決勝では早稲田大学に破れ、準優勝。直近の2009（平成21）年度は、リーグ戦5勝2敗で第4位。同年度の大学選手権では、1回戦で関東学院大学、2回戦で早稲田大学、準決勝で明治大学、決勝で東海大学と強豪校を撃破し、大学選手権初優勝を果たした。価格は、500円（税込）。ベースボールマガジン社オフィシャル通販ショップ「BBM@SHOP」取り扱い。

電気通信大学　　[国立]

　　[所在地]〒182-8585　東京都調布市調布ヶ丘1-5-1
　　[TEL]042-443-5015
　　[URL]http://www.uec.ac.jp/
　　[設置者]国立大学法人電気通信大学
　　[沿革・歴史]1918（大正7）年12月、社団法人電信協会管理無線電信講習所を創設。1942（昭和17）年4月、無線電信講習所を逓信省に移管。1945（昭和20）年4月、中央無線電信講習所と改称。1948（昭和23）年8月、文部省に移管。1949（昭和24）年5月、電気通信大学を設置。2004（平成16）年4月、国立大学法人電気通信大学となる。
　　[マーク類]校章は、「リサジュー図形」をモチーフにしたもの。2010（平成22）年1月、商標登録済（第5298046号）。

◇**オリジナル絵はがき**　おりじなるえはがき　［記念品］
　電気通信大学同窓会組織・社団法人目黒会(調布市)の会報の表紙を飾る絵をオリジナル絵はがきにしたもの。1組8枚入りで、四季折々のキャンパスの風景が1枚1枚に図柄違いで描かれている。1組8枚入り。価格は、525円(税込)。電気通信大学生活協同組合取り扱い。

東海大学　［私立］

- ［**所在地**］〒151-8677　東京都渋谷区富ヶ谷2-28-4
- ［**TEL**］03-3467-2211
- ［**URL**］http://www.u-tokai.ac.jp/
- ［**設置者**］学校法人東海大学
- ［**創立者**］(航空科学専門学校)松前重義
- ［**キャンパス**］代々木キャンパス(渋谷区)/高輪キャンパス(港区)/札幌キャンパス(北海道札幌市南区)/旭川キャンパス(北海道旭川市)/湘南キャンパス(神奈川県平塚市)/伊勢原キャンパス(神奈川県伊勢原市)/沼津キャンパス(静岡県沼津市)/清水キャンパス(静岡県静岡市)/熊本キャンパス(熊本県熊本市)/阿蘇キャンパス(熊本県阿蘇郡南阿蘇村)
- ［**沿革・歴史**］1943(昭和18)年、松前重義が航空科学専門学校を開設。1944(昭和19)年3月、電波科学専門学校・電波工業学校を設置。1945(昭和20)年8月、航空科学専門学校・電波科学専門学校を統合し、東海科学専門学校と改称。1946(昭和21)年4月、東海大学を設立。
- ［**マーク類**］1992(平成4)年11月、建学50周年を機に学校法人東海大学UI検討専門委員会がコンペをおこなって決定された。学校法人東海大学の頭文字「T」を波にみたててデザインされたもの。このマークは「T・ウェーブ」という。マークは、商標登録済。

◇**ラグビー部キューピーストラップ**　らぐびーぶきゅーぴーすとらっぷ
　［スポーツ］
　ラグビーボールを持ったキューピー人形のストラップ。東海大学ラグビー部は、1963(昭和38)年創部。現在は、関東大学リーグ戦1部に所属。直近の2009(平成21)年度は、7勝0敗の全勝優勝。2007(平成19)年からリーグ戦1部3連覇を達成している。大学選手権では、初の決勝進出を果たしたが、13-14で帝京大学に惜敗した。価格は、500円(税込)。ベースボールマガジン社オフィシャル通販ショップ「BBM@SHOP」取り扱い。

東京医科歯科大学　　　　　　　　東京都

東京医科歯科大学　［国立］

［所在地］〒113-8510　東京都文京区湯島1-5-45
［TEL］03-3813-6111
［URL］http://www.tmd.ac.jp/
［設置者］国立大学法人東京医科歯科大学
［キャンパス］湯島キャンパス（文京区）/国府台キャンパス（千葉県市川市）
［沿革・歴史］1928（昭和3）年10月、東京高等歯科医学校を設立。1944（昭和19）年4月、東京医学歯学専門学校と改称。1946（昭和21）年8月、（旧制）東京医科歯科大学と改称。1951（昭和26）年4月、（新制）東京医科歯科大学に改制。2004（平成16）年4月、国立大学法人東京医科歯科大学となる。
［マーク類］2009（平成21）年12月に制定。シンボルマークは、大学の所在地・湯島にある湯島天神の象徴「梅の花」になぞらえて図案化したもの。花芯に当たる中央の輪は、旧東京高等歯科医学校の校章。2009（平成21）年12月、国立大学法人東京医科歯科大学を出願人として、商標出願（商願2009-96448）。

◇ナノバブル水　なのばぶるすい　［医療・健康］
　ナノバブルとは、株式会社REO研究所（宮城県東松山市）と独立行政法人産業技術総合研究所（東京都千代田区）が、世界で初めて製造と安定化技術の確立に成功したもの（特許取得済）。東京医科歯科大学では、そのナノバブルの水に組織障害に対する殺菌・消毒や修復・再生などの医療効果があることを研究で確認。株式会社REO研究所とともに特許を共同出願している。

東京芸術大学　［国立］

［所在地］〒110-8714　東京都台東区上野公園12-8
［TEL］050-5525-2075
［URL］http://www.geidai.ac.jp/
［設置者］国立大学法人東京芸術大学
［キャンパス］上野キャンパス（台東区）/取手キャンパス（茨城県取手市）/千住キャンパス（足立区）
［沿革・歴史］1879（明治12）年、音楽取調掛を設置。1887（明治20）年、東京音楽学校と改称。1885（明治18）年、図画取調掛を設置。1887（明治20）年、東京美術学校と設置。1949（昭和24）年5月、東京音楽学校・東京美術学校

が合併し、東京芸術大学と改称。2004(平成16)年4月、国立大学法人東京芸術大学となる。

∞∞

◇藝大アートプラザオリジナル・ウォレット　げいだいあーとぷらざおりじなるうぉれっと　［日用雑貨］
　2008(平成20)年、藝大アートプラザで販売されたオリジナル・ウォレット(長財布)。藝大アートプラザは、2005(平成17)年に研究成果や企画開発品を社会に発信する場としてオープン。ウォレットの布の提供は、美術学部工芸科染織研究室・山下了是教授。製造は、株式会社駒屋(墨田区)。台東区・荒川区・墨田区・葛飾区の4区が地域活性化のために進めているTASKプロジェクトの企業とともに開発された商品。価格は、1万8900円(税込)として販売された。すでに完売。

◇東京藝術大学カレンダー・2010　とうきょうげいじゅつかれんだー・にせんじゅう　［美術］
　藝大アートプラザで販売されてきた「東京藝術大学カレンダー」の2010(平成22)年版。2010年版では蒔絵師・片岡華江(1889～1977)製作の螺鈿手板がモチーフとされている。螺鈿手板は大学美術館の収蔵品。表紙を含む7枚で構成。価格は、700円(税込)。発売当初は1300円(税込)。藝大アートプラザ取り扱い。

◇東京藝大クッキー　とうきょうげいだいくっきー　［菓子］
　藝大アートプラザで2009(平成21)年3月から販売されているクッキー。有限会社イルフェジュール(神奈川県川崎市麻生区)製造。味は、アーモンドショコラ・プラリネの2種類。パッケージデザインの監修は、美術学部デザイン科・松下計准教授による。価格は、6個入り1000円(税込)。藝大アートプラザ取り扱い。

◇油一/YUICHI　ゆいち　［美術］
　産学連携から生まれた油絵具。美術学部油画技法材料研究室の佐藤一郎教授・大西博准教授ほかが理想的な油絵具を目指し、ホルベイン工業株式会社(大阪府東大阪市)との共同研究によって開発・商品化した。厳選した顔料を用い顔料の粒子を微細に分散させることで、発色のよさ、適度な粘着性、肌理の細かさ、高い透明性、耐久性を実現している。商品化以来、藝大アートプラザでのみ販売されていたが、2008(平成20)年5月より全国販売を開始。チューブ、キャップの意匠の美しさ、産学協同の試みも評価され、2007(平成19)年度グットデザイン賞を受賞(コミュニケーションデザイン部門)。価格は、全

東京工業大学　　　　　　　　　　東京都

30色セット（各23ml）13万1250円（税込）、12色セットA（各23ml）5万3550円（税込）、12色セットB（各23ml）4万9350円（税込）。なお、「油一」は、2007（平成19）年11月に商標登録済（第5088613号）。権利者は、国立大学法人東京芸術大学。

東京工業大学　［国立］

［所在地］〒152-8550　東京都目黒区大岡山2-12-1
［TEL］03-3726-1111
［URL］http://www.titech.ac.jp/
［設置者］国立大学法人東京工業大学
［創立者］（東京職工学校）手島精一
［キャンパス］大岡山キャンパス（目黒区）/すずかけ台キャンパス（神奈川県横浜市緑区）/田町キャンパス（港区）
［沿革・歴史］1881（明治14）年5月、手島精一が東京職工学校を設立。1890（明治23）年3月、東京工業学校と改称。1901（明治34）年5月、東京高等工業学校と改称。1929（昭和4）年4月、東京工業大学に昇格。1949（昭和24）年5月、東京工業大学を設置。2004（平成16）年4月、国立大学法人東京工業大学となる。
［マーク類］1948（昭和23）年、シンボルマークを制定。デザインは、掘進二氏（当時の東京美術学校教授）によるもの。工業の「工」の字に、つばめを「大」の字にイメージ化して配されている。また、ブランドとしての東京工業大学の力を高める戦略として近年、ロゴマークを制定。2008（平成20）年9月、商標登録済（第5168016号）。加えて、130周年記念ロゴマークもある。2009（平成21）年9月、商標登録済（第5264076号）。

◇平面アンテナ　へいめんあんてな　［機械］

大学院理工学研究科電気電子工学専攻の安藤真教授・廣川二郎准教授の研究室で研究開発されている薄型平面アンテナ。高周波でも効率のよいところが特徴。自動車レーダーや無線IPアクセス用のアンテナとして、その技術をいかした製品が販売されている。近年の携帯電話の爆発的な普及に象徴されるように、無線通信に対する需要は急速に高まり、なかでもミリ波（30GHz以上の非常に高い周波数の電波）は特に注目され、積極的に研究・開発されている。安藤真教授および廣川二郎准教授らの研究室では、導波管を用いた平面アンテナの研究および電磁界理論を研究。一般のアンテナは、高周波では損失が大きく効率が低下するが、安藤教授らのグループで開発した1層構造

導波管を特徴とする、スロット方式の薄型平面アンテナは、非常にシンプルで量産可能な構造ながら、高周波でも超高能率を実現。

東京工芸大学　［私立］

[所在地]〒164-8678　東京都中野区本町2-9-5
[TEL]03-3372-1321
[FAX]03-3372-1330
[URL]http://www.t-kougei.ac.jp/
[設置者]学校法人東京工芸大学
[創立者](小西写真専門学校)杉浦六右衛門(7代)
[キャンパス]中野キャンパス(中野区)/厚木キャンパス(神奈川県厚木市)
[沿革・歴史]1923(大正12)年4月、杉浦六右衛門(7代)が小西写真専門学校を創立。1926(大正15)年3月、東京写真専門学校と改称。1944(昭和19)年4月、東京写真工業専門学校と改称。1966(昭和41)年4月、東京写真大学を設立。1977(昭和52)年4月、東京工芸大学と改称。
[マーク類]校章は、向日葵を象徴したもの。2007(平成19)年1月、商標登録済(第5019536号)。シンボルマークは、重なるOで2学部(工学部・芸術学部)を表現。2005(平成17)年6月、商標登録済(第4868847号)。

◇錯視マグ　さくしまぐ　［食器］
不思議な模様がデザインされたマグカップ。デザイン学科・笠尾敦司准教授の演習で学生たちが提出した作品の中から選ばれて商品化された。オリジナルデザインは瀬川菜津美氏。渦巻き錯視とよばれる錯視図形があしらわれているが、カップには熱に反応する特殊な透明インクでもうひとつ別の絵が印刷されており、熱い飲み物を注ぐことで錯覚が解ける仕掛けになっている。先端科学の面白さを伝えるグッズ。日本科学未来館で取り扱われた(現在は販売終了)。

東京慈恵会医科大学　［私立］

[所在地]〒105-8461　東京都港区西新橋3-25-8
[TEL]03-3433-1111
[URL]http://www.jikei.ac.jp/

東京慈恵会医科大学　　　　東京都

[設置者]学校法人慈恵大学
[創立者](成医会講習所)高木兼寛
[キャンパス]西新橋キャンパス(港区)/国領キャンパス(調布市)
[沿革・歴史]1881(明治14)年5月、高木兼寛が成医会講習所を創立。1887(明治20)年、成医学校、東京慈恵医院医学校と改称。1907(明治40)年、東京慈恵会医院医学専門学校と改称。1921(大正10)年、東京慈恵会医科大学に昇格。

◇**オリジナルスポーツタオル**　[スポーツ]
学校法人慈恵大学認定オリジナルグッズ。白いタオルの「THE JIKEI UNIVERSITY」の文字が入っている。価格は、1365円(税込)。株式会社慈恵実業取り扱い。

◇**オリジナル手提げ紙袋**　おりじなるてさげかみぶくろ　[日用雑貨]
学校法人慈恵大学認定オリジナルグッズ。青色の手提げ紙袋。価格は、315円(税込)。株式会社慈恵実業取り扱い。

◇**オリジナルネクタイ**　[服装]
学校法人慈恵大学認定オリジナルグッズ。ストライプ柄のネクタイ。価格は、4620円(税込)。株式会社慈恵実業取り扱い。

◇**校名入ネックストラップ**　こうめいいりねっくすとらっぷ　[日用雑貨]
学校法人慈恵大学認定オリジナルグッズ。黒地に黄色で「THE JIKEI UNIVERSITY」と入っているネックストラップ。価格は、1050円(税込)。株式会社慈恵実業取り扱い。

◇**慈恵水**　じけいすい　[飲料]
学校法人慈恵大学認定オリジナルグッズ。鉱水のミネラルウォーター。価格は、350ml入り110円(税込)、500ml入り126円(税込)。株式会社慈恵実業取り扱い。

◇**慈恵ナースリカちゃん**　じけいなーすりかちゃん　[キャラクターグッズ]
学校法人慈恵大学認定オリジナルグッズ。昔の看護学校の制服姿を再現している。価格は、1050円(税込)。株式会社慈恵実業取り扱い。なお、リカちゃんは株式会社タカラトミー(葛飾区)の登録商標。

◇高木兼寛学祖フォトスタンド　たかきかねひろがくそふぉとすたんど
［記念品］
学校法人慈恵大学認定オリジナルグッズ。東京慈恵会医科大学の創立者・高木兼寛（1849〜1920）の肖像写真とその名言「病気を診ずして病人を診よ」がセットされたもの。高木兼寛は、鹿児島藩士の家に生まれ、若くして和漢学・医学・蘭学などを修め、1881（明治14）年に東京慈恵会医科大学の前身である成医会講習所を設立。以後、医師・看護婦の養成に尽力した。価格は、4725円（税込）。株式会社慈恵実業取り扱い。

東京女子大学　［私立］

［所在地］〒167-8585　東京都杉並区善福寺2-6-1
［TEL］03-5382-6340
［URL］http://www.twcu.ac.jp/
［設置者］学校法人東京女子大学
［沿革・歴史］1918（大正7）年、東京女子大学を開学。
［マーク類］校章は、1918（大正7）年に新渡戸稲造が制定を提案。2つのSを組み合わせたデザイン。2002（平成14）年7月、商標登録済（第4585017号）

◇ブックカバー　［本］
東京女子大学ダウンロードグッズのブックカバー。大学のダウンロードページ（http://office.twcu.ac.jp/o-board/special_site/06/index.html）から文庫本サイズ2種類（チャペル、本館・前庭）と新書サイズ1種類（本館・前庭）のブックカバーがダウンロードできる。そのほか、ダウンロードグッズとして、パソコン用のオリジナル壁紙・スクリーンセーバーも公開されている。

東京大学　［国立］

［所在地］〒113-8654　東京都文京区本郷7-3-1
［TEL］03-3812-2111
［URL］http://www.u-tokyo.ac.jp/index_j.html
［設置者］国立大学法人東京大学
［キャンパス］本郷キャンパス（文京区）/駒場キャンパス（目黒区）
［沿革・歴史］1877（明治10）年、東京開成学校・東京医学校が併合し、東京大

東京大学　　　　　　　　　　　東京都

学を創設。1886（明治19）年、帝国大学と改称。1890（明治23）年、東京農林学校を合併。1897（明治30）年、東京帝国大学と改称。1947（昭和25）年10月、第一高等学校・東京高等学校を統合し、東京大学と改称。2004（平成16）年4月、国立大学法人東京大学となる。

[マーク類]東大マークは、国立大学法人化を機に制定。もともと1948（昭和23）年に銀杏バッジとして制定された銀杏のマーク（東大マーク（旧））があったが、これは必ずしも校章として定められたものではなかった。東大マークは、東大マーク（旧）のデザインをもとに、葉の切れ込みや配色に変更がある。デザインは、多摩美術大学原田泰准教授が協力。2005（平成17）年6月、商標登録済（第4871651号）。ほかには、東京大学で企画開発された商品及び広報室が認めた商品にのみ使用されるコミュニケーションマークがある。大学の英字表記「The University of Tokyo」の頭文字「UT」を用いたデザインで、コンセプトは、「知性の顔」。デザインは、日本デザインセンターのクリエイティブディレクター・太田岳氏によるもの。2007（平成19）年7月ならびに2009（平成21）年4月、商標登録済（第5060635号・第5219658号）。なお、東大マーク（旧）も場合によって使用が認められている。

◇ISOIL for Beads Beating　[その他]
東京大学農学部が開発した新たな抽出・精製方法をもとに、株式会社ニッポンジーン（東京都千代田区）が製造した土壌DNA抽出キット。火山灰土壌に含まれる腐植物質を除去し、高純度のDNAを効率的に抽出できる。使用目的に応じてキット選択が可能、スケールアップが容易なことも大きな特徴となっている。価格は、50回用3万5000円。株式会社ニッポンジーン取り扱い。

◇アテント お肌安心パッド 軟便モレも防ぐ　あてんとおはだあんしんぱっど なんべんもれもふせぐ　[医療・健康]
褥瘡を悪化させない大人用紙おむつ。大王製紙株式会社（東京都中央区）との共同研究により開発された。3層構造吸収体を採用、水様便・泥状便を濾過して液成分と固形成分に分離し、液成分を吸収することで、便漏れおよび便との接触による皮膚傷害の発生を防止する。長さ56cm、幅30cmの大判サイズで臀部までカバーし、軟便の場合は200g吸収、尿の場合は600ml吸収できる。なお、「アテントお肌安心パッド」は、2008（平成20）年7月に商標登録済（第5154266号）。権利者は、大王製紙株式会社。

◇御酒　うさき　[飲料（酒類）]
琉球王朝末期から継承されたといわれる泡盛。1935（昭和10）年、発酵学者の故・坂口謹一郎東京大学名誉教授が沖縄で黒麹菌を採取。1945（昭和20）年、

沖縄戦によって戦前の菌はすべて失われたが、1998（平成10）年、農学部分子細胞生物学研究所のコレクションに、坂口教授の採取した瑞泉菌が真空保存されていると判明、同研究所での培養・分離が開始された。1999（平成11）年、「幻の菌」は沖縄の首里に戻り、培養・酒造が開始されて瑞泉酒造（沖縄県那覇市）から6月に復活した。油分や不純物はすべて取り除いているため、まろやかで澄み切った味わいと芳醇な香りが特徴。価格は、陶器ボトル（720ml）4200円、ミニボトル（300ml）1995円、限定品の熟成古酒（720ml）は、2万1000円（すべて税込）。東京大学コミュニケーションセンター取り扱い。

◇**腕時計**　うでどけい　［日用雑貨］
コミュニケーションマークの入った時計。秒針が、マークの「T」になっている。価格は、5800円（税込）。東京大学コミュニケーションセンター取り扱い。

◇**演習林コースター**　えんしゅうりんこーすたー　［食器］
コミュニケーションマークの入ったコースター。農学生命学研究科附属演習林（通称・科学の森教育研究センター）北海道演習林の木を用いてつくられた。価格は、630円（税込）。東京大学コミュニケーションセンター取り扱い。

◇**演習林ペンたて**　えんしゅうりんぺんたて　［文房具］
コミュニケーションマークの入ったペン立て。農学生命学研究科附属演習林（通称・科学の森教育研究センター）北海道演習林の木を用いてつくられた。北海道では馴染みの深いオヒョウとポプラの2種類の樹木を使用。オヒョウ（ニレ科）は、街路樹・公園樹として親しまれているハルニレの仲間で、繊維が極めて強いことから、アイヌ民族の着物アッシの材料にもなる。ポプラ（ヤナギ科）は、街路樹・公園樹・防風林として知られる樹木。価格は、1100円（税込）。東京大学コミュニケーションセンター取り扱い。

◇**大賀蓮とその仲間たちセット**　おおがはすとそのなかまたちせっと　［記念品］
大賀蓮と舞妃蓮などの植物を題材にした絵葉書セット。大賀蓮とは、1951（昭和26）年大賀一郎博士によって検見川遺跡から発見された古代ハスの実を発芽・開花させたもの。1953（昭和28）年にはハンブルク国際園芸博覧会にも出品され、ハンブルク市名誉賞を受けた。絵葉書は1セット5枚入りで、内容は中日友誼蓮・大賀蓮（1日目）・大賀蓮（2日目）・大賀蓮（3日目）・舞妃蓮。価格は、400円（税込）。東京大学コミュニケーションセンター取り扱い。

◇**カップ＆ソーサーセット**　［食器］
大倉陶園（神奈川県横浜市戸塚区）とのコラボレーションで生まれたカップ

&ソーサーセット。最高級のカオリンと、1460度の高温による焼成で、際だった白さ・硬さ・なめらかさが実現されている。カップ容量は、140cc（7分目）。価格は、5250円（税込）。東京大学コミュニケーションセンター取り扱い。

◇革製トレイ　かわせいとれい　［皮革製品］
　コミュニケーションマークの入った革製トレイ。色は、黒。価格は、5880円（税込）。東京大学コミュニケーションセンター取り扱い。

◇ガス電子検出器　がすでんしけんしゅつき　［機械］
　大学院原子核科学研究センター・独立行政法人理化学研究所（埼玉県和光市）・サイエナジー株式会社（神奈川県相模原市）の共同開発で生まれたガス電子検出器。サイエナジー株式会社取り扱い。

◇キーホルダー　［日用雑貨］
　コミュニケーションマークの入ったキーホルダー。色は、黒・白の2色。価格は、各630円（税込）。東京大学コミュニケーションセンター取り扱い。

◇携帯ポーチ付きトートバッグ　けいたいぽーちつきとーとばっぐ　［日用雑貨］
　コミュニケーションマークの入った携帯ポーチ付きトートバッグ。価格は、1890円（税込）。東京大学コミュニケーションセンター取り扱い。

◇コインケース　［皮革製品］
　コミュニケーションマークの入った革製コインケース。ファスナータイプとボタンタイプがある。ファスナータイプは、色が黒。価格は、5880円（税込）。ボタンタイプは、色が黒とワインレッドの2色ある。価格は、各5670円（税込）。東京大学コミュニケーションセンター取り扱い。

◇財布　さいふ　［皮革製品］
　コミュニケーションマークの入った革製財布。色は、黒とワインレッドの2色。価格は、1万5750円（税込）。東京大学コミュニケーションセンター取り扱い。

◇シャープペンシル　［文房具］
　コミュニケーションマークの入ったシャープペンシル。価格は、500円（税込）。東京大学コミュニケーションセンター取り扱い。

◇ストラップ　［日用雑貨］
　コミュニケーションマークの入ったストラップ。色は、黒と白の2色。価格は、

630円(税込)。東京大学コミュニケーションセンター取り扱い。

◇**ストラップ付きボールペン**　すとらっぷつきぼーるぺん　［文房具］
　コミュニケーションマークの入ったストラップ付きボールペン。価格は、3150円(税込)。東京大学コミュニケーションセンター取り扱い。

◇**タオルハンカチ**　［日用雑貨］
　コミュニケーションマークの入ったタオルハンカチ。色は、黒と白の2色。価格は、840円(税込)。東京大学コミュニケーションセンター取り扱い。

◇**大学ノート**　だいがくのーと　［文房具］
　コミュニケーションマークの入った大学ノート。開き止めのゴムがついている。色は、グレーと白の2色。価格は、A6ノート600円(税込)。東京大学コミュニケーションセンター取り扱い。

◇**チャーム付き携帯ストラップ**　ちゃーむつきけいたいすとらっぷ　［日用雑貨］
　コミュニケーションマークの入ったチャーム付き携帯ストラップ。色は、黒・白・ベージュの3色がある。価格は、1470円(税込)。東京大学コミュニケーションセンター取り扱い。

◇**手帳**　てちょう　［文房具］
　コミュニケーションマークの入った革製手帳。小と大の2種類がある。色は、小では黒とワインレッドの2色、大は黒色のみとなっている。価格は、小1万4700円(税込)、大1万6800円(税込)。東京大学コミュニケーションセンター取り扱い。

◇**天体クリアファイル**　てんたいくりあふぁいる　［文房具］
　天体観測写真を使用したクリアファイル。理学系研究科附属天文学教育研究センター木曽観測所(長野県木曽郡木曽町)の105cmシュミット望遠鏡で観測された銀河系内外の諸天体が題材となっており、宇宙の不思議や美しさが表現されている。ファイルの右下には、写真についての簡単な説明を付与。写真はモノクロ5種、カラー4種の9種類。モノクロ(5種)：馬頭星雲・プレアデス星雲・オリオン星雲・ヘールボップ彗星・バラ星雲。価格は、各280円(税込)。カラー(4種)：馬頭星雲・プレアデス星雲・アンドロメダ星雲・バラ星雲。価格は、各380円(税込)。東京大学コミュニケーションセンター取り扱い。

◇デザート皿　でざーとさら　［食器］
　コミュニケーションマークの入ったデザート皿。大倉陶園（神奈川県横浜市戸塚区）とのコラボレーション商品。価格は、3990円（税込）。東京大学コミュニケーションセンター取り扱い。

◇トートバッグ　［日用雑貨］
　コミュニケーションマークの入った不織布のトートバッグ。価格は、945円（税込）。東京大学コミュニケーションセンター取り扱い。

◇東京大学本郷キャンパスセット　とうきょうだいがくほんごうきゃんぱすせっと　［記念品］
　文京区にある本郷キャンパスの建物や風景の絵葉書セット。赤門・銀杏並木・正門・総合図書館・安田講堂の5枚1組。価格は、400円（税込）。東京大学コミュニケーションセンター取り扱い。

◇東大サプリメント乾杯式アミノ酸　とうだいさぷりめんとかんぱいしきあみのさん　［医療・健康］
　アミノ酸サプリメント。1992（平成4）年より東京大学ではアミノ酸摂取による人への栄養効果の研究を開始。その実験で成果をあげたのが、競走馬のアミノスタローン（東京シティ競馬で6勝）。こうした研究がアミノ酸サプリメントの開発の礎となり、さらに研究が進展。2000（平成12）年、シドニーオリンピックの頃からスポーツ選手が積極的にアミノ酸を摂取するようになった。乾杯式は、飲酒の機会が多い人に最適。アミノ酸2500mg配合、プラム風味。価格は、1箱14パッケージ入りで、1554円（税込）。東京大学コミュニケーションセンター取り扱い。

◇東大サプリメント体力式アミノ酸　とうだいさぷりめんとたいりょくしきあみのさん　［医療・健康］
　アミノ酸サプリメント。1992（平成4）年より東京大学ではアミノ酸摂取による人への栄養効果の研究を開始。その実験で成果をあげたのが、競走馬のアミノスタローン（東京シティ競馬で6勝）。こうした研究がアミノ酸サプリメントの開発の礎となり、さらに研究が進展。2000（平成12）年、シドニーオリンピックの頃からスポーツ選手が積極的にアミノ酸を摂取するようになった。体力式は、からだの基本となる筋肉に必要な分岐鎖アミノ酸（BCAA）などと、健康維持のために不可欠なアルギニンやグルタミンとを配合した顆粒のサプリメント。アミノ酸3000mg配合、アセロラ風味。価格は、1箱14パッケージ入りで2205円（税込）。東京大学コミュニケーションセンター取り扱い。

◇**トラベルクロック**　[日用雑貨]
　コミュニケーションマークの入ったトラベルクロック。折りたたみ式で、色は黒。価格は、2800円（税込）。東京大学コミュニケーションセンター取り扱い。

◇**ナイロンバッグ**　[日用雑貨]
　コミュニケーションマークの入ったナイロンバッグ。色は黒。価格は、1890円（税込）。東京大学コミュニケーションセンター取り扱い。

◇**長財布**　ながさいふ　[皮革製品]
　コミュニケーションマークの入った牛革長財布。色は黒。価格は、1万6800円（税込）。東京大学コミュニケーションセンター取り扱い。

◇**認知動作型トレーニングマシーン**　にんちどうさがたとれーにんぐましーん　[機械]
　動作の学習という新しい視点で身体能力の向上をはかる認知動作型トレーニングマシン。従来の筋や心臓・循環系を個別に鍛えるトレーニングに替わるものとして東京大学が提唱する脳を中枢とした総合的な運動神経機構を改善し生活行動や身体操作能力を向上させる新しいトレーニングに対応している。株式会社スポーツウェルネス総合企画研究所（静岡県駿東郡清水町）取り扱い。

◇**光触媒シート**　ひかりしょくばいしーと　[日用雑貨]
　酸化チタン光触媒の技術を活かして開発された脱臭シート。先端科学技術研究センター・橋本和仁教授の研究室での研究成果をもとに商品化された。高い防臭能力を持つだけでなく、太陽光に5時間程度あてれば新品同様の効果が再生し、シートが破れない限り何度でも繰り返し使用できる。シートの中には光触媒と吸着剤の粉末を充填。吸着剤と組み合わせることで、光触媒が有害な副生成物を放出することを防止している。衣類箱・靴箱・ロッカー・冷蔵庫・食器棚など幅広い場面で使用できるが、狭く密閉性のある空間での使用がより効果的。価格は、2枚セット500円、4枚セット900円（税込）。東京大学コミュニケーションセンター取り扱い。

◇**光触媒チタンアパタイトマスク**　ひかりしょくばいちたんあぱたいとますく　[医療・健康]
　東京大学先端科学技術研究センターと株式会社富士通研究所（神奈川県川崎市中原区）の共同研究から生まれた光触媒チタンアパタイトを使用したマスク。玉川衛材株式会社（千代田区）より製品化された。光触媒チタンアパタイトとは、人間の歯や骨に含まれるカルシウムヒドロキシアパタイトを主成分とする新しい光触媒材料。カルシウムヒドロキシアパタイトの成分にチタン

を混ぜるとカルシウムの1つがチタンに置き換わることでチタンアパタイトになり、光触媒の働きをする。空気中のウィルスや花粉の吸着に優れ、紫外線によって菌や有機物の分解効果を発揮する。全国のコンビニ・ドラッグストアで発売中。

◇ビニールバッグ　［日用雑貨］
コミュニケーションマークの入ったビニールバッグ。色は、グレー・黒・ベージュの3色。価格は、525円（税込）。東京大学コミュニケーションセンター取り扱い。

◇フォトモザイクマウスパット　［文房具］
新しい画像生成技術のフォトモザイクで赤門を描いたマウスパッド。小片の一つ一つは大学構内や人の写真でできている。画像全体の色のグラデーションを美しく表現するため、大学院新領域創成科学研究科・高橋成雄准教授の研究室では、この小画像の並べ方を画像の特徴に沿って並べ替えることで、フォトモザイク全体の見え方の向上を図った。オブジェクトの輪郭線からモチーフを理解し、小画像の配列から色のグラデーションを知覚するという、人間の目の持つ機能を利用している。価格は、735円（税込）。東京大学コミュニケーションセンター取り扱い。

◇付箋ノート　ふせんのーと　［文房具］
コミュニケーションマークの入った付箋ノート。大2面・中2面・小3面の7面で構成されている。価格は、840円（税込）。東京大学コミュニケーションセンター取り扱い。

◇ブックカバー　［皮革製品］
コミュニケーションマークの入った革製ブックカバー。色は、黒とワインレッドの2色。価格は、5250円（税込）。東京大学コミュニケーションセンター取り扱い。

◇ブロックメモ　［文房具］
コミュニケーションマークの入ったブロックメモ。1ブロックに800枚入っている。価格は、473円（税込）。東京大学コミュニケーションセンター取り扱い。

◇ペーパーウェイト　［文房具］
コミュニケーションマークの入ったペーパーウェイト。ルーペとしても使用できる。価格は、8400円（税込）。東京大学コミュニケーションセンター取り扱い。

◇ペンカバー（ボールペン付）　ぺんかばー（ぼーるぺんつき）　［文房具］
コミュニケーションマークの入ったペンカバー（ボールペン付）。色は、黒・白の2色。価格は、840円（税込）。東京大学コミュニケーションセンター取り扱い。

◇ボールペン　［文房具］
コミュニケーションマークの入ったボールペン。色はメタリックシルバー。価格は、700円（税込）。東京大学コミュニケーションセンター取り扱い。

◇マグカップ　［食器］
ニッコー株式会社（石川県白山市）とのコラボレーションによるマグカップ。独自の製陶技術をもとに骨灰含有量を約50%にまで高めることにより、優れた強度を実現した。シンプルなシルエットと気品ある純白色で洗練された雰囲気。カップ容量210cc（7分目）。価格は、1575円（税込）。東京大学コミュニケーションセンター取り扱い。

◇ママ＆キッズバリアオイルAD　［美容］
超乾燥肌や乾燥性敏感肌のための保湿オイル。東京大学と東京海洋大学の共同研究の結果解明された、米糠からの抽出成分γ-オリザノールの抗炎症作用プロセスを利用して製品化された。保湿だけでなくバリア機能の強化や炎症などのトラブル緩和に効果的な成分を厳選し、配合されている。皮脂に近い成分であるため肌なじみがよく、さらりとした使い心地が特徴。顔だけでなく全身に使用できる。無香料・無着色、弱酸性、低刺激、パラベンフリー、アルコールフリー、鉱物油フリーのため、乳幼児の肌ケアにも最適。価格は、35ml入り2940円（税込）、90ml入り6090円（税込）。株式会社ナチュラルサイエンス（千代田区）取り扱い。

◇名刺入れ　めいしいれ　［皮革製品］
コミュニケーションマークの入った革製名刺入れ。色は、黒とワインレッドの2色。価格は、9450円（税込）。東京大学コミュニケーションセンター取り扱い。

◇もみがらボード　［日用雑貨］
コミュニケーションマークの入ったもみがらボード。農学生命科学研究科生物材料科学専攻木質材料学研究室で開発された。価格は、400円（税込）。東京大学コミュニケーションセンター取り扱い。

東京大学　　　　　　　　　　　東京都

◇**USBフラッシュメモリー**　［機械］
　コミュニケーションマークの入ったUSBフラッシュメモリー。容量は1GB。色はシルバー。赤門・安田講堂・総合図書館の画像データも入っている。価格は、4200円（税込）。東京大学コミュニケーションセンター取り扱い。

◇**リッテルナビゲーター**　［機械］
　言語処理用の関連語検索ツール。東京大学情報基盤センターで開発された検索エンジンをもとに、産学連携企業の株式会社リッテル（文京区）によって製品化された。従来の図書館蔵書検索とはまったく異なったアプローチで情報探索の手助けをするシステムで、自動的にパスファインダーを作り出す仕組みになっている。キーワード（単語、概念、関連語句）を入力すると、自動的にカテゴリーと類似関連キーワードを導き出す検索エンジンによって、該当する図書館分類とその分類に紐付く情報リソースが提示される。OPAC・百科事典・論文検索にも連動。曖昧なキーワードからでも知りたい関連情報をすぐに入手することができる。

◇**ルービックキューブ　東京六大学野球**　るーびっくきゅーぶ　とうきょうろくだいがくやきゅう　［スポーツ］
　玩具ルービックキューブの東京六大学野球連盟モデル。東京六大学野球連盟には、東京大学・慶應義塾大学・法政大学・明治大学・立教大学・早稲田大学が所属。そのスクールカラーで6面が彩られている。使用前の状態では、9つの枠の中央にロゴマーク、残りの8つにキャップ（帽子）がデザインされている。製造は、株式会社メガハウス（台東区）。価格は、2625円。なお、「ルービックキューブ」は、株式会社メガハウスの登録商標。

◇**歴史クリアファイル**　れきしくりあふぁいる　［文房具］
　明治新聞雑誌文庫・総合図書館所蔵のコレクションを題材にしたクリアファイル。大学院法学政治学研究科附属近代日本法政史料センターにある明治新聞雑誌文庫は、1927（昭和2）年に博報堂の創業者である瀬木博尚（1852～1939）の寄付金とジャーナリストの宮武外骨（1867～1955）、吉野作造（1878～1933）等の尽力によって法学部附属施設として設置された。当初は、宮武・吉野両氏の収集資料を基礎にして発足したが、その後の収集により、現在では新聞2004タイトル、雑誌7205タイトルに達している。総合図書館は、1877（明治10）年の東京大学開学以来120年あまりの歴史を有し、蔵書数は約109万冊。国内外の貴重なコレクションの数々を所蔵する。これらの資料の中から選りすぐった数点がクリアファイルとして商品化された。松の栄・於東京繪圖圓珍聞・猫の変わり目・新版開花勉強出世双六・憲法発布式之図の5種類。価格は、各380円（税込）。東京大学コミュニケーションセンター取り扱い。

◇**レポートパッド**　［文房具］
　コミュニケーションマークの入ったレポートパッド。サイズは、A4。価格は、263円（税込）。東京大学コミュニケーションセンター取り扱い。

◇**蓮香あぶらとり紙**　れんかあぶらとりがみ　［美容］
　大賀蓮の香りを配合したオリジナルのあぶらとり紙。大賀一郎博士が発芽させた大賀蓮について、香り分析を株式会社資生堂（東京都中央区）と共同でおこない、香りのキー成分を見出すことに成功。やさしくほのかな香りを織り込んだあぶらとり紙を商品化した。価格は、100枚入り420円（税込）。東京大学コミュニケーションセンター取り扱い。なお、「蓮香」は、2007（平成19）年7月に商標登録済（第5060634号）。権利者は、国立大学法人東京大学。

◇**蓮香オードパルファム**　れんかおーるどぱるふぁむ　［美容］
　大賀蓮の香り成分を配合したオリジナルの香水。1951（昭和26）年、東京大学検見川厚生農場（現・東京大学検見川総合運動場）で、3粒の古代蓮の実が発掘された。同年5月、東京大学出身の植物学者・大賀一郎博士がこれらの実を発芽させる事に成功。1952（昭和27）年7月、淡紅色の美しい花を咲かせ、この蓮は「大賀蓮」と名づけられた。その大賀蓮の香りの分析を東京大学と株式会社資生堂（東京都中央区）が共同でおこない、香りのキーとなる成分を見出すことに成功。大賀蓮の爽やかでみずみずしい香りを中心にミュゲ・ローズ・リンデンなどを配合。2007（平成19）年4月より販売開始。価格は、30ml入り2100円（税込）。東京大学コミュニケーションセンター取り扱い。なお、「蓮香」は、2007（平成19）年7月に商標登録済（第5060634号）。権利者は、国立大学法人東京大学。

◇**東京大学消費生活協同組合東大グッズ（衣料品）**　とうきょうだいがくしょうひせいかつきょうどうくみあいとうだいぐっず（いりょうひん）　［服装］
　東京大学消費生活協同組合で扱われている東大グッズ。商品としては、イチョウ柄Tシャツ（キッズ用）1900円（大人用）2100円、漢字柄Tシャツ（キッズ用）1900円（大人用）2100円、中国製Tシャツ1300円、USA MADE 半袖厚手Tシャツ3500円などがある（価格はすべて税込）。東京大学消費生活協同組合取り扱い。

◇**東大グッズ（菓子）**　とうだいぐっず（かし）　［菓子］
　東京大学消費生活協同組合で扱われている東大グッズの食料品。商品としては、東京大学うま味煎餅（4枚入り）500円、コロンバン（中央区）製の東京大学オリジナルクッキー（9枚入り）600円・（33枚入り）2000円、上野風月堂（台

東区)製の東京大学ゴーフル(缶入り)460円(箱入り)1050円、メリーチョコレートカムパニー(大田区)製の東京大学チョコレート(6個入り)600円・(18個入り)1600円、三原堂本店(中央区)製の東京大学饅頭(5個入り)1050円・(10個入り)2100円などがある。東京大学消費生活協同組合取り扱い。

◇東大グッズ(雑貨)　とうだいぐっず(ざっか)　[日用雑貨]
　東京大学消費生活協同組合で扱われている東大グッズの雑貨・日用品。商品としては、東京大学アメフトキューピー500円、東京大学応援部チアキューピー500円、東京大学スカーフ1万500円、東京大学ポストカード(本郷キャンパスI・II各12枚入り)各1260円、東京大学野球部キューピー500円、東大限定ハローキティ500円、東大チアリーダーズハローキティ500円、東大風呂敷400円、東大マグカップ850円、東大湯呑み700円、2010年ユータスくん・学事カレンダー800円などがある(価格はすべて税込)。東京大学消費生活協同組合取り扱い。なお、「ハローキティ」は、株式会社サンリオ(東京都品川区)の登録商標。

◇東大グッズ(文房具)　とうだいぐっず(ぶんぼうぐ)　[文房具]
　東京大学消費生活協同組合で扱われている東大グッズの文房具。商品としては、近代蒔絵複合ペン(赤門・安田講堂)各4000円、蛍光ペン100円、シャープペン100円、東京大学クラッチバック525円、東京大学ノート350円、ボールペン100円、マルチペン500 500円、マルチペン1000 1000円、マルチペン2000 2000円、万年筆200円などがある(価格はすべて税込)。東京大学消費生活協同組合取り扱い。

∞∞∞

東京農業大学　[私立]

　[所在地]〒156-8502　東京都世田谷区桜丘1-1-1
　[TEL]03-5477-2207
　[FAX]03-5477-2613
　[URL]http://www.nodai.ac.jp/
　[設置者]学校法人東京農業大学
　[創立者](育英黌農業科)榎本武揚
　[キャンパス]世田谷キャンパス(世田谷区)/厚木キャンパス(神奈川県厚木市)/オホーツクキャンパス(北海道網走市)
　[沿革・歴史]1891(明治24)年、榎本武揚が育英黌農業科を創立。1893(明治

26)年、東京農学校を設立。1925（大正14）年、東京農業大学を設立。

◇**カムカムドリンク**　［飲料］
　カムカムを原料に使用した飲料。カムカムとは、ペルーのアマゾン川流域原産のフトモモ科に属する植物。そのなかでもビタミンCが多く含まれている品種を使用している。大学のOBが現地でカムカムを栽培・加工し、大学の研究所と共同開発をおこなって商品化した。ビタミンCの含有量は、レモンの数十倍もあるとされる。カムカムの原液にハチミツを加えた飲料で、癖がなく飲みやすい。価格は、1ケース6本入り1000円（税込）、1箱30本入り4800円（税込）。カムカムドリンクコンク1本1500円（税込）。東京農業大学発のベンチャー企業である株式会社メルカード東京農大「農大市場」取り扱い。

◇**硬式野球部グッズ（東都大学野球連盟公認）**　こうしきやきゅうぶぐっず（とうとだいがくやきゅうれんめいこうにん）　［スポーツ］
　東京農業大学硬式野球部は、東都大学野球連盟2部リーグに所属。直近の2009（平成21）年度の秋季リーグ戦は、9勝6敗で第2位。ベースボール・マガジン社（千代田区）から東都大学野球連盟公認の野球部グッズが販売されている。グッズとしては、スウェット4500円、ヴィンテージTシャツ2800円、ベーシックTシャツ2800円、ポロシャツ4800円があるほか、受注生産商品のスクールバッグ5800円、スポーツタオル2400円、スモールエナメルバッグ6600円、レプリカキャップ5200円、レプリカユニフォーム1万4000円などがある（価格はすべて税込）。ベースボールマガジン社オフィシャル通販ショップ「BBM@SHOP」取り扱い。

◇**とちあかね**　［飲料（酒類）］
　短期大学部醸造学科・中田久保教授が開発した花酵母を使い、株式会社白相酒造（那須郡那珂川町）で醸造された日本酒。花酵母は、花から香り豊かな菌株を分離してできたもの。価格は、とちあかね吟醸・純米吟醸（720ml）1800円・（1800ml）3300円、本醸造（720ml）1000円などがある（すべて税込）。株式会社白相酒造取り扱い。なお、花酵母については商標登録済。権利者は、中田久保教授。「とちあかね＼栃紅色」は、2002（平成14）年11月商標登録済（第4621489号）。権利者は、株式会社白相酒造。

◇**農大の黒米**　のうだいのくろまい　［食品］
　大学厚木農場棚沢水田（神奈川県厚木市）で栽培された黒米。黒米にはアントシアニンが豊富。限定商品。価格は、1500円（税込）。東京農業大学発のベンチャー企業である株式会社メルカード東京農大「農大市場」取り扱い。

東京農工大学　［国立］

[所在地]〒183-8538　東京都府中市晴見町3-8-1
[TEL]042-367-5504
[URL]http://www.tuat.ac.jp/
[設置者]国立大学法人東京農工大学
[キャンパス]府中キャンパス（府中市）/小金井キャンパス（小金井市）
[沿革・歴史]1949（昭和24）年、東京農工大学を設置。2004（平成16）年4月、国立大学法人東京農工大学となる。
[マーク類]1956（昭和31）年10月、欅の葉に大学の文字を配した現徽章を公認・制定。ブランドマークは、東京農工大学の英語表記をもとに、TATをシンボル化したもの。農学（Agriculture）と工学（Technology）をグリーンとブルーの横軸で表し、中央に循環の輪を配したデザイン。2007（平成19）年9月、商標登録済（第5076028号）。

◇賞典禄　しょうてんろく　［飲料（酒類）］

農学部附属フィールドサイエンスセンターで収穫された米・麦・芋を原料としたオリジナルブランドの本格焼酎。賞典禄とは、農学部本館手前左側にある大久保利通碑にちなんだ言葉。大久保利通（1830～1878）が明治維新の功労により賞与として賜わった賞典禄（禄2カ年間分）を奨学の資として宛てたというエピソードから、公募によってこの名前が選ばれた。価格は、米・麦・芋セット（米焼酎25度720ml・麦焼酎25度720ml・芋焼酎25度720ml）化粧箱入り5100円、原酒（米）43度720mlで2700円、原酒（麦）43度720mlで2700円（すべて税込）。東京農工大学販売取り扱い。なお、「賞典禄」は、2007（平成19）年10月に商標登録済（第5083193号）。権利者は、国立大学法人東京農工大学。

東邦大学　［私立］

[所在地]〒143-8540　東京都大田区大森西5-21-16
[TEL]03-3762-4151
[URL]http://www.toho-u.ac.jp/
[設置者]学校法人東邦大学
[創立者]（帝国女子医学専門学校）額田晋、額田豊
[キャンパス]大森キャンパス（大田区）/習志野キャンパス（千葉県船橋市）
[沿革・歴史]〈東邦薬科大学〉1925（大正14）年、額田豊・額田晋が帝国女子

医学専門学校を創設。1930(昭和5)年、帝国女子医学薬学専門学校と改称。1947(昭和22)年、東邦女子医学薬学専門学校と改称。1949(昭和24)年、東邦薬科大学を設置。〈東邦理科大学〉1933(昭和8)年、帝国女子高等理学校を設置。1941(昭和16)年、帝国女子理学専門学校を設置。1947(昭和22)年、東邦女子理学専門学校と改称。1950(昭和25)年、東邦大学(のち東邦理科大学)を設置。〈東邦医科大学〉1947(昭和22)年、東邦医科大学を設置。〈統合〉1950(昭和25)年、東邦医科大学・東邦薬科大学・東邦理科大学を学則改正により総称し、東邦大学と改称。

[マーク類]2007(平成19)年4月からコミュニケーションマークを導入。「自然・生命・人間」を象徴する12のアイコンによって構成されている。2008(平成20)年6月、商標登録済(第5137431号)。

◇**TOHOオリジナルグッズ** [大学グッズ]

大学のオリジナルグッズ。商品としては、ウォールマグ1400円、クリアファイル(白)130円・(透明)100円、Gショック2万5000円、ステンレスタンブラー1200円、ストラップチャーム300円、ソーラー電池付き携帯充電器1500円、Tシャツ(青)1400円・(白)1600円、TOHOオリジナルパッケージ(C1000レモンウォーター)130円、トートバッグ800円、ビニールバッグ500円、ふせん(3枚タイプ)200円。(1枚タイプ)150円などがある。丸善東邦大学大森店取り扱い。

東洋大学 [私立]

[所在地]〒112-8606 東京都文京区白山5-28-20
[TEL]03-3945-7224
[URL]http://www.toyo.ac.jp/
[設置者]学校法人東洋大学
[創立者](私立哲学館)井上円了
[キャンパス]白山キャンパス(文京区)/白山第2キャンパス(文京区)/朝霞キャンパス(埼玉県朝霞市)/川越キャンパス(埼玉県川越市)/板倉キャンパス(群馬県邑楽郡板倉町)
[沿革・歴史]1887(明治20)年、井上円了が私立哲学館を創設。1903(明治36)年、私立哲学館大学と改称。1906(明治39)年、私立東洋大学と改称。1928(昭和3)年、東洋大学を設置。
[マーク類]コミュニケーションマークは、未来や理想に向かって伸びやかに飛翔する大学をイメージしたもの。東洋大学のT・Y・Oをモチーフにデザ

イン化されている。

◇**硬式野球部グッズ（東都大学野球連盟公認）**　こうしきやきゅうぶぐっず（とうとだいがくやきゅうれんめいこうにん）　［スポーツ］
東洋大学硬式野球部は、東都大学野球連盟1部リーグに所属。直近の2009（平成21）年度の秋季リーグ戦は、4勝7敗で第5位。ベースボール・マガジン社（千代田区）から東都大学野球連盟公認の野球部グッズが販売されている。グッズとしては、スウェット4500円、ヴィンテージTシャツ2800円、ベーシックTシャツ2800円、ポロシャツ4800円があるほか、受注生産商品のスクールバッグ5800円、スポーツタオル2400円、スモールエナメルバッグ6600円、レプリカキャップ5200円、レプリカユニフォーム1万4000円などがある（価格はすべて税込）。ベースボールマガジン社オフィシャル通販ショップ「BBM@SHOP」取り扱い。

◇**TRiTONとtoriko**　［キャラクター（図書館）］
図書館のキャラクター。もともとTRiTONとは東洋大学図書館の情報検索システムを指す。東洋大学図書館のトリトン紹介ページ（http://www.toyo.ac.jp/library/about/triton_j.html）に拠れば、キャラクターのTRiTON（トリトン）は「ギリシャ神話にある海の大神ポセイドンと海の女神アンフィトリテの子で、東洋大学の「洋」から海に因んだ名称として選」んだといい、「笑顔のイルカのイメージから、人に優しい親切なシステムにしたいとの願いが込められています」とある。青い色のイルカ。toriko（トリコ）はTRiTONの妹で、ピンク色のイルカ。

日本女子大学　［私立］

［所在地］〒112-8681　東京都文京区目白台2-8-1
［TEL］03-3943-3131
［URL］http://www.jwu.ac.jp/grp/
［設置者］学校法人日本女子大学
［創立者］成瀬仁蔵
［キャンパス］目白キャンパス（文京区）/西生田キャンパス（神奈川県川崎市多摩区）
［沿革・歴史］1901（明治34）年4月、日本女子大学校が開校。1947（昭和22）年、日本女子大学附属高等学校が開校。1948（昭和23）年、日本女子大学が発足。

[マーク類]2008(平成20)年、創立者・成瀬仁臓(1858～1919)の生誕150年を迎えるにあたって、校章のデザインを精査。新たに「学園統一シンボルマーク」として制定。桜と楓がモチーフ。2009(平成21)年9月、学校法人日本女子大学を出願人として商標出願(商願2009-66917)。

◇日本女子大学キャンパスグッズ　にほんじょしだいがくきゃんぱすぐっず　[大学グッズ]
　大学のキャンパスグッズ。校章の入った商品が多い。特徴的な商品としては、箱に成瀬記念館が描かれているメリーチョコレートカムパニー製で期間限定商品のキャンパスチョコ(6個入り)525円・(18個入り)1365円や株式会社松崎商店(銀座　松崎煎餅)製の女子大せんべい(5枚袋入り)630円・(10枚箱入り)1260円・(20枚箱入り)2520円、ユーハイム製のキャンパスクッキー1缶1575円などがある。そのほかの商品としては、校章柄クリアファイル100円、風呂敷1200円、革製マウスパッド630円、ミキモト製ブックマーカー1575円などがある(価格はすべて税込)。社団法人日本女子大学教育文化振興桜楓会取り扱い。

日本体育大学　[私立]

[所在地]〒158-8508　東京都世田谷区深沢7-1-1
[TEL]03-5706-0900
[FAX]03-5706-0912
[URL]http://www.nittai.ac.jp/
[設置者]学校法人日本体育会
[創立者](体育会)日高藤吉郎
[キャンパス]東京世田谷キャンパス(世田谷区)/横浜健志台キャンパス(横浜市青葉区)
[沿革・歴史]1891(明治24)年8月、日高藤吉郎が体育会を創立。1892(明治25)年6月、日本体育会と改称。1893(明治26)年3月、日本体育会体操練習所を設立。1900(明治33)年、日本体育会体操学校と改称。1941(昭和16)年、日本体育専門学校を設立。1949(昭和24)年、日本体育大学を設立。
[マーク類]1949(昭和24)年、記章(校章)を制定。1952(昭和27)年に「體大」と改めた。2006(平成18)年9月、商標登録済(第4984370号)。また、1955(昭和30)年にシンボルマークを制定。モチーフは桜。2006(平成18)年9月、商標登録済(第4984371号)。そのほか、2006(平成18)年、ロゴマークを制定。日本体育大学の英語表記の頭文字「N」を用い、人の走る姿が表現さ

れている。2006(平成18)年9月、商標登録済(第4990401号)。

◇ラグビー部キューピーストラップ　らぐびーぶきゅーぴーすとらっぷ
　　[スポーツ]
　　ラグビーボールを持ったキューピー人形のストラップ。日本体育大学ラグビー部は、関東大学対抗戦Aグループに所属。直近の2009(平成21)年度は、2勝5敗で第6位。価格は、500円(税込)。ベースボールマガジン社オフィシャル通販ショップ「BBM@SHOP」取り扱い。

日本大学　[私立]
　　[所在地]〒102-8275　東京都千代田区九段南4-8-24
　　[TEL]03-5275-8110
　　[URL]http://www.nihon-u.ac.jp/
　　[設置者]学校法人日本大学
　　[創立者](日本法律学校)山田顕義
　　[キャンパス]法学部　三崎町キャンパス(千代田区)/法学部　大宮キャンパス(埼玉県さいたま市見沼区)/文理学部(世田谷区)/商学部(世田谷区)/芸術学部　江古田キャンパス(練馬区)/芸術学部　所沢キャンパス(埼玉県所沢市)/国際関係学部(静岡県三島市)/理工学部　駿河台キャンパス(千代田区)/理工学部　船橋キャンパス(千葉県船橋市)/生産工学部　実籾キャンパス(千葉県習志野市)/生産工学部　津田沼キャンパス(千葉県習志野市)/工学部(福島県郡山市)/医学部(板橋区)/歯学部(千代田区)/松戸歯学部(千葉県松戸市)/生物資源科学部(神奈川県藤沢市)/薬学部(千葉県船橋市)
　　[沿革・歴史]1889(明治22)年10月、山田顕義が日本法律学校を設立。1903(明治36)年8月、日本大学と改称。1921(大正10)年4月、東洋歯科医学専門学校を合併。1925(大正14)年3月、日本大学専門学校を設置(現在の近畿大学)。1951(昭和26)年11月、東京獣医畜産大学を吸収合併。1971(昭和46)年2月、日本大学松戸歯科大学を設置。1975(昭和50)年10月、日本大学松戸歯科大学を廃止(現在の松戸歯学部)。
　　[マーク類]2007(平成19)年、ロゴマークを制定。呼称は「Nドット」。日本大学の頭文字「N」を躍動感のある字体で表現。「N」の後ろにある丸印は、建学の精神である「日本精神」「日本の伝統・文化の尊重」をあらわしたもの。2007(平成19)年11月、商標登録済(第5090507号)。

◇**硬式野球部グッズ（東都大学野球連盟公認）**　こうしきやきゅうぶぐっず（とうとだいがくやきゅうれんめいこうにん）　［スポーツ］

日本大学硬式野球部は、東都大学野球連盟2部リーグに所属。直近の2009（平成21）年度の秋季リーグ戦は、8勝6敗で第3位。ベースボール・マガジン社（千代田区）から東都大学野球連盟公認の野球部グッズが販売されている。グッズとしては、スウェット4500円、ヴィンテージTシャツ2800円、ベーシックTシャツ2800円、ポロシャツ4800円があるほか、受注生産商品のスクールバッグ5800円、スポーツタオル2400円、スモールエナメルバッグ6600円、レプリカキャップ5200円、レプリカユニフォーム1万4000円などがある（価格はすべて税込）。ベースボールマガジン社オフィシャル通販ショップ「BBM@SHOP」取り扱い。

◇**日本大学フェニックスグッズ**　にほんだいがくふぇにっくすぐっず　［スポーツ］

日本大学アメリカンフットボール部フェニックスのグッズ。フェニックスは、関東学生アメリカンフットボール連盟1部リーグBブロックに所属。直近の2009（平成21）年秋期成績は、6勝1敗で第2位。フェニックスのグッズとしては、アメフトボールキーホルダー525円、キャップ2100円、携帯ストラップ630円、サンバイザー（赤・白）2100円、Tシャツ2100円、ナイロンジャンパー4200円、2009スウェットトレーナー（グレー・黒）各3465円、2009スウェットパンツ（グレー・黒）各4200円、2009Tシャツ（赤・黒・白）各2415円、2009プルオーバーパーカ（グレー・黒）各3780円、ネックストラップ840円、フリースネックウォーマー1050円、ポロシャツ2100円、ユニフォーム型携帯ストラップクリーナー525円などがある（価格はすべて税込）。有限会社スタジオ貳拾壱（京都府京都市北区）取り扱い。

一橋大学　［国立］

［所在地］〒186-8601　東京都国立市中2-1
［TEL］042-580-8000
［URL］http://www.hit-u.ac.jp/
［設置者］国立大学法人一橋大学
［創立者］（商法講習所）森有礼
［キャンパス］国立キャンパス（国立市）
［沿革・歴史］1875（明治8）年8月、森有礼が商法講習所を私設。1902（明治35）年、東京商業学校と改称。1920（大正9）年、東京商科大学と発展。1949（昭和24）年、一橋大学と改称。2004（平成16）年4月、国立大学法人一橋大

学となる。
[マーク類]校章は、マーキュリーの杖を図案化したものに「Commercial College」の頭文字C・Cが添えられている。2005(平成17)年7月、商標登録済(第4884353号)。

◇一橋大学オリジナルグッズ　ひとつばしだいがくおりじなるぐっず　[大学グッズ]
校章「マーキュリー」の入ったオリジナルグッズ。商品としては、徽章(ねじ・ピン)各262円、キャンパスダイアリー(小)630円・(大)651円、クラッチバッグ(通常各色)525円・(パール)650円、クリアーホルダー84円、携帯ストラップ710円、コインパース682円、色紙189円、制服ボタン882円、タオルハンカチ420円、Tシャツ1260円、Dr.GRIPシャープペン585円、Dr.GRIPボールペン585円、ネクタイピン(シルバー)2835円・(真鍮)1050円、パーカー2940円、一橋大シャープペン84円、一橋大ボールペン84円、ブックカバー380円、プレート付キーホルダー577円、ポストカード105円、マグカップ1050円、名刺ケース1600円などがある(価格はすべて税込)。一橋大学消費生活協同組合取り扱い。

法政大学　[私立]

[所在地]〒102-8160　東京都千代田区富士見2-17-1
[TEL]03-3264-9260
[URL]http://www.hosei.ac.jp/
[設置者]学校法人法政大学
[創立者](東京法学社)伊藤修、金丸鉄、薩埵正邦
[キャンパス]市ケ谷キャンパス(千代田区)/多摩キャンパス(町田市)/小金井キャンパス(小金井市)
[沿革・歴史]1880(明治13)年、金丸鉄・伊藤修・薩埵正邦らが東京法学社を設立。1881(明治14)年、東京法学校と改称。1886(明治19)年、仏学会(日仏協会の前身)が東京仏学校を設立。1889(明治22)年、東京法学校と東京仏学校が合併し、和仏法律学校と改称。1903(明治36)年、法政大学と改称。
[マーク類]1996(平成8)年3月、新しいシンボルマークとロゴタイプの基準を決定。HOSEIの「O」の文字に「太陽」のイメージをオーバーラップさせたもの。2004(平成16)年4月、商標登録済(第4767434号)。

◇法政大学トマホークスグッズ　ほうせいだいがくとまほーくすぐっず
［スポーツ］

法政大学体育会アメリカンフットボール部トマホークスのグッズ。トマホークスは、関東学生アメリカンフットボール連盟1部リーグAブロックに所属。直近の2009（平成21）年秋期成績は、7勝0敗（全勝）で第1位。東日本代表校決定戦では早稲田大学ビッグベアーズを破り、甲子園ボウルに進出。甲子園ボウルでは関西大学カイザーズに38-50で敗れた。トマホークスのグッズとしては、株式会社ドーム（品川区）のブランド「アンダーアーマー」のグッズと有限会社スタジオ貳拾壱（京都府京都市北区）製のグッズがある。アンダーアーマーのグッズとしては、キャップ（紺）3700円、クラッシュボウルTシャツ（紺）3570円、甲子園ボウルTシャツ3570円、Tシャツ（紺）3570・（白）3360円、ポロシャツ（紺・白）各6720円、レプリカジャージ（#29・#77）各8400円がある。法政大学体育会アメリカンフットボール部トマホークス取り扱い。スタジオ貳拾壱製のグッズとしては、アメフトボールキーホルダー630円、ウィンドブレーカー4725円、キャップ（紺・白）各2415円、サンバイザー（紺・白）各1785円、スウェットトレーナー（黒・紺・白）各3150円、スウェットパンツ（紺・杢グレー）各4725円、Tシャツ（黒・紺・白）各2310円、ニットキャップ（オレンジ・紺）各2100円、ネックストラップ1155円、フラット織マフラータオル1575円、フリースネックウォーマー1260円、フリースブランケット2520円、プルオーバーパーカ（黒・紺・白）各3675円、ポロシャツ（黒・紺・白）各2940円、リブクルーネックTシャツ（オレンジ・紺・白）各2100円などがある（価格はすべて税込）。有限会社スタジオ貳拾壱取り扱い。

◇ラグビー部キューピーストラップ　らぐびーぶきゅーぴーすとらっぷ
［スポーツ］

ラグビーボールを持ったキューピー人形のストラップ。法政大学ラグビー部は、1924（大正13）年創部。現在は、関東大学リーグ戦1部に所属。直近の2009（平成21）年度は、5勝2敗で第3位。価格は、500円（税込）。ベースボールマガジン社オフィシャル通販ショップ「BBM@SHOP」取り扱い。

◇ルービックキューブ　東京六大学野球　るーびっくきゅーぶ　とうきょうろくだいがくやきゅう　［スポーツ］

玩具ルービックキューブの東京六大学野球連盟モデル。東京六大学野球連盟には、法政大学・慶應義塾大学・東京大学・明治大学・立教大学・早稲田大学が所属。そのスクールカラーで6面が彩られている。使用前の状態では、9つの枠の中央にロゴマーク、残りの8つにキャップ（帽子）がデザインされている。製造は、株式会社メガハウス（台東区）。価格は、2625円。なお、「ルービックキューブ」は、株式会社メガハウスの登録商標。

武蔵野大学　［私立］

［所在地］〒202-8585　東京都西東京市新町1-1-20
［TEL］042-468-3111
［URL］http://www.musashino-u.ac.jp/
［設置者］学校法人武蔵野女子学院
［創立者］（武蔵野女子学院）高楠順次郎
［沿革・歴史］1965（昭和40）年、武蔵野女子大学を設置。2003（平成15）年、武蔵野大学と改称。
［マーク類］2003（平成15）年4月、校名改称にともなってブランドマークを一新。「目覚め」「つながり」「ひろがり」を表現したもの。有機的につながるネットワークを象徴している。2003（平成15）年12月、商標登録済（第4735720号）。

◇武蔵野大学ブランドマーク入りグッズ　むさしのだいがくぶらんどまーくいりぐっず　［大学グッズ］
2003（平成15）年に新しくつくられたブランドマークの入った大学オリジナルグッズ。商品としては、あぶらとり紙250円、瓦せんべい（18枚入り）1200円・（36枚入り）2000円・（72枚入り）3000円、クッキー（30枚入り）2100円、蛍光マーカー70円、コロンバンクッキーフールセック1980円、シャープペン90円、ブックカバー（フェルト製　ピンク）800円・（牛革製　白）980円、付箋（中幅）137円・（細幅2個）137円・ブランドカラー221円・1セット504円、ふろしき（中幅）1800円・（二幅）3300円、ボールペン1本90円、マグカップ1個630円、メモ帳90円、レターセット300円、レポート用紙140円などがある（価格はすべて税込）。武蔵野大学売店（武蔵野大学アソシエート株式会社）取り扱い。

武蔵野美術大学　［私立］

［所在地］〒187-8505　東京都小平市小川町1-736
［TEL］042-342-6021
［URL］http://www.musabi.ac.jp/
［設置者］学校法人武蔵野美術大学
［沿革・歴史］1929（昭和4）年、帝国美術学校が開校。1947（昭和22）年、造型美術学園と改称。1948（昭和23）年、武蔵野美術学校と改称。1962（昭和

37）年、武蔵野美術大学を設置。

◇**MAU小紋**　えむえーゆーこもん　［日用雑貨］
　MAUグッズ。MAUとは、武蔵野美術大学「Musashino Art University」の頭文字を取った略称。武蔵野美術大学の愛称「MAU」の文字をデザインに用いた綿100％のてぬぐい。色は、紅梅・たんぽぽの2色。価格は、各1000円（税込）。武蔵野美術大学出版局取り扱い。

◇**MAUシール**　［文房具］
　MAUグッズ。商標登録されている「MAU」のロゴや「美」のマーク、2009（平成21）年の80周年をあらわすマークや「ムサビ猫」「ムサビ地蔵」のシールなどが入っている。2種類ある。価格は、各300円（税込）。武蔵野美術大学出版局取り扱い。

◇**MAU縞**　えむえーゆーしま　［日用雑貨］
　MAUグッズ。武蔵野美術大学の愛称「MAU」の文字をデザインに用いた綿100％のてぬぐい。色は、あかね・紺の2色（ただし、紺は調査時点では売切）。さまざまな種類のペンで線を引いているデザイン。価格は、各1000円（税込）。武蔵野美術大学出版局取り扱い。

◇**MAUならび**　［日用雑貨］
　MAUグッズ。武蔵野美術大学の愛称「MAU」の文字をデザインに用いた綿100％のてぬぐい。色は、ときわ緑・みかん茶の2色。大きく「MAU」の文字がデザインされている。価格は、各1000円（税込）。武蔵野美術大学出版局取り扱い。

◇**MAUペン**　［文房具］
　MAUグッズ。再生古紙からできた紙管のペン3本セット。赤・黒のボールペンとシャープペンシルが入っている。ペンを入れる丸筒ケースも紙製。「美」のマークがあしらわれている。価格は、840円（税込）。武蔵野美術大学出版局取り扱い。

◇**クロッキー帳**　くろっきーちょう　［美術］
　MAUグッズ。大学オリジナルのクロッキー帳。上質紙80枚が綴じられている。サイズは2種類ある。小はイエロー・ココア・スカイブルー・チャコールグレーの4色、大はココア・チャコールグレーの2色がある。いずれも表紙右上に「美」マークがあしらわれている。小のイエローとスカイブルーは、限

武蔵野美術大学　　　　　　　　　東京都

定商品。価格は、小が各294円（税込）、大が各346円（税込）。武蔵野美術大学出版局取り扱い。

◇**33X90**　［日用雑貨］
MAUグッズ。「手ぬぐいデザインコンペ2006」入賞作品の手ぬぐい全30種を商品化したもの。このコンペは、株式会社ヤギセイ（大阪府大阪市中央区）と武蔵野美術大学出版局によって開催された。武蔵野美術大学の学生・卒業生など242点の応募から30点の入賞作品が選ばれた。手ぬぐいの基本サイズが33cm×90cmから「33×90」というブランドネームで販売されることとなった。ラインナップは販売元の武蔵野美術大学出版局のウェブページ（http://www.musabi.co.jp/towel2006/index.html）に拠ると下記の通り。グランプリ「男と女」（冨田良麿）・優秀賞「スポーツ」（矢野龍親）・優秀賞「むかしむかし、あるところに」（山内閑子・長谷川薫）・優秀賞「無題」（藤田友）・「壁に耳あり」（石田奈緒子）・「!!!」（大高卓也）・「落ち葉」（河本有香）・「waterdrop」（山下由香理）・「おさかな」（星崎あい）・「UME」（辻井真理子）・「空豆」（舘松佳奈子）・「ははのいちにち」（會澤加奈子）・「てっぺん」（生駒景子）・「くまがいっぱい」（小川明香）・「湯けむり」（川崎高秀）・「回転ずし」（蛭田奈央子）・「ORIGAMI」（蛭田奈央子）・「なわとび」（池田幸穂）・「納豆の手ぬぐい」（小松健太郎）・"手"ぬぐい」（青池茉由子）・「アロワナ」（片岡健太郎）・「KOKUKOKU」（本間永一）・「ネオマメシボリI」（有田翔）・「ネオマメシボリII」（有田翔）・「チョップスティックス」（関千恵美）・「nightview」（杉井祐喜子）・「Ripples」（本多希久子）・「てんてんつばき」（衛藤芙実子）・「木もしくは葉」（佐藤恵夏・佐藤祐行）・「変体仮名手ぬぐい」（川又淳）。価格は、各1050円（税込）。武蔵野美術大学出版局取り扱い。

◇**新装スケッチブック**　しんそうすけっちぶっく　［美術］
MAUグッズ。画用紙40枚の入った上製本。「Musashino Art University」の箔押がある。色は、グレーとレッドの2色。価格は、1680円（税込）。武蔵野美術大学出版局取り扱い。

◇**スケッチブック**　［美術］
MAUグッズ。用紙40枚の入った上製本。「美」マークと「Musashino Art University」の箔押がある。色は、ブラウンとブルーの2色。価格は、1575円（税込）。武蔵野美術大学出版局取り扱い。

◇**b-bag**　［日用雑貨］
MAUグッズ。A4サイズが入るショルダーバッグ。バッグの右下には「美」マークがあしらわれている。本体の色は、グレーとブルーの2色。価格は、1890

円(税込)。武蔵野美術大学出版局取り扱い。

◇b-bag lesson　[日用雑貨]
　MAUグッズ。A4サイズが入るショルダーバッグ。バッグの右下には「美」マークがあしらわれている。色は黒。価格は、1890円(税込)。武蔵野美術大学出版局取り扱い。

◇ふわふわクロッキー帳　ふわふわくろっきーちょう　[美術]
　MAUグッズ。大学80周年記念限定のクロッキー帳。限定品。ふわふわの上質紙60枚が綴じられている。表紙は、やまぶき色で、大きく武蔵野美術大学をあらわす「MAU」と「80」がデザインされている。価格は、346円(税込)。武蔵野美術大学出版局取り扱い。

◇ホワイトブック　[美術]
　MAUグッズ。三嶋典東教授の作品を表紙に用いたホワイトブック。フラワーイエロー・フラワーピンクの2タイプの表紙がある。サイズは四六判、並製160ページ。価格は、各630円(税込)。武蔵野美術大学出版局取り扱い。

◇ムサビ・オリジナルクリアホルダー　[文房具]
　MAUグッズ。クリアホルダーは、5枚1組のセット商品。透明のものに、赤・青・黄・白・緑の5色それぞれの門が描かれている。価格は、500円。武蔵野美術大学出版局取り扱い。

∞∞

明治学院大学　[私立]

　[所在地]〒108-8636　東京都港区白金台1-2-37
　[TEL]03-5421-5111
　[URL]http://www.meijigakuin.ac.jp/
　[設置者]学校法人明治学院
　[創立者](ヘボン塾)J.C.ヘボン夫妻
　[キャンパス]白金キャンパス(港区)/横浜キャンパス(神奈川県横浜市戸塚区)
　[沿革・歴史]1863(文久3)年、J.C.ヘボン夫妻がヘボン塾を開設。1877(明治10)年9月、アメリカ長老教会、アメリカ・オランダ改革教会、スコットランド一致長老教会が東京一致神学校を設立。1886(明治19)年6月、東京一致神学校・東京一致英和学校・英和予備校を統合し、明治学院と改称。1949(昭和24)年4月、明治学院大学を設置。

明治学院大学　　　　　　　　　東京都

[マーク類]2004（平成16）年10月にスタートしたブランディングプロジェクトにより、「MG」のロゴマークが制定された。アートディレクター・佐藤可士和氏。ロゴマークは、学校法人明治学院を権利者として商標登録済。

◇絵皿　えざら　[食器]
明治学院大学公認ボランティアファンド支援グッズの皿。明治学院大学公認ボランティアファンド支援グッズとは、明治学院の前身であるヘボン塾を開いたヘボンの教育理念"Do for Others"に基づき、明治学院と社会とを繋ぐためにつくられたもの。支援グッズの本体価格の10％にあたる金額が、明治学院大学ボランティアセンター管理・運営の「明治学院大学ボランティアファンド」に積み立てられる。2005（平成17）年10月から2009（平成21）年9月までの積立金は330万を超えた。全てのグッズがアートディレクター・佐藤可士和氏によって監修されている。絵皿は、小と大の2種類がある。価格は、小3950円、大1万1400円（ともに税込）。株式会社明治学院サービス取り扱い。

◇MG Water 24本入りボックス　えむじーうぉーたーにじゅうよんほんいりぼっくす　[飲料]
明治学院大学公認ボランティアファンド支援グッズの飲料。2013（平成25）年には創立150周年を迎えることから、味のリニューアルをおこなった際にパッケージにも150周年ロゴマークも入れるなど新しく改良されている。価格は、24本入りボックス2400円。株式会社明治学院サービス取り扱い。

◇MG Café皿　えむじーかふぇさら　[食器]
明治学院大学公認ボランティアファンド支援グッズの皿。MG Caféとは、2006（平成18）年に横浜キャンパスのC館1階にオープンしたカフェスタイルのラウンジ。皿の大きさは2種類ある。価格は、小1400円（税込）・大1600円（税込）。株式会社明治学院サービス取り扱い。

◇MG Caféスプーン　[食器]
明治学院大学公認ボランティアファンド支援グッズのスプーン。MG Caféとは、2006（平成18）年に横浜キャンパスのC館1階にオープンしたカフェスタイルのラウンジ。価格は、620円（税込）。株式会社明治学院サービス取り扱い。

◇MG Caféタンブラー　[食器]
明治学院大学公認ボランティアファンド支援グッズのタンブラー。MG Caféとは、2006（平成18）年に横浜キャンパスのC館1階にオープンしたカフェスタイルのラウンジ。色は、イエロー・ブラックの2種類がある。価格は、1350

円（税込）。株式会社明治学院サービス取り扱い。

◇**MG Caféトレイ**　［食器］
　明治学院大学公認ボランティアファンド支援グッズのトレイ。MG Caféとは、2006（平成18）年に横浜キャンパスのC館1階にオープンしたカフェスタイルのラウンジ。価格は、4250円（税込）。株式会社明治学院サービス取り扱い。

◇**MG Caféフォーク**　［食器］
　明治学院大学公認ボランティアファンド支援グッズのフォーク。MG Caféとは、2006（平成18）年に横浜キャンパスのC館1階にオープンしたカフェスタイルのラウンジ。価格は、620円（税込）。株式会社明治学院サービス取り扱い。

◇**MGワイン**　［飲料（酒類）］
　明治学院大学ボランティアファンド支援グッズ。明治学院と長野県小諸市に深い縁のある文豪・島崎藤村（1872～1943）。この藤村の縁から、大学と小諸市は協働連携を進めていくことで合意し、2006（平成18）年8月22日の第64回の藤村忌に合わせて、協働連携に関する基本協定を締結。その際に、記念ワインの製造企画が持ちあがり、マンズワイン小諸ワイナリー（長野県小諸市）が、醸造からびん詰めまでのすべてを協力して赤・白2種類のMGワインが誕生した。ワイン用葡萄には、小諸市を中心にした長野県産の葡萄を使用している。MGワイン（赤）長野県産浅間メルロー種使用。メルロー種特有のスパイシーな香り・味・深い色合いが樽による熟成で見事に調和され、ワインに深みを与えている。MGワイン（白）長野県産シャルドネ種使用。シャルドネ種の持つ果皮の旨味を十分に引き出した辛口ワイン。フルーティーな香りとほどよい酸味を持つ深い味わいになっている。容量は、各750ml。価格は、各2800円（税込）。マンズワイン株式会社小諸ワイナリー取り扱い。

◇**かをりサブレ**　［菓子］
　明治学院大学公認ボランティアファンド支援グッズの洋菓子。価格は、1袋5枚入り630円、1缶7枚入り1200円、1箱9枚入り1370円、1箱18枚入り2940円（すべて税込）。株式会社明治学院サービス取り扱い。

◇**缶バッチ**　かんばっち　［日用雑貨］
　明治学院大学公認ボランティアファンド支援グッズの缶バッチ。色は、イエロー・シルバー・ブラック・ホワイトの4種類。価格は、各180円（税込）。株式会社明治学院サービス取り扱い。

明治学院大学　　　　　　　東京都

◇**クリアフォルダー**　［文房具］
　明治学院大学公認ボランティアファンド支援グッズのクリアフォルダー。サイズはA4。価格は、1枚70円（税込）。株式会社明治学院サービス取り扱い。

◇**消しゴム**　けしごむ　［文房具］
　明治学院大学公認ボランティアファンド支援グッズの消しゴム。6種類のデザインがある。価格は、各70円（税込）。株式会社明治学院サービス取り扱い。

◇**小箱**　こばこ　［日用雑貨］
　明治学院大学公認ボランティアファンド支援グッズの小箱。外側の色は、ブラック。価格は、3950円（税込）。株式会社明治学院サービス取り扱い。

◇**サンキューカード**　［文房具］
　明治学院大学公認ボランティアファンド支援グッズのサンキューカード。色は、ホワイト。価格は、190円（税込）。株式会社明治学院サービス取り扱い。

◇**シール**　［文房具］
　明治学院大学公認ボランティアファンド支援グッズのシール。1シートのなかに大1枚・中15枚・小15枚のシルバーのシールが入っている。価格は、200円（税込）。株式会社明治学院サービス取り扱い。

◇**シャープペン（1）**　［文房具］
　明治学院大学公認ボランティアファンド支援グッズのシャープペンシル。株式会社パイロットコーポレーション（中央区）の「Dr.Grip」。色は、ホワイト。価格は、530円（税込）。株式会社明治学院サービス取り扱い。

◇**シャープペン（2）**　［文房具］
　明治学院大学公認ボランティアファンド支援グッズのシャープペンシル。中が透けて見えるクリアボディー。色は、オレンジ・グリーン・パープル・ピンク・ブラック・ブルーの6種類がある。価格は、各90円（税込）。株式会社明治学院サービス取り扱い。

◇**写真立て**　しゃしんたて　［日用雑貨］
　明治学院大学公認ボランティアファンド支援グッズの写真立て。開くと右側に縦長の四角形枠、左側に縦長の楕円形枠がある。外側の色は、ブラック。価格は、3950円（税込）。株式会社明治学院サービス取り扱い。

◇スカーフ　［服装］
　明治学院大学公認ボランティアファンド支援グッズのスカーフ。色は、ブラックとホワイトの2色。シルク100％の商品。価格は、ブラック3900円（税込）・ホワイト2500円（税込）。株式会社明治学院サービス取り扱い。

◇スプーンセット　［食器］
　明治学院大学公認ボランティアファンド支援グッズのスプーンセット。価格は、1ケース5本入り3800円（税込）。株式会社明治学院サービス取り扱い。

◇スポーツタオル　［スポーツ］
　明治学院大学公認ボランティアファンド支援グッズのスポーツタオル。生地の色はイエロー、文字色がブラック。価格は、680円（税込）。株式会社明治学院サービス取り扱い。

◇スリムB5ノート　［文房具］
　明治学院大学公認ボランティアファンド支援グッズのノート。B5サイズのリングノート。色は、イエロー・オレンジ・グリーン・ダークブルー・ピンク・ライトブルーの6色がある。価格は、各180円（税込）。株式会社明治学院サービス取り扱い。

◇チャーム　［日用雑貨］
　明治学院大学公認ボランティアファンド支援グッズのチャーム。色は、イエロー・ブラックの2色。価格は、各380円（税込）。株式会社明治学院サービス取り扱い。

◇Tシャツ　［服装］
　明治学院大学公認ボランティアファンド支援グッズのTシャツ。胸にヘボンの言葉「Do For Others What You Want Them To Do For You.」のあるタイプは、イエロー・ブラック・ホワイトの3色がある。胸に「MEIJI GAKUIN UNIVERSITY」の文字があるタイプはグレートホワイトの2色。価格は、各1500円（税込）。株式会社明治学院サービス取り扱い。

◇電子辞書ポーチ　でんしじしょぽーち　［日用雑貨］
　明治学院大学公認ボランティアファンド支援グッズの電子辞書ポーチ。色は、ブラック。価格は、480円（税込）。株式会社明治学院サービス取り扱い。

◇トートバッグ　［日用雑貨］
　明治学院大学公認ボランティアファンド支援グッズのトートバッグ。色は、ブ

明治学院大学　　　　　　　　東京都

ラック。価格は、700円（税込）。株式会社明治学院サービス取り扱い。

◇ネクタイ　［服装］
明治学院大学公認ボランティアファンド支援グッズのネクタイ。4種類のタイプがあり、いずれもイエロー・ブラック・ホワイトを組み合わせたストライプ柄のネクタイで、シルク100％。価格は、各4300円（税込）。株式会社明治学院サービス取り扱い。

◇パーカー　［服装］
明治学院大学公認ボランティアファンド支援グッズのパーカー。胸に「MEIJI GAKUIN UNIVERSITY」の文字が入っている。色はグレー。価格は、3600円（税込）。株式会社明治学院サービス取り扱い。

◇B5バインダー　［文房具］
明治学院大学公認ボランティアファンド支援グッズのバインダー。B5サイズで、イエロー・クリア・ヴァイオレットの3色がある。価格は、各450円（税込）。株式会社明治学院サービス取り扱い。

◇ビニールバッグ　［日用雑貨］
明治学院大学公認ボランティアファンド支援グッズのビニールバッグ。色は以下の9色がある。イエロー・シルバー・ダークグリーン・ダークブラウン・ピンク・ブラック・ホワイト・レッド・ワインレッド。価格は、シルバーのみ600円（税込）、シルバー以外の色は各550円（税込）。株式会社明治学院サービス取り扱い。

◇ボールペン（1）　［文房具］
明治学院大学公認ボランティアファンド支援グッズのボールペン。色は、ブラック・ブルー・レッドの3色。価格は、各90円（税込）。株式会社明治学院サービス取り扱い。

◇ボールペン（2）　［文房具］
明治学院大学公認ボランティアファンド支援グッズのボールペン。中が透けて見えるクリアボディー。色は、オレンジ・グリーン・パープル・ピンク・ブラック・ブルーの6色がある。価格は、各90円（税込）。株式会社明治学院サービス取り扱い。

◇ポストカード　［記念品］
明治学院大学公認ボランティアファンド支援グッズのポストカード。写真家・

瀧本幹也撮影の写真が用いられている。ポストカードAは1枚50円、10枚セットで500円。ポストカードBは1枚50円、8枚セットで400円(価格はすべて税込)。株式会社明治学院サービス取り扱い。

◇マーカーペン　［文房具］
明治学院大学公認ボランティアファンド支援グッズのマーカーペン。色は、イエロー・オレンジ・グリーン・ブルー・レッドの5色がある。価格は、各80円(税込)。株式会社明治学院サービス取り扱い。

◇マグカップ　［食器］
明治学院大学公認ボランティアファンド支援グッズのマグカップ。色はブラックとホワイトの2種類。価格は、各600円(税込)。株式会社明治学院サービス取り扱い。

◇ミニタオル　［日用雑貨］
明治学院大学公認ボランティアファンド支援グッズのミニタオル。縁取りの色が、イエロー・ブラックの2色ある。価格は、各380円(税込)。株式会社明治学院サービス取り扱い。

◇名刺ケース　めいしけーす　［皮革製品］
明治学院大学公認ボランティアファンド支援グッズのアルミの名刺ケース。価格は、550円(税込)。株式会社明治学院サービス取り扱い。

◇名刺フォルダー　めいしふぉるだー　［日用雑貨］
明治学院大学公認ボランティアファンド支援グッズの名刺フォルダー。外側の色は、ブラック。価格は、320円(税込)。株式会社明治学院サービス取り扱い。

◇レポートパッド　［文房具］
明治学院大学公認ボランティアファンド支援グッズのレポートパッド。サイズはA4とA6の2種類がある。価格は、A4が240円(税込)、A6が160円(税込)。株式会社明治学院サービス取り扱い。

明治大学　［私立］

［所在地］〒101-8301　東京都千代田区神田駿河台1-1
［TEL］03-3296-4545

明治大学　　　　　　　　　東京都

　　［URL］http://www.meiji.ac.jp/
　　［設置者］学校法人明治大学
　　［創立者］（明治法律学校）岸本辰雄、宮城浩蔵、矢代操
　　［キャンパス］駿河台キャンパス（千代田区）/和泉キャンパス（杉並区）/生田キャンパス（神奈川県川崎市多摩区）
　　［沿革・歴史］1881（明治14）年1月、岸本辰雄・宮城浩蔵・矢代操が明治法律学校を開校。1903（明治36）年8月、明治大学と改称。
　　［マーク類］2001（平成13）年の創立120周年に向け、大学マークを公募し作成された。明治大学の「M」がモチーフ。2002（平成14）年8月、商標登録済（第4599337号）。

◇宇崎竜童・阿木燿子ホームカミングデー出演記念限定Tシャツ　うざきりゅうどう・あきようこほーむかみんぐでーしゅつえんきねんげんていてぃーしゃつ　［服装］
明治大学オフィシャルグッズのTシャツ。明治大学がお茶の水JAZZ祭実行委員会とともに共催している「お茶の水JAZZ祭」に卒業生の宇崎竜童・阿木燿子の両氏が出演したことを記念してつくられた。色は、白と紫の2色。表面には大学マーク、背面には宇崎氏のデザインをもとにした2人の氏名がプリントされている。限定品。価格は、各3000円（税込）。株式会社明大サポート取り扱い。

◇おゝ明治　おおめいじ　［飲料（酒類）］
明治大学オフィシャルグッズの日本酒。酒米・山田錦を用いた阿波焼酎。ラインナップとしては、「純米酒グリーン」「純米酒ブラウン」「大吟醸プレミアム」の3種類がある。瓶の上部に校章が入っている。ラベルは、長堀守弘理事長の直筆からつくられた。価格は、各720ml入りで純米酒グリーンが1本1800円、純米酒ブラウンが、1本1800円、大吟醸プレミアムが1本4000円（すべて税込）。明大グッズカスタマーセンター取り扱い。

◇お茶の水JAZZ祭×明大グッズキャンパストートバッグ　おちゃのみずじゃずまつりめいだいぐっずきゃんぱすとーとばっぐ　［日用雑貨］
明治大学オフィシャルグッズのトートバッグ。明治大学がお茶の水JAZZ祭実行委員会とともに共催している「お茶の水JAZZ祭」の開催を記念してつくられた。2009（平成21）年10月10日、11日の開催記念商品で、大学マークとともに「4ビートって粋ですね!!」の文字がある。色は、黒と紫紺の2色。オリジナルステッカー入りの限定品。価格は、各1000円（税込）。株式会社明大サポート取り扱い。

◇**競争部グッズ**　きょうそうぶぐっず　［スポーツ］

　競争部に関する明治大学オフィシャルグッズ。明治大学体育会競争部は、1907（明治40）年創部。箱根駅伝の常連チームである。直近の第86回東京箱根間往復大学駅伝競走では、総合10位（往路6位・復路14位）。競争部のグッズとしては、携帯ストラップ700円、明大のぼり（ポール付）1800円、はこね小旗500円などがある（価格はすべて税込）。株式会社明大サポート取り扱い。

◇**硬式野球部グッズ**　こうしきやきゅうぶぐっず　［スポーツ］

　硬式野球部に関する明治大学オフィシャルグッズ。明治大学体育会硬式野球部は1910（明治43）年誕生。東京六大学野球連盟に所属。直近の2009（平成21）年度秋季リーグ戦では、8勝5敗で優勝した。野球部のグッズとしては、応援旗600円、キューピーストラップ500円、バット型ストラップ（Meiji・明治大学）各700円、ベースボールキャップ（Meiji・Mロゴ）各2400円、ユニフォームストラップ980円、レプリカユニフォーム7000円などがある（価格はすべて税込）。そのほか、2009（平成21）年の秋季リーグ優勝を記念した商品もある。株式会社明大サポート取り扱い。

◇**ゴルフボール**　［スポーツ］

　明治大学オフィシャルグッズのゴルフボール。ボールは、ダンロップのSRIXON。「Meiji」のロゴが入っている。価格は、3個入り2500円。株式会社明大サポート取り扱い。

◇**サッカー部グッズ**　さっかーぶぐっず　［スポーツ］

　サッカー部に関する明治大学オフィシャルグッズ。明治大学体育会サッカー部は1921（大正10）年創部。関東大学サッカー連盟1部に所属。直近の2009（平成21）年の成績は、12勝8敗2分の第3位。サッカー部のグッズとしては、携帯ストラップ700円、マフラータオル1200円などがある（価格はすべて税込）。株式会社明大サポート取り扱い。

◇**白雲なびく**　しらくもなびく　［飲料（酒類）］

　明治大学オフィシャルグッズの麦焼酎。長崎壱岐の焼酎。ラインナップとしては、「22クリア」「27グリーン」「40ブラック」の3種類がある。数字はアルコール度数。瓶の上部に校章、ラベルに大学マークが入っている。価格は、各720ml入りで22クリアが1本1500円、27グリーンが1本2000円、40ブラックが1本3500円（すべて税込）。明大グッズカスタマーセンター取り扱い。なお、「白雲なびく」は、明治大学校歌の出だしのフレーズ。

明治大学　　　　　　　　　東京都

◇ハローキティグッズ　［キャラクターグッズ］
　大学オリジナルのハローキティグッズ。商品としては、大学マークの旗を持っているキーチェーンマスコット980円やぬいぐるみ1500円、そのほかクリアファイル180円などがある（価格はすべて税込）。株式会社明大サポート取り扱い。

◇ボールマーカー　［スポーツ］
　明治大学オフィシャルグッズのゴルフボールマーカー。価格は、2500円（税込）。株式会社明大サポート取り扱い。

◇めいじろう　［キャラクター（大学）］
　明治大学広報部のイメージキャラクター。明治大学のキャラクター紹介ページ（http://www.meiji.ac.jp/koho/topics_news/topics070401_character.html）に拠れば、名前は「めいじだいがくの「めいじ」＋ふくろうの「ろう」を合わせ」たことによる。スクールカラーである紫紺の羽を持っている。なお、「めいじろう」は2008（平成20）年1月に商標登録済（第5104001号）。

◇明大ワッフル　めいだいわっふる　［菓子］
　明治大学オフィシャルグッズのワッフル。味は、ココアとプレーンの2種類。全て手焼きされている。価格は、ココア5個入り600円、プレーン5個入り600円、10個入り（ココア・プレーン各5個）1200円（すべて税込）。明大グッズカスタマーセンター取り扱い。なお、明大マートでは1個125円（税込）で販売されている。

◇ラグビー部グッズ　らぐびーぶぐっず　［スポーツ］
　ラグビー部に関する明治大学オフィシャルグッズ。明治大学体育会ラグビー部は、1923（大正12）年創部。現在は、関東大学対抗戦Aグループに所属。直近の2009（平成21）年度は、吉田義人新監督のもとリーグ戦3勝4敗で第5位。同年度の大学選手権では準決勝に進出。ラグビー部は、長年監督を務めた故・北島忠治（1901～1996）氏の掲げたチームスローガン「前へ」で有名。90年代には黄金期を築いた。また、例年、12月の第1日曜日に開催される早稲田大学との明早戦（早明戦）では、国立競技場に多数の観客をあつめている。ラグビー部のマークはペガサスで、グッズにもペガサスの入ったものが多い。ラグビー部のグッズとしては、キャップ2000円、キューピーストラップ500円、携帯ストラップ700円、サーモマグ1400円、Tシャツ1800円、フラッグ（ペガサス・前へ）各500円、ポロシャツ4000円、マグカップ600円、マフラータオル1000円、RUGBY KITTYビーズストラップ880円、レプリカジャージ1万2000円などがある（価格はすべて税込）。株式会社明大サポート取り扱い。な

お、「ハローキティ」は、株式会社サンリオ（東京都品川区）の登録商標。

◇ラグビージャージ型ベビーウェア　らぐびーぶじゃーじがたべびーうぇあ　［スポーツ］
ラグビージャージ型のベビーウェア。雑誌「ラグビーマガジン」の出版元であるベースボール・マガジン社が開発した商品。明治大学ラグビー部のジャージは、紫紺の横縞。左胸部にはペガサスのマークも入っている。サイズは、70cm・80cm・90cmの3種類。価格は、1万4980円（税込）。ベースボールマガジン社オフィシャル通販ショップ「BBM@SHOP」取り扱い。

◇ルービックキューブ　東京六大学野球　るーびっくきゅーぶ　とうきょうろくだいがくやきゅう　［スポーツ］
玩具ルービックキューブの東京六大学野球連盟モデル。東京六大学野球連盟には、明治大学・慶應義塾大学・東京大学・法政大学・立教大学・早稲田大学が所属。そのスクールカラーで6面が彩られている。使用前の状態では、9つの枠の中央にロゴマーク、残りの8つにキャップ（帽子）がデザインされている。製造は、株式会社メガハウス（台東区）。価格は、2625円。なお、「ルービックキューブ」は、株式会社メガハウスの登録商標。株式会社明大サポート取り扱い。

◇明治大学オフィシャルグッズ（衣料品）　めいじだいがくおふぃしゃるぐっず（いりょうひん）　［服装］
明治大学オフィシャルグッズの衣料品。それぞれ校章やMeijiのロゴ、大学マークなど明治大学を示す刺繍やプリントが入っている。商品としては、ウィンドブレーカー3500円、カレッジTシャツ1800円、カレッジトレーナー3600円、キッズTシャツ1800円、スウェットパンツ3200円、Tシャツ1500円、トレーナー2900円、ナイキTシャツ3500円、ナイキトレーナー5500円、ナイキポロシャツ5400円、ニットキャップ980円、マフラーボーダー1800円、明治Tシャツ1800円、明大ハッピ1万2000円、メッシュキャップ1000円などがある（価格はすべて税込）。そのほか、ネクタイの種類も豊富。株式会社明大サポート取り扱い。

◇明治大学オフィシャルグッズ（革製品）　めいじだいがくおふぃしゃるぐっず（かわせいせいひん）　［皮革製品］
明治大学オフィシャルグッズの革製品。それぞれ校章やMeijiのロゴ、大学マークなど明治大学を示す刻印や箔押しが入っている。商品としては、牛革小銭入3000円、牛革束入5400円、牛革札入5000円、牛革名刺入4500円、小銭入800円、コードバンキーホルダー3500円、コードバン携帯ストラップ3000円、コードバン縦型パスケース9000円、コードバン札入1万8000円、コード

バン名刺入1万円、定期入900円と1600円の2種、二つ折り財布2400円、ブーツ型メガネスタンド2000円、ペンケース1500円、ペンスタンド3500円、名刺入（校章）1800円、メモパッド7500円などがある（価格はすべて税込）。株式会社明大サポート取り扱い。

◇**明治大学オフィシャルグッズ（雑貨）** めいじだいがくおふぃしゃるぐっず（ざっか） ［日用雑貨］
明治大学オフィシャルグッズの雑貨。それぞれ校章やMeijiのロゴ、大学マークなど明治大学を示すものが入っている。商品としては、アートキャリーバッグ500円、ウォールマグ1600円、エンブレム（マグネット）8000円、応援スティック400円、オリジナルキーホルダー1400円、学帽6200円、紙メガホン200円、校章タオル250円、校章手ぬぐい200円、コットンバッグ380円、サーモマグ1400円、ZIPPOライター3800円、ストラップ400円、スポーツタオル1000円、タオルセット1000円、タオルハンカチ350円、卓上校旗1万3200円、チアリーダーキューピー500円、ナイロンケース600円、ネックストラップ800円、ハンカチセット1000円、必勝はちまき270円、風呂敷（校章 ちりめん）3500円、風呂敷（校章 綿大判）2000円、風呂敷リバーシブルデュエット1500円、ペナント1000円、マグカップ600円、湯飲み（校歌入り）600円などがある（価格はすべて税込）。株式会社明大サポート取り扱い。

◇**明治大学オフィシャルグッズ（文房具）** めいじだいがくおふぃしゃるぐっず（ぶんぼうぐ） ［文房具］
明治大学オフィシャルグッズの文房具。それぞれ校章やMeijiのロゴ、大学マークなど明治大学を示すものが入っている。商品としては、アポジーブラックボールペン（クロス製）1万円、オリジナルクリップ（3個入り）300円、カラーホルダー126円、クラシックセンチュリークロームボールペン（クロス製）5000円、クリップオンマルチ（ゼブラ製）500円、光学式マウスパッド1200円、シャープペンシル100円、ステッドラー・アバンギャルド3300円、ステッドラー・アバンギャルド・ライト2400円、プレイング2WAYケース950円、ボールペン100円、明大クリアホルダー・ボーダー&記念館各5枚セット1200円、明大ボールペン（NBP-10GRシルバー）1200円などがある（価格はすべて税込）。株式会社明大サポート取り扱い。

明星大学 ［私立］
［所在地］〒191-8506 東京都日野市程久保2-1-1
［TEL］042-591-5111

［URL］http://www.meisei-u.ac.jp/
［設置者］学校法人明星学苑
［創立者］(明星学苑)児玉九十
［キャンパス］日野校(日野市)/青梅校(青梅市)
［沿革・歴史］1964(昭和39)年、明星大学を創設。

◇パズル　［日用雑貨］
　ホームセンターヤサカ(福生市)との産学共同プロジェクトにより誕生した、学生デザインのオリジナルチェアー。造形芸術学部プロダクトデザインコース専攻の学生が提出したデザイン案の中から優秀作品を4点に絞り込み試作、ヤサカ店頭で来客者による投票を実施。パズルが最優秀作品に選ばれ商品化された。素材には地元多摩のヒノキ間伐材を使用し、地産地消にも貢献したエコ商品。自然の優しい風合いを活かした木のぬくもりを感じる椅子である。一脚一脚手作りのため、1日3脚の制作に限られている。株式会社ヤサカ取り扱い。

立教大学　［私立］

［所在地］〒171-8501　東京都豊島区西池袋3-34-1
［TEL］03-3985-2202
［URL］http://www.rikkyo.ac.jp/
［設置者］学校法人立教学院
［創立者］チャニング・ムーア・ウィリアムズ
［沿革・歴史］1874(明治7)年、ウィリアムズ主教が私塾を開校。1890(明治23)年、立教学校と改称。1907(明治40)年、立教大学として発足。
［マーク類］2009(平成21)年、立教学院の創立135周年を機に、立教学院各校のシンボルデザインを精緻化し統合した。かつて定められた楯に十字架と聖書がデザインされている。楯の周りに「RIKKYO」を冠した各校名を記載。創立年度の1874をローマ数字の「MDCCCLXXIV」として統一表示。

◇セントポール　［菓子］
　立教大学のキャンパスをイメージしたシフォンケーキ。経済学部・廣江彰教授ゼミナールの2008(平成20)年のプロジェクト。西池袋のシフォンケーキ専門店ラ・ファミーユ(豊島区)と共同でセントポールを開発した。生地にはフ

立正大学　　　　　　　　　　東京都

ランボワーズを用いて校舎の煉瓦色を表現、ピスタチオとフランボワーズの実でツタが表現されている。2008（平成20）年9月からラ・ファミーユでの店頭販売が開始された。発売時の価格は、1切320円、1ホール（7号）3800円。

◇ラグビー部キューピーストラップ　らぐびーぶきゅーぴーすとらっぷ
［スポーツ］
ラグビーボールを持ったキューピー人形のストラップ。立教大学体育会ラグビー部は、1923（大正12）年創部。現在は、関東大学対抗戦Aグループに所属。直近の2009（平成21）年度は、0勝7敗で第8位。入れ替え戦ではBグループ1位の青山学院大学と対戦し、24-7で勝利。Aグループへの残留を決めた。価格は、500円（税込）。ベースボールマガジン社オフィシャル通販ショップ「BBM@SHOP」取り扱い。

◇立教大学ラッシャーズグッズ　りっきょうだいがくらっしゃーずぐっず
［スポーツ］
立教大学体育会アメリカンフットボール部ラッシャーズのグッズ。ラッシャーズは、関東学生アメリカンフットボール連盟1部リーグBブロックに所属。直近の2009（平成21）年秋期成績は、3勝4敗で第5位。ラッシャーズのグッズとしては、キーホルダー500円、キャップ　クリップファイル1800円、シューズケース2000円、タオル2000円、チアスティック300円、Tシャツ（白）1800円、テディベア1200円、トレーナー（グレー・紺）4500円、75周年記念Tシャツ2500円、ビーチサンダル1200円、フラッグ1200円、ペットボトルケース800円、ポロシャツ（紺・白）2500円などがある。立教大学体育会アメリカンフットボール部ラッシャーズ取り扱い。

◇ルービックキューブ　東京六大学野球　るーびっくきゅーぶ　とうきょうろくだいがくやきゅう　［スポーツ］
玩具ルービックキューブの東京六大学野球連盟モデル。東京六大学野球連盟には、立教大学・慶應義塾大学・東京大学・法政大学・明治大学・早稲田大学が所属。そのスクールカラーで6面が彩られている。使用前の状態では、9つの枠の中央にロゴマーク、残りの8つにキャップ（帽子）がデザインされている。製造は、株式会社メガハウス（台東区）。価格は、2625円。なお、「ルービックキューブ」は、株式会社メガハウスの登録商標。

立正大学　［私立］
［所在地］〒141-8602　東京都品川区大崎4-2-16

東京都　　　　　　　　　　　　　　　　立正大学

[TEL]03-3492-2681
[URL]http://www.ris.ac.jp/
[設置者]学校法人立正大学学園
[キャンパス]大崎キャンパス（品川区）/熊谷キャンパス（埼玉県熊谷市）
[沿革・歴史]1580（天正8）年、飯高檀林を創立。1872（明治5）年、日蓮宗宗教院を設立。1904（明治37）年、日蓮宗大学林を設置。1907（明治40）年、日蓮宗大学と改称。1924（大正13）年、立正大学を設立。

◇硬式野球部グッズ（東都大学野球連盟公認）　こうしきやきゅうぶぐっず（とうとだいがくやきゅうれんめいこうにん）　［スポーツ］
　立正大学硬式野球部は、1949（昭和24）年に同好会として発足。現在は、東都大学野球連盟1部リーグに所属。直近の2009（平成21）年度の秋季リーグ戦は、9勝4敗の第1位、リーグ初優勝を果たした。その後の第40回記念明治神宮野球大会でも初優勝。大学日本一を手にした。ベースボール・マガジン社（千代田区）から東都大学野球連盟公認の野球部グッズが販売されている。グッズとしては、スウェット4500円、ヴィンテージTシャツ2800円、ベーシックTシャツ2800円、ポロシャツ4800円があるほか、受注生産商品のスクールバッグ5800円、スポーツタオル2400円、スモールエナメルバッグ6600円、レプリカキャップ5200円、レプリカユニフォーム1万4000円などがある（価格はすべて税込）。ベースボールマガジン社オフィシャル通販ショップ「BBM@SHOP」取り扱い。

◇橘グッズ　たちばなぐっず　［服装］
　立正大学のシンボルである橘をあしらったネクタイ。立正大学は、日蓮の思想に基づく仏教系の大学。その日蓮が好んだとされる橘がデザインされている。価格は、各色2000円。大学構内売店の中村屋取り扱い。

◇パウンドケーキ　［菓子］
　立正大学オリジナルパッケージのパウンドケーキ。社会福祉法人福栄会しいのき学園（品川区）でつくられている。紅茶・プレーン・レーズンの味がある。

◇立正大学オリジナルハローキティストラップ　りっしょうだいがくおりじなるはろーきてぃすとらっぷ　［キャラクターグッズ］
　大学オリジナルのハローキティストラップ。立正大学はRISという略称で呼ばれることからリスのデザインとなっている。価格は、600円。大学構内売店の中村屋取り扱い。なお、「ハローキティ」は、株式会社サンリオ（東京都品川区）の登録商標。

◇**RISグッズ**　［大学グッズ］

　立正大学（RISSHO UNIVERSITY）のキャンパスグッズ。立正大学の略称・RISにちなんでリスの柄が入っている。商品としては、RISクラッチバッグ500円、RISクリアホルダー100円、RIS手提げ袋（大）100円、RISネクタイ（総柄青・黄）各2000円、RISネクタイ（ストライプ柄　赤・緑）各2000円、RISハンカチ（白地・緑地）200円、RISポケットファイル200円、RISボールペン100円、RISマグネット200円などがある。大学構内売店の中村屋取り扱い。

早稲田大学　［私立］

- ［所在地］〒169-8050　東京都新宿区戸塚町1-104
- ［TEL］03-3203-4141
- ［URL］http://www.waseda.jp/top/index-j.html
- ［設置者］学校法人早稲田大学
- ［創立者］（東京専門学校）大隈重信
- ［キャンパス］早稲田キャンパス（新宿区）/戸山キャンパス（新宿区）/西早稲田キャンパス（新宿区）/喜久井町キャンパス（新宿区）/日本橋キャンパス（中央区）/東伏見キャンパス（西東京市）/所沢キャンパス（埼玉県所沢市）/本庄キャンパス（埼玉県本庄市）/北九州キャンパス（福岡県北九州市）
- ［沿革・歴史］1882（明治15）年、大隈重信が東京専門学校を創設。1902（明治35）年、早稲田大学と改称。
- ［マーク類］創立125周年を迎えた2007（平成19）年に新ロゴマーク「早稲田スクェア」を制定。早稲田独自の制帽である角帽をモチーフとし、校章を組み込んだデザイン。2007（平成19）年11月、商標登録済（第5087548号）。

◇**演劇博物館グッズ**　えんげきはくぶつかんぐっず　［記念品］

　早稲田大学オフィシャルグッズ。早稲田大学坪内博士記念演劇博物館は、国内有数の演劇資料を持つ博物館。演劇博物館のグッズとしては、演劇博物館オリジナル一筆箋300円、演劇博物館クリアファイル各200円、演劇博物館2010年カレンダー500円、演劇博物館2010年グリーティングカード200円、演劇博物館ポストカード1枚100円・11種セット1100円、演劇博物館メッセージカード200円などがある（価格はすべて税込）。株式会社デューク・コーポレーション（江東区）運営の早稲田大学オフィシャルグッズオンラインショッピングサイト「WASEDA-SHOP」取り扱い。

◇**大隈記念講堂グッズ**　おおくまきねんこうどうぐっず　［記念品］
　早稲田大学オフィシャルグッズ。早稲田大学のシンボルと言える大隈記念講堂をデザインに用いたグッズ。グッズとしては、大隈講堂＆大隈銅像Tシャツ2500円、大隈記念講堂クリアファイル200円、大隈記念講堂ポストカード1枚100円・6枚セット600円、大隈記念講堂ミニメモパッド200円などがある（価格はすべて税込）。株式会社デューク・コーポレーション（江東区）運営の早稲田大学オフィシャルグッズオンラインショッピングサイト「WASEDA-SHOP」取り扱い。

◇**学部シンボルグッズ**　がくぶしんぼるぐっず　［大学グッズ］
　早稲田大学オフィシャルグッズ。商品としては、各学部のシンボルマークがデザインされた学部シンボルキーホルダー各600円、学部シンボルレンズクリーナー各600円、クリアファイル200円などがある（価格はすべて税込）株式会社デューク・コーポレーション（江東区）運営の早稲田大学オフィシャルグッズオンラインショッピングサイト「WASEDA-SHOP」取り扱い。

◇**古典籍総合データベースグッズ**　こてんせきそうごうでーたべーすぐっず　［大学グッズ］
　古典籍総合データベースに関するダウンロードグッズ。絵葉書・カレンダー・ブックカバーの3種類がある。絵葉書はWordファイルで、カレンダーとブックカバーはPDFファイルとなっている。古典籍総合データベースとは、早稲田大学図書館所蔵の古典籍について、全文の画像にいたるまで広く公開しているデータベース。収録総数は約30万冊に及び、国宝2件・重要文化財5件も収録されている。2005（平成17）年度から作業が開始された。古典籍データベースグッズのダウンロードページは、http://www.wul.waseda.ac.jp/PUBS/hambai/kotenseki-goods/index.html。国宝の顧野王撰『玉篇』巻9の絵葉書などがある。

◇**ゴルフボール**　［スポーツ］
　早稲田大学オフィシャルグッズ。ブリヂストン製「TOURSTAGE X-01 R+」に大学オリジナルデザインが入ったもの。シンボルとベアの2種類がある。価格は、それぞれ半ダースセット4800円（税込）。株式会社デューク・コーポレーション（江東区）運営の早稲田大学オフィシャルグッズオンラインショッピングサイト「WASEDA-SHOP」取り扱い。

◇**125特別オリジナルスカーフ**　ひゃくにじゅうごとくべつおりじなるすかーふ　［服装］
　早稲田大学オフィシャルグッズ。2007（平成19）年の創立125周年を記念して

つくられた商品。大隈重信像や早稲田大学の主な建築などがデザインされている。価格は、9000円（税込）。株式会社デューク・コーポレーション（江東区）運営の早稲田大学オフィシャルグッズオンラインショッピングサイト「WASEDA-SHOP」取り扱い。

◇ブルーナイル　［飲料（酒類）］
　古代種小麦を材料に使用したフレーバー系発泡酒。当時、早稲田大学人間科学部で活躍していた吉村作治教授（現・サイバー大学学長、早稲田大学客員教授）の古代ビール構想をもとに、早稲田大学・京都大学・黄桜株式会社（京都市伏見区）とが共同で開発したビール「ホワイトナイル」（後出）の姉妹品である。紀元前1000年頃から古代エジプトで栽培されてきたデュラム小麦と麦芽を主原料に使用し、東アジア原産で日本で親しまれている柚子、地中海東部原産の香辛料コリアンダーを加え、古代エジプト・地中海・日本の三文明の融合をはかった。青を基調としたラベルには、古代エジプトにおいて護符として使われた「ウジャトの眼」の右目があしらわれている。ウジャトの目はホルス神の目とされ、左目は太陽、右目は月を表す。内容量は、1本330ml。価格は、6本入り2702円（税込）。黄桜オンラインショップ取り扱い。なお、「BLUE NILE ブルーナイル」は、2006（平成18）年11月に商標登録済（第5005708号）。権利者は、黄桜株式会社。

◇ホワイトナイル　［飲料（酒類）］
　古代エジプトで栽培されていたエンマー小麦を使用し、早稲田大学・京都大学・黄桜株式会社（京都市伏見区）が共同開発したビール。当時、早稲田大学人間科学部で活躍していた吉村作治教授（現・サイバー大学学長、早稲田大学客員教授）の古代エジプトビール再現プロジェクトに、京都大学がエンマー小麦の種子を提供、古代種を用いたビールが完成した。この成果を知の社会還元として世に提供したいと考えた京都大学の尾池和夫総長（当時）が早稲田大学の白井克彦総長（当時）に呼びかけ、両大学共同ブランドビールを開発する京都大学の伏木亨教授の研究チームが発足となった。黄桜株式会社の協力のもと試作を重ねた結果、2005（平成17）年12月、エンマー小麦近縁のデュラム小麦を使用したホワイトナイルが発売された。その後エンマー小麦を65％まで精麦することにより、よりまろやかな飲み口を実現できることが明らかとなったため、2006（平成18）年4月、材料をエンマー小麦に切り換えリニューアル発売。内容量は、1本330ml。価格は、6本入り2702円（税込）。黄桜オンラインショップ取り扱い。なお、「WHITE NILE ホワイトナイル」は、2006（平成18）年11月に商標登録済（第5005707号）。権利者は、黄桜株式会社。

東京都　　　　　　　　　　　　　　　　　　早稲田大学

◇野球部公認グッズ　やきゅうぶこうにんぐっず　［スポーツ］
　野球部の公認グッズ。早稲田大学野球部は東京六大学野球連盟に所属。直近の2009（平成21）年秋期成績は、6勝5敗1分けで、第4位。2010（平成22）年度は斎藤佑樹100代主将のもと巻き返しに期待がかかっている。野球部のグッズとしては、スポーツキャップ2457円、マフラータオル1890円、ユニフォーム前開きTシャツ5575円などがある（価格はすべて税込）。早稲田大学生活協同組合取り扱い。

◇ラグビー部オフィシャル応援グッズ　らぐびーぶおふぃしゃるおうえんぐっず　［スポーツ］
　早稲田大学ラグビー蹴球部は、関東大学対抗戦Aグループに所属。直近の2009（平成21）年度は、リーグ戦6勝0敗1分で、対抗戦Aグループ優勝。2007（平成19）年、2008（平成20）年と大学選手権を連覇しており、2009（平成21）年には同志社大学の持つ記録3連覇に並べるか期待がかかった。同年の大学選手権2回戦は同じく対抗戦Aグループに所属する帝京大学と対戦、途中までリードするも20-31で敗れた。大学選手権で優勝した時に歌うことが許される「荒ぶる」でも有名。オフィシャル応援グッズとしては、早稲田ラグビーオフィシャルファーストジャージ2008モデル1万1245円、Waseda RugbyT09 3685円、WASEDAニットキャップ2740円、WASEDAスカーフ3024円、WASEDAボアコート1万3041円などがある。オフィシャル応援グッズのほか、ラガーハローキティビーズストラップ924円、ラガーハローキティ根付け525円、早稲田ハローキティぬいぐるみ1050円などハローキティがユニフォームを着ているグッズもある（価格はすべて税込）。なお、「ハローキティ」は、株式会社サンリオ（東京都品川区）の登録商標。早稲田大学生活協同組合取り扱い。

◇ラグビー部ジャージ型ベビーウェア　らぐびーぶじゃーじがたべびーうぇあ　［スポーツ］
　ラグビージャージ型のベビーウェア。雑誌「ラグビーマガジン」の出版元であるベースボール・マガジン社が開発した商品。早稲田大学ラグビー部のジャージは、赤黒の横縞。サイズは、70cm・80cm・90cmの3種類。価格は、1万4980円（税込）。ベースボールマガジン社オフィシャル通販ショップ「BBM@SHOP」取り扱い。

◇ルービックキューブ　東京六大学野球　るーびっくきゅーぶ　とうきょうろくだいがくやきゅう　［スポーツ］
　玩具ルービックキューブの東京六大学野球連盟モデル。東京六大学野球連盟には、早稲田大学・慶應義塾大学・東京大学・法政大学・明治大学・立教大学が所属。そのスクールカラーで6面が彩られている。使用前の状態では、9

つの枠の中央にロゴマーク、残りの8つにキャップ（帽子）がデザインされている。製造は、株式会社メガハウス（台東区）。価格は、2625円。なお、「ルービックキューブ」は、株式会社メガハウスの登録商標。

◇ルビーナイル　［飲料（酒類）］
古代エジプトで栽培されていた小麦ピラミダーレを用いたビール。早稲田大学・京都大学・黄桜株式会社（京都市伏見区）は、2006（平成18）年4月にデュラム小麦使用の現代ビール・ホワイトナイル、2007（平成19）年8月に発泡酒・ブルーナイルの共同開発および販売をおこなってきたが、それにつづく第3弾として2008（平成20）年9月に新ビール・ルビーナイルを発売。古代エジプトで生まれ、1920年代まで栽培されたもののその後忘れ去られた小麦・ピラミダーレを、京都大学農学研究科栽培植物起原学研究室（京都府向日市）の種子保存庫からよみがえらせ、麦芽とともに醸造して赤銅色のハイアルコールビールに仕上げた。まろやかな味と芳醇な香りを特徴とする。内容量は、1本330ml。価格は、6本入り2702円（税込）。黄桜オンラインショップ取り扱い。なお、「ルビーナイル」は2009（平成21）年1月商標登録済（第5200859号）。権利者は、黄桜株式会社。

◇ローテーション4wayクロック　［日用雑貨］
早稲田大学オフィシャルグッズ。天部に大学ロゴが入っている。価格は、2000円（税込）。株式会社デューク・コーポレーション（江東区）運営の早稲田大学オフィシャルグッズオンラインショッピングサイト「WASEDA-SHOP」取り扱い。

◇WASEDA×adidasオフィシャルグッズ　［スポーツ］
早稲田大学とアディダスジャパン株式会社（新宿区）は2002（平成14）年7月より包括的パートナーシップを結び、スポーツプロモーション・アカデミックリサーチ・ブランドビジネスを柱に、良好な関係を構築している。WASEDA×adidasオフィシャルグッズは、そのパートナーシップから生まれたもの。商品としては、早稲田カレッジカルチャーTシャツ3685円、早稲田カレッジ漢字Tシャツ3118円、早稲田漢字ハンドタオル756円、早稲田カレッジトラックトップ7843円、早稲田カレッジポロシャツ5292円、早稲田カレッジキャップ3402円、早稲田キャンパストート2268円などがある（価格はすべて税込）。早稲田大学生活協同組合取り扱い。

◇早稲田大学ビッグベアーズグッズ　わせだだいがくびっぐべあーずぐっず　［スポーツ］
早稲田大学米式蹴球部ビッグベアーズのグッズ。ビッグベアーズは、関東学生

アメリカンフットボール連盟1部リーグBブロックに所属。直近の2009(平成21)年秋期成績は、6勝1敗で第1位。東日本代表校決定戦では、11-38で法政大学トマホークスに敗れ、甲子園ボウル出場とはならなかった。ビッグベアーズのグッズとしては、キャップ2000円、携帯ストラップ600円、サンバイザー3500円、第57回早慶戦記念Tシャツ(adidas社製)2000円、Tシャツ(Wマーク エンジ・白)各1500円、2009(平成21)年イヤーブック(A5判65ページ)300円、マフラータオル1500円などがある。早稲田大学米式蹴球部ビッグベアーズ取り扱い。

◇**WASEDA BEARグッズ**　[キャラクターグッズ]
早稲田大学オフィシャルグッズ。2007(平成19)年の創立125周年を記念してつくられた新キャラクターが「WASEDA BEAR」。デザインは卒業生の漫画家・弘兼憲史氏によるもの。グッズとしては、オーロラビーズストラップ(ベースボールベア・ラグビーベア・ワセダベア)各400円、携帯クリーナーストラップ(ワセダベアタイプ(5種))各400円、特大WASEDA BEAR 1万円、ビーズストラップ(ワセダベア)400円、プリントミニタオル400円、ベア&大隈講堂Tシャツ2500円、WASEDA BEAR 1500円、ワセダベアキーホルダー600円、ワセダベア根付け(ベースボールベア・ラグビーベア・ワセダベア)各400円、ワセダベア湯のみ600円などがある(価格はすべて税込)。株式会社デューク・コーポレーション(江東区)運営の早稲田大学WASEDABEARグッズオンラインショッピングサイト「WASEDA-SHOP」取り扱い。

◇**早稲田大学オフィシャルグッズ(衣料品)**　わせだだいがくおふぃしゃるぐっず(いりょうひん)　[服装]
早稲田大学オフィシャルの衣料品。商品としては、カジュアルTシャツ2900円、カジュアルボーダーTシャツ3900円、鹿の子ポロシャツ(長袖)4900円、漢字ロゴTシャツ2500円、刺繍キャップ(校名ロゴ・Wロゴ)各2900円、刺繍ハンドタオル850円、刺繍フェイスタオル1400円、スポーティTシャツ3900円、W刺繍ニット帽&手袋セット3200円、デニムパンツ4900円、ニットタイ(ワンポイント柄)4500円、ネクタイ(スクエア&ロゴストライプ)4500円、ネクタイピン(スクエア)2000円、ネクタイピン(ワセダベア)、VネックTシャツ3900円、プリントフェイスタオル(新柄)1000円、マフラー2900円、USA made カレッジTシャツ(エンジ・ホワイト)各3500円、USA made カレッジTシャツヘビーウェイト(グレー)3800円、USA made カレッジトレーナー5000円、USA made カレッジパーカー8000円、USA made カレッジベースボールTシャツ(ブラック・レッド)各3900円、USA made スウェットパンツ5000円、ラグランボーダーTシャツ3900円、リンクス柄ニット5900円、レジメンタルネクタイ(シルバー・ネイビー)各4500円、早稲田エンブレムパー

早稲田大学　　　　　　　　東京都

カー4500円、ワセダレジメンタルネクタイ4500円などがある（価格はすべて税込）。株式会社デューク・コーポレーション（江東区）運営の早稲田大学オフィシャルグッズオンラインショッピングサイト「WASEDA-SHOP」取り扱い。

◇**早稲田大学オフィシャルグッズ（雑貨）**　わせだだいがくおふぃしゃるぐっず（ざっか）［日用雑貨］
　早稲田大学オフィシャルの雑貨。商品としては、エナメルスポーツバッグ（S）3500円・（L）4800円、エナメルポーチ1200円、キャンバストート（M）1000円・（L）1200円、牛革製コースター700円、牛革製キーホルダー800円、牛革製単面パスケース1800円、牛革製複面パスケース3500円などがある。（価格はすべて税込）。株式会社デューク・コーポレーション（江東区）運営の早稲田大学オフィシャルグッズオンラインショッピングサイト「WASEDA-SHOP」取り扱い。

◇**早稲田大学オフィシャルグッズ（食器）**　わせだだいがくおふぃしゃるぐっず（しょっき）［食器］
　早稲田大学オフィシャルの食器。商品としては、ウォールマグカップ1600円、ウォールマグタンブラー1600円、かっとばし!!（大人用）1890円（子ども用）1580円、マイ箸「かくれん棒」専用袋780円・本体2630円・本体+専用袋セット3410円、マグカップ（早稲田シンボル）800円などがある。（価格はすべて税込）。株式会社デューク・コーポレーション（江東区）運営の早稲田大学オフィシャルグッズオンラインショッピングサイト「WASEDA-SHOP」取り扱い。

◇**早稲田大学オフィシャルグッズ（文房具）**　わせだだいがくおふぃしゃるぐっず（ぶんぼうぐ）［文房具］
　早稲田大学オフィシャルの文房具。商品としては、アクリル定規200円、アルミカードケース800円、アルミシャープペン300円、アルミボールペン300円、うるしおり（黒・赤）各2520円、エナメルペンケース（エンジ・ベージュ）各1000円、クリアファイル（シンボル）200円、スリムボールペン450円、B5ノート（早稲田エンブレム）300円（早稲田シンボル）250円、メモパッド（エンジタイプ）400円、早稲田大学エンピツ3本セット200円などがある（価格はすべて税込）。株式会社デューク・コーポレーション（江東区）運営の早稲田大学オフィシャルグッズオンラインショッピングサイト「WASEDA-SHOP」取り扱い。

神奈川県

神奈川大学　［私立］

［所在地］〒221-8686　神奈川県横浜市神奈川区六角橋3-27-1
［TEL］045-481-5661
［URL］http://www.kanagawa-u.ac.jp/
［設置者］学校法人神奈川大学
［創立者］（横浜学院）米田吉盛
［キャンパス］横浜キャンパス（横浜市神奈川区）/湘南ひらつかキャンパス（平塚市）
［沿革・歴史］1928（昭和3）年、米田吉盛が横浜学院を開設。1929（昭和4）年、横浜専門学校と改称。1949（昭和24）年、神奈川大学に移行。
［マーク類］ロゴマーク「KUマーク（ケーユーマーク）」は、KANAGAWA UNIVERSITYのイニシャルを組み合わせてデザイン化されており、神奈川大学のシンボルマークとして使用されてきた。2008（平成20）年の創立80周年を機に、よりすっきりとしたものにリデザインされた。2010（平成22）年1月、商標登録済（第5297228号）。

◇Ms.KANA&Mr.JIN　［キャラクター（大学）］
大学のマスコットキャラクター。名前は、神奈川大学の「神奈（かな）」と略称の神大の「神（じん）」に由来。神奈川大学のマスコットキャラクター紹介ページ（http://www.kanagawa-u.ac.jp/02/gaiyou/04.html）に拠れば、「平和を愛し信頼と友情に結ばれた明るい国際社会の実現を願うシンボルとして神奈川県の鳥、かもめをイメージしたもの」であるという。オープンキャンパスなどで活躍中。

関東学院大学　［私立］

［所在地］〒236-8501　神奈川県横浜市金沢区六浦東1-50-1
［TEL］045-786-7002

湘北短期大学　　　　　　　神奈川県

　　［URL］http://univ.kanto-gakuin.ac.jp/
　　［設置者］学校法人関東学院
　　［創立者］（横浜バプテスト神学校初代校長）A.A.ベンネット（私立中学関東学院初代学院長）坂田祐
　　［キャンパス］金沢八景キャンパス（横浜市金沢区）/金沢文庫キャンパス（横浜市金沢区）/小田原キャンパス（小田原市）
　　［沿革・歴史］1884（明治17）年、横浜バプテスト神学校を創立。1895（明治28）年、東京中学院を設立（のち東京学院）。1919（大正8）年、私立中学関東学院を設立。1949（昭和24）年、関東学院大学を設置。
　　［マーク類］校章は、オリーブの三葉。平和と繁栄を象徴するもの。

◇関東学院大学ハリケーンズグッズ　かんとうがくいんだいがくはりけーんずぐっず　［スポーツ］
　　関東学院大学アメリカンフットボール部ハリケーンズのグッズ。ハリケーンズは、関東学生アメリカンフットボール連盟1部リーグBブロックに所属。直近の2009（平成21）年秋期成績は、2勝5敗で第6位。ハリケーンズのグッズとしては、ウィンドブレーカー4725円、折畳シートクッション1470円、キャップ2625円、携帯ストラップ735円、サンバイザー2100円、Tシャツ2625円、トレーナー3465円、スウェットパンツ4725円、チアブレススリムス525円、プルオーバーパーカー3675円、ポロシャツ3150円、マフラータオル1575円などがある（価格はすべて税込）。有限会社スタジオ貳拾壱（京都府京都市北区）取り扱い。

◇ラグビー部キューピーストラップ　らぐびーぶきゅーぴーすとらっぷ
　　［スポーツ］
　　ラグビーボールを持ったキューピー人形のストラップ。関東学院大学ラグビー部は、1959（昭和34）年、同好会としてスタート。現在は、関東大学リーグ戦1部に所属。直近の2009（平成21）年度は、6勝1敗で第2位。同年の大学選手権1回戦では、関東大学対抗戦Aグループ4位の帝京大学と対戦。スコアは、17-17のドロー（トライ数の差で帝京大学が2回戦進出）。価格は、500円（税込）。ベースボールマガジン社オフィシャル通販ショップ「BBM@SHOP」取り扱い。

湘北短期大学　［私立］

　　［所在地］〒243-8501　神奈川県厚木市温水428

神奈川県　　　聖マリアンナ医科大学

　　［TEL］046-247-3131
　　［FAX］046-247-3667
　　［URL］http://www.shohoku.ac.jp/index.html
　　［設置者］学校法人ソニー学園
　　［沿革・歴史］1974（昭和49）年、湘北短期大学が開学。
　　［マーク類］マークは、2007（平成19）年12月ならびに2008（平成20）年3月商標登録済（第5098636号・第5118302号）。

◇さるーち　［キャラクター（図書館）］
　図書館のキャラクター。湘北短期大学図書館の発行する「としょかんNEWS」第27号（http://www.shohoku.ac.jp/library/news27.pdf）に拠れば、「名前：さるーち」、「由来：Search（サーチ）から考えてみました。Searchは調べるという意味です。わからない事を調べてもらえるようにつけました」とある。小さな猿のキャラクター。「としょかんNEWS」や「きょうの読書ノート」で活躍中。

聖マリアンナ医科大学　［私立］

　　［所在地］〒216-8511　神奈川県川崎市宮前区菅生2-16-1
　　［TEL］044-977-8111
　　［URL］http://www.marianna-u.ac.jp/
　　［設置者］学校法人聖マリアンナ医科大学
　　［創立者］（東洋医科大学）明石嘉聞
　　［沿革・歴史］1971（昭和46）年4月、明石嘉聞が東洋医科大学を創設。1973（昭和48）年4月、聖マリアンナ医科大学と改称。

◇MARIANNAナノキューブトライアルセット　［美容］
　難病治療研究センターの女性研究チームと株式会社ナノエッグ（川崎市宮前区）の共同研究により生まれた化粧品。ナノキューブとは、スキンホメオスタシスに働きかけ、肌の再生リサイクルを促すジェル。トライアルセットには、ナノキューブローション（化粧水）・アドバンストナノキューブエマルション（乳液）10ml、ナノキューブクリーム5gが入っている。開発者は、聖マリアンナ医科大学難病治療研究センター准教授で、株式会社ナノエッグの役員も務める山口葉子氏。価格は、1980円（税込）。株式会社ナノエッグ取り扱い。な

お、「MARIANNA」「ナノキューブ」ともに株式会社ナノエッグの登録商標。

横浜国立大学　［国立］

［所在地］〒240-8501　神奈川県横浜市保土ケ谷区常盤台79-1
［TEL］045-339-3014
［URL］http://www.ynu.ac.jp/index.cgi
［設置者］国立大学法人横浜国立大学
［沿革・歴史］1949（昭和24）年5月、神奈川師範学校・神奈川青年師範学校・横浜経済専門学校・横浜工業専門学校を統合し、横浜国立大学を設置。2004（平成16）年4月、国立大学法人横浜国立大学となる。
［マーク類］2007（平成19）年、シンボルマークを制定。青い空を自由に力強く羽ばたくカモメがモチーフ。同年6月、商標登録済（第5058577号）。

◇**カラッチ～～ノ**　［加工食品］
大学ブランドグッズ第1弾の商品。2007（平成19）年11月に製品化されたオリジナルミニカップ麺。ペペロンチーノ風味のラーメン。東京拉麺株式会社（栃木県足利市）との共同開発によって生まれた。ペペロンチーノの辛さと、テストやレポートでもらう辛い点をかけて、カラッチ～～ノ（カラッチーノ）と命名された。価格は、1個70円、1ケース30個入り2100円。横浜国立大学生活協同組合取り扱い。

◇**キャベツワイン　モン・プティシュ**　［飲料（酒類）］
キャンパス周辺の畑から採れた地元農家生産のキャベツを用いたワイン。カラッチ～～ノに続く第2弾商品として開発された。キャベツは、保土ヶ谷区の農産物としては有数の出荷量を誇っており、地産地消の願いもこめられている。山梨県甲州市のワイナリーで醸造。キャベツの甘みがとけ込んでいる。アルコール度数は控えめ。価格は、赤1300円、白1300円、赤・白セット2500円（すべて税込）。有限会社鈴木屋本店取り扱い。

◇**空の器　そらのうつわ**　［食器］
「YNU」のデザインが入った大磯工房（中郡大磯町）製作の食器。器の色は空色。商品としては、ぐい飲み1客1200円、夫婦盃1セット2300円、マグカップ1客1700円などがある（価格はすべて税込）。横浜国立大学生活協同組合取り扱い。

◇日産自動車の乗用車　にっさんじどうしゃのじょうようしゃ　［機械］
　工学研究院・田中裕久教授が日産自動車株式会社（横浜市西区）・日本精工株式会社（東京都品川区）・出光興産株式会社（東京都千代田区）と共同開発した無段変速機の技術を用いた乗用車。1999（平成11）年、グロリア・セドリック・スカイラインなどの車種に搭載された。

◇横浜国大　よこはまこくだい　［飲料（酒類）］
　「横浜国大」のオリジナルラベルを貼った日本酒。商品は2種類ある。霊峰金北山の伏流水仕込み酒1本（1800ml）が2000円（税込）、吟醸山形酒は、1200円（税込）。有限会社鈴木屋本店取り扱い。

◇横浜国立大学オリジナルハローキティ　よこはまこくりつだいがくおりじなるはろーきてぃ　［キャラクターグッズ］
　大学オリジナルのハローキティストラップ。商品としては、2種類がある。一つは木陰で読書する「leafキティ」、もう一つは、文明開化の時の学生をイメージとした「はいからキティ」。価格は、各550円（税込）。横浜国立大学生活協同組合取り扱い。ハローキティは、株式会社サンリオ（東京都品川区）の登録商標。

◇横国煎餅　よこはまぜんべい　［菓子］
　「YNU」の文字が入った煎餅。横浜国立大学の最寄駅である相模鉄道線和田町駅近くに支店がある雷神堂と大学による連携商品。海苔巻きしょうゆ味のほか、唐辛子味・ザラメ味・ごま醤油味がある。価格は、2枚入り100円、12枚入り650円、20枚入り1000円（すべて税込）。横浜国立大学生活協同組合取り扱い。

◇横浜みなとみらいデザインシリーズ　よこはまみなとみらいでざいんしりーず　［文房具］
　横浜のみなとみらい地区の風景をデザインした文房具。大学のある保土ヶ谷区常盤台付近からは、みなとみらい地区が眺望できる箇所がある。価格は、クリアフォルダ60円、フェイスタオル320円、ポストイット230円、リングメモ200円（すべて税込）。横浜国立大学生活協同組合取り扱い。

◇YNUサブレ　SEAGULL　［菓子］
　横浜国立大学のシンボルマークが入った菓子。横浜市を中心に数店舗を展開する洋菓子店のプチ・フルール製造で、シンボルマークはチョコレート味でできている。価格は、1枚80円、8枚入り600円、15枚入り1000円（すべて税込）。横浜国立大学生活協同組合取り扱い。

横浜市立大学　　　　　　　神奈川県

◇YNU Sweet Collection　［菓子］
　横浜国立大学のシンボルマークが入った菓子。横浜市を中心に数店舗を展開する洋菓子店のプチ・フルールと学生による共同開発商品。カラッチ〜〜ノ味のカラッチ〜〜ノパイスティックや、塩キャラキューブ・ばなチョコクッキーがある。価格は、550円（税込）。横浜国立大学生活協同組合取り扱い。

◇横浜国大シンボルマークデザインシリーズ　よこはまこくだいしんぼるまーくでざいんしりーず　［大学グッズ］
　2007（平成19）年7月制定のシンボルマークが入ったグッズ。商品としては、エコバッグ（全5色）各300円、携帯ストラップ（全5色）各350円、タンブラー1080円、Tシャツ（男性用・女性用）各980円、ポロシャツ（男性用・女性用）1680円、USBメモリ（4GB）2080円などがある（価格はすべて税込）。横浜国立大学生活協同組合取り扱い。

横浜市立大学　［公立］

[所在地]〒236-0027　神奈川県横浜市金沢区瀬戸22-2
[TEL]045-787-2311
[URL]http://www.yokohama-cu.ac.jp/
[設置者]公立大学法人横浜市立大学
[キャンパス]金沢八景キャンパス/福浦キャンパス（ともに横浜市金沢区）
[沿革・歴史]1882（明治15）年、横浜商法学校が開校。1888（明治21）年、横浜商業学校と改称。1917（大正6）年、横浜市立横浜商業学校と改称。1928（昭和3）年、横浜市立横浜商業専門学校と改称。1944（昭和19）年、横浜市立経済専門学校と改称。1949（昭和24）年、横浜市立大学が開学。1952（昭和27）年、横浜医科大学を統合。2005（平成17）年、公立大学法人横浜市立大学となる。
[マーク類]2005（平成17）年、公立大学法人化を機に、シンボルマークを制定。横浜市立大学（YOKOHAMA CITY UNIVERSITY）の頭文字と「・」を組み合わせている。2006（平成18）年4月、商標登録済（第4943300号）。

◇横浜市大ビール　よこはましだいびーる　［飲料（酒類）］
　横浜ビール株式会社（横浜市中区）の地ビール・発泡酒に横浜市立大学のオリジナルラベルを貼った商品。ラベルには、校章と時計台それに港町・横浜を象徴するベイブリッジやみなとみらいの風景が描かれている。価格は、アルト・ヴァイツェン・ピルスナーが1本（330ml入り）480円、発泡酒ハニーエー

ルが1本(330ml入り)390円、6本セット(ヴァイツェン2本・ピルスナー2本・アルト1本・ハニーエール1本)は4000円(すべて税込)。横浜市立大学生活協同組合取り扱い。

◇**ヨッチー(Yochy)** ［キャラクター(大学)］
2008(平成20)年11月に創立80周年記念として誕生したキャラクター。横浜市立大学の2009(平成21)年1月22日プレスリリース(http://www.yokohama-cu.ac.jp/univ/pr/press/090122.htm)に拠れば、「愛称ヨッチー(Yochy)2008年11月1日生まれ」で、「横浜市大のイチョウ並木から生まれたイチョウの精。横浜生まれ横浜育ちの浜っこ。お調子者で元気いっぱい。英語が少し苦手だが、海外旅行が好きで、努力家。空気のきれいな金沢八景の地に植樹されたことを感謝している。秋になると、イチョウの葉の色づけを仕事とする。銀杏の実が放つ独特の香りにより避けられることも少なくないが、決してめげない。イチョウ並木を訪れるスズメに淡い恋心を抱いている。特技はマジック。「ヨコイチ」と書かれたタイツを愛用している。モットーは「時代に流されない」」とある。また、「ヨッチーサイトへようこそ。」(http://www.yokohama-cu.ac.jp/character/index.html)では、ヨッチーのプロフィールやキャラクター決定までの経緯がわかり、画像のダウンロードもできる。四コマ漫画「4-Frame STORY」も月1回更新されている。なお、ヨッチーグッズは、横浜市立大学YCU-SHOPで取り扱われている。なお、2009(平成21)年9月ならびに11月、ヨッチーに関連する商標が登録された(第5266864号・第5281926号)。権利者は、公立大学法人横浜市立大学。

◇**ヨッチー(Yochy)グッズ** ［キャラクターグッズ］
前掲の大学キャラクター・ヨッチー(Yochy)をあしらったグッズ。商品としては、限定商品のジップチャーム2個セット700円のほか、クリアファイル(ブルー・グリーン)各200円、シャープペンシル250円、シール3点セット300円、2009オープンキャンパススタッフ限定Tシャツ(レッド・ネイビー)各1000円、B5ルーズリーフ400円、ボールペン250円、マフラータオル800円などがある(価格はすべて税込)。横浜市立大学YCU-SHOP取り扱い。

◇**YCUグッズ** ［大学グッズ］
横浜市立大学(YOKOHAMA CITY UNIVERSITY)のオリジナルグッズ。2005(平成17)年4月制定のシンボルマークや、英字のロゴなどが入っている。商品としては、A4ノート100円、A4レポート用紙100円、オープンキャンパス限定スタッフTシャツ(イエロー・ブラック・ブルー)各1500円、革製カードケース2800円、革製ストラップ1000円、革製ペンケース2800円、クリアフォルダー300円、ステーショナリーセット600円、扇子2000円、Tシャツ2300円、

| 横浜市立大学 | 神奈川県 |

風呂敷3000円、ボールペン&シャープペンセット500円、ボックスバッグ800円などがある(価格はすべて税込)。横浜市立大学YCU-SHOP取り扱い。

新潟県

敬和学園大学　[私立]

[所在地]〒957-8585　新潟県新発田市富塚1270
[TEL]0254-26-3636
[FAX]0254-26-3646
[URL]http://www.keiwa-c.ac.jp/
[設置者]学校法人敬和学園
[沿革・歴史]1991(平成3)年4月、敬和学園大学が開学。
[マーク類]校章は、円のなかに「敬」と「和」のローマ字の頭文字であるKとWを用いたもの。

◇Monami(モナミ)Nanami(ナナミ)　[キャラクター(大学)]
大学のキャンパス・キャラクター。学帽をかぶり、胸に校章をつけたふくろうのペア。デザインは卒業生によるもの。敬和学園大学のキャンパス・キャラクター紹介ページ(http://www.keiwa-c.ac.jp/annai/symbol.html)に拠れば、「ふくろうの知的で360度見渡せる広い視野を持つという特徴が、さまざまな学問を幅広く学んでいくという本学のリベラル・アーツの精神を表して」いるという。名前は国内外からの公募により決定。Monami(モナミ)は、私の愛する人・私の友達という意味のフランス語、Nanami(ナナミ)は、七つの海を渡り世界で活躍するという願いが込められており、それぞれ隣人愛および地域との共生、国際的教養人の育成をすすめる大学の理念と合致している。ウェブページなどで活躍中。

長岡技術科学大学　[国立]

[所在地]〒940-2188　新潟県長岡市上富岡町1603-1
[TEL]0258-46-6000
[URL]http://www.nagaokaut.ac.jp/j/index.html
[設置者]国立大学法人長岡技術科学大学

[沿革・歴史]1974(昭和49)年10月、長岡技術科学大学が開学。2004(平成16)年4月、国立大学法人長岡技術科学大学となる。
[マーク類]ロゴマークは、長岡の「N」がモチーフ。2009(平成21)年12月、商標出願(商願2009-92302)。

◇赤外線照射融雪システム　せきがいせんしょうしゃゆうせつしすてむ
[機械]
株式会社トーテック(東京都千代田区)との共同研究によって生み出された融雪システム。特定波長を雪面に投影すると雪面が針状に刻まれるという、宮内信之助特任教授の研究結果をもとに開発された。上空の光源から輻射された赤外線光を雪または氷に照射することで分子または原子間の振動を促し、摩擦熱を発生させて雪や氷を解かす。融雪場所を損傷することなく取り付けられる。また融雪中も雪の表面はシャーベット状になり、滑りにくい路面状態を維持できるため安全性も確保できる。

新潟工科大学　[私立]

[所在地]〒945-1195　新潟県柏崎市藤橋1719
[TEL]0257-22-8111
[FAX]0257-22-8112
[URL]http://www.niit.ac.jp/
[設置者]学校法人新潟工科大学
[沿革・歴史]1995(平成7)年4月、新潟工科大学が開学。
[マーク類]ロゴマークは、「宇宙」と「人類の英知」を表わした二重のアーチと、「地域」「日本」「世界」と、教育の柱ともいえる「人間性」「創造性」「向上心」を表わした3本のライン(トリオライン)からなる。1997(平成9)年6月、商標登録済(第4006857号)。

◇つくっ太郎　つくったろう　[キャラクター(大学)]
大学のマスコットキャラクター。2007(平成19)年に実施したデザインコンペで最優秀賞に選ばれた作品。ナットの頭部から芽が出ており、右手には工具のスパナを持っている。胸には、二重アーチのシンボルマークが描かれている。愛称は、2008(平成20)年2月1日更新のNIITニュース(http://www.niit.ac.jp/topics/2007/20080201_01.html)に拠れば、70件を超える応募から在学生の保護者が考案した「つくっ太郎」に決定した。オープンキャンパスでは、つ

くっ太郎グッズが配布されている。

新潟国際情報大学　［私立］

　［所在地］〒950-2292　新潟県新潟市西区みずき野3-1-1
　［TEL］025-239-3111
　［FAX］025-239-3690
　［URL］http://www.nuis.ac.jp/pub/
　［設置者］学校法人新潟平成学院
　［キャンパス］みずき野キャンパス（新潟市西区）/新潟中央キャンパス（新潟市中央区）
　［沿革・歴史］1994（平成6）年4月、新潟国際情報大学を開学。

◇**Nabbit**　［キャラクター（大学）］

大学のマスコットキャラクター。新潟産業大学のキャラクター紹介ページ（http://www.nuis.ac.jp/pub/syoukai/schoolsong.html）に拠れば、キャラクターデザインをした卒業生が「野うさぎがキャンパス内に現れ、一緒にたわむれた思い出」に着想を得て、うさぎのキャラクターを考案。名前も卒業生が、「NUISからNをとり、キャラクターはウサギなのでRabbit。そして、「ナビ」はナビゲートすると言う意味でもあり、本学は社会をナビゲートしていく」として考えたもの。青い服を着ている。なお、NUISは、新潟国際情報大学の略称。

新潟産業大学　［私立］

　［所在地］〒945-1393　新潟県柏崎市軽井川4730
　［TEL］0257-24-6655
　［FAX］0257-22-1300
　［URL］http://www.nsu.ac.jp/nsu_j/index.html
　［設置者］学校法人柏専学院
　［創立者］（柏崎専門学校）下条恭兵
　［沿革・歴史］1947（昭和22）年6月、柏崎専門学校が開学。1950（昭和25）年4月、柏崎短期大学が開学。1958（昭和33）年4月、新潟短期大学と改称。1988（昭和63）年4月、新潟産業大学に改組開学。

［マーク類］2005（平成17）年にロゴマークを制定。青い「S」3つを組み合わせたもの。

◇サンチャッカル　［キャラクター（大学）］
大学のマスコットキャラクター。新潟産業大学のマスコットキャラクター紹介ページ（http://www.nsu.ac.jp/nsu_j/gaiyo/ui.html）に拠れば、「柏崎市をイメージさせる「海」、明るさ、親しみやすさ、世界へはばたく人材の育成などの観点から製作」されたキャラクター。愛称は2005（平成17）年度に公募がおこなわれ、サンチャッカルに決定。「新潟産業大学の「サン」・チャイカ（ロシア語でカモメ）のチャ・カルメギ（朝鮮語でカモメ）のカルを足した」もの。胸には新潟産業大学（Niigata Sangyo University）を示す「NSU」の文字がある。

新潟大学　［国立］

［所在地］〒950-2181　新潟県新潟市五十嵐2の町8050
［TEL］025-262-7000
［FAX］025-262-6539
［URL］http://www.niigata-u.ac.jp/
［設置者］国立大学法人新潟大学
［キャンパス］五十嵐キャンパス（新潟市西区）/旭町キャンパス（新潟市中央区）
［沿革・歴史］1949（昭和24）年5月、新潟第一師範学校・新潟青年師範学校・新潟第二師範学校・新潟高等学校・新潟医科大学・長岡専門工業学校・新潟県立農林専門学校を統合し、新潟大学を設置。2004（平成16）年4月、国立大学法人新潟大学となる。
［マーク類］1999（平成11）年、校章を制定。雪の結晶をかたどっている。創立50周年を記念し、学生章をモチーフにデザインしたもの。2005（平成17）年5月、商標登録済（第4865057号）。

◇新雪物語（純米吟醸生貯蔵酒）　しんせつものがたり（じゅんまいぎんじょうなまちょぞうしゅ）　［飲料（酒類）］
農学部附属農場新通ステーションで栽培された酒米を使用した日本酒。除草剤を1回のみ、他の農薬や化学肥料を一切使用しない無化学肥料・減農薬栽培で栽培された酒造好適米「五百万石」を100％使用し、塩川酒造株式会社（新

潟市西区)に醸造・販売を委託して商品化された。名称とラベルデザインは公募により決定。新潟大学・新潟・新通ステーションの「新」、「新潟＝雪」というイメージから「雪」、新潟大学として新しい試みであることから（「新雪（新設）」）の意味をかけ、さらに完成に至るまでの作り手の物語、飲み手のこれからの「物語」という思いを込めて「物語」の語をつけた。醸造後味わいが落ち着くまで寝かせてから瓶詰めをおこなって出荷される。芳醇な米の香りが漂い、口当たりは柔らかくまろやかで飲み易い。価格は、720mlで1100円。なお、「新雪物語」は、2008（平成20）年3月に商標登録済（第5119489号）。権利者は、国立大学法人新潟大学。

◇**新雪物語華甲（大吟醸）** しんせつものがたりかこう（だいぎんじょう）
［飲料（酒類）］
大学創立60周年を記念してつくられたオリジナル日本酒。農学部附属フィールド科学教育研究センターにおいて栽培した大吟醸用酒米「越淡麗」を原料として、以前から農学部と事業連携してきた塩川酒造株式会社（新潟市西区）が醸造、新雪物語華甲（大吟醸）が誕生した。名称は公募により決定。華甲の意味は還暦と同じく数えで61歳を示しており、創立60周年にちなんで名づけられた。価格は、化粧箱入り500mlで1750円。化粧箱入り500ml×6本で1万500円。新潟大学生活協同組合取り扱い。なお、「新雪物語」は、2008（平成20）年3月に商標登録済（第5119489号）。権利者は、国立大学法人新潟大学。

◇**ふっくらシリーズ** ［加工食品］
咀嚼・嚥下機能が低下した人にも安心の食品シリーズ。大学院医歯学総合研究科・山田好秋教授と亀田製菓株式会社（新潟市江南区）の共同研究により、ふっくら白がゆ・ふっくら梅がゆ・ふっくら海苔がゆ・ふっくらおはぎなどが商品化された。厚生労働省・農林水産省認可食品。株式会社フードケア（神奈川県相模原市）に販売が委託されている。

◇**雪椿オイル** ゆきつばきおいる ［美容］
新潟県の県木である雪椿の種子から採取した雪椿オイル。新潟県を中心に日本海側の積雪地域のみに生育する灌木性の低木ユキツバキに注目、工学部技術部リーダー坂井淳一研究員が中心となって、アドバイザー石沢進博士・社会連携センター・農業体験学生サークルまめっこと連携し製品化した。売り上げの一部（500円）は新潟雪椿研究会に寄付されて1本1500円の苗木購入に宛てられ、雪椿を使ったさらなる研究開発・事業化に生かされる。価格は、20mlで1500円（税込）。新潟大学生活協同組合取り扱い。

富山県

富山県立大学　［公立］

　［所在地］〒939-0398　富山県射水市黒河5180
　［TEL］0766-56-7500
　［FAX］0766-56-6182
　［URL］http://www.pu-toyama.ac.jp/
　［設置者］富山県
　［沿革・歴史］1990（平成2）年4月、富山県立大学が開学。

◇海からの恵み深層水仕込み本醸造醤油　うみからのめぐみしんそうすいしこみほんじょうぞうしょうゆ　［調味料］
　富山湾の海洋深層水を利用してつくられた本醸造しょうゆ。大学と西尾醤油店（下新川郡入善町）による共同開発商品。価格は、550円（税込）。西尾醤油店取り扱い。

◇ファン'プレゼ　［美容］
　富山県立大学と有限会社リットライフ（高岡市）が共同研究した深層水ゲルを用いた美容品。深層水ゲルとは、富山湾の海洋深層水とミネラル鉱石をゲル化して安定させたもので、脂分除去に優れる。この深層水ゲルを配合した石鹸・クリームを、有限会社リットライフがファン'プレゼの名で製品化した。価格は、ファン'プレゼしっとりソープ120gが2100円（税込）、ファン'プレゼモイストクリーム30gが4000円（税込）。有限会社リットライフ取り扱い。

◇ほたるいか炊き込みご飯調理セット　ほたるいかたきこみごはんちょうりせっと　［加工食品］
　富山湾の海洋深層水を利用し大学と太陽産業株式会社（富山市）で共同開発された水産食品セット。セットのなかには、無洗米てんたかく2合、アルカリイオン深層水「深海遊夢」500mlペットボトル1本、いしる干しほたるいか14匹、いしるだし70gが入っている。価格は、1260円（税込）。太陽産業株式会社取り扱い。

◇焼きしろえび炊き込みご飯調理セット　やきしろえびたきこみごはんちょうりせっと　［加工食品］
　富山湾の海洋深層水を利用し大学と太陽産業株式会社（富山市）で共同開発された水産食品セット。セットのなかには、無洗米てんたかく2合、アルカリイオン深層水「深海遊夢」500mlペットボトル1本、焼きしろえび7g、いしるだし70gが入っている。価格は、1260円（税込）。太陽産業株式会社取り扱い。

∞∞

富山短期大学　［私立］

［所在地］〒930-0193　富山県富山市願海寺水口444
［TEL］076-436-5146
［FAX］076-436-0133
［URL］http://www.toyama-c.ac.jp/
［設置者］学校法人富山国際学園
［沿革・歴史］1963（昭和38）年、富山女子短期大学が開学。2000（平成12）年、富山短期大学と改称。
［マーク類］校章は、富山短期大学の英字表記「Toyama College」の頭文字「TC」をアレンジしたもの。

∞∞

◇トミタン（富短）　とみたん　［キャラクター（大学）］
　開学40周年を記念して登場したイメージキャラクター。広報委員及び8名の学生たちで結成されたカレッジガイド作成プロジェクトチームが考案した。黄色く丸い体のキャラクター。富山短期大学のトミタン紹介ページ（http://www.toyama-c.ac.jp/outline/tomitan.html）に拠れば、「どんな姿にもなれる学生の可能性を具現化」しているという。2004カレッジガイドから初登場し、現在はキャンパスグッズ・各種の刊行物・トミタン（富短）ブログなどで活躍中。2005（平成17）年10月、トミタン（富短）に関連する商標が登録済（第4900123号）。権利者は、学校法人富山国際学園。

∞∞

富山大学　［国立］

［所在地］〒930-8555　富山県富山市五福3190
［TEL］076-445-6011
［URL］http://www.u-toyama.ac.jp/jp/

| 富山大学 | 富山県 |

［設置者］国立大学法人富山大学

［キャンパス］五福キャンパス（富山市）／杉谷キャンパス（富山市）／高岡キャンパス（高岡市）

［沿革・歴史］1949（昭和24）年5月、富山青年師範学校・高岡工業専門学校・富山高等学校・富山薬学専門学校・富山師範学校を統合し、富山大学を設置。2004（平成16）年4月、国立大学法人富山大学となる。2005（平成17）年10月、富山薬科大学・高岡短期大学と統合。

［マーク類］学章（シンボルマーク）は2005（平成17）年、公募をもとに制定。アルファベットの「T」と「U」がモチーフ。富山大学が、大空・世界を飛翔するイメージを表現したもの。2006（平成18）年4月、商標登録済（第4947723号）。権利者は、国立大学法人富山大学。

◇越中八尾のおわら桑摘み茶　えっちゅうやつおのおわらくわつみちゃ
［飲料］
越中八尾産桑葉を100％使用したダイエットサポート茶。桑葉は、中国の薬書『神農本草経』に風邪・咳・高血圧・寝汗などに薬効ありと記載され、日本でも古来から生薬として使われてきた。和漢医薬学総合研究所済木育夫所長を中心とした研究グループは桑葉の効能と成分に着目し、廣貫堂メディフーズ株式会社（富山市）との間で共同研究を重ね、越中八尾産の桑葉使用の越中八尾のおわら桑摘み茶を開発した。ダイエット・スポーツ・毎日の食事等各種の水分補給に最適。価格は、500ml×24本で3528円（税込）。株式会社廣貫堂（富山市）運営「廣貫堂コンセルジュ」取り扱い。

石川県

石川県立大学　［公立］

［所在地］〒921-8836　石川県石川郡野々市町末松1-308
［TEL］076-227-7220
［FAX］076-227-7410
［URL］http://www.pref.ishikawa.jp/ishikawa-pu/
［設置者］石川県
［沿革・歴史］1971（昭和46）年、石川県農業短期大学を創立。2005（平成17）年4月、石川県立大学と改称。

◇I・P・U Beer　［飲料（酒類）］

大学附属農場栽培の二条大麦（ビール麦）をもとにつくられた地ビール。大学から提供されたビール麦を使用し、農業法人わくわく手づくりファーム川北（能美郡川北町）で醸造された。商品名は、石川県立大学（Ishikawa Prefectural University）の頭文字をとって「I・P・U Beer」と名づけられた。

金沢工業大学　［私立］

［所在地］〒921-8501　石川県石川郡野々市町扇が丘7-1
［TEL］076-248-1100
［FAX］076-248-7318
［URL］http://www.kanazawa-it.ac.jp/
［設置者］学校法人金沢工業大学
［創立者］泉屋利吉
［キャンパス］扇が丘キャンパス（石川郡野々市町）/やつかほキャンパス（白山市）
［沿革・歴史］1965（昭和40）年4月、金沢工業大学を開学。

金沢星稜大学　　　　　　　　　石川県

◇「金沢らしい香り」付あぶらとり紙　　かなざわらしいかおりつきあぶらとりがみ　［美容］
金沢工業大学と石川県立金沢商業高等学校の学生たちが開発し、株式会社箔一（金沢市）と高砂香料工業株式会社（東京都大田区）の協力によって生まれた香り付きのあぶらとり紙。心理情報学科で進められているコンサルティングプロジェクトを核として、インタビューやアンケートによる調査などもおこなって、商品開発を実施、2009（平成21）年に製品化された。

◇ドリバー　　［キャラクター（大学）］
大学のマスコットキャラクター。胸に金沢工業大学（Kanazawa Institute of Technology）を示す「KiT」がある。オープンキャンパスでは、ドリバーグッズが配布されている。

金沢星稜大学　［私立］
［所在地］〒920-8620　石川県金沢市御所町丑10-1
［TEL］076-253-3924
［URL］http://www.seiryo-u.ac.jp/index.html
［設置者］学校法人稲置学園
［創立者］稲置繁男
［沿革・歴史］1967（昭和42）年4月、金沢経済大学が開校。2002（平成14）年4月、金沢星稜大学と改称。
［マーク類］2002（平成14）年4月、開校にともなってロゴマークを制定。星稜の「星」をFive Points Starで示したもの。

◇エコミとヒューマ　　［キャラクター（大学）］
大学のマスコットキャラクター。金沢星稜大学のマスコットキャラクター紹介ページ（http://www.seiryo-u.ac.jp/outline/outline03.html）に拠れば、2007（平成19）年10月に全国からの公募で生まれたキャラクター。経済学部キャラクターが「エコミ」で、人間科学部が「ヒューマ」。星形の頭部が特徴的で、濃いピンク色のがエコミ、水色がヒューマ。

金沢大学　［国立］

［所在地］〒920-1192　石川県金沢市角間町
［TEL］076-264-5111
［URL］http://www.kanazawa-u.ac.jp/
［設置者］国立大学法人金沢大学
［キャンパス］角間キャンパス（金沢市）/宝町・鶴間キャンパス（金沢市）
［沿革・歴史］1949（昭和24）年5月、第四高等学校・石川師範学校・石川青年師範学校・金沢高等師範学校・金沢医科大学・金沢工業専門学校を統合し、金沢大学を設置。2004（平成16）年4月、国立大学法人金沢大学となる。
［マーク類］1949（昭和24）年8月、校章を採用。地中海沿岸原産の植物「アカンサス」の葉と「大學」の文字が図案化されている。商標登録済。

◇糖尿病合併症診断試薬　とうにょうびょうがっぺいしょうしんだんしやく
［医療・健康］
大学院医学系研究科・山本博教授と第一ファインケミカル（富山県高岡市）が共同開発した糖尿病合併症の診断試薬。医学系研究科循環医科学専攻血管分子生物学研究室では、RAGEという蛋白質を中心に研究をすすめ、血液中の働きを解明することで、糖尿病治療に貢献しようとしている。

北陸大学　［私立］

［所在地］〒920-1180　石川県金沢市太陽が丘1-1
［TEL］076-229-1161
［URL］http://www.hokuriku-u.ac.jp/
［設置者］学校法人北陸大学
［キャンパス］太陽ヶ丘キャンパス/薬学キャンパス（ともに金沢市）
［沿革・歴史］1975（昭和50）年4月、北陸大学が開学。

◇豆乳ジェラート　とうにゅうじぇらーと　［菓子］
濃度の高い豆乳を用いてつくられたジェラート。ジェラートとは、イタリア風の柔らかいアイスクリーム、シャーベットのこと。胡麻・プレーン・抹茶・マンゴーなどの味がある。

北陸大学　　　　　　　　石川県

◇パウンドケーキ　［菓子］
　金沢の特産品などを使用してつくられたパウンドケーキ。打木赤皮甘栗かぼちゃ、百萬石金沢特産五郎島金時などの加賀野菜の味、濃茶・フルーツミックスなどの味がある。

福井県

福井大学　［国立］

　［所在地］〒910-8507　福井県福井市文京3-9-1
　［TEL］0776-23-0500
　［URL］http://www.fukui-u.ac.jp/
　［設置者］国立大学法人福井大学
　［キャンパス］文京キャンパス（福井市）・松岡キャンパス（吉田郡永平寺町）
　［沿革・歴史］1949（昭和24）年5月、福井師範学校・福井青年師範学校・福井工業専門学校を統合し、福井大学が発足。2003（平成15）年10月、福井医科大学と統合。2004（平成16）年4月、国立大学法人福井大学となる。
　［マーク類］2004（平成16）年10月に学章を制定。2つの円がモチーフ。それが結びついて無限大をかたどっている。2つの円、福井大学と福井医科大学を示すもの。中央部を白抜きで反転させることで、福井大学の頭文字「f」が浮かび上がるデザイン。2004（平成16）年7月商標登録済（第4789751号）。

◇**福一目**　ふくいちもく　［機械］
　福井大学と日本セック株式会社（富山県射水市）が共同開発した会議用タイムキーパーの時計。学会発表などに最適。予鈴時・発表終了時・質疑応答時にはアラーム音が出せる。日本セック株式会社取り扱い。なお、「福一目」は、2006（平成18）年11月に商標取得済（第5002656号）。権利者は、国立大学法人福井大学。

◇**マイクロフローラ**　［その他］
　教育地域科学部と財団法人若狭湾エネルギー研究センター（敦賀市）によって共同開発された観賞用植物。無菌環境で育成した植物を無菌容器に密閉することで、メンテナンスをすることなく長いあいだ鑑賞できるようにした商品。1年程度の期間、植物が成長する。絶滅危惧種の越前大文字草を増殖する取り組みもおこなわれている。福井大学発ベンチャー企業の株式会社苗屋（坂井市）取り扱い。なお、「マイクロフローラ」は、2005（平成17）年9月に商標取得済（第4897793号）。権利者は、国立大学法人福井大学。

山梨県

山梨学院大学　[私立]
　[所在地]〒400-8575　山梨県甲府市酒折2-4-5
　[TEL]055-224-1234
　[URL]http://www.ygu.ac.jp/
　[設置者]学校法人山梨学院
　[創立者](山梨学院)古屋真一
　[沿革・歴史]1962(昭和37)年、山梨学院大学が開学。

◇アルティ&ベッキー　[キャラクター(大学)]
　学校法人山梨学院の統一マスコットキャラクター。2006(平成18)年、創立60周年を記念して生まれた。キャラクターデザインは、アートボックスシーデザイン(甲府市)によるもの。学校法人山梨学院のアルティー&ベッキー紹介ページ(http://www.ygu.ac.jp/sports/sportscafe/altee.html)に拠れば、「箱根路を疾走する本学の駅伝選手と、険しい山々をしなやかに駆け抜けるカモシカのイメージを重ねて制作され」たマスコットで、「逆境に負けず、たくましく育って欲しいという願いが込められ」ている。名前は、「山梨学院の校章のモチーフである〈七夕伝説〉の「彦星(アルテア)」と「織姫(ベガ)」に由来」。なお、2008(平成20)年7月、アルティ&ベッキーに関する商標が登録済(第5147180号)。

山梨大学　[国立]
　[所在地]〒400-8510　山梨県甲府市武田4-4-37
　[TEL]055-252-1111
　[URL]http://www.yamanashi.ac.jp/
　[設置者]国立大学法人山梨大学
　[キャンパス]甲府キャンパス(甲府市)/医学部キャンパス(中央市)
　[沿革・歴史]1796(寛政7)年12月、甲府学問所徽典館(江戸昌平黌の分校)

を設立。1873（明治6）年5月、開智学校と改称。1874（明治7）年3月、師範講習学校と改称。1875（明治8）年3月、山梨県師範学校と改称。1881（明治14）年8月、山梨学校と改称。1882（明治15）年10月、徽典館と改称。1886（明治19）年12月、山梨県尋常師範学校と改称。1898（明治31）年4月、山梨県師範学校と改称。1921（大正10）年4月、山梨県実業補習学校教員養成所を設立。1924（大正13）年9月、山梨高等工業学校と改称。1927（昭和2）年3月、実業学校教員養成所と改称。1935（昭和10）年4月、山梨県青年学校教員養成所と改称。1938（昭和13）年9月、山梨高等工業学校を設立。1943（昭和18）年4月、山梨師範学校と改称。1944（昭和19）年4月、山梨青年師範学校と改称。1944（昭和19）年4月、山梨工業専門学校と改称。1949（昭和24）年5月、山梨大学を設置。2002（平成14）年10月、山梨医科大学と統合。2004（平成16）年4月、国立大学法人山梨大学となる。

［マーク類］シンボルマークは、葡萄の房がモチーフ。商標登録済。

◇元気生活ナビゲーター　げんきせいかつなびげーたー　［機械］
　生活習慣病予防を目的として開発された生活習慣改善のためのツール。医学工学総合研究部の山縣然太朗教授の手によるもの。健康診断の検査結果と生活習慣を評価する健康度評価の結果を科学的な根拠に基づいて評価し、新しい解析方法によって、健康状態と現状の生活習慣の関係をわかりやすくグラフ化し、改善すべき生活習慣の優先順位をつけるものである。提示された項目により、日ごろの生活習慣ですぐに改善すべきものが何であるかを知ることができる。山梨大学発ベンチャー企業の株式会社プリメドジャパン（中央市）取り扱い。なお、「元気生活ナビゲーター」は、2005（平成17）年5月商標登録済（第4865396号）。権利者は、有限会社山梨地域医療研究所。有限会社山梨地域医療研究所は、現在の株式会社プリメド・ジャパン。

◇山梨大学ワイン11種　やまなしだいがくわいんじゅういっしゅ　［飲料（酒類）］
　山梨県内のワイナリーとの連携により生まれたワイン。栽培からワイン醸造まで一貫した技術を総合的に研究している山梨大学ワイン科学研究センター（甲府市）において開発された技術をもとに、地元ワイナリー4社と共同で商品化した。フジッコワイナリー株式会社（甲州市）からは樽甲州、樽発酵、山梨ぶらん、山梨るーじゅの4種類、サッポロワイン株式会社（東京都渋谷区）勝沼ワイナリーからは山梨甲州勝沼遅摘み、山梨甲州シュール・リー2003、山梨マスカットベリーA遅摘み2005、山梨甲州2006の4種類、メルシャン株式会社（東京都中央区）からは山梨大学ワイン甲州、山梨大学ワイン山梨カベルネ＆ベリーAの2種類、まるき葡萄酒株式会社（甲州市）からはヤマソービニオンワインの1種類、計11種。いずれも山梨県産甲州葡萄100％使用。

長野県

信州大学　［国立］

　　［所在地］〒390-8621　長野県松本市旭3-1-1
　　［TEL］0263-35-4600
　　［URL］http://www.shinshu-u.ac.jp/
　　［設置者］国立大学法人信州大学
　　［キャンパス］長野キャンパス（長野市）/松本キャンパス（松本市）/南箕輪キャンパス（上伊那郡南箕輪村）
　　［沿革・歴史］1949（昭和24）年、松本医科大学・松本高等学校・長野師範学校・長野青年師範学校・松本医学専門学校・長野工業専門学校・上田繊維専門学校・長野県立農林専門学校を統合し、信州大学を設置。2004（平成16）年4月、国立大学法人信州大学となる。
　　［マーク類］シンボルマークは、2006（平成18）年2月に決定。信州大学の頭文字「S」と信州の大空を雄々しく舞う鳥をモチーフにしたもの。同年9月、商標登録済（第4984139号）。

◇コシヒカリ　［食品］

農学部附属アルプス圏フィールド科学教育研究センター構内ステーション農場（上伊那郡南箕輪村）の水田で、学生実習により栽培された米。現在は、2009（平成21）年産のものを販売中。価格は、玄米（低農薬栽培）30kg入り1万円、白米（低農薬栽培）5kg入り2000円、10kg入り3900円。アルプス圏フィールド科学教育研究センター生産品販売所取り扱い。

◇化粧品　けしょうひん　［美容］

繊維学部村上泰教授等の研究をいかしてつくられた株式会社ノエビア（東京本社：東京都中央区　神戸本社：兵庫県神戸市中央区）の化粧品。村上研究室では、触媒ゾルゲル法に関する研究がすすめられており、溶液から化学反応をおこしてさまざまな材料を合成する技術がある。そのゾルゲル法の技術を用い、紫外線を吸収する効果がある酸化チタンをナノレベルの薄片にして合成、紫外線吸収材料がつくられた。その紫外線吸収材料を用いた化粧品が、株式会社ノエビアによって製品化された。

◇高嶺ルビーはちみつ　たかねるびーはちみつ　［調味料］
　赤い花のそば・高嶺ルビーからとれるそば蜂蜜。一般的なはちみつの約100倍の抗酸化活性をもち、酸化防止に役立つポリフェノール類を豊富に含んでいる。このそばは氏原暉男教授がネパールの3800mの高地で発見し、タカノ株式会社（上伊那郡宮田村）と共同でおこなわれた品種改良の末に高嶺ルビーとして品種登録したもの。花が極めて小さいため、蜜は体の小さい日本蜜蜂にしか蜜を採取することができない。強い生命力を持つ赤そばと現在では希少となった日本みつばちの出会いから生まれたはちみつである。そば蜂蜜特有の癖がなく、上品な甘み、花の香りがある。非加熱無添加の伝統的製法でつくられている。価格は、80gで3150円（税込）、350gが9975円（税込）。タカノ株式会社取り扱い。なお、「高嶺ルビー」は、2005（平成17）年6月に商標登録済（第4872560号）。権利者は、タカノ株式会社。

◇山ぶどうワイン　やまぶどうわいん　［飲料（酒類）］
　農学部附属アルプス圏フィールド科学教育研究センター構内ステーション農場（上伊那郡南箕輪村）で栽培された山ぶどうを使ったワイン。製造は、株式会社林農園（塩尻市）。農学部と林農園は、山ぶどうの品種改良試験を長期間にわたり続け、平地でも栽培が可能な品種であるゴイチアムレンシスを共同開発。そのゴイチアムレンシスが原料のワイン。山ぶどう独自のきりっとした酸味と香りが特徴で深みのある濃い赤紫色をしている。ラベルは、信州大学のオリジナルラベル。価格は、1本720mlで2500円。アルプス圏フィールド科学教育研究センター生産品販売所取り扱い。なお、「ゴイチアムレンシス」は、2002（平成14）年4月に商標登録済（第4563716号）。権利者は、株式会社林農園。

◇リンゴジャム　［菓子］
　農学部附属アルプス圏フィールド科学教育研究センター構内ステーション農場（上伊那郡南箕輪村）で収穫されたりんごとグラニュー糖だけでつくられたジャム。価格は、200g入り320円。アルプス圏フィールド科学教育研究センター生産品販売所取り扱い。

◇リンゴジュース　［飲料］
　農学部附属アルプス圏フィールド科学教育研究センター構内ステーション農場（上伊那郡南箕輪村）で収穫されたりんご（ふじ）を絞ってつくられたジュース。価格は、1000ml入り450円。アルプス圏フィールド科学教育研究センター生産品販売所取り扱い。

松本大学・松本大学松商短期大学部　長野県

◇信州大学オリジナルグッズ　しんしゅうだいがくおりじなるぐっず　［大学グッズ］
　　大学のオリジナルグッズ。2006（平成18）年に商標登録されたシンボルマーク入りのグッズが多い。商品としては、クラッチバッグ（全5色）各580円、クリアホルダー73円、サーモマグ850円、シャープペン（全8色）各84円、信州大学饅頭（信大まんじゅう）小6個入り900円・大10個入り1400円、トートバッグ（ブラウン・ブラック）各980円、トラッドマグ（全5色）各580円、ネクタイ（えんじ・グリーン）各3800円、バーナーライター100円、半袖ポロシャツ（ネイビー・ブラック・ホワイト）1900円、PUREMALTシャープペン1400円、PUREMALTボールペン1400円、ポストイット210円、ボールペン（全8色）各84円、湯のみ504円（価格はすべて税込）。信州大学生活協同組合取り扱い。

松本大学・松本大学松商短期大学部　［私立］

　　［所在地］〒390-1295　長野県松本市新村2095-1
　　［TEL］0263-48-7200
　　［FAX］0263-48-7290
　　［URL］http://www.matsumoto-u.ac.jp/matsumoto_u/
　　［設置者］学校法人松商学園
　　［創立者］（私立戊戌学会）木沢鶴人
　　［沿革・歴史］〈松本大学〉2002（平成14）年4月、松本大学が開学。〈松本大学松商短期大学部〉1953（昭和28）年1月、松商学園短期大学の設置認可を受ける。2001（平成13）年10月、松本大学松商短期大学部と改称。
　　［マーク類］校章は、ギリシャ神話の商業の神・ヘルメスを象徴する「羽」と「二匹のヘビ」、そして松商の「松」の文字を図案化したもの。

◇こっふる　［菓子］
　　短期大学部で地産地消について学んだ学生たちを中心に、加工組合さくら「あずさ夢工房」（松本市）との共同開発でつくられた焼菓子。地場産米粉を材料とするワッフル。ベースにした生地に、発芽玄米粉やもち粉が加えられている。プレーン・抹茶あずき・りんごの3種類。価格は、プレーン160円、抹茶あずき180円、りんご180円。2009（平成21）年3月に完成発表がおこなわれた。加工組合さくら「あずさ夢工房」取り扱い。なお、「こっふる」は、2009（平成21）年6月、学校法人松商学園　松本大学を出願人として商標出願されている（商願2009-52183）。

◇**ぺんぺんと仲間たち**　ぺんぺんとなかまたち　［キャラクター（大学）］
松本大学・松本大学松商短期大学部のオリジナルキャラクター。着ぐるみ型。キャラクター紹介ページ（http://www.matsu.ac.jp/matsumoto_u/penpen.html）からはスクリーンセーバがダウンロードでき、携帯サイトからも待受画面がダウンロード可能。

岐阜県

大垣女子短期大学　［私立］

［所在地］〒503-8554　岐阜県大垣市西之川町1-109
［TEL］0584-81-6811
［FAX］0584-81-6818
［URL］http://www.ogaki-tandai.ac.jp/
［設置者］学校法人大垣女子短期大学
［沿革・歴史］1969（昭和44）年4月、大垣女子短期大学が開学。
［マーク類］1969（昭和44）年の開学時に学章を制定。中心には、大垣市の市章があしらわれている。1991（平成3）年、創立20周年を記念して制定。大垣（Ogaki）のOを楕円形に見立て、小楕円形から大楕円形へと向かう時、創造と自己の拡大を、また逆の形の関係に、エネルギーを凝縮することで得られる集中力と充実を表現したもの。

◇みずっきー　［キャラクター（大学）］
大学のマスコットキャラクター。2001（平成13）年、学内公募で誕生。大学のある大垣は、国内有数の地下水の自噴帯であり、昔から「水都」として知られる。そこから水の雫をモチーフにしたキャラクター・みずっきーが生まれた。頭部には若木の葉がある。オープンキャンパスなどで活躍中。オープンキャンパスではみずっきーグッズが配布されている。なお、みずっきーに関する商標が、2004（平成16）年6月に登録された（第4780026号・第4778448号）。権利者は、学校法人大垣女子短期大学。

岐阜女子大学　［私立］

［所在地］〒501-2592　岐阜県岐阜市太郎丸80
［TEL］058-229-2211
［FAX］058-229-2222
［URL］http://www.gijodai.jp/

［設置者］学校法人杉山女子学園
　［沿革・歴史］1968（昭和43）年、岐阜女子大学を開学。

◇ぎじょにゃん　［キャラクター（図書館）］
　図書館のマスコットキャラクター。法被を着ている。バーチャル図書館の案内役など図書館広報に活躍中。岐阜女子大学図書館（http://libwww.gijodai.ac.jp/）に拠れば、図書館の蔵書は約12万冊で、書庫の本はすべて開架。

岐阜大学　［国立］

　［所在地］〒501-1193　岐阜県岐阜市柳戸1-1
　［TEL］058-230-1111
　［URL］http://www.gifu-u.ac.jp/
　［設置者］国立大学法人岐阜大学
　［沿革・歴史］1949（昭和24）年5月、岐阜県師範学校・岐阜青年師範学校・岐阜県立医科大学・岐阜県立大学工学部・岐阜農林専門学校を統合し、岐阜大学を設置。2004（平成16）年4月、国立大学法人岐阜大学となる。
　［マーク類］1999（平成21）年、公募でロゴマークを決定。2006（平成18）年、学章を制定。1949（昭和24）年開校直後から使用されていた校章を引き継いだもの。

◇仙寿菜　せんじゅさい　［食品］
　応用生物科学部・大場伸也教授がバングラデシュから野菜用アマランサスの種子改良をおこなってつくられた野菜。抗酸化作用をもつベタシアニンと呼ばれる色素を含み、葉色は赤紫色。美濃市「美濃にわか茶屋」で試験販売されている。なお、「仙寿菜」は、2009（平成21）年1月に商標登録済（第5196209号）。権利者は、国立大学法人岐阜大学。岐阜大学は、美濃仙寿菜研究会（美濃市）と商標使用許諾を結んでいる。

◇モノトランフィルム　［日用雑貨］
　工学部機能材料工学科材料プロセス工学の三輪實教授・武野明義准教授が開発し、株式会社ナック（関市）に技術指導して製品化された覗き見防止フィルム。高分子フィルムに対しミクロン単位で規則的なひび割れをつくり、正面からは見えるものの斜めからは見えない技術を開発した。携帯電話覗き見防止フィルムとして製品化された。

◇**たべよまいか**　［加工食品］

　冷凍キムチ。大学は原料となる減農薬栽培の白菜を安定供給するため、地域の農家の集まりである下野野菜組合（中津川市）と協力して、牛糞堆肥及び花崗岩の活用、土壌成分分析などを実施。こうして生産された原料を使用して、有限会社竹田商店（中津川市）が独自の製法により解凍後も離水が少なく新鮮な食感が味わえる冷凍キムチを製造した。業務用食品として販路拡大を目指している。たべよまいかとは、「食べようよ」の方言。なお、「たべよまいか」は、2009（平成21）年12月に商標登録済（第5286399号）。権利者は、有限会社竹田商店。

静岡県

静岡県立大学　[公立]

[所在地]〒422-8526　静岡県静岡市駿河区谷田52-1
[TEL]054-264-5102
[URL]http://www.u-shizuoka-ken.ac.jp/
[設置者]静岡県公立大学法人
[沿革・歴史]1987(昭和62)年4月、静岡薬科大学・静岡女子大学・静岡女子短期大学を改組・統合し、静岡県立大学が開学。2007(平成19)年4月、静岡県公立大学法人静岡県立大学となる。
[マーク類]校章は、日本のシンボルである富士山とそこにはばたく若鳥をイメージしたもの。

◇**GABA茶**　ぎゃばちゃ　[飲料]

食品栄養科学部食品栄養科学科・横越英彦教授と株式会社葉桐(静岡市葵区)との共同研究によって生まれたGABA茶。GABAとは、Gamma-Amino Butyric Acid(γ-アミノ酪酸)の頭文字を取ったもので、植物や動物、人間の体内にも存在する天然アミノ酸のひとつ。脳内では抑制性の神経伝達物質として働いている。血圧上昇抑制効果もあると言われる。GABA茶は独自の釜炒製法でつくられている。緑茶の生葉を酸素から遮断することで茶のGABA成分を増加させている。価格は、ティーバッグ(5g×20個入り)2100円、リーフ(100g入り)2100円、微粉末(0.4g×30個入り)2100円(すべて税込)。株式会社葉桐取り扱い。

静岡大学　[国立]

[所在地]〒422-8529　静岡県静岡市駿河区大谷836
[TEL]054-237-1111
[URL]http://www.shizuoka.ac.jp/
[設置者]国立大学法人静岡大学

静岡理工科大学　　　　　　　　静岡県

　　［キャンパス］静岡キャンパス（静岡市駿河区）／浜松キャンパス（浜松市中区）
　　［沿革・歴史］1949（昭和24）年6月、静岡高等学校・静岡第一師範学校・静岡
　　　第二師範学校・静岡青年師範学校・浜松工業専門学校を統合し、静岡大学
　　　が発足。2004（平成16）年4月、国立大学法人静岡大学となる。
　　［マーク類］1999（平成11）年、学章を制定。1949（昭和24）年の開校直後に学
　　　内応募で採用された図案を元につくられた静岡大学バッジを修正したもの。

◇しずっぴー　［キャラクター（大学）］
　　大学のキャンパス・キャラクター。静岡大学のしずっぴー紹介ページ（http://www.shizuoka.ac.jp/shizuppy.html）に拠れば、2004（平成16）年3月、富士山をモチーフにした無名のキャラクターとしてウェブサイトに初登場。2005（平成17）年10月、公募によりしずっぴーと命名された。広報・イベントなどに登場し活躍している。広報用のしずっぴーグッズには、うちわ・液晶画面クリーナー・クリアファイル付きPPバック・キーホルダー・静茶飴・シャープペン・ストラップ・茶せんべい・のぼり・リングノート・腕章などがある。なお、「しずっぴー」は、2007（平成19）年5月に商標登録済（第5047840号）。権利者は、国立大学法人静岡大学。

◇ハイブリッド木質チェア　はいぶりっどもくしつちぇあ　［日用雑貨］
　　農学部環境森林科学科・鈴木滋彦教授とノギムラカンパニー（静岡市駿河区）の野木村敦史氏による共同研究で生まれた椅子。重厚な印象を与えるウオールナット材と軽さが特徴の桐・杉材など異なる材木を積層接合してつくられている。積層接着のための接合構造を新開発したことによって、強度低下が防がれた。それによって軽量でかつ高強度な椅子が完成。特注製作品。ノギムラカンパニー取り扱い。

静岡理工科大学　［私立］

　　［所在地］〒437-8555　静岡県袋井市豊沢2200-2
　　［TEL］0538-45-0111
　　［FAX］0538-45-0110
　　［URL］http://www.sist.ac.jp/
　　［設置者］学校法人静岡理工科大学
　　［沿革・歴史］1991（平成3）年4月、静岡理工科大学が開学。
　　［マーク類］大学ロゴマークは、静岡理工科大学の頭文字「S」をモチーフに

◇お理工ちゃん　おりこうちゃん　［キャラクター（大学）］
　2006（平成18）年、大学限定の茶「お理工茶」のキャラクターとして誕生。「お理工ちゃんが行く！」（http://www.sist.ac.jp/orikou/index.html）では受験生や学外者に向けて、静岡理工科大学を紹介している。現在では、スポーツお理工ちゃん・フラワーお理工お姉さんなどのキャラクターもおり、仲間が増えてきている。なお、お理工ちゃんに関する商標は、2008（平成20）年10月に登録されている（第5172994号・第5175325号）。権利者は、学校法人静岡理工科大学。

日本大学〈国際関係学部〉　［私立］

［所在地］〒411-8555　静岡県三島市文教町2-31-145
［TEL］055-980-0801
［URL］http://www.ir.nihon-u.ac.jp/
［設置者］学校法人日本大学
［創立者］（日本法律学校）山田顕義
［キャンパス］国際関係学部（三島市）/法学部　三崎町キャンパス（東京都千代田区）/法学部　大宮キャンパス（埼玉県さいたま市見沼区）/文理学部（東京都世田谷区）/商学部（東京都世田谷区）/芸術学部　江古田キャンパス（東京都練馬区）/芸術学部　所沢キャンパス（埼玉県所沢市）/理工学部　駿河台キャンパス（東京都千代田区）/理工学部　船橋キャンパス（千葉県船橋市）/生産工学部　実籾キャンパス（千葉県習志野市）/生産工学部　津田沼キャンパス（千葉県習志野市）/工学部（福島県郡山市）/医学部（東京都板橋区）/歯学部（東京都千代田区）/松戸歯学部（千葉県松戸市）/生物資源科学部（神奈川県藤沢市）/薬学部（千葉県船橋市）
［沿革・歴史］1889（明治22）年10月、山田顕義が日本法律学校を設立。1903（明治36）年8月、日本大学と改称。1921（大正10）年4月、東洋歯科医学専門学校を合併。1925（大正14）年3月、日本大学専門学校を設置（現在の近畿大学）。1951（昭和26）年11月、東京獣医畜産大学を吸収合併。1971（昭和46）年2月、日本大学松戸歯科大学を設置。1975（昭和50）年10月、日本大学松戸歯科大学を廃止（現在の松戸歯学部）。
［マーク類］2007（平成19）年制定のロゴマークは、「Nドット」と呼ぶ。スクールカラーの「緋色」を基調とし、頭文字「N」を力強く躍動感のある字体で表している。「N」の後の赤い丸印は、建学の精神である「日本精神」「日

本の伝統・文化の尊重」と共に「輝く太陽」を意識している。

◇箱根甘しょ畑　はこねかんしょばたけ　［菓子］
　箱根西麓野菜である山北印の三島甘藷を使用した焼き菓子。国際関係学部金谷尚知教授のゼミ「Kanaya-seminarたんぽぽ」の6期生が、地域活性化を図り、「箱根越え」をコンセプトに企画した。三島甘藷の素朴な風味を生かしたクリームをスポンジケーキでサンドしたふわふわのオムレット。より多くの人に三島を知ってもらうため、箱根土産として販売を開始した。売上の一部は、カンボジアの小学校への給水塔寄付に使われる。

◇みしまんじゅう　［菓子］
　三島馬鈴薯を餡に使った一口サイズのまんじゅう。国際関係学部金谷尚知教授のゼミ「Kanaya-seminarたんぽぽ」の5期生が、地域アピールのため三島特産の馬鈴薯を素材として企画、試行錯誤を経て商品化した。ホクホクした食感が特徴の三島馬鈴薯をモチモチした口当たりのよい生地で包み、一口食べると素朴な甘みと香りが口の中いっぱいに広がる。三島の歴史と文化を載せたパッケージとしおりのデザインもゼミ生が作成。オリジナルキャラクター「じゃが子」が三島をわかりやすく紹介している。売上の一部は、カンボジアの小学校への給水塔寄付に使われる。なお、「みしまんじゅう」は、2007（平成19）年8月に商標登録済（第5068886号）。権利者は、東京宝株式会社。東京宝株式会社は、株式会社TTC（熱海市）の前社名。

浜松医科大学　［国立］

　［所在地］〒431-3192　静岡県浜松市東区半田山1-20-1
　［TEL］053-435-2111
　［URL］http://www.hama-med.ac.jp/
　［設置者］国立大学法人浜松医科大学
　［沿革・歴史］1974（昭和49）年6月、浜松医科大学を設置。2004（平成16）年4月、国立大学法人浜松医科大学となる。

◇エンゼルストーク　［医療・健康］
　アミノ酸の一種であるアルギニンとビタミンB群の一種である葉酸を含むサプリメント。アルギニンは体をつくるアミノ酸の一つで、葉酸は、物を分解してエネルギーを作り出し、他の栄養素の働きをスムーズにする潤滑油の役

目も果たす。ダイエットや毎日の健康管理にはもちろん、特に葉酸は赤血球の形成を助け胎児の発育に役立つため、妊婦や妊娠を考える人に最適の栄養素である。1日1本を目安に飲用。内容量は、1本50ml。価格は、10本入り×3箱で8400円。株式会社豊橋キャンパスイノベーション（愛知県豊橋市）取り扱い。なお、「エンゼルストーク」は、2009（平成21）年8月に国立大学法人浜松医科大学を出願人として商標出願（商願2009-65645）。

愛知県

愛知大学　［私立］

[所在地]〒441-8522　愛知県豊橋市町畑町1-1
[TEL]0532-47-4111
[URL]http://www.aichi-u.ac.jp/
[設置者]学校法人愛知大学
[キャンパス]豊橋キャンパス（豊橋市）/名古屋キャンパス（みよし市）/車道キャンパス（名古屋市東区）/新名古屋キャンパス（名古屋市中村区）※2012（平成23）年に開設予定
[沿革・歴史]1901（明治34）年5月、中国の上海に近衛篤麿が東亜同文書院を設立。1939（昭和14）年12月、東亜同文書院大学に昇格（のち敗戦により廃校）。1946（昭和21）年1月、愛知大学を設立。

◇**愛知大学オリジナルえびせんべい**　あいちだいがくおりじなるえびせんべい　［菓子］
　大学オリジナルパッケージのえびせんべい。製造は、卒業生の白藤嘉康氏が代表取締役をつとめる株式会社えびせんべいの里（知多郡美浜町）。パッケージには、同じく卒業生で日本画家の平松礼二氏のスケッチが用いられている。価格は、1050円（税込）。愛知大学校友課（愛知大学同窓会事務局）取り扱い。

◇**愛知大学オリジナルスカーフ**　あいちだいがくおりじなるすかーふ　［服装］
　卒業生の日本画家・平松礼二氏「日本の新しい朝の光」をモチーフにしたスカーフ。価格は、1000円（税込）。愛知大学校友課（愛知大学同窓会事務局）取り扱い。

◇**愛知大学オリジナル扇子**　あいちだいがくおりじなるせんす　［日用雑貨］
　卒業生の日本画家・平松礼二氏「日本の新しい朝の光」をモチーフにした扇子。価格は、2000円（税込）。愛知大学校友課（愛知大学同窓会事務局）取り扱い。

◇**愛知大学オリジナルマグカップ**　あいちだいがくおりじなるまぐかっぷ
　［食器］
　卒業生の日本画家・平松礼二氏「日本の新しい朝の光」をモチーフにしたマグカップ。価格は、2000円（税込）。愛知大学校友課（愛知大学同窓会事務局）取り扱い。

∞∞

愛知文教大学　［私立］
　［所在地］〒485-8565　愛知県小牧市大草年上坂5969-3
　［TEL］0568-78-2211
　［FAX］0568-78-2240
　［URL］http://www.abu.ac.jp/
　［設置者］学校法人足立学園
　［創立者］（稲沢高等女学校）足立闇励、足立てる子
　［沿革・歴史］1998（平成10）年、愛知文教大学が開学。

∞∞

◇**あぶちゃん**　［キャラクター（大学）］
　大学のマスコットキャラクター。イラストレーター・村山尚子氏によるデザイン。両手で本を持っており、ズボン・スカートの左下には、愛知文教大学（AICHI BUNKYO UNIVERSITY）の略称「ABU」の文字がある。愛知文教大学のキャラクター紹介ページ（http://www.abu.ac.jp/character/）に拠れば、あぶちゃんは「花が大好きで、心優しくかわいいハナアブ」。また、「本は知識を求めようとする向学心を、二本の触覚はグローバルな情報の発信と受信をするアンテナをイメージして」いるという。受験生や保護者と大学のコミュニケーションをつくり、愛知文教大学の魅力を紹介する動画サイト「あぶちゃんSTATION」（http://abuchan.jp/）でも活躍中。

∞∞

金城学院大学　［私立］
　［所在地］〒463-8521　愛知県名古屋市守山区大森2-1723
　［TEL］052-798-0180
　［FAX］052-798-4462
　［URL］http://www.kinjo-u.ac.jp/
　［設置者］学校法人金城学院

金城学院大学　　　　　　　　　　愛知県

[創立者]（私立金城女学校）アニー・エドガー・ランドルフ
[沿革・歴史]1889（明治22）年、アニー・エドガー・ランドルフが私立金城女学校を設立。1927（昭和2）年、金城女子専門学校を設立。1949（昭和24）年、金城学院大学を設置。
[マーク類]1920（大正9）年、校章を制定。紅の十字形の中央に白百合。宗教的には十字架はキリストの贖罪を、白百合にはその復活を象徴しており、道徳的な意味としては紅の十字架は誠実または犠牲、奉仕を白百合は純潔の徳をあらわしている。商標登録済。

◇アロマ・デ・ライト　［日用雑貨］
2009（平成21）年の金城学院創立120周年・金城学院大学設立60周年記念グッズ。アロマ・デ・ライトは、株式会社遊歩人（熊本県上益城郡嘉島町）製造のアロマディフューザー。香りだけでなく、LEDのイルミネーションが楽しめ、リラックス空間づくりに最適。このアロマ・デ・ライトの表面に金城学院の校章が入っている。色は、ショコラブラウン・チェリーピンクの2種類。価格は、各6300円（税込）。金城学院大学生活協同組合取り扱い。なお、「アロマ・デ・ライト」は、2008（平成20）年商標登録済（第5183302号）。権利者は、株式会社遊歩人。

◇伊勢もめん風呂敷　いせもめんふろしき　［日用雑貨］
2009（平成21）年の金城学院創立120周年・金城学院大学設立60周年記念グッズ。ロゴと校章が刺繍された伊勢もめんの風呂敷。価格は、4000円（税込）。金城学院大学生活協同組合取り扱い。

◇オリジナルガラス製爪やすり　おりじなるがらすせいつめやすり　［日用雑貨］
2009（平成21）年の金城学院創立120周年・金城学院大学設立60周年記念グッズ。チェコ製ガラス爪やすり。通常のガラスより硬いガラスでつくられており、使用後は水で洗い流すだけで片付けられる。価格は、2300円（税込）。金城学院大学生活協同組合取り扱い。

◇オリジナルディルマ紅茶セット　おりじなるでぃるまこうちゃせっと
［飲料］
2009（平成21）年の金城学院創立120周年・金城学院大学設立60周年記念グッズ。純セイロン産の紅茶。ディルマの日本総代理店は、ワルツ株式会社（豊橋市）。商品は、金城学院のロゴマークが入った木製ボックスにおさめられている。価格は、3000円（税込）。金城学院大学生活協同組合取り扱い。

◇**金城オリジナルキティ**　きんじょうおりじなるきてぃ　［キャラクターグッズ］
2009（平成21）年の金城学院創立120周年・金城学院大学設立60周年記念グッズ。金城学院のオリジナルハローキティ。角帽をかぶっており、黒い服を着ている。胸には校章が入っている。価格は、600円（税込）。金城学院大学生活協同組合取り扱い。ハローキティは、株式会社サンリオ（東京都品川区）の登録商標。

◇**タオルハンカチ**　［日用雑貨］
2009（平成21）年の金城学院創立120周年・金城学院大学設立60周年記念グッズ。校章が刺繍されたタオルハンカチ。価格は、450円（税込）。金城学院大学生活協同組合取り扱い。

◇**田崎真珠製校章チャーム付ストラップ**　たさきしんじゅせいこうしょうちゃーむつきすとらっぷ　［日用雑貨］
金城学院創立120周年・金城学院大学設立60周年を記念して発売されたストラップ。校章のチャームがあしらわれている。真珠の養殖から加工・販売までを一貫体制でおこなっている田崎真珠（兵庫県神戸市中央区）のオリジナルケース・袋入り。ストラップカラーは、白とピンク・白のコンビの2種類。価格は、各2500円（税込）。金城学院大学生活協同組合取り扱い。

◇**ノリタケ製記念プレート**　のりたけせいきねんぷれーと　［記念品］
2009（平成21）年の金城学院創立120周年・金城学院大学設立60周年の記念として製作された数量限定プレート。ボーンチャイナで知られる株式会社ノリタケカンパニーリミテド（名古屋市西区）の製品。プレートには、金城学院高等学校榮光館と校章のモチーフである白百合が描かれている。価格は、8000円（税込）。金城学院大学生活協同組合取り扱い。

豊橋技術科学大学　［国立］

［所在地］〒441-8580　愛知県豊橋市天伯町雲雀ヶ丘1-1
［TEL］0532-47-0111
［URL］http://www.tut.ac.jp/
［設置者］国立大学法人豊橋技術科学大学
［沿革・歴史］1976（昭和51）年10月、豊橋技術科学大学が開学。2004（平成16）年4月、国立大学法人豊橋技術科学大学となる。
［マーク類］1996（平成8）年、開学20周年時におこなわれた公募で学章を制定。

学校イニシャル「T.U.T.」がモチーフ。また別に、「豊橋」「技術」の頭文字である2つの「T」を赤と黒で配色したコミュニケーションマークがある。「世界の産業を支える強い力(人材)の育成」がデザインコンセプト。コミニュケーションマークは、2009(平成21)年12月、国立大学法人豊橋技術科学大学を出願人として商標出願(商願2009-97496)。

◇バリアントール　［機械］
　色弱者の模擬体験ができる世界初のメガネ型特殊フィルタ。情報工学系・中内茂樹教授と高知工科大学工学部・篠森敬三教授の研究をもとに、伊藤光学工業株式会社(愛知県蒲郡市)が光学フィルタとして実現。一般色覚者の意識を高め、すべての人に快適な色環境を目指す「カラーユニバーサルデザイン」の理念を実践する上でも役立つ。姉妹品としてルーペ型のバリアントールパンケーキもある。価格は、色弱模擬フィルタバリアントール3万4500円、色弱模擬フィルタバリアントールパンケーキ1万9500円、色弱模擬フィルタバリアントールパンケーキP・D3万5500円(すべて税込)。伊藤光学工業株式会社取り扱い。なお、「VARIANTOR＼バリアントール」は、2008(平成20)年3月に商標登録済(第5116638号)。権利者は、伊藤光学工業株式会社。

同朋大学　［私立］

［所在地］〒453-8540　愛知県名古屋市中村区稲葉地町7-1
［TEL］052-411-1113
［FAX］052-411-0333
［URL］http://www.doho.ac.jp/
［設置者］学校法人同朋学園
［創立者］(真宗専門学校)住田智見
［沿革・歴史］1921(大正10)年、住田智見が真宗専門学校を設立。1950(昭和25)年、東海同朋大学と改称。1959(昭和34)年、同朋大学と改称。
［マーク類］シンボルマークは、2002(平成14)年12月、商標登録済(第4632132号)。

◇えつぞう　［キャラクター(大学)］
　大学の広報キャラクター。同朋大学えつぞうブログ「えつぞう君の日常」(http://www.etsuzo.com/)に拠れば、インドから来た象。ブログでは、「同朋大学で見聞きしたおもしろい情報を楽しく伝えて」いるという。

名古屋大学　［国立］

[所在地]〒464-8601　愛知県名古屋市千種区不老町
[TEL]052-789-5111
[URL]http://www.nagoya-u.ac.jp/
[設置者]国立大学法人名古屋大学
[キャンパス]東山キャンパス（名古屋市千種区）／鶴舞キャンパス（名古屋市昭和区）／大幸キャンパス（名古屋市東区）／豊川キャンパス（豊川市）
[沿革・歴史]〈名古屋大学〉1871（明治4）年、仮病院・仮医学校を設立。1876（明治9）年、公立医学所と改称。1878（明治11）年、公立医学校と改称。1881（明治13）年、愛知医学校と改称。1901（明治34）年、愛知県立医学校と改称。1903（明治36）年、愛知県立医学専門学校と改称。1920（大正9）年、愛知医科大学と改称。1931（昭和6）年、名古屋医科大学と改称。1939（昭和14）年、名古屋帝国大学と改称。1947（昭和22）年、名古屋大学と改称。〈第八高等学校〉1908（明治41）年、第八高等学校が開校。〈名古屋経済専門学校〉1920（大正9）年、名古屋高等商業学校が開校。1944（昭和19）年、名古屋工業経営専門学校・名古屋経済専門学校に分離。1946（昭和21）年、名古屋工業経営専門学校・名古屋経済専門学校を統合し、名古屋経済専門学校と改称。〈岡崎高等師範学校〉1945（昭和20）年、岡崎高等師範学校が開校。〈統合〉1949（昭和24）年、名古屋大学・第八高等学校・名古屋経済専門学校・岡崎高等師範学校を統合し、名古屋大学を設置。2004（平成16）年4月、国立大学法人名古屋大学となる。
[マーク類]1998（平成10）年、学章を正式規定。Nagoya Universityの頭文字「nu」に篆書体の「名大」を合成したもの。通称は、NUマーク。1958（昭和33）年に学生公募で選ばれた学生バッジのデザインがもとになっている。2005（平成17）年1月、商標登録済（第4832351号）。

◇LEDノベルティー（キーライト・コースター）　［機械］

LEDを使ったキーライトとコースター。青色発光ダイオード（青色LED）は、1989（平成元）年、半導体工学・電子材料学を専門とする赤﨑勇特別教授が窒化物半導体のPh接合に成功して、その開発の基礎を築いた。その後、青色や緑色、白色LEDは、世界の至るところで用いられるようになっている。LEDノベルティー（キーライト・コースター）は、そのLED開発を記念して作製されたもの。キーライトには、長寿命の白色LEDがキーチェーンに取り付けられており、暗所で物を捜す際に便利。コースターは、物を置くとLEDの光が放射される。価格は、キーライト1000円（税込）、コースター1800円（税込）。名古屋大学消費生活協同組合取り扱い。

名古屋大学　　　　　　　　　　愛知県

◇ドライミスト　［機械］
　人工的な霧を噴出し、液体から気体に変化する際に生じる気化熱を利用して気温を下げ快適さをつくりだす冷却装置。発案者は辻本誠教授（当時は名古屋大学所属、現在は東京理科大学工学部第二部教授）。名古屋大学大学院環境学研究科・清水建設株式会社（東京都港区）・能美防災株式会社（東京都千代田区）・中部電力株式会社（名古屋市東区）・株式会社川本製作所（名古屋市中区、研究にあたったのは岡崎工場）・株式会社トーキン（弥富市）が共同開発した。2005（平成17）年の「愛・地球博」で初めて実用化された。ノズルから噴霧された1000分の16ミリという微細な水滴が、瞬時に気化する際に周囲の空気から熱を奪い、気温を2～3℃低下させる効果が期待できる。極めて微細な粒子のドライミストは、蒸散作用に優れているため、人に触れても濡れるという感触がほとんどない。気温・湿度・風などの気象条件に応じた自動運転により、電気や水の使用を極力抑えることができる。ステンレス配管を採用し上水道を直接使用することで、衛生面に十分配慮しているなどの特長がある。現在では全国各地の設置場所も拡大し、地球温暖化対策・ヒートアイランド対策に貢献している。なお、ドライミストは、能美防災株式会社の登録商標。

◇名古屋大学クッキー　なごやだいがくくっきー　［菓子］
　学章が入ったオリジナルクッキー。プレーン（メープル）＆ココア2種類の詰め合わせ。価格は、6個入り630円（税込）、12個入り1260円（税込）。名古屋大学消費生活協同組合取り扱い。

◇BINAPグッズ　ばいなっぷぐっず　［文房具］
　ノーベル化学賞受賞者・野依良治特別教授にちなんだグッズ。1966（昭和41）年、野依良治教授は、銅原子を使った触媒で、右と左の光学異性体の生成量に差をつける不斉合成の手法を発見、世界で初めて作り分けに成功した。1980（昭和55）年には金属元素のロジウムを使った新たな触媒を開発し、複数のアミノ酸の光学異性体の左右をほぼ100％振り分けることに成功。この手法をさらに発展させ、新しい医薬品や食品添加物、香料などを安全かつ大量に生産することが可能となった。この"不斉合成"の業績が認められ2001（平成13）年、ノーベル化学賞を受賞。この不斉合成の触媒に用いた分子式（BINAP）のデザインが入ったものがグッズとして販売されている。A4クリアホルダー140円、A4レポート用紙260円、シャープペン110円がある。名古屋大学消費生活協同組合取り扱い。なお、「BINAP＼Chemistry」は2006（平成18）年3月商標登録済（第4938377号）。権利者は、国立大学法人名古屋大学。

◇名大飴　めいだいあめ　［菓子］
　「名大」の2文字が入った飴。価格は、210円（税込）。名古屋大学消費生活協同組合取り扱い。

◇名大絵はがき　めいだいえはがき　［記念品］
　大学オリジナルの絵はがき。価格は、8枚セット600円（税込）。名古屋大学消費生活協同組合取り扱い。

◇名大オリジナル扇子　めいだいおりじなるせんす　［日用雑貨］
　グリーンを基調とした大学カラーのオリジナル扇子。価格は、1000円（税込）。名古屋消費生活協同組合取り扱い。

◇名大珈琲　めいだいこーひー　［飲料］
　大学オリジナルパッケージのレギュラーコーヒー。価格は、500円（税込）。名古屋大学消費生活協同組合取り扱い。

◇名大祭キューピー　めいだいさいきゅーぴー　［キャラクターグッズ］
　大学限定のキューピーストラップ。名大祭実行委員が赤いはっぴを着、ねじりはちまきをした姿。価格は、500円（税込）。名古屋大学消費生活協同組合取り扱い。

◇名大地ビール　めいだいじびーる　［飲料（酒類）］
　地ビール・博石館ビール（岐阜県中津川市）の瓶に学章や大学キャンパスがデザインされたオリジナルラベルをはったもの。ラガー・ゴールデンエールの2種類がある。価格は、6本入り3600円、12本入り6000円。博石館ビール取り扱い。

◇名大せんべい　めいだいせんべい　［菓子］
　学章の焼印がほどこされた株式会社亀井堂総本店（神戸市中央区）製造の瓦せんべい。価格は、18枚入り750円（税込）。名古屋大学消費生活協同組合取り扱い。

◇名大ネクタイピン　めいだいねくたいぴん　［服装］
　大学の学章が入ったネクタイピン。学章のほかに「Nagoya University Established 1939」の文字がある。価格は、1000円（税込）。名古屋大学消費生活協同組合取り扱い。

◇名大ピンバッジ　めいだいぴんばっじ　［日用雑貨］
　大学の学章型のピンバッジ。価格は、600円（税込）。名古屋大学消費生活協同組合取り扱い。

◇名大プティゴーフル　めいだいぷてぃごーふる　［菓子］
　大学オリジナルパッケージのプチゴーフル。価格は、6枚（2枚×3種類）入りで450円（税込）。名古屋大学消費生活協同組合取り扱い。

◇名大マーク入りオリジナルエコマイ箸　めいだいまーくいりおりじなるえこまいはし　［食器］
　学章入りの携帯用のマイ箸。マイ箸を使うことで割箸の使用量が減るため、結果として森林伐採を防ぎエコにつながる。価格は、800円（税込）。名古屋大学消費生活協同組合取り扱い。

◇名大饅頭　めいだいまんじゅう　［菓子］
　学章の焼印がほどこされた饅頭。製造は、金シャチ焼本舗（名古屋市）。価格は、1箱12個入り1050円（税込）。名古屋大学消費生活協同組合取り扱い。

◇名古屋大学オリジナルグッズ（文房具）　なごやだいがくおりじなるぐっず（ぶんぼうぐ）　［文房具］
　大学の学章が入ったオリジナル文房具。商品としては、学章入りクリアホルダ84円、学章入りレポート用紙252円、金のしおり（豊田講堂デザイン）788円、トリプルペン2500円、名大オリジナルノート（B5）120円、名大シャープペン84円、名大ボールペン84円、Valentinoシャープペン1700円、Valentinoボールペン1700円などがある（価格はすべて税込）。名古屋大学消費生活協同組合取り扱い。

南山大学　［私立］
　［所在地］〒466-8673　愛知県名古屋市昭和区山里町18
　［TEL］052-832-3111
　［URL］http://www.nanzan-u.ac.jp/
　［設置者］学校法人南山学園
　［創立者］（南山中学校）ヨゼフ・ライネルス
　［キャンパス］名古屋キャンパス（名古屋市昭和区）/瀬戸キャンパス（瀬戸市）
　［沿革・歴史］1949（昭和24）年4月、南山大学を設立。

[マーク類]2002(平成14)年、エンブレム(校章)・校名ロゴ・コミュニケーションロゴを制定。エンブレムとコミュニケーションロゴは、クロス(十字架)をモチーフにしたもの。商標登録済。

◇学長ストラップ　がくちょうすとらっぷ　[日用雑貨]
　2008(平成20)年4月に第6代学長に就任したミカエル・カルマノ学長のオリジナルストラップ。名前にちなみ、キャラクター化された学長が美蛙(ミカエル)を抱いているデザイン。価格500円(税込)。株式会社エヌ・イー・エス取り扱い。

◇南山大学オリジナルグッズ　なんざんだいがくおりじなるぐっず　[大学グッズ]
　大学のオリジナルグッズ。2002(平成14)年7月制定のエンブレムを用いた商品が多い。商品としては、アルバム1500円、A4クリアファイル70円、キャップ(白)1000円、蛍光マーカー120円、シャープペンシル240円、タオルハンカチ450円、長袖Tシャツ1300円、南山クッキー315円、バインダー550円、半袖Tシャツ1000円、ページアップ500円、ボールペン240円、ポロシャツ(グレー)1500円(白)2200円、蒔絵写真立て2200円、蒔絵ボールペン1900円、650円、名刺入れ2200円、銘々皿1000円、ルーズリーフ150円、レポートパッド190円などがある(価格はすべて税込)。株式会社エヌ・イー・エス取り扱い。

三重県

三重大学　［国立］

[所在地]〒514-8507　三重県津市栗真町屋町1577
[TEL]059-232-1211
[URL]http://www.mie-u.ac.jp/
[設置者]国立大学法人三重大学
[沿革・歴史]1949（昭和24）年5月、三重師範学校・三重青年師範学校・三重農林専門学校を統合し、三重大学を設置。2004（平成16）年4月、国立大学法人三重大学となる。
[マーク類]2009（平成21）年、学章とロゴを新たに制定。2009（平成21）年8月商標登録済（第5261090号）。

◇黒にんにく　くろにんにく　［加工食品］

生物資源学部生命科学専攻の田口寛教授と三健食品株式会社（伊勢市）の共同研究によって開発された黒ニンニク。伊勢志摩八片は、40年以上前から伊勢志摩地方で栽培されている在来品種のにんにくで、原種は壱岐ノ島で栽培されていた壱岐早生にんにく。中身だけが黒い。ポリフェノールの含有量は生にんにくの10倍以上であることが分析データから明らかになっている。

◇三重大學（梅酒）　みえだいがく（うめしゅ）　［飲料（酒類）］

資源学部資源循環学科・津市商工観光部・寒紅梅酒造株式会社（津市）の産学官連携事業で生まれた梅酒。地域活性化のため、学生のインターンシップとして製造がおこなわれた。原料には、大学の農場で品種改良をおこなった酒米・弓形穂からできた日本酒、南牟婁郡紀宝町の南高梅が用いられた。600本限定品。価格は、1本720ml入り2000円。寒紅梅酒造株式会社取り扱い。なお、弓形穂は国立大学法人三重大学を権利者として2009（平成21）年2月に商標登録済（第5205483号）。

◇三重大学カレー　みえだいがくかれー　［加工食品］

大学院生物資源学研究科の練習船・勢水丸で出されたカレーを商品化したもの。2009（平成21）年、新船の勢水丸が竣工したことを記念して生まれた。製

造は、ヤマモリ株式会社（桑名市）。レトルト商品。宗田鰹の粉末を加えた和風のカレー。2009（平成21）年10月発売開始。価格は、1袋180g入り300円（税込）。三重大学生活協同組合取り扱い。なお、翠陵会館にあるレストラン・ぱせおでは、下記のメニューが食べられる。三重大学カレー420円、三重大学カレー（サラダ付）520円、三重大学カレー（カツカレー）630円。

◇**RAease** ［医療・健康］
関節リウマチを改善するためのサプリメント。関節リウマチの治療は投薬が主で副作用に悩む患者も多数いることから、投薬量を減らしつつ薬と併用できるものとして開発された。医学部・イシダファーマ株式会社（津市）・株式会社アミノアップ化学（北海道札幌市清田区）による共同開発。GCPというフラボノイドを主成分とし、そこに関節軟骨の修復をうながすグルコサミンやビタミンC、コラーゲンなどを配合して、2005（平成17）年、RAeaseの商品化に成功した。炎症反応を抑制、免疫機能を調整する働きがある。なお、RAeaseに関する商標が2005（平成17）年7月に登録済（第4881266号）。権利者は、株式会社アミノアップ化学。

◇**ラムナノハイジャン** ［医療・健康］
海藻ヒトエグサを用いた健康補助食品。医学部分子病態学講座・鈴木宏治教授のもとで研究された。ヒトエグサは緑藻の一種で、三重県では全国一の生産量を誇る。このヒトエグサに含まれる植物繊維がラムナン。水溶性硫酸化多糖体には、消化や吸収をおだやかにする効果があるとされている。ラムナノハイジャンは、ラムナンを豊富に含む商品。価格は、1箱30袋入り7800円（税込）、90袋入り2万1800円（税込）。ラムナン株式会社（東京都渋谷区）取り扱い。なお、「Rhamnanohygeian＼ラムナノハイジャン」は2008（平成20）年6月に商標登録済（第5142390号）。権利者は、江南化工株式会社（四日市市）。

滋賀県

滋賀医科大学　［国立］

[所在地]〒520-2192　滋賀県大津市瀬田月輪町
[TEL]077-548-2111
[URL]http://www.shiga-med.ac.jp/
[設置者]国立大学法人滋賀医科大学
[沿革・歴史]1974（昭和49）年10月、滋賀医科大学が開学。2004（平成16）年4月、国立大学法人滋賀医科大学となる。
[マーク類]1981（昭和56）年4月、学章を承認。1988（昭和63）年9月、2色に色彩化。同心円の中心に「医」の文字がある。「さざ波の滋賀」のさざ波と「一隅を照らす」光の波動とを組み合わせたもの。

◇パシオン　［機械］

医療廃棄物を安全に化学分解する装置。感染の危険性があるガーゼや注射器などの医療廃棄物は、焼却・埋立などによって処理されているが、処理費の増大や埋立地の不足、それに伴う不法投棄など多くの問題が指摘されていた。そこで、谷徹教授は草津電機株式会社（草津市）との共同研究により加熱酸化チタンの触媒反応を利用して医療廃棄物を水や炭酸ガスに分解・無害化する装置を開発。従来の処理方法に比べてダイオキシン類やCO_2排出量が抑えられるため、環境に優しくわずかな電気代で運転ができる。月に10tの処理能力があり、CO_2削減効果は年間19～45t。草津電機株式会社取り扱い。なお、「パシオン＼Pacion」は2008（平成20）年3月に商標登録済（第5119369号）。権利者は、草津電機株式会社。

◇滋賀医科大学オリジナルグッズ　しがいかだいがくおりじなるぐっず
[大学グッズ]

滋賀医科大学のオリジナルグッズ。特徴的な商品としては、信楽焼オリジナルマグカップ（黄・橙）各1000円がある。そのほかの商品としては、オリジナルスポーツタオル1500円、巾着（小　青・赤・黒・緑）各1890円、クリアホルダー73円、三色ボールペン252円、シャープペン84円ネクタイ（エンジ・グレー・紺）2625円（学章入り）5250円などがある（価格はすべて税込）。滋賀医

科大学生活協同組合取り扱い。

滋賀県立大学　　［公立］

[所在地]〒522-8533　滋賀県彦根市八坂町2500
[TEL]0749-28-8200
[FAX]0749-28-8470
[URL]http://www.usp.ac.jp/japanese/
[設置者]公立大学法人滋賀県立大学
[沿革・歴史]1950（昭和25）年4月、滋賀県立短期大学が開学。1995（平成7）年4月、滋賀県立大学が開学。2006（平成18）年、公立大学法人滋賀県立大学となる。
[マーク類]シンボルマークは、SHIGAの「S」と琵琶湖の「波紋」「波」をモチーフにしたもの。シンボルカラーは「琵琶湖ブルー」。

◇とんがりケンちゃん　［キャラクター（大学）］
大学オリジナルグッズのイメージキャラクター。オリジナルクッキーパッケージのメインキャラクターとして生まれた。人間文化学部学生のデザイン。えんぴつ塔（おとうさん）と図書情報センター（おかあさん）の子ども。父の跡を継ぐべく立派なえんぴつ塔になるため修行中。ケンちゃんのにせもの・あおくんもいる。

◇滋賀県立大学オリジナルグッズ　しがけんりつだいがくおりじなるぐっず　［大学グッズ］
大学のオリジナルグッズ。商品としては、エコバッグ515円。クッキーセット1050円。紙製手提げ袋100円。シールセット105円。シール大115円。シャーペン・ボールペン105円。Tシャツ1050円。ポストカードセット（5枚入り）500円などがある。滋賀県立大学生活協同組合取り扱い。

京都府

大谷大学　［私立］

　　［所在地］〒603-8143　京都府京都市北区小山上総町
　　［TEL］075-432-3131
　　［URL］http://www.otani.ac.jp/
　　［設置者］学校法人真宗大谷学園
　　［キャンパス］本部キャンパス（京都市北区）/湖西キャンパス（大津市）
　　［沿革・歴史］1665（寛文5）年、学寮を創設。1755（宝暦5）年、高倉学寮と改称。1868（慶応4）年、護法場を設置。1873（明治6）年、高倉学寮・護法場を貫練場と改称。1879（明治12）年、貫練教校と改称。1882（明治15）年、真宗大学寮と改称。1896（明治29）年、真宗大学を設置。1896（明治29）年、真宗高倉大学寮を設置。1907（明治40）年、高倉大学寮と改称。1911（明治44）年、真宗大学・高倉大学寮を併合して、真宗大谷大学と改称。1923（大正12）年、大谷大学を開設。
　　［マーク類］校章は、1899（明治32）年に初見。1901（明治34）年に現在の形となった。牡丹の葉を六枚組み合わせ、中央に篆書体で「大」の字を配したもの。真宗大谷派の抱牡丹紋に由来。2001（平成13）年、ロゴマークを制定。大学のシンボル・尋源館の尖塔と「目覚める人」がデザインコンセプト。

◇**オリジナルブックカバー**　［本］

　大学図書館のオリジナルブックカバー。大谷大学図書館は、2002（平成14）年4月に移転開館。大谷大学図書館のウェブページ（http://www.otani.ac.jp/kyo_kikan/library/nab3mq00000017f4.html）に拠れば、「蔵書数約76万冊を誇り、閲覧室には約10万冊の図書」があるという。その図書館のオリジナルブックカバーがウェブページよりダウンロードできる。そのほか、人文情報学科松川ゼミの学生が作成したブックカバーもある。

京都教育大学　［国立］

　　［所在地］〒612-8522　京都府京都市伏見区深草藤森町1

［TEL］075-644-8106
［URL］http://www.kyokyo-u.ac.jp/
［設置者］国立大学法人京都教育大学
［キャンパス］藤森学舎/第二学舎地区（ともに京都市伏見区）
［沿革・歴史］1876（明治9）年5月、京都府師範学校を創立。1944（昭和19）年4月、京都青年師範学校を設立。1949（昭和24）年5月、京都師範学校・京都青年師範学校を統合し、京都学芸大学を設置。1966（昭和41）年4月、京都教育大学と改称。2004（平成16）年4月、国立大学法人京都教育大学となる。
［マーク類］シンボルマークは、大学英字表記の頭文字「K.U.E.」を矩形と円形で表現したもの。それぞれの円形は発展・調和・進歩を意味している。ロゴタイプは、力強さとしなやかさをシャープで丸味のある形で表したもの。

◇ **そったくん**　［キャラクター（大学）］

大学のマスコットキャラクター。地域や社会からより親しまれる大学を目指し、学生および卒業生からキャラクターを募集。卒業生が制作したそったくんが採用された。卵の殻から頭と足を出した緑色のひな鳥である。卵には「kyo2」とあり、京都教育大学の「京」と「教」を示している。デザインのコンセプトは、学長室にかけてある「啐啄同時」の言（山内得立元学長の書）。これは卵が孵る瞬間、ひな鳥が鳴くのと親鳥が殻をつつくのが同時であるという意味。その時親鳥は決して殻を割らず、ひな鳥が自力で出てくるのを待つことから、殻をやぶる力を育てる教育者を養成する大学として京都教育大学をイメージしている。そったくんの詳細は、京都教育大学のキャラクター紹介ページ（http://www.kyokyo-u.ac.jp/KOUHOU/mascot/index.html）に記載されている。

京都産業大学　［私立］

［所在地］〒603-8555　京都府京都市北区上賀茂本山
［TEL］075-705-1408
［URL］http://www.kyoto-su.ac.jp/
［設置者］学校法人京都産業大学
［創立者］荒木俊馬
［沿革・歴史］1965（昭和40）年1月、京都産業大学を設立。
［マーク類］校章は、「大學」の文字上に星座「射手座」を配したもの。ラテ

ン語の「Sagittarius」がモチーフ。

◇ジャングルハニーハンドクリーム　［美容］
　ジャングルハニーと呼ばれる蜂蜜を配合したハンドクリーム。ジャングルハニーとは、アフリカ・ナイジェリアの熱帯雨林で野生の蜂によって集められた蜂蜜。糖質・ビタミン・グルコン酸・タンパク・ミネラル・アミノ酸などを一般の蜂蜜の約3倍以上含み、現地では古くから食用ではなく医療用として活用されてきた。この蜂蜜の免疫機能について調査していた工学部・竹内実教授の研究成果をもとに、株式会社クラブコスメチックス（大阪市西区）が製造。すぐれた保湿効果とべたつかずさらっとした使用感が特徴。ほのかな蜂蜜の香りが楽しめる。価格は、30gで380円（税込）。京都産業大学取り扱い。ジャングルハニーは、株式会社日本オリジンズ（長野県長野市）の登録商標。ハンドクリームに関する商標は出願中。

京都造形芸術大学　［私立］

［所在地］〒606-8271　京都府京都市左京区北白川瓜生山2-116
［TEL］075-791-9122
［URL］http://www.kyoto-art.ac.jp/
［設置者］学校法人瓜生山学園
［キャンパス］瓜生山キャンパス（京都市左京区）/東京サテライトキャンパス（東京都中央区）
［沿革・歴史］1977（昭和52）年、京都芸術短期大学を設立（のち廃止）。1991（平成3）年、京都造形芸術大学を設置。

◇Kotono　［日用雑貨］
　大学と株式会社リテールマネージメントプランニング（京都市中京区）が共同開発した和装小物のキューブ型携帯バッグ。京都造形芸術大学プロジェクトセンター和装小物のデザイン開発では、自分達と同世代の客が欲しいもの・使いたいものづくりをコンセプトに、自らのアイデアが作品化されている。キューブ型携帯バックは、2008（平成20）年12月株式会社リテールマネージメントプランニングが展開する和装小物の新作デザインの提案および試作品の制作を共同でおこなうプロジェクトから生み出された製品のひとつ。このプロジェクトでは、素材の検討・応用・クライアントの意向を踏まえたデザイ

ンワークやプレゼンテーションの方法論などを学ぶことができる。製品はすべて、京都の職人の手によってつくられている。なお、「Kotono」は、2006（平成18）年9月に商標登録済（第4988789号）。権利者は、株式会社リテールマネージメントプランニング。

◇京都造形芸術大学オリジナルグッズ　きょうとぞうけいだいがくおりじなるぐっず　［大学グッズ］
　大学のオリジナルグッズ。芸術学部情報デザイン学科・榎本了壱教授がアートディレクションを担当している。グッズには、大学メイン校舎の人間館と天へ翔ける階段をデザインしたロゴが使用されている。商品としては、クロッキー帳（大）580円（中）360円（小）260円、シール80円、日本手ぬぐい800円などがある（価格はすべて税込）。株式会社瓜生サービス「ADストア」取り扱い。

京都大学　［国立］

［所在地］〒606-8501　京都府京都市左京区吉田本町
［TEL］075-753-7531
［URL］http://www.kyoto-u.ac.jp/ja
［設置者］国立大学法人京都大学
［キャンパス］吉田キャンパス（京都市左京区）/宇治キャンパス（宇治市）/桂キャンパス（京都市西京区）
［沿革・歴史］1869（明治2）年5月、舎密局が開校。1869（明治2）年9月、洋学校が開校。1870（明治3）年10月、理学所（舎密局の後身）、洋学校と統合し、開成所と改称。1880（明治13）年12月、大阪専門学校、大阪中学校と改称。1885（明治18）年7月、大阪中学校大学分校と改称。1886（明治19）年4月、第三高等中学校と改称。1894（明治27）年9月、第三高等学校と改称。1897（明治30）年6月、京都帝国大学を創設。1947（昭和22）年10月、京都大学と改称。1949（昭和24）年5月、第三高等学校を統合し、京都大学を設置。2004（平成16）年4月、国立大学法人京都大学となる。
［マーク類］1990（平成2）年、正式にエンブレムを制定。吉田キャンパス時計台前のクスノキを図案化したもの。もともとは1950（昭和25）年ごろから「事務局シール」として印刷物などに用いられていた。2005（平成17）年7月、商標登録済（第4878721号）。また、大学名のみ、あるいは大学名とエンブレムを組み合わせた「京都大学マーク」がある。

◇エレメンタッチグッズコレクション　［日用雑貨］

理学研究科物理学第一教室固体量子物性研究室・前野悦輝教授が考案した立体型元素周期表「Elementouch（エレメンタッチ）」のグッズ。エレメンタッチは、三重らせん構造の立体型で、配列の系別に元素が色分けされている。2001（平成13）年に考案され、2002（平成14）年に意匠登録された。Elementouchとは、Element（元素）とtouch（触れる）を組み合わせた造語。京都大学のエレメンタッチ紹介ページ（http://www.ss.scphys.kyoto-u.ac.jp/elementouch/index.html）では型紙と組み立て方もダウンロードできる。商品としては、Elementouch（エレメンタッチ）819円、スポーツタオル1575円、Tシャツ2625円（子ども用）2100円、マグカップ1050円などがある（価格はすべて税込）。京都大学生活協同組合取り扱い。なお、「エレメンタッチ」は2002（平成14）年に商標登録済（第4577771号）。権利者は、前野悦輝教授。

◇京都大学ギャングスターズグッズ　きょうとだいがくぎゃんぐすたーずぐっず　［スポーツ］

京都大学アメリカンフットボール部ギャングスターズのグッズ。ギャングスターズは、関西学生アメリカンフットボール連盟Division1に所属。直近の2009（平成21）年秋期成績は、2勝5敗で第6位。ギャングスターズのグッズとしては、イヤーブックバックナンバー各500円、折り畳みクッション1500円、キャップ2000円、キューピーストラップ500円、スウェットパンツ4500円、2009年度YEARBOOK1000円、2009年度チームシャツ（黒）2500円、パーカー3700円、ポストカード300円、ポロシャツ（白・濃緑）3000円、ポンチョ1900円などがある。京都大学アメリカンフットボールギャングスターズ取り扱い。

◇京都大学生協オリジナルチョコレート　きょうとだいがくせいきょうおりじなるちょこれーと　［菓子］

京都大学の楠をデザインしたエンブレムが入った京都大学生活協同組合オリジナルパッケージのチョコレート。製造はフランス屋製菓株式会社（京都市伏見区）。季節限定商品。価格は、6個入り580円（税込）、12個入り1100円（税込）。京都大学生活協同組合取り扱い。

◇シーボルトポストカード「日本植物誌」　しーぼるとぽすとかーどにほんしょくぶつし　［記念品］

フィリップ・フランツ・フォン・シーボルト（1796〜1866）が収集した植物標本、川原慶賀（1786〜1860）らの絵師が描いた絵をもとに作成された「日本植物誌（Flora Japonica）」から5つの図版を選んだポストカードセット。価格は、5枚500円（税込）。京都大学生活協同組合取り扱い。

◇総長カレー　そうちょうかれー　［加工食品］
　第24代の尾池和夫京都大学元総長プロデュースによるレトルトカレー。2005（平成17）年11月に大学内のカフェレストランに初登場、人気メニューとなったため、2007（平成19）年11月にレトルトパックが発売された。カレー好きの総長の監修のもと完成した本格派ビーフカレーで、多くの香辛料とこだわりの食材で長時間じっくり煮込んだ深い味わいが特徴。2009（平成21）年6月にはレトルトパックの売り上げが10万食を突破するなど人気商品となった。価格は、1食630円（税込）。株式会社京都放送（京都市上京区）・京都大学生活共同組合取り扱い。なお、「総長カレー」は、2008（平成20）年2月に商標登録済（第5112400号）。権利者は、株式会社京都放送・京都大学生活協同組合。

◇つぶあん入り生八ツ橋「夕子」　つぶあんいりなまやつはしゆうこ　［菓子］
　株式会社井筒八ッ橋本舗（本社：京都市右京区、本店：京都市東山区）製の生八ツ橋「夕子」に大学オリジナルパッケージを用いたもの。オリジナルパッケージには卒業生の画家・齋藤慶氏による百周年時計台記念館の風景水彩画が用いられている。価格は、12個入り577円（税込）。京都大学生活協同組合取り扱い。なお、「ゆうこ＼夕子」は、株式会社井筒八ッ橋本舗の登録商標。

◇ブルーナイル　［飲料（酒類）］
　古代種小麦を材料に使用したフレーバー系発泡酒。当時、早稲田大学人間科学部で活躍していた吉村作治教授（現・サイバー大学学長、早稲田大学客員教授）の古代ビール構想をもとに、京都大学・早稲田大学・黄桜株式会社（京都市伏見区）とが共同で開発したビール「ホワイトナイル」（後出）の姉妹品である。紀元前1000年頃から古代エジプトで栽培されてきたデュラム小麦と麦芽を主原料に使用し、東アジア原産で日本で親しまれている柚子、地中海東部原産の香辛料コリアンダーを加え、古代エジプト・地中海・日本の三文明の融合をはかった。青を基調としたラベルには、古代エジプトにおいて護符として使われた「ウジャトの眼」の右目があしらわれている。ウジャトの目はホルス神の目とされ、左目は太陽、右目は月を表す。内容量は、1本330ml。価格は、6本入り3750円（税込）、20本入り1万円（税込）。京都大学生活協同組合取り扱い。なお、「BLUE NILE ブルーナイル」は、2006（平成18）年11月に商標登録済（第5005708号）。権利者は、黄桜株式会社。

◇ホワイトナイル　［飲料（酒類）］
　古代エジプトで栽培されていたエンマー小麦を使用し、京都大学・早稲田大学・黄桜株式会社（京都市伏見区）が共同開発したビール。当時、早稲田大学人間科学部で活躍していた吉村作治教授（現・サイバー大学学長、早稲田大

客員教授）の古代エジプトビール再現プロジェクトに、京都大学がエンマー小麦の種子を提供、古代種を用いたビールが完成した。この成果を知の社会還元として世に提供したいと考えた京都大学の尾池和夫総長（当時）が早稲田大学の白井克彦総長（当時）に呼びかけ、両大学共同ブランドビールを開発する伏木亨教授の研究チームが発足となった。黄桜株式会社の協力のもと試作を重ねた結果、2005（平成17）年12月、エンマー小麦近縁のデュラム小麦を使用したホワイトナイルが発売された。その後エンマー小麦を65％まで精麦することにより、よりまろやかな飲み口を実現できることが明らかとなったため、2006（平成18）年4月、材料をエンマー小麦に切り換えリニューアル発売。内容量は、1本330ml。価格は、6本入り3750円（税込）、20本入り1万円（税込）。京都大学生活協同組合取り扱い。なお、「WHITE NILE ホワイトナイル」は、2006（平成18）年11月に商標登録済（第5005707号）。権利者は、黄桜株式会社。

◇ルビーナイル　［飲料（酒類）］
古代エジプトで栽培されていた小麦ピラミダーレを用いたビール。京都大学・早稲田大学・黄桜株式会社（京都市伏見区）は、2006（平成18）年4月にデュラム小麦使用の現代ビール・ホワイトナイル、2007（平成19）年8月に発泡酒・ブルーナイルの共同開発および販売をおこなってきたが、それにつづく第3弾として2008（平成20）年9月に新ビール・ルビーナイルを発売。古代エジプトで生まれ、1920年代まで栽培されたもののその後忘れ去られた小麦・ピラミダーレを、農学研究科栽培植物起原学研究室の種子保庫からよみがえらせ、麦芽とともに醸造して赤銅色のハイアルコールビールに仕上げた。まろやかな味と芳醇な香りを特徴とする。内容量は、1本330ml。価格は、6本入り3750円（税込）、20本入り1万円（税込）。京都大学生活協同組合取り扱い。なお、「ルビーナイル」は2009（平成21）年1月商標登録済（第5200859号）。権利者は、黄桜株式会社。

同志社女子大学　［私立］

［所在地］〒610-0395　京都府京田辺市興戸
［TEL］0774-65-8631
［URL］http://www.dwc.doshisha.ac.jp/index.html
［設置者］学校法人同志社
［創立者］（同志社英学校）新島襄
［キャンパス］京田辺キャンパス（京田辺市）/今出川キャンパス（京都市上京

区）
[沿革・歴史]1949（昭和24）年4月、同志社女子大学を設置。
[マーク類]1949（昭和24）年、徽章を制定。大学の略称であるD.W.C.L.A.を使用。

◇いはのひめ緑茶　いはのひめりょくちゃ　［飲料］
　学生と舞妓の茶本舗（京田辺市）によって開発されたオリジナル茶。玉露と煎茶の2種類がある。価格は、玉露50g入り1029円（税込）、煎茶50g入り714円（税込）。同志社女子大学生活協同組合取り扱い。

◇KYOTOシリーズ　［日用雑貨］
　西陣織の織元である菱屋善兵衛（京都市中京区）とのコラボレーション商品。千鳥模様で、色はスクールカラーのロイヤル・パープルが用いられている。商品としては、アクセサリーケース800円（税込）、名刺ケース1800円（税込）がある。同志社女子大学生活協同組合取り扱い。

◇手づくり玉露あめ　てづくりぎょくろあめ　［菓子］
　学生と舞妓の茶本舗（京田辺市）によって開発されたオリジナルの飴。パッケージの色は、ピンクと緑の2色、価格は、70g入り197円。同志社女子大学生活協同組合取り扱い。

◇VIVI　［キャラクター（大学）］
　大学のキャラクター。2002（平成14）年からキャラクター募集が始められ、2003（平成15）年5月に大学キャラクターがVIVIに決定した。猫をモチーフにしたデザインで、左耳の近くに同志社マークのリボン、右手にブドウの杖を持っている。黒と青の瞳が特徴的で、煉瓦色横縞のワンピースを着ている。同志社女子大学のキャラクター紹介ページ（http://www.dwc.doshisha.ac.jp/campus_info/vivi.htm）に拠れば、名前の由来は「21世紀の本学女性像をアピールするキャラクターにふさわしい名前として、元気ではつらつとしたイメージ・躍動的・キビキビした・ハッキリとしたという意味をもつ英単語"vivid"から」とったものであるという。グッズも同志社女子大学生活協同組合で販売されている。商品としては、うちわ（黄・黒・ピンク）各157円、VIVIクリアホルダー（2枚セット）210円、VIVIシール210円、VIVIストラップ（緑）399円、VIVIぬいぐるみ（小）682円（大）735円、マグカップ840円（価格はすべて税込）。なお、「VIVI」は、2004（平成16）年7月商標登録済（第4788898号）。権利者は、学校法人同志社。

◇**みかさ**　［菓子］

株式会社井筒八ッ橋本舗（本社：京都市右京区、本店：京都市東山区）のみかさに、同志社女子大学徽章の焼印をほどこした菓子。生地と餡のあいだに生八ッ橋が入っている。価格は、5個入り600円（税込）。同志社女子大学生活協同組合取り扱い。

◇**同志社女子大学オリジナルグッズ（雑貨）**　どうししゃだいがくおりじなるぐっず（ざっか）　［日用雑貨］

同志社女子大学オリジナルの雑貨。商品としては、キャリーケース798円、高級あぶらとり紙262円、スカーフ（紫・青）1500円、ネックホルダー840円、ハンカチ500円などがある（価格はすべて税込）。同志社女子大学生活協同組合取り扱い。

◇**同志社女子大学オリジナルグッズ（文房具）**　どうししゃだいがくおりじなるぐっず（ぶんぼうぐ）　［文房具］

同志社女子大学オリジナルの文房具。商品としては、エンブレムシール（大）367円、便箋（無地）315円、封筒294円、ボールペン420円、マーク入り色紙157円などがある（価格はすべて税込）。同志社女子大学生活協同組合取り扱い。

同志社大学　［私立］

［所在地］〒602-8580　京都府京都市上京区今出川通烏丸東入
［TEL］075-251-3110
［URL］http://www.doshisha.ac.jp/japanese/
［設置者］学校法人同志社
［創立者］（同志社英学校）新島襄
［キャンパス］今出川キャンパス（京都市上京区）/京田辺キャンパス（京田辺市）/学研都市キャンパス（木津川市）
［沿革・歴史］1875（明治8）年11月、同志社英学校が開校。1876（明治9）年10月、女子塾を開設。1877（明治10）年4月、同志社分校女紅場を開設。1877（明治10）年9月、同志社女学校と改称。1890（明治23）年9月、ハリス理化学校が開校。1891（明治24）年9月、政法学校が開校。1904（明治37）年4月、政法学校・ハリス理化学校を廃止・統合し、専門学校を設立。1912（明治45）年4月、同志社大学が開校。
［マーク類］1893（明治26）年、徽章を制定。正三角形を3つ寄せたマークは、国あるいは土を意味するアッシリア文字「ムツウ」を図案化したもの。詩人で同志社神学校教授であった湯浅半月（本名：湯浅吉郎　1858～1943）が

考案。

◇**寒梅館**　かんばいかん　［飲料（酒類）］
同志社オリジナルラベルのビール。製造は、キンシ正宗株式会社（京都市伏見区）。ビールの名前となっている「寒梅館」は、2004（平成16）年に今出川キャンパスの大学会館をリニューアルして建てられた文化施設。コンサートホールや東山をのぞむスカイレストランのほか、室町時代の遺構・遺物の常設展示もある。価格は、330ml入り6本化粧箱入3308円（税込）。株式会社同志社エンタープライズ取り扱い。

◇**京のおぞよ詰め合わせ「花の御所」**　きょうのおぞよつめあわせはなのごしょ　［菓子］
おぞよとは、京ことばでおかずのこと。製造は、株式会社三味洪庵（京都市東山区）。価格は、3点セット（おぞよ昆布・鞍馬実山椒・ちりめん山椒）2850円（税込）、5点セット（えび豆ちりめん・おぞよ昆布・鞍馬実山椒・小だこ・ちりめん山椒）4280円（税込）。株式会社同志社エンタープライズ取り扱い。ちなみに花の御所とは、室町時代の将軍・足利義満の時につくられた邸宅のこと。なお、「京のおぞよ」は、2003（平成15）年7月商標登録済（第4694731号）。権利者は、株式会社三味洪庵。

◇**ケータイデコバン**　［日用雑貨］
メール入力時の親指の負担を軽減させる携帯電話サポートバンド。生命医科学部・横川隆一教授が、生体工学の観点から親指の動きを解析し、その結果を反映させることによって開発した。親指は他の指に比べて構造が複雑なため、本来頻繁な動作には向いておらず、携帯メール時の酷使により関節や腱を痛める原因になっている。ケータイデコバンを装着することで、親指以外の指先に携帯電話を固定でき、親指にかかる負担を和らげることができる。株式会社エービーエス取り扱い。

◇**ケータイモコモコ**　［日用雑貨］
生命医科学部・横川隆一教授と株式会社エービーエス（東京都目黒区）が協同開発した携帯グッズ。生体工学の観点から開発されたケータイデコバンを応用し、モコモコのファーをつけたもの。モコアッシュブラウン・モコグレーアッシュ・モコブラウン・モコホワイト・モコライトブラウン。価格は、各1029円（税込）。同志社大学生活協同組合取り扱い。

同志社大学　　　　　　　　　京都府

◇色紙・掛軸（新島襄遺墨影本）　しきし・かけじく（にいじまじょういぼくえいほん）　［美術］
　同志社の創立者・新島襄（1843〜1890）の遺墨影本色紙と掛軸。新島襄は、1875（明治8）年、京都に同志社英学校（のちの同志社大学）を創立、同志社の発展に心血をそそいだ人物。色紙は「時危思偉人」「不死月下併能越 - 」「送歳休悲病 - 」各1000円、掛軸は「男児決志馳千里 - 」1万3500円、「いしかねも透れかしとて - 」「不死月下併能越 - 」各8500円がある。株式会社同志社エンタープライズ取り扱い。なお、ハリス理化学館内には「Neesima Room」がある。

◇七五三太　しめた　［飲料（酒類）］
　学生の企画から生まれた日本酒。伏見酒造組合（京都市伏見区）の協力のもと、酒蔵を中心とした関連産業のつながりについて研究している2005（平成17）年度の社会調査実習-3履修生と、伏見日本酒クラスター研究会メンバーが開発した。七五三太とは、同志社の創立者・新島襄（1843〜1890）の幼名。酒造好適米を高度に精白し醸した大吟醸純米酒は、芳醇な吟醸香と淡麗な味わいが特長。醸造は、株式会社北川本家（京都市伏見区）。価格は、720mlの2本セット化粧箱入りで3518円（税込）。株式会社同志社エンタープライズ取り扱い。なお、「七五三太＼しめた」は、2006（平成18）年7月に商標登録済（第4971883号）。権利者は、株式会社北川本家。

◇同志社大学ワイルド ローバーグッズ　どうししゃだいがくわいるどろーばーぐっず　［スポーツ］
　同志社大学アメリカンフットボール部ワイルドローバーのグッズ。ワイルドローバーは、関西学生アメリカンフットボール連盟Division1に所属。直近の2009（平成21）年秋期成績は、4勝3敗で第4位。ワイルドローバーのグッズとしては、アメフトボールキーホルダー630円、ウィザードキャップ2625円、絵馬型必勝携帯ストラップ525円、スウェットパンツ4725円、長袖Tシャツ3150円、ネックウォーマー1260円、バッグ付フリースブランケット2100円、ハンドタオル525円、プルオーバーパーカー3675円、ポロシャツ2940円、マウスパッド840円、マグカップ840円、メッシュキャップ1050円、ユニフォームキーホルダー735円などがある（価格はすべて税込）。有限会社スタジオ貳拾壱（京都市北区）取り扱い。

◇同志社ワイン　どうししゃわいん　［飲料（酒類）］
　同志社オリジナルラベルのワイン。醸造は、丹波ワイン株式会社（船井郡京丹波町）。価格は、720mlの2本セット（赤・白各1本）5157円（税込）。クラーク記念館の絵が大きく表示されたクラーク記念館ラベルは、360mlの3本セット

（赤2本・白1本）3308円（税込）。株式会社同志社エンタープライズ取り扱い。

◇**Ben-k** ［キャラクター（大学）］
　大学のマスコットキャラクター。同志社大学のキャラクター紹介ページ（http://www.doshisha.ac.jp/information/outline/logo.php）に拠れば、創立者である新島襄（1843～1890）が飼っていたビーグル犬・弁慶号をモチーフにしたキャラクター。2008（平成20）年11月6日に誕生した。新島襄のトレードマークともいえる豊かな口ひげをたくわえ、背広に蝶ネクタイを締めた正装姿。手には帽子を持っている。建学の精神を見守る「番犬」と、果敢に物事に挑戦する「猟犬」のイメージが表現されている。大学の印刷物やウェブサイトなどで活躍。

◇**ラグビー部グッズ**　らぐびーぶぐっず　［スポーツ］
　ラグビー部のグッズ。同志社大学ラグビー部は、1911（明治44）年創部。大学選手権3連覇（第19回～第21回）を成し遂げたことのある唯一のチーム。現在は、関西大学Aリーグに所属。直近の2009（平成21）年度は、4勝3敗で第4位。ラグビー部のグッズとしては、革製キーホルダー（黒・茶）各500円、携帯クリーナー400円、携帯ストラップ1000円、差込式応援旗（ハンディ・タイプ）550円、ツインキーホルダー（茶・白）各700円、Tシャツ（灰・紺）2500円、ネクタイ3000円、ネックストラップ1000円、ハローキティ根付け500円、ハローキティビーズストラップ900円、ファスナーヘッド700円、ポロシャツ3600円、マウスパッド300円、マフラータオル1400円などがある（価格はすべて税込）。ヨツハタ株式会社（東京都港区）取り扱い。なお、ハローキティは、株式会社サンリオ（東京都品川区）の登録商標。

佛教大学　［私立］

　［**所在地**］〒603-8301　京都府京都市北区紫野北花ノ坊町96
　［**TEL**］075-491-2141
　［**URL**］http://www.bukkyo-u.ac.jp/
　［**設置者**］学校法人佛教教育学園
　［**キャンパス**］紫野キャンパス（京都市北区）/園部キャンパス（南丹市）
　［**沿革・歴史**］1870（明治3）年、仮勧学場を設置。1898（明治31）年、浄土宗専門学院と改称。1904（明治37）年、浄土宗教大学院と改称。1905（明治38）年、浄土宗大学と改称。1907（明治40）年、宗教大学分校と改称。1912（大正元）年、宗教大学と分離し、高等学院を設置。1913（大正2）年、佛教専門学校と改称。1949（昭和24）年、佛教大学を設立。1951（昭和26）年、佛

教専門学校を廃止。
［マーク類］1949(昭和24)年4月、学章を制定。法然上人の生家の家紋・杏葉に大学の文字を配したもの。1991(平成3)年10月、ロゴマークを制定。佛教大学のイニシャル「B」をモチーフにしたもの。

◇佛米！夢乃酒　ぶっこめゆめのさけ　［飲料(酒類)］

「酒づくりプロジェクト～美山の米で酒をつくろう」より生まれた酒。同プロジェクトはものづくりの過程を最初から最後まで体験するキャリア教育を目的とし、文学部・渡邊忠司教授の指導のもと、酒米の田植え、収穫、ラベルデザイン、醸造体験、販売プロモーションなどにいたるまで学生有志がすべてを手掛けた。酒米は地域連携協定を結ぶ南丹市美山町で収穫された米を使用。醸造は招徳酒造株式会社(京都市伏見区)に協力を依頼し、完成に漕ぎつけた。美山で栽培・収穫した酒米を伏見で醸造・消費するということにより、地産地消での地域活性化が期待されている。価格は、1本720mlで1365円(税込)。限定100本、ネットでの販売(申込先着順)。なお、「佛米！夢乃酒」は、2009(平成21)年6月に商標登録済(第5236282号)。権利者は、学校法人佛教教育学園佛教大学。

立命館大学　［私立］

［所在地］〒603-8577　京都府京都市北区等持院北町56-1
［TEL］075-465-8149
［URL］http://www.ritsumei.jp/index_j.html
［設置者］学校法人立命館
［創立者］(立命館/学祖)西園寺公望　(私立京都法政学校/創立者)中川小十郎
［キャンパス］衣笠キャンパス(京都市北区)/びわこ・くさつキャンパス(滋賀県草津市)/朱雀キャンパス(京都市中京区)/東京キャンパス(東京都千代田区)
［沿革・歴史］1869(明治2)年、西園寺公望が私塾立命館を創始。1900(明治33)年、中川小十郎が私立京都法政学校を創立。1903(明治36)年、私立京都法政専門学校に組織変更。1904(明治37)年、私立京都法政大学を設立。1913(大正2)年、私立立命館大学と改称。1922(大正11)年、立命館大学と改称。
［マーク類］校章は、「立命」の二文字を図案化したもの。1913(大正2)年から用いられ、1941(昭和16)年頃に現在の形となった。1994(平成6)年、シンボルマークを制定。コミュニケーションネームRITS(リッツ)を視覚化し、

スクールカラーで表現したもの。2007(平成19)年10月、コミュニケーションマークを制定。2008(平成20)年6月、商標登録済(第5140443号)。立命館の頭文字「R」を用いたもので、アートディレクター・秋山具義氏によるデザイン。

◇アート・リサーチセンタークリアファイル　[文房具]
　京都の名所絵をモチーフにしたクリアファイル。アート・リサーチセンター所蔵の収蔵作品を世に広め、気軽に楽しんでもらうために企画・製作された。アート・リサーチセンターは1998(平成10)年に設置。21世紀COEプログラム「京都 アート・エンタテインメント創成研究」、グローバルCOEプログラム「日本文化デジタル・ヒューマニティーズ拠点」などに採択された国内有数の研究拠点。都名所金閣寺雪景色と平安諸大家名所画譜長刀鉾の2種類がある。価格は、315円(税込)。立命館オンラインショップ取り扱い。

◇Rマグカップ　[食器]
　2007(平成19)年制定のコミュニケーションマークが入ったマグカップ。持ち手もマークのRになっているのが特徴。価格は、1000円(税込)。立命館オンラインショップ取り扱い。

◇赤ワイン　あかわいん　[飲料(酒類)]
　立命館開発商品の赤ワイン。Liberte001はフランス・ボルドーのワイン。Liberte003はドイツワイン。価格は、Liberte001が2625円(税込)、Liberte003が5250円(税込)。立命館オンラインショップ取り扱い。

◇井堂雅夫クリアファイル　いどうまさおくりあふぁいる　[文房具]
　立命館開発商品のクリアファイル。版画家・井堂雅夫氏の5つの作品(存心館・末川博先生石碑・西園寺会館・金閣寺・龍安寺)をもとにつくられている。価格は、210円。立命館オンラインショップ取り扱い。

◇エンボスストラップ　[日用雑貨]
　2007(平成19)年制定のコミュニケーションマークが型押しされたストラップ。価格は、450円(税込)。立命館オンラインショップ取り扱い。

◇掛軸短冊　かけじくたんざく　[美術]
　立命館開発商品の掛軸短冊。立命館大学の名称の由来である中国古典『孟子』盡心章句上の「妖壽不貳、修身以俟之、所以立命也。(妖壽貳わず、身を修めて以って之を俟つは、命を立つる所以なり。)」を、法文学部卒業生の書家・今井凌雪氏が短冊にした掛軸。価格は、3150円(税込)。立命館オンライン

ショップ取り扱い。

◇瓦せんべい　かわらせんべい　［菓子］
株式会社亀井堂総本店（兵庫県神戸市中央区）製造の瓦せんべい。衣笠キャンパスとびわこ・くさつキャンパスの時計台が焼印でほどこされ、立命館の文字とともに「衣笠」とびわこ・くさつキャンパス「BKC」が入っている。価格は、12枚箱入り580円（税込）。立命館オンラインショップ取り扱い。

◇缶バッジ　かんばっじ　［日用雑貨］
2007（平成19）年制定のコミュニケーションマークが入った缶バッジ。価格は、100円（税込）。立命館オンラインショップ取り扱い。

◇京都名所絵はがき　きょうとめいしょえはがき　［記念品］
アート・リサーチセンター所蔵の浮世絵版画から京都の名所の絵を選んでセットにした絵はがきセット。アート・リサーチセンターは1998（平成10）年に設置。21世紀COEプログラム「京都　アート・エンタテインメント創成研究」、グローバルCOEプログラム「日本文化デジタル・ヒューマニティーズ拠点」などに採択された国内有数の研究拠点。絵はがきのラインナップは、「都名所　金閣寺雪景」（貞信）・「都百景　洛西竜安寺」（東居）・「都百景　広沢池」（東居）・「都百景　八坂法観寺」（北水）・「諸国名所百景　京都祇園祭礼」（二代広重）・「都百景　鴨川流上　下加茂社」（北水）「滑稽都名所　清水寺」（芳梅）・「都百景　壬生寺狂言」（東居）・「都百景　船岡山遠見鏡」（北水）。「滑稽都名所　平野」（芳梅）・「東海道　京都名所　四条河原」（三代豊国）・「都百景　通天橋紅楓」（北水）。価格は、1000円。立命館オンラインショップ取り扱い。

◇携帯クリーナー　けいたいくりーなー　［日用雑貨］
2007（平成19）年制定のコミュニケーションマークが入った携帯クリーナー。ストラップとして携帯電話を拭く際などに便利。色は、赤・白の2種類。価格は、300円（税込）。立命館オンラインショップ取り扱い。

◇白ワイン　しろわいん　［飲料（酒類）］
立命館開発商品の白ワイン。立命館大学の卒業生が夫婦で運営するドイツのワイナリーでつくられている。価格は、Liberte002が2625円（税込）、Liberte004が5250円（税込）。立命館オンラインショップ取り扱い。

◇ZIPPOライター　［日用雑貨］
2007（平成19）年制定のコミュニケーションマークが入ったZIPPO（オイルライター）。シルバー・ブルーチタンの2種類がある。価格は、シルバーが3600円

（税込）、光沢のあるブルーチタンは4900円（税込）。立命館オンラインショップ取り扱い。

◇ストラップ応援キティ　すとらっぷおうえんきてぃ　［キャラクターグッズ］
　2007（平成19）年制定のコミュニケーションマークが入ったチアガール姿のハローキティストラップ。赤いユニフォームを着て、「RITSUMEIKAN」の文字が入った応援スティックを両手に持っている。価格は、525円（税込）。立命館オンラインショップ取り扱い。なお、ハローキティは、株式会社サンリオ（東京都品川区）の登録商標。

◇ストラップチアキティ　［キャラクターグッズ］
　2007（平成19）年制定のコミュニケーションマークが入ったチアガール姿のキティストラップ。白いユニフォームを着て、ピンクのボンボンを両手に持っている。価格は、525円（税込）。立命館オンラインショップ取り扱い。なお、ハローキティは、株式会社サンリオ（東京都品川区）の登録商標。

◇タンブラー　［食器］
　2007（平成19）年制定のコミュニケーションマークが入ったタンブラー。3種類のデザインがあり、容量は320ml。価格は、1200円（税込）。立命館オンラインショップ取り扱い。

◇チアキューピー　［キャラクターグッズ］
　大学限定のキューピーストラップ。両手にボンボンを持っている。価格は、400円（税込）。立命館オンラインショップ取り扱い。

◇チャーム　［日用雑貨］
　2007（平成19）年制定のコミュニケーションマーク型のチャーム。一緒に「RITSUMEIKAN」の文字がある。価格は、365円（税込）。立命館オンラインショップ取り扱い。

◇チョコレート　［菓子］
　2007（平成19）年制定のコミュニケーションマークが入った菓子。表面にコミュニケーションマークが入ったチョコレートのほか、ビター・抹茶・ミルクがありあわせて4種類の味が楽しめる。価格は、6個入り420円（税込）、12個入り840円（税込）。立命館オンラインショップ取り扱い。

◇Tシャツ　［服装］
　2007（平成19）年制定のコミュニケーションマークが入ったTシャツ。コミュ

ニケーションマークと「RITSUMEIKAN」の文字が縦にプリントされている。色は、エンジ・黒・白の3種類がある。価格は、1260円(税込)。立命館オンラインショップ取り扱い。

◇Tシャツ　［服装］
2007(平成19)年制定のコミュニケーションマークをつくったアートディレクター・秋山具義氏が展開する「DAIRY FRESH STORE」(東京都渋谷区)と立命館大学のコラボレーションTシャツ。秋山具義氏は、デイリー・フレッシュ株式会社(東京都渋谷区)主宰。90年代にパルコの広告で注目を集めた。主なものにSHARP「エコロジークラスでいきましょう。」、POKKA「オッサン。」キャンペーン、欽ちゃん球団「茨城ゴールデンゴールズ」などがある。色は、クランベリーとホワイトの2種類。胸に大きくコミュニケーションマークがプリントされ、その下に「RITSUMEIKAN」の文字がある。「DAIRY FRESH STORE」の黒いタグがワンポイント。価格は、2500円(税込)。立命館オンラインショップ取り扱い。

◇デザインストラップ　［日用雑貨］
2007(平成19)年制定のコミュニケーションマークが入ったストラップ。3種類のデザインがある。価格は、各350円(税込)。立命館オンラインショップ取り扱い。

◇トートバッグ　［日用雑貨］
2007(平成19)年制定のコミュニケーションマークをつくったアートディレクター・秋山具義氏が展開する「DAIRY FRESH STORE」(東京都渋谷区)と立命館大学のコラボレーションバッグ。縦長のトートバッグで、中央に大きくコミュニケーションマークが表示されている。「DAIRY FRESH STORE」の黒いタグがワンポイント。価格は、3800円(税込)。立命館オンラインショップ取り扱い。

◇ナイキ×RITSUMEIKAN Tシャツ　［服装］
株式会社ナイキジャパン(東京都品川区)と立命館大学によるコラボレーションTシャツ。吸汗性に優れるハニカムメッシュ構造の「DRY-FIT」使用。胸にはナイキのマークと「RITSUMEIKAN」の文字が入っている。色は、赤・白の2種類。価格は、3465円(税込)。立命館オンラインショップ取り扱い。

◇日本手ぬぐい　にほんてぬぐい　［日用雑貨］
右側から「立命館」と記され、和傘と舞い散る花弁をあしらったデザインの日本てぬぐい。この立命館の書体は、立命館オンラインショップの日本手ぬぐ

い商品紹介ページ（http://www.ritsumei-shop.com/fs/rshop/fashion/D016）に拠れば、「立命館の学祖・西園寺公望の書体」という。色はエンジと紺の2種類。価格は、各500円（税込）。立命館オンラインショップ取り扱い。

◇ネクタイ　［服装］
　2007（平成19）年制定のコミュニケーションマークが入ったネクタイ。エンジ色に紺色ストライプ、紺色にエンジ色ストライプ、エンジ色に水玉の3種類がある。価格は、各3150円（税込）。立命館オンラインショップ取り扱い。

◇ネクタイピン　［服装］
　2007（平成19）年制定のコミュニケーションマークが入ったネクタイピン。真鍮製ツヤ消しで、シックな印象があるデザイン。価格は、1000円（税込）。立命館オンラインショップ取り扱い。

◇ハンドタオル　［日用雑貨］
　2007（平成19）年制定のコミュニケーションマークが入ったハンドタオル。白を基調に、エンジ色で縁取りされている。全国有数のタオル生産地・今治でつくられている。価格は、315円（税込）。立命館オンラインショップ取り扱い。

◇フェイスタオル REFRESH!　［日用雑貨］
　2007（平成19）年制定のコミュニケーションマークをつくったアートディレクター・秋山具義氏がデザインしたタオル。フェイスタオル REFRESH!の価格は、580円（税込）。立命館オンラインショップ取り扱い。

◇ポーチ　［日用雑貨］
　2007（平成19）年制定のコミュニケーションマークが入った携帯ポーチ。ベージュ色のファスナータイプ。価格は、420円（税込）。立命館オンラインショップ取り扱い。

◇マウスパッド　［文房具］
　2007（平成19）年制定のコミュニケーションマークが入ったマウスパッド。コミュニケーションマークが大きく表示されている。価格は、1100円（税込）。立命館オンラインショップ取り扱い。

◇マグカップ　［食器］
　2007（平成19）年制定のコミュニケーションマークが入った陶製マグカップ。コミュニケーションマークが大きく表示されている。価格は、700円（税込）。立命館オンラインショップ取り扱い。

立命館大学　　　　　　　　　京都府

◇マフラータオル　［スポーツ］
　2007（平成19）年制定のコミュニケーションマークが入ったマフラータオル。エンジ色で文字は白抜き。右端に「+」が入っている「+R」、中央に「RITSUMEIKAN」と入っているものの2種類がある。応援グッズとしても利用されている。価格は、各1200円（税込）。立命館オンラインショップ取り扱い。

◇みかさ　［菓子］
　株式会社井筒八ッ橋本舗（本社：京都市右京区、本店：京都市東山区）のみかさに「立命館」の焼印をほどこした菓子。生地と餡のあいだに生八ツ橋が入っている。価格は、5個入り630円。立命館オンラインショップ取り扱い。

◇ミニスティックストラップ　［日用雑貨］
　2007（平成19）年制定のコミュニケーションマークが入ったストラップ。色は黒・エンジの2種類がある。価格は、580円（税込）。立命館オンラインショップ取り扱い。

◇目にも不思議なけしごむ　めにもふしぎなけしごむ　［文房具］
　パッケージに錯視イラストが入っている消しゴム。錯視・錯覚を研究している文学部・北岡明佳教授が創り出したイラストを用いている。全4色で、それぞれ違った香りがついている。イエローはカモミールの香り（リラックス効果）、グリーンは森の香り（リフレッシュ）、ピンクはローズの香り（ストレス解消）、ブルーはミントの香り（目ぱっちり効果）。価格は、各126円（税込）。立命館オンラインショップ取り扱い。

◇立命館大学パンサーズグッズ　りつめいかんだいがくぱんさーずぐっず
　［スポーツ］
　立命館大学体育会アメリカンフットボール部パンサーズのグッズ。パンサーズは、関西学生アメリカンフットボール連盟Division1に所属。直近の2009（平成21）年秋期成績は、5勝2敗で第3位。パンサーズのグッズとしては、折畳エコバッグ525円、折畳シートクッション1050円、キャップ2520円、携帯ストラップ630円、サンバイザー1575円、スウェットパンツ4200円、Tシャツ2100円、フェイスタオル1050円、プルオーバーパーカー3675円、ポロシャツ2625円などある（価格はすべて税込）。有限会社スタジオ貳拾壱（京都市北区）取り扱い。

◇立命館コミュニケーションマークグッズ（文房具）　りつめいかんこみゅにけーしょんまーくぐっず（ぶんぼうぐ）　［文房具］
　2007（平成19）年制定のコミュニケーションマークが入った文房具。商品と

しては、うちわ100円、鉛筆50円、オプトシャープペンシル210円、カリキュレーター1050円、ガムテープ300円、消しゴム100円、クリアファイル70円、シャープペンシル100円、ステッドラートリプラス4本組（消しゴム付きシャープペンシル・赤ペン・黒ボールペン・マーカー）1200円、ツーウエイケース（黒・乳白色）900円、Dr.グリップ4+1（エンジ・ホワイト）各1050円、Dr.グリップGスペックシャープペンシル（グレー・ピンク）630円、Dr.グリップGスペックボールペン（グレー・ピンク）各630円、ブックマーカー840円、ブロックメモ580円、ペーパーウエイト700円、ボールペン100円、メモパッド190円、4色ボールペン330円、レターセット230円、レポートパッド160円などがある（価格はすべて税込）。立命館オンラインショップ取り扱い。

龍谷大学　［私立］

[所在地]〒612-8577　京都府京都市伏見区深草塚本町67
[TEL]075-642-1111
[FAX]075-642-8867
[URL]http://www.ryukoku.ac.jp/
[設置者]学校法人龍谷大学
[キャンパス]深草キャンパス（京都市伏見区）/瀬田キャンパス（滋賀県大津市）/大宮キャンパス（京都市下京区）
[沿革・歴史]1639（寛永16）年、学寮を設立。1655（明暦元）年、学林と改称。1876（明治9）年、大教校と改称。1885（明治18）年、普通教校を開講。1888（明治21）年、大学林・文学寮の二院一寮制を採用。1891（明治24）年、大学林・文学寮に分立。1900（明治33）年、仏教高等中学・仏教中学校を分離し、仏教大学と改称。1902（明治35）年、仏教専門大学、高輪仏教大学に分立。1904（明治37）年、仏教専門大学・高輪仏教大学を統合し、仏教大学に統合。1922（大正11）年、龍谷大学と改称。
[マーク類]校章は、仏教のシンボルである三宝章と、本願寺の紋所である菊くずしを組合わせたもの。サブマークとして龍谷大学のRを図案化したものがある。

◇「阿弥陀経」（サンスクリット語）掛軸・額装　あみだきょう（さんすくりっとご）かけじく・がくそう　［美術］
サンスクリット語による阿弥陀経の刊本を影印転載して掛軸と額に加工したもの。1880（明治13）年、オックスフォード大学のマクス・ミュラー博士によって世界で初めて出版されたサンスクリット語の阿弥陀経本（オックスフォード

刊本）が用いられている。添付されている和訳は、藤田宏達訳『梵語和訳 無量寿経・阿弥陀経』（法蔵館、1975年）を参考につくられている。受注製作品。価格は、掛軸（仏表装）桐箱入り4万8000円（税込）、額装4万8000円（税込）。龍谷大学生活協同組合取り扱い。

◇**雫　しずく**　［飲料］
　学生が企画・製作したオリジナル宇治茶で、抹茶入りの煎茶。農商学連携をテーマに、京都府唯一の村である南山城村（相楽郡）の地域経済活性化プロジェクトに取り組む経済学部・伊達浩憲研究室が、煎茶とてん茶の生産拡大による地域復興を目指して企画した。2009（平成21）年、NPO法人南山城村茶ECOプロジェクト（相楽郡南山城村）と連携して商品化に成功。石臼で挽いて丁寧に仕上げた抹茶を上質の宇治煎茶に3％ブレンドし、渋み・苦味を抑え、コクのある甘みと香りを出している。価格は、80gで1050円（税込）。販売予定数3000個。株式会社美好園（京都市下京区）取り扱い。

◇**「大無量寿経説法図」掛軸（仏表装）**　だいむりょうじゅきょうせっぽうずかけじく（ぶつひょうそう）　［美術］
　大学オリジナルグッズの掛軸。大無量寿経（無量寿経）とは、中国の魏の時代に康僧鎧によって訳された仏典。浄土三部経の一つである。「大無量寿経説法図」は、この大無量寿経に出てくる説法の場面を描いたもの。龍谷大学図書館蔵「正依修多羅師子吼図」3幅の1幅を縮小複製してつくられた。仏画家・巨勢金起（1843～1919）の筆で、上部には三条実美（1837～1891）の賛がある。解説書付き。価格は、桐箱入り6万5000円。龍谷大学生活協同組合取り扱い。

◇**ちょうちん**　［日用雑貨］
　大学オリジナルの提灯。「龍谷大学」の文字が大きく入っているほか、イラストレーターWAKKUNによるキャラクター「龍龍」も描かれている。価格は、1300円（税込）。龍谷大学生活協同組合取り扱い。

◇**テーブルセンター**　［日用雑貨］
　蜀江紋金襴織のテーブルセンター。価格は、桐箱入で1万円（税込）。龍谷大学生活協同組合取り扱い。

◇**ネクタイ**　［服装］
　大学オリジナルグッズのネクタイ。校章が刺繍されている。価格は、1本3000円（税込）。龍谷大学生活協同組合取り扱い。

◇名刺入れ　めいしいれ　［皮革製品］
　蜀江紋金襴織が組み込まれた皮製の名刺入れ。価格は、5000円（税込）。龍谷大学生活協同組合取り扱い。

◇龍　　りゅう　［飲料（酒類）］
　1997（平成9）年5月に改修した大宮学舎の竣工記念に造られた日本酒。原料米として酒米の山田錦・酒造適正米の玉栄を使用し、吉田酒造有限会社（滋賀県高島郡マキノ町）で醸造された。価格は、1本720mlで1680円、2本セット4200円、3本セット5775円、6本セット1万500円。吉田酒造有限会社取り扱い。

◇龍（名称未定）　　りゅう　［キャラクター（大学）］
　創立370周年記念事業の一環として、2009（平成21）年10月に決定した大学の新しいマスコットキャラクター。龍谷大学のプレスリリース記事（http://www.ryukoku.ac.jp/news/detail.php?id=423）によれば、名称は未定で、「今後、ネーミング募集コンテスト等を実施し、決定する予定」。キャラクターのデザインにあたっては、2009（平成21）年4月から広く公募を呼びかけ、200点をこえる応募のなかから龍のデザインに決定した。

◇龍谷大学本館改修記念畳輪袈裟　りゅうこくだいがくほんかんかいしゅうきねんたたみわげさ　［服装］
　龍谷大学本館改修を記念してつくられた蜀江紋金襴織にちなんだ畳輪袈裟。本館講堂の天井に貼られる「金襴織」は金糸を贅沢に織り込んだ絹織物。文様が蜀江紋。本館改修にあたって株式会社龍村美術織物（京都市中京区）がオリジナルの布に近づけるべく再現。複製品により本館が修復された。畳輪袈裟は、その蜀江紋金襴織の布が一部に入ったもの。価格は、1万7000円（税込）。龍谷大学生活協同組合取り扱い。

◇龍谷念珠　　りゅうこくねんじゅ　［その他］
　大学オリジナルの伝導グッズ。数珠。価格は、男性用が22玉で4500円（税込）、女性用が37玉で8000円（税込）。龍谷大学生活協同組合取り扱い。

◇龍大ロゴTシャツ　　りゅうだいろごてぃーしゃつ　［服装］
　大学オリジナルのロゴTシャツ。左胸の部分に、「R」のサブマークがあしらわれている。色は、アッシュグレー・黒・白の3色。価格は、1700円（税込）。龍谷大学生活協同組合取り扱い。

◇龍龍（団扇）　　ろんろん（うちわ）　［日用雑貨］
　イラストレーターWAKKUNによるキャラクター「龍龍」を中央にデザイン

したオリジナル団扇。青空のなかを「龍龍」がただよう。価格は、10本1組で2000円（税込）。龍谷大学生活協同組合取り扱い。

◇**龍龍（トレーナー）**　ろんろん（とれーなー）　［服装］
イラストレーターWAKKUNによるキャラクター「龍龍」をデザインしたオリジナルトレーナー。色は、アスレチックヘザー・黒・紺の3色がある。価格は、各3800円（税込）。龍谷大学生活協同組合取り扱い。

◇**龍龍（Tシャツ）**　ろんろん（てぃーしゃつ）　［服装］
イラストレーターWAKKUNによるキャラクター「龍龍」をデザインしたオリジナルTシャツ。色は、アッシュグレー・グレー・白の3色がある。価格は、各2000円。龍谷大学生活協同組合取り扱い。

◇**龍谷大学オリジナルグッズ（陶芸）**　りゅうこくだいがくおりじなるぐっず（とうげい）　［大学グッズ］
大学オリジナルグッズの陶芸品。商品としては、京焼「公孫樹」茶碗5000円、京焼「公孫樹」ペア盃5000円、京焼「雪山」茶碗5000円、京焼「刷毛目」組盃1万円、京焼・龍谷香炉「六藤」5000円、ふくろう文鎮・香立セット3900円、龍三名工盃5000円などがある（価格はすべて税込）。龍谷大学生活協同組合取り扱い。

大阪府

大阪医科大学　［私立］

[所在地]〒569-8686　大阪府高槻市大学町2-7
[TEL]072-683-1221
[URL]http://www.osaka-med.ac.jp/
[設置者]学校法人大阪医科大学
[創立者]（大阪高等医学専門学校）吉津度
[キャンパス]本部キャンパス/さわらぎキャンパス/城北キャンパス（いずれも高槻市）
[沿革・歴史]1927（昭和2）年2月、大阪高等医学専門学校を設置。1946（昭和21）年、大阪医科大学を設置。

◇OMCオリジナルグッズ　［大学グッズ］

大学のオリジナルグッズ。特徴的な商品としては、医科大学らしい大阪医科大学限定医学生キューピー（男の子・女の子・オペ着男の子・オペ着女の子）各472円や白衣型の携帯クリーナー（男・女）各262円がある。そのほかの商品としては、A4クリアファイル（白）210円（透明）52円、クリアファイル2種10枚セット1260円。A4横手提げ袋157円、全面にロゴの入ったA4横手提げ袋262円などがある（価格はすべて税込）。大阪医科大学取り扱い。

大阪学院大学　［私立］

[所在地]〒564-8511　大阪府吹田市岸部南2-36-1
[TEL]06-6381-8434
[FAX]06-6382-4363
[URL]http://www.osaka-gu.ac.jp/
[設置者]学校法人大阪学院大学
[創立者]白井種雄
[沿革・歴史]1963（昭和38）年、大阪学院大学を設置。

［マーク類］1980（昭和55）年、シンボルマークを制定。フェニックス（不死鳥）をモチーフにしたもの。

◇**アロハシャツ**　［服装］
　ハワイアンで有名なREYN SPOONER（レイン スプーナー）の大学オリジナルモデルアロハシャツ。大阪学院大学の略称「OGU」が模様として取り入れられている。メンズは、カーキ・ネイビー・ブルー・マルーンの4色がある。レディースはカーキとブルーの2色。価格は、7500円。大学の学生と教職員は6000円。限定商品。購買部（紀伊國屋書店）取り扱い。

◇**フェニックスくん**　［キャラクター（大学）］
　大学のマスコットキャラクター。不死鳥・火の鳥をモチーフとしたキャラクター。大阪学院大学のマスコット紹介ページ（http://www.osaka-gu.ac.jp/guide/mascot.html）に拠れば、大学の「代表として指定された強化クラブ"ユニバーシティクラブ"を応援」しているという。そのクラブは、アメリカンフットボール部・硬式野球部・ゴルフ部・サッカー部・バスケットボール部。ちなみに、大阪学院大学体育会アメリカンフットボール部の名称はフェニックスという。なお、フェニックスくんに関する商標が、1999（平成11）年5月ならびに7月に登録されている（第4277663号・第4296619号）。権利者は、学校法人大阪学院大学。

大阪国際大学　［私立］

　　［所在地］〒573-0192　大阪府枚方市杉3-50-1
　　［TEL］072-858-1616
　　［URL］http://www.oiu.ac.jp/
　　［設置者］学校法人大阪国際学園
　　［キャンパス］守口キャンパス（守口市）/枚方キャンパス（枚方市）
　　［沿革・歴史］1988（昭和63）年、大阪国際大学を設立。
　　［マーク類］シンボルマークは、大学の略称「OIU」を配したもの。1996（平成8）年3月商標登録済（第3128702号）。

◇**キャプテングロービー**　［キャラクター（大学）］
　大学のマスコットキャラクター。鷲をモチーフにしたデザイン。逞しい体つき

で右手で力こぶをつくり、左手には本を持っている。青い服を着ており、胸には大学のシンボルマークがある。オープンキャンパスなどの大学行事で活躍中。大阪国際大学のマスコットキャラクター紹介ページ（http://www.oiu.ac.jp/gaiyo/mascot.html）に拠れば、キャプテングロービーのほか学校法人大阪国際学園運営の学校には下記のキャラクターがいる。チャーミィジェンヌ（大学・大阪国際大学短期大学部）・大阪国際滝井高校（グローバニー）・大阪国際大和田中学・高校（ピンキーバーディー）・大阪国際大和田幼稚園（ピュアフレッキー）。なお、「キャプテングロービー」は、2001（平成13）年1月に商標登録済（第4443327号）。権利者は、学校法人大阪国際学園。キャプテングロービー以外のキャラクターも商標登録されている。

大阪城南女子短期大学　［私立］

［所在地］〒546-0013　大阪府大阪市東住吉区湯里6-4-26
［TEL］06-6702-9783
［URL］http://www.jonan.ac.jp/tandai/
［設置者］学校法人城南学園
［創立者］（城南学園）坂上綱吉
［沿革・歴史］1965（昭和40）年1月、大阪城南女子短期大学を設置。
［マーク類］1999（平成7）年4月、シンボルマークとロゴマークを導入。デザインは、学校法人城南学園共通のもの。シンボルマークは、イニシャルである「J」をモチーフにしたもの。ロゴマークと組み合わせて、「JONANマーク」として活用されている。

◇じょうのうさぎ　［キャラクター（大学）］

大学のキャラクター。大阪城南女子短期大学のブログ「らびろぐ」（http://www.jonan.ac.jp/tandai/blog/index.html）に拠れば、じょうのうさぎは「性別:?」「出身地:よつばのクローバー畑」「おしごと:JONANオフィシャルサポーター」「すきなたべもの:とりの唐揚げ」とある。白いうさぎで、両頬がピンク色。

大阪大学　［国立］

［所在地］〒565-0871　大阪府吹田市山田丘1-1

大阪大学　　　　　　　　　　大阪府

　　［**TEL**］06-6877-5111
　　［**URL**］http://www.osaka-u.ac.jp/ja/
　　［**設置者**］国立大学法人大阪大学
　　［**キャンパス**］吹田キャンパス（吹田市）/豊中キャンパス（豊中市）/箕面キャンパス（箕面市）
　　［**沿革・歴史**］1724（享保9）年、懐徳堂を設立。1838（天保9）年、緒方洪庵が適塾を開く。1880（明治13）年、府立大阪医学校を設立。1915（大正4）年、府立大阪医科大学と改称。1919（大正8）年、大阪医科大学と改称。1931（昭和6）年、大阪帝国大学と改称。1933（昭和8）年、大阪工業学校を合併。1949（昭和24）年、大阪高等学校・大阪薬学専門学校などを統合し、大阪大学が発足。2004（平成16）年4月、国立大学法人大阪大学となる。2007（平成19）年、大阪外国語大学と統合。
　　［**マーク類**］2007（平成19）年、学章を制定。60年の伝統を持つ銀杏をモチーフに、3つの円弧による造型の中に「OSAKA」のOをしのばせたもの。

◇**懐徳堂記念会オリジナルグッズ**　かいとくどうきねんかいおりじなるぐっず　［大学グッズ］
　懐徳堂にちなんだものモチーフにしたオリジナルグッズ。1724（享保9）年、大阪に開学した懐徳堂は大阪文化の形成に大きな役割を果たし、1949（昭和24）年に重建懐徳堂の蔵書と職員を大阪大学へ移管。大阪大学と深いつながりがある。その後幾度かの改組を経て、2009（平成21）年、大学には懐徳堂研究センターが発足した。懐徳堂記念会の販売するグッズとしては、懐徳堂絵はがき600円、懐徳堂オリジナルストラップ1400円、懐徳堂暦1000円、懐徳堂天図ブレスレット（水晶・紅水晶・アベンチュリン・タイガーアイ）各2400円・（紫水晶）5000円・（ラピスラズリ）5200円・（黄水晶）9000円・（針入水晶）1万4000円（価格はすべて税込）。懐徳堂記念会取り扱い。

◇**高感度イムノクロマト**　こうかんどいむのくろまと　［機械］
　インフルエンザウィルスや腫瘍マーカーなどを従来以上の高感度で検出できる装置。イムノクロマトは操作の簡便性と迅速性から、広く用いられている分析方法である。工学研究科民谷栄一教授は金属ナノ粒子のプラズモン効果を応用することによって、このイムノクロマトの感度を従来法の10倍〜100倍にまで高めることに成功した。この研究成果をもとに、大有限会社バイオデバイステクノロジー（石川県金沢市）および田中貴金属工業株式会社（東京都千代田区）が、イムノクロマトテストストリップを開発、世界市場に向けて展開を開始した。

◇**阪大生**　はんだいなま　［飲料（酒類）］
　大阪大学のオリジナルラベルを箕面ビール（箕面市）のピルスナーに貼ったビール。淡い色をしている。内容量は、1本330ml。価格は、3本セット2300円、6本セット3500円、12本セット6250円（すべて税込）。大阪大学生活協同組合・箕面ビール取り扱い。

◇**大阪大学オリジナルマークグッズ**　おおさかだいがくおりじなるまーくぐっず　［大学グッズ］
　「大阪大学」の文字や学章の入ったオリジナルグッズ。特徴的な商品としては、株式会社亀井堂総本店（神戸市中央区）製造で学章やイ号館がデザインされた瓦せんべい（12枚入り）630円、西陣織のカードケース2590円やネクタイ3045円、丹後ちりめんの風呂敷1659円、ソーダ味の阪大飴210円などがある。そのほかの商品としてはアクティブバッグ840円、学章（襟章・バッチ）368円、キーホルダー（牛革製）1260円、キャンパスクラッチ630円、金の栞（イ号館）735円、（マチカネワニ・学章）各525円、クリヤーホルダー（学章・MOU）各100円、携帯ストラップ570円、ゴーフル6枚入（1缶）473円・（2缶）945円、タオルハンカチ（刺繍入り）470円、多機能ペン1000円、Tシャツ（英字・漢字）1995円、トレーナー（漢字）4095円、ネクタイ（ドット・ストライプ）各3045円、ネクタイピン（七宝）1995円、ネクタイピン（流線型）3045円、フェイスタオル609円、ブックマーク1050円、ペーパーウエイト2520円、ペーパーバック（小）420円（大）630円、ボールペン84円、マグカップ850円、レポート用紙（ヨコ穴・天穴）各200円などがある（価格はすべて税込）。大阪大学生活協同組合取り扱い。

大阪府立大学　［公立］

　［所在地］〒599-8531　大阪府堺市中区学園町1-1
　［TEL］072-252-1161
　［URL］http://www.osakafu-u.ac.jp/
　［設置者］公立大学法人大阪府立大学
　［キャンパス］中百舌鳥キャンパス（堺市中区）/羽曳野キャンパス（羽曳野市）/りんくうキャンパス（泉佐野市）
　［沿革・歴史］1949（昭和24）年、浪速大学を設置。1955（昭和30）年、大阪府立大学と改称。2005（平成17）年4月、大阪女子大学・大阪府立看護大学と統合、公立大学法人大阪府立大学となる。
　［マーク類］2005（平成17）年4月、校章を制定。大阪府の木「いちょう」がモチーフ。府立3大学が統合し新たな大学となったことを示す3枚のいちょう

の葉があしらわれている。同年7月、商標登録済（第4882437号）。

〰〰

◇強電解水 Juju　きょうでんかいすい じゅじゅ　［機械］
純水をpH12.80以上に特殊電解した強電解水。工学研究科・井上博史教授と株式会社K&K（守口市）、大阪府立産業技術総合研究所（和泉市）の産学官連携によって開発された。強電解水を潤滑油の替わりに使用することで、オイルフリーでの金属加工が可能になった。

◇とれとれ野菜工房　とれとれやさいこうぼう　［機械］
生命環境科学研究科・宮武和孝教授が発明し、イチダイナーサリー（米国）・司電機産業株式会社（枚方市）と共同で開発した野菜製造装置。水耕栽培ではなく露地物と同じような畑ができるが、閉鎖系環境で生育させるため、天候の心配がいらず安全で清潔な栽培が可能。育てる植物によって電子制御を変更することもできる。

◇なにわの育　なにわのはぐくみ　［飲料（酒類）］
古代米を使用してつくられた日本酒。生命環境科学部による府大発ブランド品開発研究会の開発第1号商品である。学内で長年収集・保存をしている古代米の中から酒好適米アサムラサキを用い、西條合資会社（河内長野市）の協力を得て清酒「なにわの育」を完成させた。味わいは香り豊かで芳醇。また、アサムラサキは抗酸化作用・抗がん作用があるといわれているアントシアニンを豊富に含んでおり、このアントシアニン由来の美しいピンク色が目にも楽しい一品となっている。なお、純米仕込ではあるが、アサムラサキの等級が一般米のため純米酒ではない。価格は、1本720ml化粧箱入で1680円（税込）。ネット限定数300本。天野酒醸造元西條合資会社取り扱い。なお、「なにわの育」は、2009（平成21）年10月に商標登録済（第5276953号）。権利者は、公立大学法人大阪府立大学。

◇はびっきーと仲間たち　はびっきーとなかまたち　［キャラクター（図書館）］
羽曳野図書センター（羽曳野市）は、看護・保健・医療に関する多くの資料を有する専門図書館。蔵書冊数は約13万冊。そのオリジナルマスコットが、はびっきーと仲間たち。羽曳野図書センターのはびっきーと仲間たち紹介ページ（http://www.lib.osakafu-u.ac.jp/gakubu/nursing/files/habicky.html）に拠れば、はびっきー・おーるどはびっきー・はびりぃ・せらぴぃ・もずくちゃんの5つのキャラクターが紹介されている。はびっきー（Habicky）は、「誕生日：6月7日（ふたご座）」「年齢：不明」「性別：たぶん、男性」「生息地：羽曳野図書セ

ンター内　書架」「主食：本（読書）☆本を読むだけで、お腹も心も満たされる不思議な生き物☆特に、古い本が好き」「尊敬する人：おーるどはびっきー」とある。仲間のおーるどはびっきー（OldHabicky）は「誕生日：1月13日（やぎ座）」「年齢：不明　はびっきーよりも年上」「性別：おそらく、男性」「生息地：羽曳野図書センター内のどこか…に、いるはず」とあり、はびっきーの兄貴分的存在。はびりぃ（Habilie）は、「誕生日：8月25日（おとめ座）」「年齢：不明　はびっきーと同じくらい」「性別：きっと、女性」「生息地：羽曳野図書センターのカウンター」「主食：DVD（映画を観ること）☆映画を観て、ヒロインになりきることが大好き」「その他：はびっきーの永遠のマドンナ」とあり、赤いワンピースを着ている。せらぴぃ（Serapie）は「誕生日：12月29日（やぎ座）」「年齢：不明」「性別：不明」「主食：ピンクのわたあめ」「その他：☆はびりぃのペット☆大好きなはびりぃを守るため、はびっきーににらみを利かせている」とあり、ピンク色のペット。もずくちゃん（水雲ちゃん）は、「誕生日：7月17日（かに座）」「年齢：不明」「性別：きっと、女性」「その他：☆はびりぃの親友☆とってもナチュラル」とあり、水色のワンピースを着、首にネックレスをつけている。それぞれが羽曳野図書センターのなかで活躍中。

◇**光触媒歯ブラシ**　ひかりしょくばいはぶらし　［医療・健康］
　半導体（酸化チタン）技術を応用した光触媒歯ブラシ。工学研究科・安保正一教授の指導のもと株式会社シケン（徳島県小松島市）が製品化した。太陽電池付光触媒歯ブラシのソーラーパネルに光が当たると電子が発生し、それによって歯垢中の水素イオンが奪い取られ歯垢が取りやすくなる。身体に安全なソーラーパネルの力で、高いブラッシング効果を実現した。電池交換は不要で、半永久使用が可能であることも特徴のひとつ。

◇**ヘルシオ**　［機械］
　300度の過熱水蒸気（熱放射性ガス）を生成し、食材に3方向から噴射して調理するオーブン。生命環境科学研究科・宮武和孝教授による過熱水蒸気の研究成果をもとに、シャープ株式会社（大阪市阿倍野区）との産学連携によって開発された。素材の脂を減少する脱油効果、塩分を落とす減塩効果、野菜などのビタミンC破壊を抑制する効果、抗老化効果があるとされるコエンザイムQ10の保存効果などが実証されている。健康に配慮し、かつ安全な調理を可能とした。この成果は産学官連携功績のモデルとされ、日本経済団体連合会会長賞を受賞した。なお、「ヘルシオ」は、シャープ株式会社の登録商標。

◇**舞昆**　まいこん　［加工食品］
　天然酵母を使って道南産真昆布を発酵熟成させた食品。生命環境科学研究科の竹内正吉研究員らと、こうはら本店養宜館（大阪市東住吉区）の産学連携の

共同研究により製品化された。超とろ火で4時間じっくり炊いた昆布は、驚くほどの柔らかさでありながら、弾力のある食感を楽しむことができる。小粒しいたけとの相性もよい。さらに、天然酵母で発酵させた塩昆布は、7つの果物のほかに桑の葉や発芽玄米も使用しているため、ギャバが豊富に含まれている。こうはら本店養宜館取り扱い。なお、「舞昆」は、2005(平成17)年9月に商標登録済(第4893849号)。権利者は、鴻原森蔵氏。

◇**OneCellピッキング装置**　わんせるぴっきんぐそうち　[機械]
新薬の候補となる物質を効率的に探し出す機械。理学系研究科・藤井郁雄教授が、神戸大学の近藤昭彦教授や大阪大学の黒田俊一准教授、アズワン株式会社(大阪市西区)と共同で開発した。25万穴の微細加工を施したマイクロウェルチャンバー上に蒔かれた細胞が発する蛍光を、高感度・高速スキャンニングし、次に各細胞の蛍光強度を解析しヒストグラムを作成。さらに解析に適した蛍光強度の細胞を自動で回収する。目的に応じて回収条件の設定が可能である。短時間で目的の単一細胞を回収できることから、さまざまな用途、研究に応用できる。

関西大学　[私立]

[所在地]〒564-8680　大阪府吹田市山手町3-3-35
[TEL]06-6368-1121
[URL]http://www.kansai-u.ac.jp/index.html
[設置者]学校法人関西大学
[創立者](関西法律学校)有田徳一、井上操、大島貞敏、小倉久、児島惟謙、志方鍛、渋川忠二郎、鶴見守義、手塚太郎、土居通夫、野村鈴吉、堀田正忠、吉田一士
[キャンパス]千里山キャンパス(吹田市)/高槻キャンパス(高槻市)/天六キャンパス(大阪市北区)
[沿革・歴史]1886(明治19)年11月、関西法律学校が開校。1901(明治34)年7月、私立関西法律学校と改称。1905(明治38)年1月、関西大学と改称。
[マーク類]校章は、「大学」の二字を葦の葉で囲んだもの。2009(平成21)年4月、コミュニケーション・マーク「Global 'KU'」とタグライン「THINK × ACT」(シンク・バイ・アクト)を導入。同年11月、商標出願(商願2009-83585)。

◇関西大学カイザースグッズ　かんさいだいがくかいざーすぐっず　［スポーツ］

関西大学アメリカンフットボール部カイザースのグッズ。カイザースは、関西学生アメリカンフットボール連盟Division1に所属。直近の2009（平成21）年秋期成績は、7勝0敗（全勝）で優勝。その後、西日本代表校決定戦で名城大学ゴールデンライオンズを破り、甲子園ボウルでは法政大学トマホークスを撃破して学生日本一となった。第63回ライスボウルでは、社会人の鹿島ディアーズに惜敗した。カイザースのグッズとしては、折畳シートクッション1575円、キャップ2625円、携帯ストラップ735円、サンバイザー（筆記体・ゴシック体）1890円、スウェットパンツ4200円、ステッカー525円、Tシャツ2625円、ネックウォーマー1260円、ネックストラップ893円、ボールキーホルダー525円、ボールペン158円、ポロシャツ2625円、マフラータオル1575円などがある。有限会社スタジオ貳拾壱（京都府京都市北区）取り扱い。

近畿大学　［私立］

［所在地］〒577-8502　大阪府東大阪市小若江3-4-1
［TEL］06-6721-2332
［URL］http://www.kindai.ac.jp/
［設置者］学校法人近畿大学
［創立者］世耕弘一
［キャンパス］本部キャンパス（東大阪市）/医学部キャンパス（大阪狭山市）/工学部キャンパス（広島県東広島市）/農学部キャンパス（奈良県奈良市）/生物理工学部キャンパス（和歌山県紀の川市）/産業理工学部キャンパス（福岡県飯塚市）
［沿革・歴史］1925（大正14）年、大阪専門学校を設立。1943（昭和18）年、大阪理工科大学を設立。1949（昭和24）年、大阪理工科大学・大阪専門学校が合併し、近畿大学を設立。
［マーク類］学園章は、梅の花弁を象徴したもの。

◇青森ヒバ入浴オイル　あおもりひばにゅうよくおいる　［美容］

貴重な青森ヒバを100％使用した入浴オイル。大学発ベンチャー企業であるア・ファーマ近大（大阪市）とニチニチ製薬株式会社（伊賀市）が共同で開発した。青森ヒバには精油成分のヒノキチオールが豊富に含まれている。浴槽に4～5滴入れ、よくかき混ぜて入浴する。内容量は10ml、価格3000円（税込）。株式会社ア・ファーマ近大（大阪市中央区）取り扱い。なお、株式会社ア・ファー

マ近大は、近畿大学発のベンチャー企業。

◇くるむ　［日用雑貨］
医学部法医学教室と野﨑工業株式会社（京田辺市）の共同研究によって生まれた除菌消臭スプレー。二酸化塩素によってウィルスやカビを強力に除菌するとともに悪臭の分解力に優れている。なお、「くるむ＼KULM」は、2009（平成21）年11月に商標登録済（第5280328号）。権利者は、学校法人近畿大学・野﨑工業株式会社。

◇くまざさ入りスキンケアタオル（浴用タオル）　くまざさいりすきんけあたおる（よくようたおる）　［日用雑貨］
クマザサ繊維を織り込んだ浴用タオル。クマザサの生の葉から取り出した繊維を独自の製法で糸状に編み、綿と混紡のうえでタオル状に織り上げられている。しっとり柔らかい肌触りで、優しい洗い心地が実感できる。価格は、1600円（税込）。株式会社ア・ファーマ近大（大阪市中央区）取り扱い。なお、株式会社ア・ファーマ近大は、近畿大学発のベンチャー企業。

◇サカンポーエナジードリンクタフゲン　［スポーツ］
アスリートのコンディションづくりをサポートする清涼飲料水。近畿大学理工学部と株式会社阪本漢法製薬（大阪市北区）が共同で開発、製品化した。筋肉づくりに欠かせないアミノ酸、筋力アップを助けるアルギニン、クエン酸、滋養強壮作用のあるマムシ、紅参を配合している。容量は、100ml。価格は、200円。株式会社阪本漢法製薬取り扱い。

◇Blythe（ブライス）　［キャラクター（大学）］
2010（平成22）年4月に東大阪キャンパスに新設される総合社会学部のシンボルキャラクター。ブライスは1972（昭和47）年に米国で生まれた人形で、大きく印象的な瞳を持つ。その瞳に「複雑化する社会を総合的に理解し、対処できる人材の育成」を目指す新学部の「たくましく、正しく、社会を見つめる視点」を重ね合わせ、キャラクターへの採用が決まった。ブライスは総合社会学部の0期生として入学し、特設ブログ「Peaceful Life」（http://www.kindai-life.jp/）を開設してバーチャルキャンパスライフを紹介している。なお、ブライスは、Hasbro Inc.（ハズブロー　インコーポレイテッド）の登録商標。

◇ブルーヘスペロンキンダイ　［医療・健康］
温州みかん由来のポリフェノールを配合した栄養機能食品（ビタミンC、β-カロテン）。薬学部を中心とするかんきつ類薬用研究開発プロジェクトチームが連携し、それぞれの分野の知的財産を結集させて研究開発・商品化された。

青い時期の早摘み温州みかんにはポリフェノールの一種、ヘスペリジン・ナリルチンが多量に含まれる。プロジェクトチームを母体として誕生した近畿大学発のベンチャー企業である株式会社ア・ファーマ近大（大阪市中央区）は和歌山県有田郡の農家とともに近大青みかん組合を設立し、青みかんの有用成分の含有量が最も高い時期に収穫。まるごと1個を独自の手法によって加工し、製品化させることに成功した。内容量は62.1g（230mg×270粒）。価格は、3600円（税込）。株式会社ア・ファーマ近大取り扱い。なお、「ブルーヘスペロン」は、2004（平成16）年8月に商標登録済（第4796194号）。権利者は、学校法人近畿大学。

摂南大学　［私立］

[所在地]〒572-8508　大阪府寝屋川市池田中町17-8
[TEL]072-839-9102
[URL]http://www.setsunan.ac.jp/
[設置者]学校法人常翔学園
[創立者]片岡安、藤田進
[キャンパス]寝屋川キャンパス（寝屋川市）/枚方キャンパス（枚方市）
[沿革・歴史]1975（昭和50）年、摂南大学を開設。
[マーク類]シンボルマークは、大学の英字表記「SETSUNAN UNIVERSITY」の頭文字である「S」と「U」を組み合わせ、「人」という漢字や、「人」が元気に歩く姿をシンボライズしたもの。

◇ディアハーブモイスチュアジェル　［美容］

薬学部と株式会社アンズコーポレーション（大阪市中央区）とで共同開発されたスキンケア化粧品の敏感肌用ジェル状クリーム。有限会社オー・ケイ・エス（学校法人常翔学園100％出資会社）から発売された。薬学部では、薬用植物園で薬用・有用植物を多数栽培して薬草やハーブの研究に取り組んでおり、その成果が生かされた商品となっている。6種類の植物エキスを配合、肌を乾燥から守り健やかに保つ。なお、「DEAR HERB＼ディアハーブ」は、1999（平成11）年1月に商標登録済（第4229593号）。権利者は、株式会社アンズコーポレーション。

兵庫県

関西学院大学　［私立］

［所在地］〒662-8501　兵庫県西宮市上ケ原一番町1-155
［TEL］0798-54-6017
［URL］http://www.kwansei.ac.jp/index.html
［設置者］学校法人関西学院
［創立者］（関西学院）ウォルター・ラッセル・ランバス
［キャンパス］西宮上ヶ原キャンパス/西宮聖和キャンパス（ともに西宮市）
［沿革・歴史］1889（明治22）年、ウォルター・ラッセル・ランバスが関西学院を創立。1932（昭和7）年、関西学院大学を設立。2009（平成21）年、聖和大学と合併。
［マーク類］1894（明治27）年、校章を制定。進歩と成長を表わす三日月に関西学院の頭文字「K.G.」をあしらったもの。商標登録済。

◇関西学院大学ファイターズグッズ　かんせいがくいんだいがくふぁいたーずぐっず　［スポーツ］
関西学院大学体育会アメリカンフットボール部ファイターズのグッズ。ファイターズは、関西学生アメリカンフットボール連盟Division1に所属。直近の2009（平成21）年秋期成績は、6勝1敗で第2位。グッズとしては、キャップ（白・青）各2500円、グリーンマーカー3000円、タオル1000円、ペナント500円、ポンチョ2000円、ユニフォーム型携帯電話ストラップ500円、レディースTシャツ2500円、第61回（2008年）ライスボウル記念エンブレム1500円、第62回（2007年）甲子園ボウル記念キャップ1500円などがある。ベースボールマガジン社オフィシャル通販ショップ「BBM@SHOP」取り扱い。

◇聖書型オルゴール　せいしょがたおるごーる　［記念品］
聖書をかたどったオリジナルのオルゴール。メロディは1933（昭和8）年、前年の大学昇格を記念し中学部出身の山田耕筰（1886～1965）が作曲、友人の北原白秋（1885～1942）が作詞した校歌「空の翼」。聖書の形は大学が米国南メソヂスト監督教会の流れをくむことに由来している。時計台の写真付き。価格は、3000円。関西学院大学生活協同組合取り扱い。

◇ラグビー部オフィシャルグッズ　らぐびーぶおふぃしゃる　［スポーツ］
　ラグビー部のオフィシャルグッズ。80年の歴史を誇る体育会ラグビー部は、関西大学Aリーグに所属し、2008（平成20）年度と2009（平成21）年度にはリーグ優勝を果たしている。ファーストジャージは橙と紺の横縞で、オフィシャルグッズの多くはこの配色を使用している。グッズとしては、携帯クッション1000円、携帯ストラップ800円、マフラータオル1000円、ミニチュアジャージ3000円、レプリカジャージ1万800円などがある（価格はすべて税込）。ミズノ公式オンラインショップ取り扱い。

◇関西学院大学グッズ　かんさいがくいんだいがくぐっず　［大学グッズ］
　関西大学生活協同組合で販売されている関西学院大学のグッズ。商品としては関西学院のマークとしてよく知られている三日月の「K.G.」を用いたグッズが多い。商品のラインナップは、ウィンドブレーカー5400円、衿章（三日月）370円（校章）400円、エプロン1890円、エンブレム（女性用）3470円（男性用）3990円、カードケース1580円、瓦せんべい（9枚箱入り）400円・（6枚缶入り）450円・（12枚箱入り）600円、漢字タイプTシャツ1890円、キーケース1260円、キーホルダー1260円、銀スプーン（1本入り）1360円・（2本入り）2620円・（3本入り）3880円、クッキー（1缶）2300円・（2缶）4600円、携帯ストラップミニ610円、携帯メタルストラップ650円、K.G.ブレザー（毛100％）3万1000円、コインケース1260円、コインパース690円、3色ボールペン270円、ジグゾーパズル1250円、刺繍キャップ2000円、ジップパーカー4100円、ジッポライター2940円、スウェットパンツ（エンブレム）4100円、ストラップ610円、スポーツタオル1200円、タオル530円、タオル（ジャガードタイプ）300円、陶製スプーンセット（5本入り）1260円、トレーナー（三日月）3360円、Newマグカップ750円、ハーブティーマグカップ1050円、フィナンシェ（8個入り）1200円、細字タイプTシャツ（綿100％）1890円、細字タイプトレーナー（綿100％）4100円、ポロシャツ（三日月）3150円、三日月刺繍入りTシャツ（ポリエステル100％）1890円、三日月スウェットパンツ4100円、メタルスリムキーホルダー680円、メタルボールペン1200円、メッシュキャップ1050円、木製ボールペン1500円、湯のみ840円、4色ボールペン＋シャープペン420円、リングノート390円、リングメモ（A7サイズ）100円、ルーズリーフ（50枚）200円、レポート用紙（B5サイズ）150円などがある。関西学院大学生活協同組合取り扱い。

甲南大学　［私立］
　［所在地］〒658-8501　兵庫県神戸市東灘区岡本8-9-1
　［TEL］078-431-4341

神戸学院大学　　　　　　　　兵庫県

[URL]http://www.konan-u.ac.jp/
[設置者]学校法人甲南学園
[創立者](甲南学園)平生釟三郎
[キャンパス]岡本キャンパス(神戸市東灘区)/西宮キャンパス(西宮市)/ポートアイランドキャンパス(神戸市中央区)
[沿革・歴史]1951(昭和26)年、甲南大学が開学。
[マーク類]2001(平成13)年、甲南学園ロゴを制定。旧制甲南高校の校章「かぶと」がモチーフ。

◇甲南大学オリジナルグッズ　こうなんだいがくおりじなるぐっず　[大学グッズ]
大学のオリジナルグッズ。特徴的な商品としては、田崎真珠製のスクールリング(シルバー　ダイヤ付)9975円・(18金　ダイヤ付)2万3100円やミキモト製のスクールリング(シルバー)6300円・(18金　パール付)2万6200円・(18金　ダイヤ付)2万9400円、はかまキューピー390円などがある。そのほかの商品としては、エンブレム4095円、ネクタイ3990円、オリジナルボタン(シングル)3414円・(ダブル)3712円、90周年記念バッグ120円、クリアホルダー95円、瓦煎餅(18枚入り)990円、原稿用紙210円、コインケース682円、ゴルフボール(半ダース)2677円、3色ペン420円、ジェルインクペン(オーク・ダークオーク)各420円、シャープペン84円、大学学年暦入り手帳472円、多機能ペン(オーク・ダークオーク)各840円、Tシャツ1980円、トレーナー(グレー・紺)各4410円、トレーナー(黒)3990円、ネクタイ3990円、はかまキューピー390円、ハンドタオル315円、ポストイット160円、フェイスタオル590円、ボールペン(赤・青・黒・緑)各84円、ポロシャツ(黒・白)3990円、レポート用紙210円などがある(価格はすべて税込)。甲南大学生活協同組合取り扱い。

神戸学院大学　[私立]

[所在地]〒651-2180　兵庫県神戸市西区伊川谷町有瀬518
[TEL]078-974-1551
[URL]http://www.kobegakuin.ac.jp/
[設置者]学校法人神戸学院
[創立者]森わさ
[キャンパス]有瀬キャンパス(神戸市西区)/長田キャンパス(神戸市長田区)/ポートアイランドキャンパス(神戸市中央区)

[沿革・歴史]1966(昭和41)年、神戸学院大学を設置。

[マーク類]1966(昭和41)年、学章を制定。太陽光線とそのエネルギーをあらわす星型がモチーフ、まわりの波型は四海と波を表現したもの。1999(平成11)年5月、商標登録済(第4271347号)。そのほか1990(平成2)年、コミュニケーションマークを制定。カモメがモチーフ。2008(平成20)年10月、商標登録済(第5171825号)。

◇Cubeads　キュッキュッ　[日用雑貨]
総合リハビリテーション学部・古田恒輔教授と龍野コルク工業株式会社(たつの市)によって共同開発されたクッション。直径約1mmの極小発泡ビーズと伸縮生地で背中から腰をサポートする。価格は、2980円(税込)。なお、「Cubeads」は、2008(平成20)年8月に商標登録済(第5157519号)。権利者は、龍野コルク工業株式会社。

神戸女学院大学　[私立]

[所在地]〒662-8505　兵庫県西宮市岡田山4-1
[TEL]0798-51-8536
[FAX]0798-51-8583
[URL]http://www.kobe-c.ac.jp/
[設置者]学校法人神戸女学院
[創立者]エリザ・タルカット、ジュリア・エリザベス・ダッドレー
[沿革・歴史]1873(明治6)年、タルカットとダッドレーが私塾を開設。1875(明治8)年、女学校を設立(通称:神戸ホーム)。1879(明治12)年、神戸英和女学校と改称。1894(明治27)年、神戸女学院と改称。1948(昭和23)年、神戸女学院大学と改称。

[マーク類]1885(明治18)年、校章を制定。クローバーの三つ葉がモチーフ。1904(明治37)年、三つ葉のなかに「Kobe College」の頭文字であるKCの字を組み合わせ、現在の校章のかたちとなった。1996(平成8)年2月に商標登録済(第3123554号)。

◇神戸女学院オリジナルグッズ　こうべじょがくいんおりじなるぐっず
[大学グッズ]
神戸女学院のオリジナルグッズ。商品としては、鉛筆(1ダース)1050円、オリジナルペン840円、オリジナルマグカップ980円、学院カレンダー(壁かけ・

卓上）各1000円、キーホルダー750円、キャンパスクラッチ（白・ピンク）580円・（パール）630円、クリアーフォルダー（乳白・ピンク・ブルー）120円、携帯ストラップ（パール・ピンク・ブルー）980円、シャープペンシル（ピンク・ブルー）350円、ミニタオル（黄・白・ピンク・ブルー）240円などがある。神戸女学院購買部「ビルゴ」取り扱い。

神戸大学　［国立］

［所在地］〒657-8501　兵庫県神戸市灘区六甲台町1-1
［TEL］078-881-1212
［URL］http://www.kobe-u.ac.jp/
［設置者］国立大学法人神戸大学
［キャンパス］六甲台地区（神戸市灘区）/楠地区（神戸市中央区）/名谷地区（神戸市須磨区）/深江地区（神戸市東灘区）
［沿革・歴史］1902（明治35）年3月、神戸高等商業学校を設置。1929（昭和4）年4月、神戸商業大学に昇格。1944（昭和19）年10月、神戸経済大学と改称。1949（昭和24）年5月、兵庫師範学校・神戸工業専門学校・兵庫青年師範学校・兵庫県立医学専門学校・兵庫県立医科大学予科・神戸経済大学予科・姫路高等学校を統合し、神戸大学を設置。1964（昭和39）年4月、兵庫県立神戸医科大学を統合。1966（昭和41）年4月、兵庫県立兵庫農科大学を統合。2003（平成15）年10月、神戸商船大学と統合。2004（平成16）年4月、国立大学法人神戸大学となる。
［マーク類］2002（平成14）年、ロゴマークを制定。「Kobe University」の頭文字「K」を2羽の鳥に象形化し、緑と青で山と海を表わしたもの。

◇**神戸大学ビーフ**　こうべだいがくびーふ　［食品］
農学研究科附属食資源教育研究センターで生産された但馬牛。農学研究科では和牛の育種改良に関わるさまざまな研究がおこなわれており、同センターはその成果の実証展示の場として位置付けられている。神戸肉枝肉共励会で優良賞等を受賞するなど高い品質を認められている。大丸神戸店（神戸市中央区）や日本橋三越本店（東京都中央区）で販売されている。

◇**神戸大学レイバンズグッズ**　こうべだいがくれいばんずぐっず　［スポーツ］
神戸大学アメリカンフットボール部レイバンズのグッズ。レイバンズは、関西学生アメリカンフットボール連盟Division1に所属。直近の2009（平成21）年

秋期成績は、1勝5敗1引き分けの第7位。大阪産業大学ライオンズとの入れ替え戦に勝利し、Division1への残留を決めた。グッズとしては、Rマークポロシャツ3200円、ウインドブレーカー5000円、応援Tシャツ2200円、折りたたみクッション1800円、缶バッチ（小）250円（大）350円、キャップ2300円、30周年記念誌2000円、30周年記念ネームタグ（英字）2000円（漢字）2100円。30周年記念ワッペン（小）1000円（大）1200円、サンバイザー1800円、タオル1250円、チアフラッグ650円、2009スウェット4400円、ネックストラップ900円、パーカー4300円、ヘルロゴポロシャツ3300円、ボタンチャーム400円、ボタンチャーム専用ストラップ300円、ユニフォームストラップ1500円、レイバン君ポロシャツ3200円、RAVENSうちわ500円、レイバンズマグカップ1500円、ワンシートシール400円などがある。神戸大学アメリカンフットボール部取り扱い。

◇**神戸の香**　こうべのかおり　［飲料（酒類）］
大学院農学研究科と兵庫県が共同開発した酒造好適米「杜氏の夢」を使用した日本酒。醸造は、富久錦株式会社（加西市）において昔ながらの手作業でおこなわれる。搾りたての生酒と通常の火入酒がある。価格は、生酒1本3000円（税込）。神戸大学生活協同組合取り扱い。なお、「神戸の香」は、2006（平成18）年10月に商標登録済（第4995174号）。権利者は富久錦株式会社。

◇**神戸大学オリジナルグッズ**　こうべだいがくおりじなるぐっず　［大学グッズ］
大学のオリジナルグッズ。特徴的な商品としては、小川珈琲株式会社（京都府京都市右京区）製の神戸大学珈琲（オリジナルレギュラーコーヒー）480円、株式会社金太郎飴総本店（東京都台東区）製の神大飴（袋）210円（棒）315円、モロゾフ株式会社（神戸市東灘区）製のアーモンドクッキー525円・マカダミアクッキー525円、クッキー2缶セット1050円などがある。そのほかの商品としては、医学部シール42円、エンブレム（女性用）3780円（男性用）4200円、置き時計5250円、オリジナル500ml緑茶ペットボトル100円、オリジナル瓦せんべい780円、学内マップ500円、キーケース1260円、キーホルダー577円、巾着袋600円、クラッチバッグ550円、クリアファイル100円、クリスタルガラス1890円、黒シャープペン・ボールペン1890円、携帯ストラップ1100円、校章バッジ367円、神戸大学歌集1200円、小銭入れ682円、シール189円、シール（3枚）100円・（9枚）200円、しおり735円、水性ボールペン142円、ステッカー157円、スポーツマフラータオル1000円、タオル368円、樽シャープペン・ボールペン945円、定期入れ2835円、Tシャツ（KOBEUNIVERSITY・神戸大学）各945円・（ロゴマーク）1500円、図書カード650円、トレーナー2415円、ネクタイ2940円、ネクタイピン525円、バッジ315円、ハンカチ609円、フォトカー

ド420円、ふせん180円、ブリーフケース1100円、ペーパーウェイト2100円、ペーパーウェイト(ブック型)2400円、ペンケース1890円、帽子2079円、ボールペン&シャープペンシル189円、ポロシャツ1780円、マウスパッド735円、マグカップ819円、ゆのみ819円、ライター126円、リストバンド500円、レポート用紙231円などがある(価格はすべて税込み)。神戸大学生活協同組合取り扱い。

園田学園女子大学　［私立］

［所在地］〒661-8520　兵庫県尼崎市南塚口町7-29-1
［TEL］06-6429-1201
［URL］http://www.sonoda-u.ac.jp/
［設置者］学校法人園田学園
［沿革・歴史］1966(昭和41)年、園田学園女子大学を開学。

◇そのだ教授とかなえちゃん　そのだきょうじゅとかなえちゃん　［キャラクター(大学)］

大学のキャラクター。大学のキャラクター紹介ページ(http://www.sonoda-u.ac.jp/applicants/character.html)に拠れば、そのだ教授は「優しいお顔と丁寧な講義で、学生に抜群の人気がある教授。ただし、全ての学部で見かけるため、いったい何が専門なのかは分からない。また、普段の姿は「着ぐるみ」で、正体は全く別の生き物だという噂もある。教授室で正体を見たという学生もいるが、本当のところは謎のままである。年齢不詳。」とあり、その正体は不明。一方、かなえちゃんは「オープンキャンパスで偶然出会ったそのだ教授に衝撃を受け、入学を決める。機嫌のいいときには「♪私はそのだなのだ♪」の歌を口ずさむようになった。おしゃべりは得意だが、聞くのは苦手で「うさぎらしくない」と言われることも多いとか。将来はお菓子に囲まれて暮らしたいと、今でも真剣に願っている。現在、本校在学中の一回生。18才。」とある。教授と学生が手に手を取り合い、夢に向かってともにチャレンジしていく姿が表現されているという。そのだ教授は、「そのだ教授のつぶやきブログ」でも活躍中。オープンキャンパスでは、オリジナルグッズの配布もおこなわれている。

兵庫教育大学　［国立］

[所在地]〒673-1494　兵庫県加東市下久米942-1
[TEL]0795-44-2010
[URL]http://www.hyogo-u.ac.jp/
[設置者]国立大学法人兵庫教育大学
[キャンパス]加東キャンパス嬉野台地区/加東キャンパス山国地区（ともに加東市）
[沿革・歴史]1978（昭和53）年10月、兵庫教育大学を設置。2004（平成16）年4月、国立大学法人兵庫教育大学となる。
[マーク類]2005（平成17）年、ロゴマークを制定。大学の英字表記であるHyogo University of Teacher Educationの「H」と「E(e)」を組み合わせたもの。2006（平成18）年5月、商標登録済（第4951909号）。

◇ひょうちゃん　［キャラクター（大学）］
大学マスコットキャラクター。社会に開かれた、日本教育の中心地としての大学のイメージを広く伝えることを目的として制定された。「兵」の文字をモチーフとし、黄色い体は知性と好奇心を、緑の手は調和と自然あふれるキャンパスを、赤く大きな足は創造力と喜び、大地を踏みしめながら前進するイメージを表している。なお、ひょうちゃんに関する商標が、2006（平成18）年5月に登録された（第4951910号）。権利者は、国立大学法人兵庫教育大学。

兵庫県立大学　［公立］

[所在地]〒650-0044　兵庫県神戸市中央区東川崎町1-3-3
[TEL]078-367-8600
[FAX]078-362-0650
[URL]http://www.u-hyogo.ac.jp/
[設置者]兵庫県
[キャンパス]神戸キャンパス（神戸市中央区）/神戸学園都市キャンパス（神戸市西区）/姫路書写キャンパス（姫路市）/播磨光都キャンパス（赤穂郡上郡町）/姫路新在家キャンパス（姫路市）/明石キャンパス（明石市）/淡路キャンパス（淡路市）
[沿革・歴史]〈神戸商科大学〉1929（昭和4）年、兵庫県立神戸高等商業学校として開校。1948（昭和23）年、神戸商科大学と改称。〈姫路工業大学〉1944

武庫川女子大学　　　　　　　　　兵庫県

（昭和19）年、兵庫県立高等工業高等学校として開校。1949（昭和24）年、姫路工業大学と改称。〈兵庫県立看護大学〉1993（平成5）年、兵庫県立看護大学が開学。〈統合〉2004（平成16）年、神戸商科大学・姫路工業大学・兵庫県立看護大学を統合し、兵庫県立大学と改称。

［マーク類］2004（平成16）年、学章を制定。大学の英字表記「University of Hyogo」の頭文字である「U」と「H」をモチーフにしたもの。2005（平成17）年4月、商標登録済（第4857739号）。

◇学章入りオリジナルグッズ　がくしょういりおりじなるぐっず　［大学グッズ］

2004（平成16）年開学の兵庫県立大学。それを契機に盾をモチーフとした学章が定められた。その学章を入れたオリジナルグッズが下記のもの。アクティブバッグ（青・赤・黄・白・緑）各900円、オリジナルスケール（赤・緑・青）各200円、オリジナルTシャツ（白・黒/M・L・XL）各950円。オリジナルマウス2500円、オリジナルメモ帳（青・赤・白）各105円、クリアホルダー（10色）各105円、校章入り付箋160円、シャープペン（青・黒・橙・ピンク・緑・ライトブルー）各105円、水性ボールペン（青・赤・黒）各105円、スポーツタオル500円、タンブラーグラス1890円、Tシャツ型ペーパーウェイト2400円、ハンカチ（紺・赤）各600円、マグカップ（青・赤・白）各820円、丸型ペーパーウェイト2100円、木製置時計5250円、油性ボールペン（青・赤・黒）各105円、ロックグラス1890円などがある（価格はすべて税込）。兵庫県立大学生活協同組合取り扱い。

武庫川女子大学　［私立］

［所在地］〒663-8558　兵庫県西宮市池開町6-46
［TEL］0798-47-1212
［URL］http://www.mukogawa-u.ac.jp/
［設置者］学校法人武庫川学院
［創立者］（武庫川学院）公江喜市郎
［キャンパス］中央キャンパス/浜甲子園キャンパス/上甲子園キャンパス（いずれも西宮市）
［沿革・歴史］1939（昭和14）年2月、武庫川学院を公江喜市郎が創設。1946（昭和21）年4月、武庫川女子専門学校が開校。1949（昭和24）年4月、武庫川学院女子大学が開学。1958（昭和33）年、武庫川女子大学と改称。

◇Lavy（ラビー）　[キャラクター（大学）]
　学院創立70周年記念事業の一環として制定されたキャラクター。学生・関係者から親しまれ愛されるキャラクターの制作を目指し、幅広く募集したアイディアをもとにイラストレーター・舩引亜樹氏がデザインした。Lavy（ラビー）の名前は、ウサギ（Rabbit）と愛（Love）に由来しており、愛情あふれる女性に育ってほしいという願いが込められている。武庫川女子大学ホームページ（http://www.mukogawa-u.ac.jp/gakuin/lavy/lavy.htm）に拠れば、Lavyは、「自由と無限の可能性を持つ、元気でかわいい女の子。Lavyは好奇心旺盛で、新しい情報や知識に敏感です。音楽や芸術など、綺麗なもの、美しいものが大好き。みんなと一緒に楽しく幸せに過ごしたいと思っています。おとなしそうに見られることもありますが、実はとても行動的で、どこにでも飛び跳ねて出掛けます。」とある。2008（平成20）年10月にはLavyを主人公にした絵本が刊行された。その絵本は、鄭婀美著、株式会社ディーネット編集、舩引亜樹イラスト『うさぎのラビーといろきりばさみ』（武庫川女子大学出版部）で、定価は1050円。2009（平成21）年12月には、絵本オペラとして上演。なお、Lavyに関する商標が、2009（平成21）年4月に登録されている（第5220521号・第5220612号）。権利者は、学校法人武庫川学院。

奈良県

奈良教育大学　［国立］

［所在地］〒630-8528　奈良県奈良市高畑町
［TEL］0742-27-9108
［URL］http://www.nara-edu.ac.jp/
［設置者］国立大学法人奈良教育大学
［沿革・歴史］1874（明治7）年6月、寧楽書院を創設。1875（明治8）年3月、奈良師範学校（小学）と改称。1888（明治21）年7月、奈良県尋常師範学校を創設。1898（明治31）年4月、奈良県師範学校と改称。1905（明治38）年4月、奈良県女子師範学校を創設（奈良県師範学校女子部を廃止）。1943（昭和18）年4月、奈良県師範学校・奈良県女子師範学校が統合し、奈良師範学校と改称。1944（昭和19）年4月、奈良県青年師範学校教員養成所青年学校・教員養成所臨時養成科が統合し、奈良青年師範学校と改称。1949（昭和24）年5月、奈良師範学校・奈良青年師範学校を統合し、奈良学芸大学を設置。1966（昭和41）年4月、奈良教育大学と改称。2004（平成16）年4月、国立大学法人奈良教育大学となる。

◇**オリジナル瓦煎餅**　おりじなるかわらせんべい　［菓子］
大学と奈良教育大学生活協同組合が共同開発したはじめてのオリジナルグッズ。価格は、18枚入りが680円（税込）、27枚入りは1000円（税込）。奈良教育大学生活協同組合取り扱い。

◇**健歩くん**　けんぽくん　［機械］
2006（平成18）年、奈良教育大学と健康・医療機器メーカーの竹井機器工業株式会社（新潟市秋葉区）が、運動生理学専攻・若吉浩二教授（現・びわこ成蹊スポーツ大学）の研究成果をもとに共同開発した介護用トレーニング機器。歩行困難な高齢者の下肢の筋力を気軽に楽しみながら強化・維持できる機器。ウエイトを使わず自分の体重を負荷とする仕組みのため、一般的なトレーニング機器での運動が難しい人でも楽にトレーニングができ、対象者に合わせた負荷設定や運動処方の作成が可能である。つまずきを防ぐ筋肉の強化、高齢者に対しての寝たきり予防にも効果的。なお、「健歩くん」は、2006（平成

18)年9月に商標登録済(第4990959号)。権利者は、竹井機器工業株式会社。

◇**なっきょん**　　［キャラクター(大学)］
2008(平成20)年、創立120周年を記念して制定されたイメージキャラクター。学生や地域たちから親しまれる大学を目指してデザインを募集した結果、奈良のシンボルであるシカをモチーフにしたキャラクターが選ばれた。愛称は、応募の中から「なっきょん」に決定。これは大学の略称「奈教」に由来している。なっきょんの頭には角のかわりに緑色の新芽が生えており、育つ・育てるというイメージを表している。なっきょんは、各種発行物や大学グッズに使用されるほか、大学祭などのイベントに参加し広報活動で活躍中。なっきょんグッズとしては、クリアファイル140円、携帯電話ストラップ380円、Tシャツ1300円、ハンドタオル800円、ピンバッジ300円、ぬいぐるみ980円などがある。奈良教育大学生活協同組合取り扱い。なっきょんの詳細については、奈良教育大学の「Nakkyon on the WEB」(http://www.nara-edu.ac.jp/ADMIN/SECRETARY/image_character_nakkyon.html)に掲載されている。なお、なっきょんに関する商標が、2009(平成21)年3月に登録された(第5210881号)。権利者は、国立大学法人奈良教育大学。

奈良女子大学　　［国立］

［所在地］〒630-8506　奈良県奈良市北魚屋東町
［TEL］0742-20-3204
［FAX］0742-20-3205
［URL］http://www.nara-wu.ac.jp/
［設置者］国立大学法人奈良女子大学
［沿革・歴史］1908(明治41)年3月、奈良女子高等師範学校を設置。1949(昭和24)年5月、奈良女子高等師範学校を包括し、奈良女子大学を設置。2004(平成16)年4月、国立大学法人奈良女子大学となる。
［マーク類］1982(昭和57)年、前身の奈良女子高等師範学校校章を受け継いだ学章を制定。八重桜を輪郭として八稜鏡を収め、撫子の花を中心に配置したもの。2006(平成18)年2月、商標登録済(第4929303号)。

◇**奈良女子大学写真集**　　ならじょしだいがくしゃしんしゅう　　［記念品］
2009(平成21)年5月に創立100周年を記念して作成されたオリジナル写真集。重要文化財である記念館をはじめ、四季折々の大学構内の様子を美しい写真で伝える。表紙には学章の他、桜・なでしこ・藤といった大学に関係する花

をあしらった。写真集の収益の一部は奈良女子大学百周年記念事業募金に寄贈される。価格は、850円（税込）。奈良女子大学生活協同組合取り扱い。

◇**奈良女子大学創立百周年記念切手シート**　ならじょしだいがくそうりつひゃくしゅうねんきねんしーと　［記念品］
2009（平成21）年5月に創立100周年を記念して作成された記念切手シート。大学の前身である奈良女子高等師範学校の本館として利用されていた、重要文化財である記念館を複数の角度から撮影したもののほか、明治時代に製造された国産でも最古のピアノのひとつ「百年ピアノ」、大学構内からみた若草山の山焼きの様子などのデザインがある。1シートは、80円切手×10枚。価格は、1600円（税込）。なお、記念切手シートの収益の一部は、奈良女子大学百周年記念事業募金に寄贈。奈良女子大学生活協同組合取り扱い。

◇**奈良漬アイス**　ならづけあいす　［菓子］
奈良漬を練り込んだアイスクリーム。カップアイスとモナカアイスの2種類がある。奈良の伝統的な食品である奈良漬が幅広く親しまれるようにとの願いから、学生たちを中心とした奈良漬プロジェクト研究チームが開発した。食品衛生法では「アイスクリームの細菌数は1g当たり10万以下」と定められているが、製造工程に熱処理を加えることで、奈良漬に含まれる酵母や麹菌の増加を抑えることに成功した。カップアイスに入れた奈良漬はクッキー生地に練り込んだ上、オーブンで焼いたものを使用。また、モナカアイスに入れた奈良漬は加熱処理がなされている。価格は、カップ300円・モナカ250円。株式会社山崎屋取り扱い。

◇**奈良漬サブレ**　ならづけさぶれ　［菓子］
奈良漬の酒粕の独特の風味を生かした焼き菓子。奈良漬プロジェクト研究チームが洋菓子教室ドネー・ドゥ・ガトー（奈良市）と共同で開発した。ひとつひとつ手作りすることにより、バターと奈良漬の香りをより一層引き立て、レーズンのような甘みとさくっとした食感が楽しめる。奈良漬のアルコール分は焼き上げることで蒸発するため、奈良漬の苦手な人や子どもたちにも美味しく食べられる。価格は、8枚入り630円（税込）。株式会社山崎屋取り扱い。

◇**奈良のかすていら**　ならのかすていら　［菓子］
奈良漬を使用したカステラ。奈良の魅力を伝えたいという学生たちの思いから、奈良漬プロジェクトで開発した奈良漬レシピ集の蒸しカステラを元に改良し、焼きカステラとして商品化した。こしあん・しろあんの2種類がある。奈良漬は株式会社山崎屋（奈良市）の製品を使用。こし餡のしっとり感と米粉のもちもち感が奈良漬の独特の香りに合い、懐かしさを感じさせる味わいに

仕上げられた。価格は、こしあん・しろあん（各200g）1260円（税込）、奈良のかすていらプチこしあん・しろあん（各35g）168円（税込）。株式会社山崎屋取り扱い。

◇奈良の八重桜　　ならのやえざくら　　［飲料（酒類）］
　奈良女子大学100周年記念の日本酒。奈良県花であるナラノヤエザクラの花から分離した酵母を使用している。醸造は今西清兵衛商店（奈良市）。またラベルの文字は興福寺の多川俊映貫首の筆によるもの。酵母の原料となっているナラノヤエザクラは八重桜の一種オクヤマザクラの変種とされ、古来より和歌に詠まれるなど、広く親しまれてきた花である。1922（大正11）年、三好学博士によって東大寺知足院にてその種が発見され、翌年3月7日に「知足院奈良八重桜」として国の天然記念物に指定された。奈良を象徴する花として、県花だけでなく市章・市花に採用され、奈良女子大学の学章にもなっている。内容量は、300ml。価格は、735円（税込）。なお、「奈良の八重桜」は2009（平成21）年8月に商標登録済（第5258184号）。権利者は、株式会社今西清兵衛商店。

◇奈良女子大学オリジナルグッズ　　ならじょしだいがくおりじなるぐっず
　［大学グッズ］
　奈良女子大学のオリジナルグッズ。特徴的な商品としては、白餡・梅果肉入りの梅三笠（5個箱入り）690円、卒業生の袴姿がついたストラップ420円、記念館とピアノがデザインされた3Dクリスタルペーパーウェイト3800円などがある。そのほかの商品としては、校章シール（10枚）52円、シャープペンシル100円、シャーボケース付2100円、手焼きせんべい1箱（3枚×6袋）650円、手焼きせんべい7枚入り200円、2穴バインダー390円、ペーパーバック（エンジ・紺）各240円、ペーパーホルダー189円、ペンケース800円、ポーチ800円、ボールペン315円、ポストカード（2種2枚組）157円、マグカップ900円。レターセット357円、レポート用紙157円などがある（価格はすべて税込）。奈良女子大学生活協同組合取り扱い。

奈良大学　　［私立］
　［所在地］〒631-8502　奈良県奈良市山陵町1500
　［TEL］0742-44-1251
　［FAX］0742-41-0650
　［URL］http://www.nara-u.ac.jp/
　［設置者］学校法人奈良大学

奈良大学　　　　　　　　　　　　奈良県

　［創立者］（南都正強中学）薮内敬治郎
　［沿革・歴史］1969（昭和44）年4月、奈良大学が開学。
　［マーク類］校章は、大学の英字表記「NARA　UNIVERSITY」の頭文字Nと
　Uを組み合わせたもの。

◇こと　［キャラクター（大学）］
　大学のオリジナルキャラクター。ピンクの鹿が、校章のかたちをした琴を弾いているデザイン。奈良大学広報案内（http://www.nara-u.ac.jp/daigaku/koho/index.html）のページに拠れば、キャラクターグッズとして「ステッカー・メモ帳・タックメモ・ノート・携帯クリーナーなど」があるという。

和歌山県

近畿大学〈水産研究所〉　［私立］

［所在地］〒649-2211　和歌山県西牟婁郡白浜町3153
［TEL］0739-42-2625
［FAX］0739-42-2634
［URL］http://www.flku.jp/
［設置者］学校法人近畿大学
［創立者］世耕弘一
［キャンパス］本部キャンパス（大阪府東大阪市）/医学部キャンパス（大阪府大阪狭山市）/工学部キャンパス（広島県東広島市）/農学部キャンパス（奈良県奈良市）/生物理工学部キャンパス（紀の川市）/産業理工学部キャンパス（福岡県飯塚市）
［沿革・歴史］1925（大正14）年、大阪専門学校を設立。1943（昭和18）年、大阪理工科大学を設立。1949（昭和24）年、大阪理工科大学・大阪専門学校が合併し、近畿大学を設立。
［マーク類］学園章は、梅の花弁を象徴したもの。

◇おさかなDHA　［医療・健康］
魚の優れた栄養を手軽に補えるサプリメント。タンパク質をはじめ、カルシウム、ミネラル、DHA、EPAなど、健康維持に欠かせない成分を豊富に含んでいる。マグロを原料とし、徹底した管理のもと抽出・精製されている。内容量は、90粒入（約30日分）。価格は、3570円（税込・代引手数料込）。株式会社アーマリン近大（西牟婁郡白浜町）取り扱い。株式会社アーマリン近大は、近畿大学発ベンチャー企業。なお、「近大サプリ」は、2008（平成20）年10月に商標登録済（第5170957号）。権利者は、学校法人近畿大学。

◇近大キャビア　きんだいきゃびあ　［加工食品］
高田川の水で育まれたチョウザメの卵を使用したキャビア。水産研究所新宮実験場（新宮市）では1995（平成7）年にチョウザメ類で最大級オオチョウザメの雌と小型種コチョウザメの雄の交配種ベステルの養殖に着手。成長促進のための温度調整や薬品使用などをせずに自然に近い状態でじっくり時間をか

和歌山大学　　　　　　　　　和歌山県

けて育ててきた。その成果により、13年6ヶ月目で卵をとることに成功。取り出した直後に塩漬けして冷凍保存し瓶詰めしている。無添加・無着色で、熱処理をしていないため風味を損なわず、取れたての味が楽しめる。価格は、30gで1万円(税込)。限定100個。株式会社アーマリン近大(西牟婁郡白浜町)取り扱い。なお、株式会社アーマリン近大は、近畿大学発ベンチャー企業。

◇**近大マグロ**　きんだいまぐろ　［食品］
水産研究所で育てられたクロマグロ。水産研究所は2002(平成14)年に世界で初めてクロマグロの完全養殖に成功、餌を工夫することで風味を向上させた。舌触りが良く蕩けるような柔らかさ、上品な甘みと旨味が特徴で、色や見た目も美しい。刺身や鮨ネタにも最適なこのクロマグロの養殖産業化に向け、同研究所ではさらなる研究がすすめられている。株式会社アーマリン近大(西牟婁郡白浜町)で業務用として取り扱い。株式会社アーマリン近大は、近畿大学発ベンチャー企業。なお、「近大マグロ」は、2006(平成18)3月に商標登録済(第4933272号)。権利者は、学校法人近畿大学。

◇**本くえ鍋セット**　ほんくえなべせっと　［食品］
水産研究所で養殖されたクエ入りの鍋セット。クエは本州中部以南に生息するハタ科の魚で、和歌山県では冬場の鍋料理として珍重されてきたが、近年では漁獲量が減少したために幻の魚とも言われている。水産研究所では昭和50年代後半からクエの養殖研究を開始、1988(昭和63)年には人工孵化に成功した。さらに、冬の低水温期には稚魚を奄美の漁場に移して育成することにより、養殖期間が短縮できるようになった。ゼラチン質の皮やアラ、脂ののった白身は深みのある上品な味わい。セットにはクエの切り身とあら、特製ぽん酢が入っており、鍋はもちろん、煮付けや唐揚げにも利用できる。内容量は、約1kgで4〜5人前。価格1万1000円(税込)。10月から3月の期間限定。株式会社アーマリン近大(西牟婁郡白浜町)取り扱い。株式会社アーマリン近大は、近畿大学発ベンチャー企業。なお、「近大クエ」は、2006(平成18)3月に商標登録済(第4933273号)。権利者は、学校法人近畿大学。

和歌山大学　［国立］

［所在地］〒640-8510　和歌山県和歌山市栄谷930
［TEL］073-457-7007
［URL］http://www.wakayama-u.ac.jp/
［設置者］国立大学法人和歌山大学
［沿革・歴史］1949(昭和24)年5月、和歌山師範学校・和歌山青年師範学校・

和歌山経済専門学校を統合し、和歌山大学を設置。2004（平成16）年4月、国立大学法人和歌山大学となる。

[マーク類]校章は、黒字に「學」の文字。横に白波の波頭をあしらっている。2004（平成16）年、国立大学法人となったことにともなってシンボルマークを制定。2005（平成17）年3月、商標登録済（第4843911号）。

◇木いぷ　きいぷ　［機械］

木の端材の活用策として開発された丸太コンロ。2003（平成15）年から2004（平成16）年にかけて、未利用木質資源研究会と和歌山大学・近畿大学の研究者の共同研究によって生まれた簡易木製コンロの試作品をもとに、特定非営利活動法人和歌山県木質資源開発機構（和歌山市）が木いぷを完成させた。一見するとただの丸太に見える木いぷだが、よく見ると切り口の円形面にスリットが入っており、この特徴的なスリットが火付けを容易にしている。1時間30分程度燃焼し、やかんで湯を沸かしたり鍋をのせて煮炊きができる。今後は災害時の備蓄燃料として和歌山県内の避難所への配備が推進される予定。なお、丸太コンロ普及事業は、2007（平成19）年度紀の国森づくり基金活用事業に採択された。価格は、1557円。特定非営利活動法人和歌山県木質資源開発機構取り扱い。

◇和大飴　わだいあめ　［菓子］

和歌山大学シンボルマークの入った飴。当初は、大学のシンボルカラーであるオレンジ色に合わせたみかん味のみであったが、新聞やラジオでも紹介され好評を博したことから、現在では果物の栽培が盛んな和歌山の特産にこだわった5種類の味を取り揃えている。和歌山のみかんは、全国的にも有名な特産品。また飴の表面には、金太郎飴の文字として当初「和大」と入れていたが、現在では広く和歌山をアピールするため、和歌山の「和」一文字に変更されている。価格は、シンボルマーク入り専用パッケージ50粒入り（いちご味・梅味・蜜柑味・桃味・柚子味5種類のアソート）1000円（税込）、いちご味・梅味・蜜柑味・桃味・柚子味は、それぞれ1袋10粒入り210円（税込）。和歌山大学消費生活協同組合取り扱い。

◇和大煎餅　わだいせんべい　［菓子］

和歌山大学シンボルマークの入った和歌浦せんべい。小麦粉・卵・砂糖などを原料にした和歌山を代表する銘菓のひとつ。製造は、鷹屋（和歌山市）。価格は、23枚入りシンボルマーク入り専用パッケージ460円（税込）。和歌山大学生活協同組合取り扱い。

和歌山大学　　　　　　　　和歌山県

◇**和歌山大学オリジナルロゴグッズ**　わかやまだいがくおりじなるろごぐっず　［大学グッズ］

　和歌山大学のシンボルマーク入りのオリジナルグッズ。2004（平成16）年度の国立大学法人化を契機として、大学ではシンボルマークを制定。以降、和歌山大学消費生活協同組合と共同でシンボルマークの入ったオリジナルグッズが開発されてきた。特徴的な商品としては、デザイン公募で決定した公式オフィシャルTシャツ1200円や校歌入りの手ぬぐい700円などがある。そのほかの商品としては、カップ&ソーサ1000円、食器皿1000円、タンブラー800円、和大缶バッチ3個入り350円、和大フェイスタオル（白抜き橙・橙抜き白の2種類）各1200円などがある（価格はすべて税込）。和歌山大学消費生活協同組合取り扱い。

鳥取県

鳥取大学　［国立］
　［所在地］〒680-8550　鳥取県鳥取市湖山町南4-101
　［TEL］0857-31-5007
　［URL］http://www.tottori-u.ac.jp/
　［設置者］国立大学法人鳥取大学
　［キャンパス］鳥取キャンパス（鳥取市）／米子キャンパス（米子市）
　［沿革・歴史］1949（昭和24）年、米子医科大学・米子医学専門学校・鳥取農林専門学校・鳥取師範学校・鳥取青年師範学校を統合し、鳥取大学を設置。2004（平成16）年4月、国立大学法人鳥取大学となる。
　［マーク類］1952（昭和27）年、紋章を作成。角輪の紋の中央に學。1985（昭和60）年、追認された。2008（平成20）年、シンボルマークを制定。大学の英字表記「Tottori University」の頭文字「T」をダイナミックに飛翔する鳥の姿に図案化したもの。2009（平成21）年2月、商標登録済（第5205329号）。

◇**とりりん**　［キャラクター（大学）］
　鳥取県の鳥・オシドリをモチーフにしたイメージキャラクター。2008（平成20）年に決定した。角帽を持ったオシドリが本を持っているデザインで、胸部には鳥取大学をあらわすTの文字が入っている。東京の会社員がデザインした。著作権は国立大学法人鳥取大学が有する。鳥取大学のイメージキャラクター紹介ページ（http://www.tottori-u.ac.jp/dd.aspx?itemid=2020）に拠れば、とりりんの「手に持っている青い本は、常に探求心をもち「知識」を深めていくこと」、「角帽は大学人らしさを表現して」いるという。過去のオープンキャンパスでは、着ぐるみのとりりんが登場した。なお、とりりんに関する商標が、2009（平成21）年2月に登録された（第5205330号）。

◇**二十世紀梨酢**　にじっせいきなしす　［調味料］
　鳥取県の特産品・二十世紀梨の100％天然果汁を利用した梨酢。生命工学科・鳥取県産業技術センター（鳥取市）などが産官学梨利用共同研究会を立ち上げて共同研究を開始。市場に出せない規格外の梨を有効利用するための研究がすすめられ、有機酸や果実酸が豊富な酢が完成した。価格は、1本300ml入り

998円(税込)。有限会社エー・オー・エヌ・ケミカル(鳥取市)取り扱い。なお、「二十世紀梨酢」は、2007(平成19)年9月商標登録済(第5078229号。権利者は、有限会社エー・オー・エヌ・ケミカル。

◇バリエール　［医療・健康］
鳥由来人獣共通感染症疫学研究センターの大槻公一特任教授・伊藤壽啓教授らと株式会社モチガセ(鳥取市)の共同研究により開発された抗ウイルスマスク。マスクに使用されている抗ウイルス素材「BR-p3」は、安全性の高い天然鉱物ドロマイト(白雲石)をナノテクノロジーによって超微粒子に処理し、独自の特殊加工を施したもの。抗ウイルスと浸入阻止機能のダブルブロック構造となっており、3ヶ月以上にわたってウイルスの殺滅効果が持続する。マスクの素材には長時間の着用でも違和感のない高品質の不織布を使用。希望小売価格は、2枚入りで1071円(税込)。株式会社モチガセ取り扱い。なお、「バリエール」は、2009(平成21)年10月に商標登録済(第5274436号)。権利者は、株式会社モチガセ。

◇鳥取大学オリジナルグッズ　とっとりだいがくおりじなるぐっず　［大学グッズ］
鳥取大学のロゴが入ったオリジナルグッズ。商品としては、オリジナル日本酒「いなば鶴　強力(純米吟醸)」箱入り1680円・箱無し1580円、ウェアバッグ840円、革キーホルダー(丸型・楕円・輪カン)各577円、コインパース682円、小物入れ472円、シューズバッグ525円、鳥大クリアホルダ84円、鳥大ロゴ入りTシャツ945円、鳥大ロゴ入りポストイット157円などがある。鳥取大学生活協同組合取り扱い。

島根県

島根大学　［国立］

[所在地]〒690-8504　島根県松江市西川津町1060
[TEL]0852-32-6100
[URL]http://www.shimane-u.ac.jp/
[設置者]国立大学法人島根大学
[キャンパス]松江キャンパス（松山市）/出雲キャンパス（出雲市）
[沿革・歴史]1949（昭和24）年5月、松江高等学校・島根師範学校・島根青年師範学校を統合し、島根大学が発足。2003（平成15）年10月、島根医科大学を統合。2004（平成16）年4月、国立大学法人島根大学となる。
[マーク類]2007（平成19）年、キャッチフレーズ「人とともに　地域とともに」と学章がセットとなったロゴマークを制定。

◇出雲おろち大根　いずもおろちだいこん　［食品］
　生物資源科学部農業生産学科で品種改良された「出雲おろち大根」の種子。出雲おろち大根は、辛味の大根で、宍道湖畔や島根半島の浜辺に自生するハマダイコンを品種改良したもの。出雲そばの薬味として最適。種子は、2008（平成20）年8月から200袋限定販売された（すでに完売）。なお、出雲おろち大根に関する商標が、2008（平成20）年12月と2009（平成21）年12月に登録済（第5193261号・第5288517号）。権利者は、国立大学法人島根大学。

◇神在の里　かみありのさと　［飲料（酒類）］
　大学と富士酒造合資会社（出雲市）で共同製造された焼酎。焼酎開発は、学生実習において、酒の生産に関する知識を習得、知識を広げ深めることを目的として実施された。学生たちは、生物資源学部農場で原材料となるさつまいもベニアズマの栽培・収穫、そして酒造会社での加工・仕込みに至る一連の過程を体験。商品名は一般公募により命名された。ラベルと箱の題字は山本広基学長（当時は副学長）の筆による。価格は、720ml（4合）箱入り1500円。島根大学取り扱い。

◇炭八　すみはち　[その他]

調湿用の木炭。産学連携センターの北村寿宏教授他4名が、出雲土建株式会社（出雲市）との共同研究により木炭の製造技術を開発、廃木材を利用して様々な用途に使える木炭の実用化に成功した。床下調湿材としての利用のほか、室内住環境に置くことでカビやダニの発生を抑えることができる。また、医学部の森田栄伸教授他3名の研究により、アトピー性皮膚炎や小児喘息の症状緩和にも効果があることが判明した。2002（平成14）年9月、商標登録済（第4604356号）。権利者は、出雲カーボン有限会社（出雲市）。出雲カーボン有限会社は、出雲土建株式会社の関連会社。

◇ビビット　[キャラクター（大学）]

法文学部の学生たちが開学50周年記念でつくったマスコットキャラクター。島根大学の環境に配慮した活動ページ（http://www.shimane-u.ac.jp/iso14001/）に拠れば、ビビットは「本を抱えて元気よく歩き，頭のアンテナで常に時代をキャッチ」している全身ブルーのキャラクター。大学のウェブページのなかには、さまざまな活動に勤しんでいるビビットが学生たちによって描かれている。そのほか、文房具をはじめとするビビットシリーズグッズも島根大学生活協同組合で販売されている。商品としては、ビビットボールペン（5色）各110円、ビビットキューピー390円、ビビットストラップ390円、身代わりビビット420円などがある（価格はすべて税込）。

岡山県

岡山県立大学　［公立］

　　［所在地］〒719-1197　岡山県総社市窪木111
　　［TEL］0866-94-2111
　　［FAX］0866-94-2196
　　［URL］http://www.oka-pu.ac.jp/
　　［設置者］公立大学法人岡山県立大学
　　［沿革・歴史］1993（平成5）年、岡山県立大学を設置。2007（平成19）年、公立大学法人岡山県立大学となる。
　　［マーク類］2007（平成19）年4月、新ロゴマークを制定。開学からのシンボルカラーであるパープルを用いて、イニシャルの「O」をモチーフに2つの螺旋の組合せで構成。2007（平成19）年12月、商標登録済（第5095995号）。

◇イスキー　［キャラクター（図書館）］

　附属図書館のイメージキャラクター。附属図書館は、約21万冊の図書、245種の新刊雑誌、約7800本の視聴覚資料を所蔵し、利用者の便をはかった全面開架の図書館。イスキーは、2009（平成21）年、デザイン学部造形デザイン学科の学生がデザインして生まれた。赤い本が本を抱えつつ本を読んでいるデザイン。附属図書館のキャラクター紹介ページ（http://opulibsv.lib.oka-pu.ac.jp/isky/index.html）に拠れば、「名前：イスキー」「性別：男」「血液型：とっても貴重面なA型」「趣味：もちろん読書、図書館で勉強」「モットー：図書館で飲食なんかしない」とある。あらゆる本を読む読書好きの男子で、図書館報「OpuL（オープル）」も欠かさず読むという。名字は「本多」らしい。

岡山大学　［国立］

　　［所在地］〒700-8530　岡山県岡山市北区津島中1-1-1
　　［TEL］086-252-1111
　　［URL］http://www.okayama-u.ac.jp/

岡山大学　　　　　　　　　　　　岡山県

［設置者］国立大学法人岡山大学

［キャンパス］津島キャンパス/鹿田キャンパス（ともに岡山市北区）

［沿革・歴史］1949（昭和24）年5月、岡山医科大学・第六高等学校・岡山師範学校・岡山青年師範学校・岡山農業専門学校を統合し、岡山大学を設置。2004（平成16）年4月、国立大学法人岡山大学となる。

［マーク類］1999（平成11）年5月から公式ロゴマークを使用。Okayamaの「O」とUniversityの「U」から形づくられ、羽ばたく姿が表現されている。デザインは、マークデザイナー・宮崎利一氏とアートディレクター・橋ヶ谷佳正教育学部准教授による。2008（平成20）年9月、商標登録済（第5165832号）。そのほか、2007（平成19）年4月からコミュニュケーションロゴマークも使用開始。「O」と「D」を組み合わせたもの。デザインは、九州旅客鉄道（JR九州）の車両デザインで知られる水戸岡鋭治氏によるもの。2008（平成20）年9月、商標登録済（第5165831号）。創立60周年時には、創立60周年記念ロゴマークも制定された。

◇おお岡大（梅酒）　おおおかだい（うめしゅ）　［飲料（酒類）］
農学部附属山陽圏フィールド科学センターで栽培された梅を原料に製造した梅酒。岡山大学ブランド「おお岡大」シリーズ第3弾である。紅梅・白梅など様々な梅を使うことにより、酸味の利いたすっきりとした味に仕上げられている。また、隠し味には「おお岡大」の純米吟醸が加えられている。ラベルのデザインは、農学部学生が考案したものを採用。醸造は、宮下酒造株式会社（岡山市）。1000本限定生産品。価格は、720ml入り1260円（税込）。岡山大学生活協同組合取り扱い。

◇おお岡大（純米吟醸）　おおおかだい（じゅんまいぎんじょう）　［飲料（酒類）］
農学部附属山陽圏フィールド科学センターの実習田で収穫された米を原材料としてつくられた日本酒。良質な酒米・アケボノを100%使用。醸造は、宮下酒造株式会社（岡山市）。精米歩合は60%、品質の高いデンプン質のみを使った純米吟醸酒である。酵母には協会1801号と協会1401号をブレンド。辛口で喉越しはさわやか。銘は、岡山大学学生歌「おお岡大　われらのもの」に由来。ラベルにも歌詞をデザインしている。価格は、720ml入り1575円（税込）。岡山大学生活協同組合取り扱い。

◇おお岡大（本醸造）　おおおかだい（ほんじょうぞう）　［飲料（酒類）］
農学部附属山陽圏フィールド科学センター実習田で収穫された米を原材料としてつくられた日本酒。神崎浩教授の指導のもと農学部の学生たちがつくったアケボノは、酒米として高い評価を得ている。アケボノと協会6号を酵母

に使用してつくられた本醸造酒。アルコール度は16度で高め。銘は、岡山大学学生歌「おお岡大 われらのもの」に由来。ラベルにも歌詞をデザインしている。価格は、720ml入り1050円（税込）。醸造は、宮下酒造株式会社（岡山市）。岡山大学生活協同組合取り扱い。

◇**THEマイクロステップ技術で覚える英単語** ざまいくろすてっぷぎじゅつでおぼえるえいたんご ［その他］
マイクロステップ技術を導入した英語の学習ソフト。マイクロステップ技術とは、学習する内容の一つ一つについて収集されるデータを全て解析に用い、膨大なデータから学習者の到達度を推定する技術。株式会社D3パブリッシャー社（東京都港区）との10年にわたる共同研究で検証実験を重ねて開発された。教育学部の寺澤孝文教授（当時・准教授）は、一般の高校生や社会人を念頭に、このマイクロステップ技術を初めて英単語学習用ソフトに導入。株式会社リクルート テクノロジーマネメント開発室の全面的な製作協力を得て、任天堂DS用ソフト「THEマイクロステップ技術で覚える英単語」として発売された。「本当の自分の力を科学的に知る」をコンセプトに、一夜漬け的な学習の効果を排除し、学習者ごとに詳細で正確な実力の変化をグラフとして確認しながら学習できるようつくられている。なお、「マイクロステップ」は、2007（平成19）年3月に商標登録済（第5034761号）。権利者は、寺澤孝文教授。

◇**岡山大学オリジナルロゴグッズ** おかやまだいがくおりじなるろごぐっず ［大学グッズ］
2007（平成19）年4月から使用が開始されたコミュニュケーションロゴマークの入ったオリジナルグッズ。このマークのデザインは、九州旅客鉄道（JR九州）の車両デザインなど知られる水戸岡鋭治氏によるもの。英字の「O」と「D」が知恵の輪のように重なったデザインで、その下にOKADAIの文字がある。文字色は、スクールカラーの岡大レッド（ベンガラ）。商品としては、カドケシプチ（2連タイプ）190円、紙袋150円、キーホルダー472円、クリアファイル73円、蛍光マーカー84円、シャープペンシル84円、スカーフ3900円、スカーフ（ケース入り）4000円、3WAYペン3000円。タックメモ280円。Tシャツ（前面プリント）1400円、Tシャツ（背面プリント）1400、ネクタイ（ケース入り）2000円、ノート（B5）105円、ボールペン84円、ポロシャツ1900円、レポート用紙（A4）157円などがある（価格はすべて税込）。岡山大学生活協同組合取り扱い。

吉備国際大学短期大学部　　［私立］

［所在地］〒716-8508　岡山県高梁市伊賀町8
［TEL］0866-22-3517
［URL］http://junsei.ac.jp/pc/
［設置者］学校法人高梁学園
［創立者］加計勉
［キャンパス］高梁キャンパス（高梁市）/岡山駅前キャンパス（岡山市北区）
［沿革・歴史］1967（昭和42）年4月、順正短期大学を開設。2010（平成22）年4月、吉備国際大学短期大学部と改称（予定）。

◇ジュンシー　［キャラクター（大学）］
2010（平成22）年4月から吉備国際大学短期大学部と校名変更が予定されている順正短期大学のマスコットキャラクター。順正短期大学のマスコット紹介ページ（http://junsei.ac.jp/pc/campuslife/gakuyukai/juncy.html）に拠れば、「誕生日:2007年5月12日生まれ」「性別:男の子」「名前の由来　順正短期大学の「順（じゅん）」と英語の「Juicy（ジューシー）」とをかけて」「デザインの由来　順正短期大学（Junsei Junior College）のJJCの形がバナナに似ているところから、バナナをマスコットに」したという。キャラクターの色にはスクールカラーのピンクが用いられている。過去のオープンキャンパスでは、ジュンシーのついた携帯ストラップが来場者に配られた。

広島県

近畿大学〈工学部〉 [私立]

[所在地]〒739-2116 広島県東広島市高屋うめの辺1
[TEL]082-434-7000
[FAX]082-434-7011
[URL]http://www.hiro.kindai.ac.jp/index.html
[設置者]学校法人近畿大学
[創立者]世耕弘一
[キャンパス]工学部キャンパス(東広島市)/本部キャンパス(大阪府東大阪市)/医学部キャンパス(大阪府大阪狭山市)/農学部キャンパス(奈良県奈良市)/生物理工学部キャンパス(和歌山県紀の川市)/産業理工学部キャンパス(福岡県飯塚市)
[沿革・歴史]1925(大正14)年、大阪専門学校を設立。1943(昭和18)年、大阪理工科大学を設立。1949(昭和24)年、大阪理工科大学・大阪専門学校が合併し、近畿大学を設立。
[マーク類]校章は、学園花である梅の花をイメージしたもの。

◇てくたま [キャラクター(大学)]

工学部のオリジナルキャラクター。てくたまとは、テクノロジーのタマゴを略したもの。生物化学工学科・機械工学科・知能機械工学科・電子情報工学科・情報システム工学科・建築学科の全6学科にそれぞれのてくたまキャラクターがいる。年4回発行される「てくたま通信」でも工学部の学びをわかりやすく紹介して活躍中。また、てくたまToolsとして、PC用の壁紙・スクリーンセーバー・デスクトップガジェットなどがある。

広島経済大学 [私立]

[所在地]〒731-0192 広島県広島市安佐南区祇園5-37-1
[TEL]082-871-1000

[FAX]082-871-1005
[URL]http://www.hue.ac.jp/
[設置者]学校法人石田学園
[創立者](石田学園)石田米助
[沿革・歴史]1967(昭和42)年、広島経済大学を設立。
[マーク類]ロゴマークは、大学の英語表記「Hiroshima University of Economics」の頭文字HUEを用いたもの。1994(平成6)年12月、商標登録済(第3016521号)。

◇beek(ビーク) [キャラクター(図書館)]
　図書館キャラクター。学生と教職員にイラストを公募。学生・教職員の投票と図書館における審査の結果を受けて、2008(平成20)年、メディアビジネス学科の学生がデザインしたbeekをキャラクターに決定した。蜂が本を読んでいるデザインで、臀部にHUE(Hiroshima University of Economics)の文字がさりげなく入っている。beekという名前は蜂の「bee」と本の「book」をかけているという。

広島大学　[国立]

[所在地]〒739-8511　広島県東広島市鏡山1-3-2
[TEL]082-422-7111
[URL]http://www.hiroshima-u.ac.jp/index-j.html
[設置者]国立大学法人広島大学
[キャンパス]東広島キャンパス(東広島市)/霞キャンパス(広島市南区)/東千田キャンパス(広島市中区)
[沿革・歴史]1949(昭和24)年5月、広島文理科大学・広島高等学校・広島工業専門学校・広島高等師範学校・広島女子高等師範学校・広島師範学校・広島青年師範学校・広島市立工業専門学校を包括併合して、広島大学を設置。2004(平成16)年4月、国立大学法人広島大学となる。
[マーク類]1956(昭和31)年、学章を制定。清新な生命とフェニックスの葉を図案化し、学内公募で選ばれた工学部学生の作品に若干の修正が加えられたもの。2005(平成17)年2月商標登録済(第4837525号)。そのほか、2004(平成16)年4月、コミュニケーションマークを制定。広島大学の頭文字「H・h」と「人」をイメージしたもの。2004(平成16)年12月、商標登録済(第

4829018号）。

◇**かえるHiPROSPECTS**　［キャラクター（大学）］
到達目標型教育プログラム「HiPROSPECTS」のキャラクター。カエルのキャラクターで、卒業生の絵本作家・三池悠氏がデザインした。教育プログラムは、2006（平成18）年度から実施されいる。ミエル・ツナガル・ツカエルの3つのコンセプトがある。なお、プログラムのHiPROSPECTSは、2007（平成19）年2月商標登録済（第5025858号）。権利者は、国立大学法人広島大学。

◇**カルシウム黒豆**　かるしうむくろまめ　［医療・健康］
大学院医歯薬学総合研究科と株式会社イシカワ（廿日市市）との共同研究により開発された骨強化補助食品。天然の牡蠣殻カルシウムと、抹茶またはカカオでコーティングした黒豆を合わせ、スナック菓子に仕上げられている。黒豆は、広島中央農業協同組合（東広島市）と共に栽培に成功した黒大豆品種・いわいくろを使用。カルシウム・マグネシウム・カゼインホスホペプチドを含み、骨粗しょう症の予防・改善が期待できる。牡蛎殻との配合比を追求することでカルシウムの吸収率を高めており、一袋で一日に必要なカルシウムの7割を補うことが可能。価格は、抹茶（70g）500円、抹茶（18袋パック）2100円、抹茶（31袋パック）3600円。カカオ（18袋パック）2100円、カカオ（65g）500円、カカオ（31袋パック）3600円、ギフト（2箱セット）4500円。株式会社イシカワ取り扱い。

◇**ギャバリッチ**　［飲料（酒類）］
GABAを配合した酒。杉山政則教授と企業との連携で創出される植物乳酸菌等を活用した製品を開発するプロジェクト「ビオ・ユニブ広島」の開発商品。GABAは抑制性の神経伝達物質で、ストレスを軽減させる効果があると言われている。ギャバリッチはこのGABAを一杯（100ml）あたり50mg以上含有。疲労回復を助けるクエン酸も配合し、甘さひかえめで飲みやすい酒に仕上げられた。ギャバリッチ梅酒と黒果実のお酒の2種類がある。ギャバリッチ梅酒は、南高梅をじっくり漬け込んだ梅酒と、新製法で生まれた広島県産温州みかん由来のGABA高含有発酵果汁をブレンド。また黒果実のお酒は、数種類の黒い果実（ブラックベリー、黒カシス、巨峰）の果汁と、広島県産温州みかんを使ったGABA高含有発酵果汁をブレンドしている。小売希望価格は、ギャバリッチ梅酒720ml入り1000円、黒果実のお酒720ml入り1200円。中国醸造株式会社（廿日市市）取り扱い。なお、「ビオ・ユニブ広島」開発商品には、2006（平成18）年2月に国立大学法人広島大学を権利者として登録された商標「BioUniv.」（第4929150号）が入っている。また、「ギャバリッチ」は、2007

（平成19）年1月に商標登録済（第5020365号）。権利者は、中国醸造株式会社。

◇**植物の恵**　しょくぶつのめぐみ　［加工食品］
植物由来の乳酸菌のみを使用したヨーグルト。医歯薬学総合研究科杉山政則教授を中心とする文部科学省知的クラスター創成事業において開発された、醸造副産物と植物乳酸菌を活用した新技術を応用してつくられている。杉山政則教授と企業との連携で創出される植物乳酸菌等を活用した製品を開発するプロジェクト「ビオ・ユニブ広島」の開発商品。植物乳酸菌は一般的なヨーグルトに使われる動物由来の乳酸菌に比べて生命力が強いため、腸の中までしっかりと生きて届くことが可能。継続して摂取することにより、腸内環境の改善が期待できる。香料不使用のためミルク本来の風味が生きており、なめらかな口当たりで、甘みや酸味は控えめ。価格は、80g×3個241円。野村乳業株式会社（安芸郡府中町）取り扱い。なお、「ビオ・ユニブ広島」開発商品には、2006（平成18）年2月に国立大学法人広島大学を権利者として登録された商標「BioUniv.」（第4929150号）が入っている。また、「植物の恵」は、2009（平成21）年2月に野村乳業株式会社を出願人として商標出願（商願2009-9308）。

◇**広島大学オリジナルグッズ**　ひろしまだいがくおりじなるぐっず　［大学グッズ］
広島大学の学章やコミュニケーションマークなどの入ったオリジナルグッズ。特徴的な商品としては、グリム本店（広島市中区）製作の手作りオルゴール（曲：ひろしま希望の鐘）1750円やNPO法人工房おのみち帆布（尾道市）製作のペンケース700円などがある。そのほかの商品としては、キーホルダー997円、金の栞735円、クリアフォルダ52円、クリスタルペーパーウェイト3900円、ケースファイル1365円、酒まんじゅう広大105円、シャープペン100円、3Dフォトスタンド2100円、チェンジング定規168円、Tシャツ1200円、ネクタイ（学章入り）3675円、ネクタイ（コミュニケーションマーク）2500円、A4ノート262円、B5ノート100円。広大オリジナルお菓子（6個入り）570円、広大オリジナルお菓子（12個入り）1250円、広大キューピー420円、広大せんべい（2個入り）52円、ボールペン100円、マグカップ609円、マグネットクリップ273円、林檎洋菓105円、ルーペ1680円、A4レポート用紙210円、B5レポート用紙178円などがある（価格はすべて税込）。広島大学生活協同組合取り扱い。

山口県

水産大学校 ［省庁］

［所在地］〒759-6595 山口県下関市永田本町2-7-1
［TEL］083-286-5111
［FAX］083-286-2292
［URL］http://www.fish-u.ac.jp/
［設置者］独立行政法人水産大学校
［沿革・歴史］1941（昭和16）年4月、朝鮮総督府釜山高等水産学校を設立。1944（昭和19）年4月、釜山水産専門学校と改称。1945（昭和20）年8月、終戦に伴い釜山水産専門学校を解散。1945（昭和20）年12月、農林省が釜山水産専門学校引き揚げ学生の水産講習所への転入学を許可。1946（昭和21）年5月、水産講習所下関分所を開設。1947（昭和22）年4月、第二水産講習所と改称。1952（昭和27）年4月、水産講習所と改称。1963（昭和38）年1月、水産大学校と改称。2001（平成13）年4月、独立行政法人水産大学校と改称。

◇**うに魚醤** うにぎょしょう ［調味料］
食品科学科・原田和樹教授とヤマカ醤油株式会社（下関市）・小川うに株式会社（下関市）との共同開発で生まれた魚醤。魚醤をつくる際、一般的には小魚などが用いられるが、うに魚醤ではチリ産うにの生殖巣としょうゆ麹を使って熟成されている。価格は、1本60ml瓶入り1200円（税込）。小川うに株式会社取り扱い。

◇**くじら醤油** くじらしょうゆ ［調味料］
クジラの肉を原料として用いた醤油。2007（平成19）年、クジラ肉を加工する際に出る残渣を有効活用したいと、水産物加工卸売業者のマル幸商事株式会社（下関市）が山口県食品開発推進協議会（山口市）に相談。それから水産大学校食品科学科・ヤマカ醤油株式会社（下関市）らが共同研究をおこない、ミンククジラとイワシクジラの赤身使用の醤油を開発した。およそ1年もの間、熟成させてつくられる。長時間熟成により鯨特有の味と香りが凝縮され、コクと深みがでる。また、活性酸素を消す抗酸化能力にも優れることから機能性食品としても期待されている。価格は、1本100ml入り997円（税込）。ヤマ

カ醬油株式会社取り扱い。

◇**ふく魚醬**　ふくぎょしょう　［調味料］
　水産大学校とヤマカ醬油株式会社（下関市）が共同開発した魚醬。下関の名産であるふぐ（当地ではふくと呼ぶ）の通常利用されない部分を用いてつくった調味料。旨みが凝縮されており、生臭さもない。刺身や漬け物のほか鍋にも使用できる。2009（平成21）年6月から販売。価格は、1瓶100ml入り945円（税込）。ヤマカ醬油株式会社取り扱い。

∞∞∞∞∞∞∞∞∞∞∞∞∞∞∞∞∞∞∞∞∞∞∞∞∞∞∞∞∞∞∞∞∞∞∞∞∞∞∞

梅光学院大学　［私立］

　　［所在地］〒750-8511　山口県下関市向洋町1-1-1
　　［TEL］083-227-1020
　　［FAX］083-227-1100
　　［URL］http://www.baiko.ac.jp/university/index.html
　　［設置者］学校法人梅光学院
　　［創立者］（梅光学院）エリザベス・スタウト、ヘンリー・スタウト
　　［キャンパス］東駅キャンパス（下関市）
　　［沿革・歴史］1964（昭和39）年、梅光女学院短期大学が開学。2001（平成13）年、梅光学院大学女子短期大学部と改称（のち閉学）。1967（昭和42）年、梅光女学院大学が開学。2001（平成13）年、梅光学院大学と改称。

∞∞∞∞∞∞∞∞∞∞∞∞∞∞∞∞∞∞∞∞∞∞∞∞∞∞∞∞∞∞∞∞∞∞∞∞∞∞∞

◇**ライブラリアン13世**　らいぶらりあんじゅうさんせい　［キャラクター（図書館）］
　図書館公認プロモーションキャラクター。梅光学院大学図書館のウェブページ（http://www.baiko.ac.jp/university/facilities/library.html）に拠れば、ライブラリアン13世（通称：らいちゃん）は、1964（昭和39）年、大学の現キャンパスに短大が開学されたときから図書館に潜んでいたとされ、3年前に図書館サポーターによって発見されて以来、カウンター付近で入館者を見守っているという。大学図書館では図書館サポーターと漫画研究部とのコラボにより、ライブラリアン13世グッズを製作。現在、シール・しおり・ブックカバー・ハガキなどが展開中である。これらのグッズはサポーター主催の読書家大賞の賞品と参加賞になるほか、オープンキャンパスで図書館に来館した高校生にも配布されている。図書館には、らいちゃんアルバムもある。

山口大学　［国立］

［所在地］〒753-8511　山口県山口市吉田1677-1
［TEL］083-933-5000
［URL］http://www.yamaguchi-u.ac.jp/
［設置者］国立大学法人山口大学
［キャンパス］吉田キャンパス（山口市）/小串キャンパス（宇部市）/常磐キャンパス（宇部市）
［沿革・歴史］1949（昭和24）年5月、山口高等学校・山口師範学校・山口青年師範学校・山口経済専門学校・山口県立医科大学・宇部工業専門学校・山口獣医畜産専門学校を統合し、山口大学を設立。2004（平成16）年4月、国立大学法人山口大学となる。
［マーク類］2004（平成16）年1月、シンボルマークとロゴタイプを制定。シンボルマークは、未来をまっすぐに見据えた顔を表現したもの。シンボルマークは、商標登録済。

◇**長州学舎**　ちょうしゅうがくしゃ　［飲料（酒類）］
農学部附属農場でつくった酒米・西都の雫を原料に用いた日本酒（純米大吟醸酒）。醸造は、岩崎酒造株式会社（萩市）。銘柄とラベルデザインについては、公募がおこなわれ、審査の結果、2008（平成20）年11月に決定した。酒米の田植え・稲刈りや、銘柄・ラベルデザイン選考に学生たちも参加。2009（平成21）年3月に長州学舎が完成した。辛口ながらほのかな甘みがある。価格は、1本（4合瓶）2500円。山口大学生活協同組合・有限会社大学文具取り扱い。なお、収益の一部は学生の教育のために還元される。2009（平成21）年3月ならびに5月長州学舎に関する商標が登録された（第5211933号・第5228341号）。権利者、国立大学法人山口大学。

◇**山口大学まんじゅう**　やまぐちだいがくまんじゅう　［菓子］
学生が考案した大学オリジナルのまんじゅう。大学のことを広く知ってもらいたいと、学生が企画。依頼を受けた三隅勝栄堂（山口市）が製造した。レモン風味の桃山生地で、紅茶の葉の粉末を使用した紅茶餡を包んだ洋菓子風のまんじゅう。価格は、6個入り1150円（税込）。三隅勝栄堂取り扱い。

◇**ラフィーネエパゴールド**　［医療・健康］
青魚に多く含まれる不飽和脂肪酸EPAを配合した栄養機能食品。医学系研究科・小林誠教授が血管病の主因となる血管異常収縮の特効薬として見出したEPAを、オリエンタルバイオ株式会社（東京都中央区）が精製。血管病予防機

山口大学　　　　　　　　　山口県

能性食品として商品化した。価格は、360mg×60粒で3000円（税込）。オリエンタルバイオ株式会社取り扱い。

徳島県

徳島大学　［国立］

[所在地]〒770-8501　徳島県徳島市新蔵町2-24
[TEL]088-656-7000
[URL]http://www.tokushima-u.ac.jp/
[設置者]国立大学法人徳島大学
[キャンパス]新蔵キャンパス/常三島キャンパス/蔵本キャンパス（いずれも徳島市）
[沿革・歴史]1949（昭和24）年5月、徳島師範学校・徳島青年師範学校・徳島医科大学・徳島医学専門学校・徳島高等学校・徳島工業専門学校を統合して、徳島大学を設置。2004（平成16）年4月、国立大学法人徳島大学となる。
[マーク類]2001（平成13）年10月、学章を制定。UNIVERSITYとTOKUSHIMAの頭文字であるUとTを基調としたもの。ロゴと組み合わせてロゴマークとしても使用される。

◇阿波の恵み　あわのめぐみ　［菓子］
ヤマモモ粉末を練り込んだ干菓子。徳島県の木でもあるヤマモモ果汁の抗酸化作用や抗アレルギー作用について研究している薬学部が、さらなる利用の拡大を目指してヤマモモ果汁を粉末に加工。和菓子製造会社の有限会社鳳月坊（鳴門市）がこれを阿波和三盆糖に練り込み、干菓子として商品化した。有限会社鳳月坊取り扱い。

◇SILKYPIX Marine Photography　［機械］
徳島大学と徳島県立工業技術センター（徳島市）が開発した画像処理技術を搭載したソフト。この技術は、人の視角に近い画像へと簡単に自動補正できる技術で、白飛びや黒つぶれなどが発生しづらく、デジタルカメラで撮影した画像が自然なものに仕上がる。この技術を採用したのが、水中写真専用デジタル現像ソフト「SILKYPIX Marine Photography」で、株式会社市川ソフトラボラトリー（千葉県千葉市美浜区）が製品化した。なお、「SILKYPIX」は、2003（平成15）年1月に商標登録済（第4638129号）。権利者は、株式会社市川ソフトラボラトリー。

◇のほほんクン　[キャラクター（図書館）]
　附属図書館のキャラクター。2005（平成17）年に20名46点の応募から選ばれた。橙色の本を読み、水色の本を背負ったデザイン。当時の総合科学部生がデザインした。

鳴門教育大学　[国立]

[所在地]〒772-8502　徳島県鳴門市鳴門町高島字中島748
[TEL]088-687-6000
[URL]http://www.naruto-u.ac.jp/
[設置者]国立大学法人鳴門教育大学
[沿革・歴史]1981（昭和56）年10月、鳴門教育大学を開学。2004（平成16）年4月、国立大学法人鳴門教育大学となる。

◇なるモンくん　[キャラクター（大学）]
　大学のキャラクター。ロックバンド・チャットモンチーのメンバーで卒業生の福岡晃子氏が中心となって作成。2007（平成19）年に大学へ提供された。頭に配されたうずしおのデザインが特徴。大学名とバンド名を融合させて「なるモンくん」と名づけられた。大学では福岡氏の所属事務所とデザイン使用に関する覚書を締結してなるモンくん入りグッズを作成、オープンキャンパス、学部進学相談会、大学院説明会などで参加者に配布している。

香川県

香川大学　［国立］

[所在地]〒760-8521　香川県高松市幸町1-1
[TEL]087-832-1000
[FAX]087-832-1053
[URL]http://www.kagawa-u.ac.jp/
[設置者]国立大学法人香川大学
[キャンパス]幸町キャンパス（高松市）/林町キャンパス（高松市）/三木町医学部キャンパス（木田郡三木町）/三木町農学部キャンパス（木田郡三木町）
[沿革・歴史]1949（昭和24）年5月、香川師範学校・香川青年師範学校を統合し、香川大学を設置。2003（平成15）年10月、香川医科大学を統合。2004（平成16）年4月、国立大学法人香川大学となる。
[マーク類]2004（平成16）年、学章（シンボルマーク）とロゴタイプを制定。地球規模のグローバルな展開を示す。同年4月、商標登録済（第4760173号）。

◇**SAUVAGEONNE SAVOUREUSE**　［飲料（酒類）］
産学官連携によって生まれた大学オリジナルワイン。さぬきワイン株式会社（さぬき市）との連携で生まれた。使用されているブドウ・香大農R-1は、高温下でもすぐれた果皮着色性を持つ醸造用品種。農学部・望岡亮介教授が沖縄に自生する野生種リュウキュウガネブを育種親にして作出した。リュウキュウガネブに由来するアントシアニンやポリフェノールを多く含み、このブドウでつくられたワインは、極めて色調が濃く機能性成分を多く含んでいることを特徴とする。渋みが少なく飲みやすいため、新酒として味わうのに適している。ソヴァジョーヌ・サヴルーズとは「芳しき野生の乙女」という意味のフランス語。毎年11月に発売されている。さぬきワイン株式会社取り扱い。なお、「SAUVAGEONNE SAVOUREUSE＼ソヴァジョーヌ　サヴルーズ」は、2005（平成17）年6月商標取得済（第4873342号）。権利者は、国立大学法人香川大学。

香川大学　　　　　　　　　　　香川県

◇香川大学ロゴ入り瓦せんべい　かがわだいがくろごいりかわらせんべい
　［菓子］
　2004（平成16）年制定の学章（シンボルマーク）の焼印がほどこされたオリジナル瓦せんべい。表面には学章のほかにも「香川大学」の焼印がある。製造は、株式会社宗家久ツ和堂（高松市）。価格は、小瓦が1枚52円、10枚袋入525円、16枚箱入945円。大瓦は1枚262円。3枚箱入830円（すべて税込）。香川大学生活協同組合取り扱い。

◇香川大学ロゴ型押し和三盆　かがわだいがくろごかたおしわさんぼん
　［菓子］
　和三盆を使用した干菓子。香川大学のロゴと大学名を型押しし、季節の花の型押しと共に詰め合わせで販売している。和三盆は、サトウキビの搾り汁を煮つめてつくった白下糖に水を加えて練り上げ、圧搾を繰り返すことでできる。色は淡黄色で、結晶はたいへん細かく、高級和菓子の原料に用いられる。上品であっさりした独特の風味をもち、舌触りも大変滑らかで後味も良い。価格は、小箱630円（税込）、大箱1050円（税込）。香川大学生活協同組合取り扱い。

◇さぬきよいまい　［飲料（酒類）］
　香川県オリジナル酒造米・さぬきよいまいを使用した日本酒。香川県独自の日本酒をつくるため、農学部と香川県酒造協同組合（高松市）・香川県農業協同組合（高松市）・香川県が共同で開発をおこない、約1000通りの個体からオオセトと山田錦を交配して育成に成功。さぬきよいまいが誕生した。穂数が多く多収・千粒重が大きい・玄米タンパク質含有率が低いといった特徴がある。この酒米さぬきよいまいを使用して、地元香川の酒造会社で日本酒がつくられている。綾菊酒造株式会社（綾歌郡綾川町）「さぬきよいまい」大吟醸「生」（720ml）3675円、西野金陵株式会社（仲多度郡琴平町）「さぬきよいまい」純米酒（720ml）1260円、川鶴酒造株式会社（観音寺市）「さぬきよいまい」純米袋しぼり（720ml）1260円がある（価格はすべて税込）。香川大学生活協同組合取り扱い。なお、「さぬきよいまい」は、2006（平成18）年11月に商標登録済（第5003802号）。権利者は、香川県酒造協同組合。

◇香川大学マーク入りグッズ　かがわだいがくまーくいりぐっず　［大学グッズ］
　2004（平成16）年制定の学章（シンボルマーク）が入ったグッズ。商品としては、キャンパスマップ入りクリアフォルダー1枚100円、携帯ストラップ525円、マーク入りボールペン105円、マーク入りミニタオル1枚450円、ロゴ入りキーホルダー525円、ロゴ入りTシャツ1枚1050円などがある（価格はすべ

て税込）。香川大学生活協同組合取り扱い。

四国学院大学　［私立］

[所在地]〒765-8505　香川県善通寺市文京町3-2-1
[TEL]0877-62-2111
[URL]http://www.sg-u.ac.jp/
[設置者]学校法人四国学院
[創立者]（初代理事長）L.W.モーア
[沿革・歴史]1949（昭和24）年、リベラル・アーツ・カレッジ四国基督教学園を設立。1959（昭和34）年、四国学院短期大学（のち閉学）を設立。1962（昭和37）年、四国学院大学を設立。

◇Gutsy Bar（ガッツィーバー）　［医療・健康］
子ども向けに開発された栄養補助食品。スポーツ科学研究室の漆原光徳教授と有限会社味源（仲多度郡まんのう町）、四国アイランドリーグに所属する野球チーム・香川オリーブガイナーズ（高松市）によって共同開発された。青少年の成長に欠かせないカルシウム・タンパク質・各種ビタミン・ミネラルをスポーツ科学的見地からバランスよく配合。オリーブオイルを使用し、食べやすい味に仕上げられている。香川オリーブガイナーズ公式サポートフードとしても採用されている。価格は、4本入り250円（税抜）。有限会社味源取り扱い。

高松大学・高松短期大学　［私立］

[所在地]〒761-0194　香川県高松市春日町960
[TEL]087-841-3255
[URL]http://www.takamatsu-u.ac.jp/index.html
[設置者]学校法人四国高松学園
[沿革・歴史]1996（平成8）年4月、高松大学を開学。1969（昭和44）年4月、高松短期大学を開学。
[マーク類]学章は、大学の英字表記「TAKAMATSU UNIVERSITY」の頭文字である「T」と「U」を図案化したもの。

高松大学・高松短期大学　　　　香川県

◇**かすがたぬきたーちゃん**　［キャラクター（大学）］
　開学35周年を記念して制定されたマスコットキャラクター。笑顔のたぬきをモチーフとしている。デザインは、短期大学保育学科の池原昭治客員教授によるもの。「たーちゃん」の愛称は、狸の「た」や高松の「た」などに由来し、学内公募で決定した。高松大学・高松短期大学ウェブページの「たーちゃん日記」(http://www.takamatsu-u.ac.jp/diary/)に拠れば、「本籍　さぬき」「住所　春日町960番地」「愛称　たーちゃん」「年齢　不詳」「趣味　学術研究、読書」「好物　たぬきうどん、しょうゆ豆」とある。なお、かすがたぬきたーちゃんに関する商標が、2003（平成15）年に登録された（第4717316号・第4717317号）。

愛媛県

愛媛大学　[国立]

[所在地]〒790-8577　愛媛県松山市道後樋又10-13
[TEL]089-927-9000
[URL]http://www.ehime-u.ac.jp/
[設置者]国立大学法人愛媛大学
[キャンパス]城北地区(松山市)/重信地区(東温市)/樽味地区(松山市)/持田地区(松山市)
[沿革・歴史]1949(昭和24)年5月、松山高等学校・愛媛師範学校・愛媛青年師範学校・新居浜工業専門学校・愛媛県立農林専門学校を統合し、愛媛大学を設置。2004(平成16)年4月、国立大学法人愛媛大学となる。
[マーク類]1989(平成元)年4月、学章を制定。松葉状の5本のラインで「大学」の文字を丸く囲み、下部に「EHIME」と配したもの。ラインは、石鎚山の五葉松に前身の5校をたとえたもの。

◇伊予柑マーマレード　いよかんまーまれーど　[加工食品]
　農学部附属農場産の伊予柑を使用したマーマレード。聖カタリナ大学(松山市)と共同で開発された。材料の伊予柑への農薬使用量は通常の半分以下に抑え、果実肥大時期には使用停止。また、通常増量剤や増粘剤としてジャム類に添加されているペクチンも使用せず、グラニュー糖のみを使用して果実本来の自然な甘みが引き出されている。透明感を出すために聖カタリナ大学田中ツネ子准教授・今村礼子助手が検討を重ね、伊予柑のマーマレードを完成させた。一瓶100mlに伊予柑1個分が含まれている。

◇愛媛大学の安心米　えひめだいがくのあんしんまい　[食品]
　農学部附属農場で栽培された有機無農薬米。品種には松山三井・コシヒカリ・あきたこまちなどがあり、農学部・上野秀人准教授らを中心とした投入持続型農業の技術開発研究の一環として栽培されている。シロクローバーの不耕起草生栽培を実践することで、化学肥料はもちろん有機肥料なども使わない、完全に土壌の恵みだけを利用した安全・健康的な米づくりを実現した。栽培は、学生たちの手でおこなわれている。価格は、精米2kg1050円。愛媛大

松山大学　　　　　　　　　　愛媛県

農学部附属農場取り扱い。

◇ぎょショック　［その他］
魚の食育カードゲーム。愛媛大学と南宇和郡愛南町が協力しておこなった水産食育プログラム「ぎょしょく教育」プログラムのなか、学生によって生みだされたもの。カードで遊びながら魚のこと、水産業のことについて知ることができる。なお、「ぎょショック」は、2008（平成20）年4月に商標登録済（第5129448号）。権利者は、国立大学法人愛媛大学。

松山大学　［私立］

　　［所在地］〒790-8578　愛媛県松山市文京町4-2
　　［TEL］089-925-7111
　　［URL］http://www.matsuyama-u.ac.jp/
　　［設置者］学校法人松山大学
　　［創立者］（松山高等商業学校）新田長次郎
　　［キャンパス］文教キャンパス/御幸キャンパス（ともに松山市）
　　［沿革・歴史］1923（大正12）年、新田長次郎が松山高等商業学校を創立。1944（昭和19）年、松山経済専門学校と改称。1949（昭和24）年、松山商科大学に昇格。1989（平成元）年、松山大学と改称。

◇i-sole　［飲料（酒類）］
吟醸酒とみかん果汁ムテンカをブレンドしたリキュール。学生と亀岡酒造株式会社（喜多郡内子町）が「"脱"日本酒」プロジェクトと銘打って共同で企画したもの。山崎泰央経営学部准教授を中心に、マーケティングが専門の吉岡洋一経営学部教授が協力、さらに松山大学・松山デザイン専門学校（松山市）・亀岡酒造株式会社・あけはまシーサイドサンパーク株式会社（西予市）による産学協同で開発がすすめられた。甘めに仕込んだ亀岡酒造株式会社の吟醸酒「千代の亀」と西予市明浜のみかん果汁「ムテンカ」をブレンドすることで、さわやかな甘みのある酒に仕上げられている。通常版と凍らせて飲むフローズンの2種類がある。i-sole standardは、アルコール分7％、内容量200mlで380円（税込）。i-sole frozenは、アルコール分3％、内容量120mlで380円（税込）。亀岡酒造株式会社取り扱い。なお、「i-sole＼アイ・ソーレ」は、2009（平成21）年8月に商標登録済（第5258441号）。権利者は、亀岡酒造株式会社。

高知県

高知工科大学　［公立］

[所在地]〒782-8502　高知県香美市土佐山田町宮ノ口185
[TEL]0887-53-1111
[FAX]0887-57-2000
[URL]http://www.kochi-tech.ac.jp/kut_J/index.html
[設置者]公立大学法人高知工科大学
[キャンパス]香美市キャンパス（香美市）
[沿革・歴史]1997（平成9）年4月、高知工科大学が開学。2009（平成21）年4月、公立大学法人高知工科大学となる。

◇バリアントール　［機械］

色弱者の模擬体験ができる世界初のメガネ型特殊フィルタ。工学部・篠森敬三教授と豊橋技術科学大学情報工学系・中内茂樹教授の研究をもとに、伊藤光学工業株式会社（愛知県蒲郡市）が光学フィルタとして実現。一般色覚者の意識を高め、すべての人に快適な色環境を目指す「カラーユニバーサルデザイン」の理念を実践する上でも役立つ。姉妹品としてルーペ型のバリアントールパンケーキもある。価格は、色弱模擬フィルタバリアントール3万4500円、色弱模擬フィルタバリアントールパンケーキ1万9500円、色弱模擬フィルタバリアントールパンケーキP・D3万5500円（すべて税込）。伊藤光学工業株式会社取り扱い。なお、「VARIANTOR＼バリアントール」は、2008（平成20）年3月に商標登録済（第5116638号）。権利者は、伊藤光学工業株式会社。

高知大学　［国立］

[所在地]〒780-8520　高知県高知市曙町2-5-1
[TEL]088-844-0111
[URL]http://www.kochi-u.ac.jp/JA/
[設置者]国立大学法人高知大学

高知大学　　　　　　　　　　高知県

[キャンパス]朝倉キャンパス(高知市)/岡豊キャンパス(南国市)/物部キャンパス(南国市)

[沿革・歴史]1949(昭和24)年、高知高等学校・高知師範学校・高知青年師範学校などを統合し、高知大学を設置。2003(平成15)年10月、高知医科大学を統合。2004(平成16)年4月、国立大学法人高知大学となる。

[マーク類]2003(平成15)年、高知大学と高知医科大学が統合した際、一般公募により学章を制定。大学の英字表記「Kochi University」の「K」と「U」を組み合わせたもの。

◇くるり　［菓子］
機能性成分ソフィβ-グルカンを配合したロールケーキ。免疫力アップや整腸、血糖値低減などに役立つとされるソフィβ-グルカンをスポンジ生地に配合し、脂質も通常の20％カットして焼き上げられる。製造は、菓子工房コンセルト(香南市)。価格は、1カット190円。

◇碁石茶　ごいしちゃ　［飲料］
長岡郡大豊町にのみ製法が伝えられている醗酵茶。医学部附属病院で機能性や薬理効果について評価研究され、高脂血症や動脈硬化症の予防に有効であることがわかった。「本場の本物」認定品。価格は、2940円(税込)。高知大学発ベンチャー企業の株式会社ヘルシースマイル(高知市)取り扱い。

◇ボディークリーンゼリー　［美容］
機能性成分ソフィβ-グルカンを配合したゼリー。健康と美容に役立つソフィβ－グルカンをゼリー1個につき10g配合し、さらにミネラルが豊富に含まれた室戸海洋深層水を加えて製造した。保存料を使用しないため、子どもから大人まで安心して食べられる。1箱6個入り(オレンジ味3個・グレープ味3個)。価格は、1300円(税込)。高知大学発ベンチャー企業の株式会社ヘルシースマイル(高知市)取り扱い。

◇やさしいゆず酒　やさしいゆずしゅ　［飲料(酒類)］
高知県特産のゆず果汁を使用した低アルコール(8％)の日本酒ベースリキュール。農学部生物資源科学科応用微生物学研究室・高木酒造株式会社(香南市)・株式会社ソフィ(吾川郡仁淀川町)の協力により、2002(平成14)年度高知県地域研究開発促進拠点支援事業の一環として開発された。高知県産黒酵母(Aureobasidium pullulans)からつくられる免疫賦活作用を持つ食物繊維βグルカンを高濃度で配合。βグルカンが持つ味のマスキング効果と添加された柑橘系の果汁により、香り高くさわやかな新感覚の日本酒リキュールがで

きあがった。価格は、1本(500ml)893円、6本入り5355円。高木酒造株式会社取り扱い。

◇**野生酵母パン**　やせいこうぼぱん　［加工食品］
野生酵母を使用した食パン。農学部・永田信治教授の野生酵母の研究をもとに高知大学・高知県・ベーカリーペロリ(南国市)・小田象製粉株式会社(岡山県倉敷市)・デンマークブロート(東京都練馬区)の産官学連携によって、野生酵母の培養法と発酵力に応じた製パン法を確立、保存性や保水性に優れた美味しい食パンを完成させた。市販の生イーストを用いて生産した食パンと比較した官能試験の結果では、味・香り・食感などすべての点で、野生酵母を用いて製造した食パンが高く評価された。ベーカリーペロリ取り扱い。

福岡県

九州工業大学　［国立］

　　［所在地］〒804-8550　福岡県北九州市戸畑区仙水町1-1
　　［TEL］093-884-3000
　　［URL］http://www.kyutech.ac.jp/top/index.asp
　　［設置者］国立大学法人九州工業大学
　　［キャンパス］戸畑キャンパス（北九州市戸畑区）／飯塚キャンパス（飯塚市）／若松キャンパス（北九州市若松区）
　　［沿革・歴史］1921（大正10）年3月、明治専門学校に移管。1944（昭和19）年4月、明治工業専門学校と改称。1949（昭和24）年5月、明治工業専門学校を統合し、九州工業大学を設置。2003（平成15）年10月、九州芸術工科大学を統合。2004（平成16）年4月、国立大学法人九州工業大学となる。
　　［マーク類］校章は、校旗をもとに作成された。校旗は1924（大正13）年に校内募集で決定したもの。鳳龍の旗と称され、明治専門学校の精神を表現。

◇エコポ　［その他］
　工学部・伊東啓太郎准教授が日本の伝統的建築材料である漆喰土壁からヒントを得て、田川産業株式会社（田川市）と共同で企画、商品化した植木鉢の手作りキット。材料を水でこねて成形し、自然乾燥するだけで思い通りのデザインの植木鉢をつくることができる。火を使わないため、子どもでも安心。出来上がった植木鉢は漆喰土塀と同様に調湿性を持ち、植木鉢内の土壌水分や土壌温度の調節効果がある。環境に優しく、自由な発想が生かせる商品として、教育現場などでも活用されている。2006（平成18）年度グッドデザイン賞を受賞（商品デザイン部門）。なお、「エコポ＼ECOPO」は、2006（平成18）年7月に商標登録済（第4969666号）。権利者は、田川産業株式会社と伊東啓太郎准教授。

◇KITPACK　［菓子］
　地元製菓会社の製品を詰め合わせた大学オリジナルのお土産セット。情報工学部の所在地である飯塚市の地元企業3社の協力を得て、ひよ子（ひよ子本舗吉野堂）・千鳥饅頭（株式会社千鳥饅頭総本舗）・嘉穂劇場（株式会社さかえ屋）

の3種類の菓子をひとつのパッケージに詰めた。大学生協でしか手に入らない商品。価格は、840円（税込）。九州工業大学生活協同組合飯塚店取り扱い。

◇**GIGABEAT** ［機械］
H2Cテクノロジーを導入したデジタルオーディオプレーヤー。H2Cテクノロジー（Highorder Harmonics Compensation Technology）とは、WMAやMP3などの音楽圧縮ファイルで失われた高音域を、独自のアルゴリズムにより予測補間し、中音域から高音域を再現する技術。これにより劣化した音質が修復され、自然で美しいサウンドの再生が可能となる。ヒューマンライフIT開発センター・佐藤寧教授の音声技術をもとに、株式会社東芝（東京都港区）との間で共同開発された。なお、「GIGABEAT」は、2002（平成14）年9月に商標登録済（第4608293号）。権利者は、株式会社東芝。

◇**宙（SoLa）** そら ［機械］
産学連携推進センターの佐藤寧教授と大学発ベンチャー企業の株式会社キットヒット（北九州市若松区）が共同で開発した極薄フィルムを使った高性能の超高音域用スピーカー。新開発の合成高分子素材フィルムに使用により、世界でも類を見ない音の立ち上がりの速さを実現。1000KHzまで追随でき、これにより音を従来以上に忠実に再現することができるようになった。また、各楽器の高域での倍音まで再生することができるようになったため、より臨場感溢れる音楽を楽しむことができる。アナログ再生機器との相性も良い。オーディオ銘機賞2010の特別賞・開発賞を受賞。

◇**VRAISON** ［機械］
ヒューマンライフIT開発センター・佐藤寧教授の音声技術をもとに、日立マクセル株式会社（大阪府茨木市）と共同開発された高音質化ヘッドホン。ファイル圧縮により失われた高音域を補間するBit-Revolutionテクノロジーを導入し、より原音に近い音での再生が可能となっている。オーディオ銘機賞2007の特別賞・技術開発賞を受賞。なお、「VRAISON」「vraIson」は、日立マクセル株式会社の登録商標。

◇**ホットワイヤー化学気相堆積装置（HW-CVD）** ほっとわいやーかがくきそうたいせきそうち（えいちだぶりゅーしーぶいでぃー） ［機械］
ヘクサメチルジシラザン（HMDS）ガスを用いたシリコン炭窒化（SiCN）膜堆積装置。工学部電気工学科・和泉亮准教授の研究室の研究成果に基づき、ユニバーサルシステムズ株式会社（岡山県倉敷市）が商品化した。従来、シリコン炭窒化膜の堆積には危険なガスと高価な装置を使用しなければならず、一部特定の産業のみが利用していたが、この装置の登場により安全かつ安価なシリコン炭窒化膜堆積が可能となった。プラスチック、繊維、金属、半導体

などさまざまな素材に対しコーティング膜を堆積し高硬度やさび防止などを実現、素材の持つ色彩を長期にわたり維持し、高機能材料として活用することができる。ユニバーサルシステムズ株式会社取り扱い。

九州国際大学　［私立］

［所在地］〒805-8512　福岡県北九州市八幡東区平野1-6-1
［TEL］093-671-8910
［URL］http://www.kiu.ac.jp/
［設置者］学校法人九州国際大学
［沿革・歴史］1947（昭和22）年3月、戸畑専門学校を創立。1949（昭和24）年3月、八幡専門学校と改称。1950（昭和25）年2月、八幡大学を設立。1953（昭和28）年4月、八幡短期大学を設立（のち廃止）。1989（平成元）年4月、九州国際大学と改称。
［マーク類］校章は、橘の木と大學の文字をデザインしたもの。1996（平成8）年2月、商標登録済（第3120388号）。九州国際大学に改称した後は、KIUを組み合わせたロゴもシンボルマークとしている。1996（平成8）年2月、商標登録済（第3120389号）。

◇KIULiくん　［キャラクター（図書館）］

図書館のキャラクター。図書館は1999（平成11）年開館。2007（平成19）年4月時点で、蔵書数は約42万冊、雑誌約3200タイトルに及ぶ。そのマスコットキャラクターがKIULiくん。2007（平成19）年11月28日付けのKIUブログの記事（http://www.kiu.ac.jp/kiublog/2007/11/kiuli.html）に拠れば、「生まれたのは現在の九国大図書館が建った1999年4月頃。図書館に来た誰かのフルーツ柄バッグが、百科事典のキウイ（鳥）の項目に触れた瞬間に生まれた」という。趣味は「学生の後ろをこっそりついていって、新しい情報をいっしょに見つけること!」。キウイをモチーフにしたキャラクター。

九州産業大学　［私立］

［所在地］〒813-8503　福岡県福岡市東区松香台2-3-1
［TEL］092-673-5050
［FAX］092-673-5988

［URL］http://www.kyusan-u.ac.jp/
［設置者］学校法人中村産業学園
［創立者］中村治四郎
［沿革・歴史］1960(昭和35)年4月、九州商科大学を開学。1963(昭和38)年1月、九州産業大学と改称。
［マーク類］2010(平成22)年の開学50周年を記念して、開学50周年シンボルマークを制定。デザインは、大学院学生によるもの。大学のシンボル・ツインタワーを赤と黒でアイコン化。成長と発展を願い、右肩上がりのラインで8学部7研究科が表現されている。

◇吟薫　ぎんくん　［飲料(酒類)］
新開発の酵母を使用した麦焼酎。工学部物質生命化学科・満生慎二准教授の研究室と福岡県工業技術センター生物食品研究所(久留米市)が共同で研究に取り組み、新しい酵母を育種。リンゴ酸を多く含む酵母に紫外線を当ててDNAを変異させることによって、カプロン酸エチル(香気成分)が多くつくられる酵母を完成させた。この酵母を使用して醸造された麦焼酎「吟薫」は、リンゴの香りとすっきりとさわやかな味わいが特徴。久留米産大麦を50%まで磨き、低温でじっくりと仕込まれている。2008(平成20)年10月、福徳長酒類株式会社(東京都中央区)から発売された。なお、「吟薫」は2009(平成21)年2月に商標登録済(第5205312号)。権利者は、合同酒精株式会社(東京都中央区)。

◇Hakusai　［日用雑貨］
栃木県の烏山手すき和紙を使用した照明器具。2008(平成20)年3月以降、工学部建築学科・小泉隆研究室と山田建設株式会社(栃木県那須烏山市)が連携し、開発に取り組んだもの。幾重もの和紙が光源を包み、暖かく柔らかい間接光を生み出している。価格は、Mサイズ9450円・XLサイズ7万8750円。山田建設株式会社取り扱い。

九州大学　［国立］
［所在地］〒812-8581　福岡県福岡市東区箱崎6-10-1
［TEL］092-642-2111
［URL］http://www.kyushu-u.ac.jp/
［設置者］国立大学法人九州大学

九州大学　　　　　　　　　福岡県

- [キャンパス]箱崎地区(福岡市東区)/病院地区(福岡市東区)/筑紫地区(春日市)/大橋地区(福岡市南区)/伊都地区(福岡市西区)
- [沿革・歴史]1867(慶應3)年、黒田藩が賛生館を設立。1879(明治12)年、福岡県立福岡医学校を設立。1903(明治36)年、京都帝国大学福岡医科大学を設立。1911(明治44)年、九州帝国大学を設立。1947(昭和22)年、九州大学と改称。1949(昭和24)年、福岡高等学校・久留米工業専門学校・九州大学を統合し、九州大学を設立。2003(平成15)年、九州芸術工科大学と統合。2004(平成16)年4月、国立大学法人九州大学となる。
- [マーク類]2003(平成15)年、1950(昭和25)年から使用されていたシンボルをリデザイン。松葉を図案化したものに、大學の字があしらわれている。2006(平成18)年1月、ロゴを制定。シンボルと組み合わせ、シンボルロゴとして使用されている。

◇IQ飴(伊都九大飴)　あいきゅーあめ(いときゅうだいあめ)　[菓子]
　伊都地区の新キャンパスに中国家庭料理の天天が出店することを契機に開発され、2009(平成21)年に販売開始されたやわらかい飴。天天の九州大学伊都キャンパス店は、稲盛財団記念館1階にある。伊都キャンパス近くの糸島の新鮮な乳清と釜炊き塩が使われ、飴のなかには黒糖が入っている。受験生に人気。IQは、ItoQdaiの略。価格は、1袋525円(税込)、4袋セットは2100円(税込)。株式会社はかた本舗(福岡市博多区)取り扱い。

◇IQ豆(伊都九大豆)　あいきゅーあめ(いときゅうだいまめ)　[菓子]
　IQ飴(前出)につづく商品。糸島の釜炊き塩と青大豆、昆布が使われている。IQは、ItoQdaiの略。価格は、1袋263円(税込)、10袋セットは1315円(税込)。株式会社はかた本舗(福岡市博多区)取り扱い。

◇いも九(焼酎)　いもきゅう(しょうちゅう)　[飲料(酒類)]
　大学オリジナルの酵母を使用した焼酎。農学研究院生物機能科学部門発酵化学分野・古川謙介名誉教授らと福徳長酒類株式会社(東京都中央区)の長年の共同研究から生まれた商品。技術的に製造が難しいとされてきたサツマイモを麹原料として使用、発酵には大学オリジナル酵母を選抜し用いている。生産・品質管理は、福徳長酒類株式会社でおこなわれている。酵母が醸し出す穏やかな香りが芋の香味を引き立て、個性的な味わいを実現した。価格は、1本(500ml)専用カートン入り2100円(税込)。九州大学生活協同組合取り扱い。なお、「いも九」は、オエノンホールディングス株式会社(東京都中央区)が2009(平成21)年10月に商標出願(商願2009-75946)。

◇**キューリット（KyuRitto）** ［キャラクター（図書館）］
　2005（平成17）年10月、伊都キャンパスの誕生とともにオープンした伊都図書館のマスコットキャラクター。九州大学附属図書館のキューリット紹介ページ（http://www.lib.kyushu-u.ac.jp/libinf/scitech/scitech_logo.html）に拠れば、「自然に恵まれた環境にあることから、草木の緑と太陽をイメージして、そこに九大のQを重ねたデザイン」とある。なお、「キューリット」は伊都図書館の愛称でもある。

◇**九州大学製法はかた地どりソーセージ**　きゅうしゅうだいがくせいほうはかたじどりそーせーじ　［加工食品］
　農学部附属農場でおこなっている畜肉加工実習から生まれたソーセージ。農学研究院植物資源科学部門・岡野香准教授を中心に、地域企業と連携した「九州大学ブランド強化プロジェクト」により実現した。原材料には福岡県産推奨品のはかた地どりを使用。製造は、畜産学科卒業生経営の志摩スモークハウス（糸島郡志摩町）に委託し、畜肉加工実習と同じ伝統的な製法でおこなわれている。ミネラル豊富な海塩を用いた乾塩法で熟成期間を長くとり、さらに桜を使用しての長時間の燻煙で、化学調味料、香料、保存料などを使用せず、また食品添加物も極力抑えることが可能となった。はかた地どりのコラーゲンをつなぎとして使用することで、まろやかで芳醇な味わいを醸し出している。パッケージのデザインは、芸術工学研究院・片山雅史准教授の研究室によるもの。2008（平成20）年3月18日に発売開始。農事組合法人福栄組合（久留米市）が販売代理店。なお、「はかた地どり」は、2005（平成17）年7月に商標取得済（第4878237号）。権利者は、農事組合法人福栄組合。

◇**九州大吟醸**　きゅうしゅうだいぎんじょう　［飲料（酒類）］
　大学オリジナルの日本酒。2004（平成16）年4月、九州大学・浜地酒造株式会社（福岡市西区）・特定非営利活動法人環境創造舎（福岡市東区）との連携により誕生した。酒造好適米の山田錦を麹米に使用し、醪のもとになる掛米には福岡県独自の酒米・夢一献を50％になるまで精米して使用。白瓶の手づくり大吟醸と青瓶のしずく搾りの2種類がある。しずく搾りとは、出来上がったもろみを酒袋といわれる搾り用の袋に入れてタンク内に吊り下げ、重力の力だけで搾ること。機械による余分な圧力がかからないため、酒の良い部分のみが採れる。プロジェクトのスタート時から山田錦を使用して酒造りがおこなわれてきたが、今後は地米酒造りを目指し、地元産の夢一献のみで酒造りがおこなわれる予定。価格は、九州大吟醸青・白2本詰合せ各500ml入り3200円、薫酒（青瓶・しずく搾り）500ml入り2000円、1800ml入り5000円、醇酒（白瓶・手づくり大吟醸）500ml入り1200円、1800ml入り3000円（すべて税込）。浜地酒造株式会社取り扱い。なお、売り上げの一部は、伊都キャンパス周辺の里

山保全に役立てられている。

◇**きゅうと君**　きゅうとくん　［キャラクター（図書館）］
附属図書館のマスコットキャラクター。附属図書館は、1922（大正11）年、九州帝国大学附属図書館として設置されて以来およそ90年の歴史を有し、現在は中央図書館（福岡市東区）・医学図書館（福岡市東区）・芸術工学図書館（福岡市南区）・筑紫図書館（春日市）・伊都図書館（福岡市西区　旧称：理系図書館）などによって構成される。きゅうと君は、附属図書館のキャラクター紹介ページ（http://www.lib.kyushu-u.ac.jp/overview/item_184.html）に拠れば、「「九」の字と「図」の字を重ねてデザイン」されたキャラクター。性格は「好奇心旺盛」で「知識と情報を求めて頭の触手を回転させて飛び回る」という。頭の触手のほか、出した舌と尻尾の星が愛らしい。

◇**肌着**　はだぎ　［服装］
生理学的手法で人間の感じる快適・不快などを研究する芸術工学研究院人間生活システム部門・綿貫茂喜教授とグンゼ株式会社（京都府綾部市）との共同研究で生まれた肌着。その研究成果を用い、ストレスを軽減しかつ快適な肌着として商品開発された。代表的な商品としては「快適工房シリーズ」などがある。

◇**九州大学オリジナルグッズ**　きゅうしゅうだいがくおりじなるぐっず。
［大学グッズ］
2004（平成16）年3月制定の新しい九州大学シンボルロゴや大学グッズ用シンボルが入った大学オリジナルグッズ。特徴的な商品としては、アインシュタインが1922（大正11）年に九州大学に訪れた時の写真を使ったマウスパッド500円や、スイートポテトパイの菓子・いも九5個入り525円・10個入り1050円、博多人形4095円などがある。そのほかの商品としては、赤レンガTシャツ（黒・紺・白）各1974円、うちわ189円、漢字マークTシャツ（紺・白・橙）1869円、校章400円、サーモマグカップ（透明・赤・緑）各1575円、扇子2310円、ストラップ682円、手拭い（長谷川法世氏デザイン）1260円、大学ノート136円、ネクタイ（オリーブ・紺・茶・緑・ワイン）4200円、ハンドタオル861円、フェイスタオル1029円、ブックマーカー598円、UKマークTシャツ（青・黒・紺・白・橙）各1869円、レポート用紙（50枚入り）210円などがある（価格はすべて税込）。九州大学生活協同組合取り扱い。

久留米大学　［私立］

[所在地]〒830-0011　福岡県久留米市旭町67
[TEL]0942-35-3311
[URL]http://www.kurume-u.ac.jp/
[設置者]学校法人久留米大学
[キャンパス]旭町キャンパス/御井キャンパス（ともに久留米市）
[沿革・歴史]1928（昭和3）年2月、九州医学専門学校を設置。1943（昭和18）年2月、九州高等医学専門学校と改称。1950（昭和25）年2月、久留米大学を設置。
[マーク類]1965（昭和40）年1月20日、校章・帽章を制定公布。2008（平成20）年、ロゴマークを制定。久留米大学の「久」をモチーフにしたもの。2009（平成21）年2月、商標登録済（第5202513号）。

◇アミノフィール　［医療・健康］
医学部と株式会社生活文化舎（東京都中央区）の共同開発栄養補助食品。一包4g中に3.2gの分岐鎖アミノ酸であるBCAA（バリン・ロイシン・イソロイシン）と不足しがちなビタミン、ミネラルなどの栄養素を配合している。医学部消化器疾患情報講座において臨床試験をおこない、肝疾患の患者ではアルブミン値が上昇すること、特に男性患者の場合はインスリン抵抗性が改善することなどが証明済。レモン味とオレンジ味の2種類があり、水かぬるま湯でそのまま飲む方法と、容器に水かぬるま湯約100ccを入れ、混ぜてすぐに飲む方法がある。1日に2包が目安。価格は、1箱（4g×30包）7500円（税込）。株式会社生活文化舎取り扱い。アミノフィールは、2006（平成18）年8月ならびに2008（平成20）年11月、商標取得済（第4974893号・第5179631号）。権利者は、株式会社生活文化舎。

西南学院大学　［私立］

[所在地]〒814-8511　福岡県福岡市早良区西新6-2-92
[TEL]092-823-3201
[URL]http://www.seinan-gu.ac.jp/
[設置者]学校法人西南学院
[創立者]（西南学院）チャールズ・ケルゼイ・ドージャー
[キャンパス]西キャンパス/中央キャンパス/東キャンパス（いずれも福岡市

早良区）

[沿革・歴史]1949（昭和24）年、西南学院大学を開設。

[マーク類]西南学院開校の草創期に校章を制定。西南（South-west）の頭文字「S」・「W」の2文字を組み合わせたもので、創立者チャールズ・ケルゼイ・ドージャーの考案。商標登録済。

◇テールヴェルトブッセ　［菓子］

菓子メーカーの株式会社如水庵（福岡市博多区）と共同で開発された洋菓子。遠赤セラミックオーブンでこんがりと焼き上げられたカステラ生地にカラメルクリームを挟み、トップには校歌の歌詞「松の実」にちなんで松の実をあしらっている。一口食べると蜂蜜とアーモンドの甘くて香ばしい匂いがふわっと広がる。テールヴェルトブッセの名前は、西南学院のスクールカラーであるテールヴェルトグリーンに由来。価格は、1個116円、5個袋入り580円、10個箱入り1160円、15個箱入り1740円（すべて税込）。西南学院大学生活協同組合・株式会社如水庵取り扱い。

西南女学院大学　［私立］

[所在地]〒803-0835　福岡県北九州市小倉北区井堀1-3-5

[TEL]093-583-5130

[URL]http://www.seinan-jo.ac.jp/univers/

[設置者]学校法人西南女学院

[創立者]（西南女学院）J.H.ロウ

[沿革・歴史]1922（大正11）年3月、J.H.ロウが高等女学校として西南女学院を設立。1994（平成6）年4月、西南女学院大学が開学。

◇西南女学院エンジェルちゃんキューピー　せいなんじょがくいんえんじぇるちゃんきゅーぴー　［キャラクターグッズ］

大学限定のキューピー人形のストラップ。天使の輪と羽をつけたデザインで、ピンク色の服を着ている。学生にデザインを公募してつくられた。価格は、500円（税込）。西南女学院大学生活協同組合取り扱い。

福岡工業大学　［私立］

［所在地］〒811-0295　福岡県福岡市東区和白東3-30-1
［TEL］092-606-3131
［FAX］092-606-8923
［URL］http://www.fit.ac.jp/index.html
［設置者］学校法人福岡工業大学
［創立者］（福岡電波学園）桑原玉市
［沿革・歴史］1963（昭和38）年4月、福岡電波学園電子工業大学を開設。1966（昭和41）年4月、福岡工業大学と改称。

◇**窯元くん**　かまもとくん　［その他］
家庭用の陶芸セット。生命環境科学科の太田能生教授・北山幹人教授と企業組合DFC（筑紫郡那珂川町）江村登成代表が共同で開発した。陶芸に必要な材料一式が揃っているため、自宅はもちろん電子レンジさえあればどこでも手軽に陶芸ができる。食器類・アクセサリー・銀粘土・七宝焼など、オリジナル作品の製作が楽しめる。新技術により開発された陶芸粘土と焼結助剤を好みのかたちに造形し、電子レンジによって焼き上げる。700Wの電子レンジ使用の場合、約35分程度で完成。低温で短時間に焼けるのが特徴。価格は、窯元くん一式3万5000円（税込）、窯元くんBIG一式4万9800円（税込）。企業組合DFC取り扱い。

◇**磁力支持天秤装置**　じりょくしじてんぴんそうち　［機械］
物体を空中に浮揚させる装置。工学部知能機械工学科・河村良行教授の研究室の研究成果をもとに、九州計測器株式会社（福岡市博多区）が製品化した。模型を用いた風洞実験では、模型を支える棒などが風の流れを乱し、実験の精度を下げる要因となっていたが、この磁力支持天秤装置を使うことにより、非接触での模型維持が可能となる。同時に空気力を測定したり模型に外力を与えて運動させることもできる。

◇**とうふすていしょん**　［機械］
家庭用の豆腐製造機。ジュール加熱技術を応用して実用化技術研究所と福山化成株式会社（広島県福山市）・有限会社田中珍味（北九州市八幡西区）の産学連携により共同開発された。温度制御システムにより、容器に豆乳とにがりを入れてスイッチを押すだけで、約12分ほどのあいだに最大1000g（約3丁）の豆腐ができる。本にがりの絹ごし豆腐（寄せ豆腐）を手軽に自宅で楽しめる装

置。日米で特許取得済。なお、「とうふすていしょん」は、2003（平成15）年4月商標登録済（第4662416号）。権利者は、有限会社田中珍味。

◇**ピタゴラス**　［機械］
工学部知能機械工学科・溝田武人教授とミズノ株式会社（大阪府大阪市住之江区）の共同開発による打球分析装置。流体力学の研究から生まれた。ヘッドスピードや打ち出し直後のボールスピードばかりでなく、バックスピンの回転数やその傾きの角度までわかる。自身にあったクラブを選ぶ際に最適。

福岡大学　［私立］

［所在地］〒814-0180　福岡県福岡市城南区七隈8-19-1
［TEL］092-871-6631
［URL］http://www.fukuoka-u.ac.jp/
［設置者］学校法人福岡大学
［キャンパス］七隈キャンパス（福岡市城南区）
［沿革・歴史］1934（昭和9）年4月、福岡高等商業学校を創立。1944（昭和19）年4月、九州専門学校を統合し、九州経済専門学校と改称。1946（昭和21）年4月、福岡経済専門学校と改称。1949（昭和24）年4月、福岡外事専門学校を統合し、福岡商科大学を設立。1956（昭和31）年4月、福岡大学と改称。
［マーク類］学章は、1996（平成8）年1月に商標登録済（第3113355号）。そのほか、創立75周年シンボルマークが制定された。トンビがモチーフ。2006（平成18）年6月、商標登録済（第4960264号）。

◇**あられせんべい**　［菓子］
大学オリジナル包装のあられせんべい。第25回全国菓子大博覧会名誉総裁賞を受賞したヒット商品「餅のおまつり」をはじめ、株式会社もち吉（直方市）のあられせんべいを大学限定デザインの包装で販売している。価格は、餅のおまつり（サラダ味・しょうゆ味各5枚）500円、希林あげ（10枚）500円、餅のおまつり（サラダ味・しょうゆ味各15枚）1300円※季節による変更あり、特選詰め合わせ（42枚）2200円、餅のおまつり詰め合わせ（36枚）2700円。福岡大学法人事業部取り扱い。

◇**福岡大学オリジナルグッズ**　ふくおかだいがくおりじなるぐっず　［大学グッズ］
福岡大学オリジナルグッズ販売25周年を記念してつくられた新しいロゴマー

クや学章の入った大学オリジナルグッズ。特徴的な商品としては、博多織ブックカバー（紺）1500円、新ロゴマークとFUKUOKA UNIVERSITYの文字が入った有田焼湯呑み（青・赤）各500円などがある。そのほかの商品としては、携帯用アクセサリー（オレンジ・グリーン・ブルー）各500円、校章キーホルダー1000円、校章タイピン（ゴールド・シルバー）各1500円、マグカップ（オレンジ・ブルー）各500円、メタルキーホルダー700円、レザーキーホルダー500円、レザーストラップ500円、ロゴタイピン2000円など。旧商品も一部値引き販売されている。福岡大学法人事業部取り扱い。

佐賀県

佐賀大学　［国立］

　　　［所在地］〒840-8502　佐賀県佐賀市本庄町1
　　　［TEL］0952-28-8113
　　　［FAX］0952-28-8118
　　　［URL］http://www.saga-u.ac.jp/
　　　［設置者］国立大学法人佐賀大学
　　　［キャンパス］本庄キャンパス/鍋島キャンパス（ともに佐賀市）
　　　［沿革・歴史］1949（昭和24）年5月、佐賀高等学校・佐賀師範学校・佐賀青年師範学校を統合し、佐賀大学を設置。2003（平成15）年10月、佐賀医科大学を統合。2004（平成16）年4月、国立大学法人佐賀大学となる。
　　　［マーク類］2004（平成16）年1月、新学章を制定。佐賀県の県鳥・カササギを図案化したもの。同年9月商標登録済（第4800608号）。

◇**カッチーくん**　［キャラクター（大学）］
　　大学のキャラクター。学章に使われているカチガラス（カササギ）をモチーフに、学生生活課の職員が学生とともにデザインした。2008（平成20）年2月、大学のウェブサイトに初登場。佐賀大学のカッチーくん紹介ページ（http://www.saga-u.ac.jp/koho/kachi1/newpage2.html）に拠れば、「性別　オス」「誕生日　2月29日」「年齢　ひみつ」「好きなもの　さがほのか（いちご）」「苦手なもの　グリンピース、うめぼし」とあり、性格は「心優しく、天然系。でも、好奇心は、鳥一倍!」らしい。カッチーくんは、入学式・オープンキャンパス・学園祭・卒業式などさまざまなイベントに参加し活躍中。キャラクターグッズには、エコバッグ・オリジナルハンカチ・ポロシャツのエンブレム・マグカップ・メモ帳などがある。なお、カッチーくんに関する商標が、2009（平成21）年4月に登録された（第5221025号・第5221026号・第5221027号）。権利者は、国立大学法人佐賀大学。

◇**さがんルビー**　［食品］
　　農学部が開発した柑橘類の新品種。グレープフルーツに似た柑橘で、耐寒性があり国内で栽培しやすい。佐賀県農業協同組合（佐賀市）や地元農家の協

力を得て、本格出荷に向けての取り組みが始まっている。なお、「さがんルビー」は、2008（平成20）年4月に商標登録済（第5131519号）。権利者は、国立大学法人佐賀大学。

◇**バラフ**　［食品］
南アフリカ原産のアイスプラントを改良してつくられた新しい野菜。農学部熱帯作物改良学研究室ではアイスプラントの持つ塩化ナトリウムを吸い上げる特性に着目、土壌改良に役立てる研究がすすめられてきた。その過程でアイスプラントに近似した野菜が発見され、2001（平成13）年、国内栽培と食用化の取り組みを開始。2006（平成18）年11月に初出荷された。茎や葉に宝石の粒のように光るキラキラした細胞がついていることから、スワヒリ語で水晶・氷を意味する「バラフ」の名がつけられた。バラフには抗酸化作用のあるβカロテン・リンゴ酸・クエン酸・パンテン酸が含まれており、老化防止や疲労回復、生活習慣病予防の効果が期待される。また、ミネラルも豊富に含み、なかでも体内の塩分調整に役立つカリウムが多いことも大きな特徴である。栽培は佐賀大学発ベンチャー企業である株式会社農研堂（神埼市）と契約農家が手がけ、農学部で開発された技術により品質の安定をはかり、安全性にも配慮している。現在では、バラフを用いたスイーツも開発されている。バラフは、株式会社農研堂取り扱い。なお、バラフに関する商標は、国立大学法人佐賀大学を権利者として、2007（平成19）年6月に取得済（第5058041号・第5058042号）。

◇**悠々知酔**　ゆうゆうちすい　［飲料（酒類）］
大学オリジナルの清酒。農学部附属資源循環フィールド科学教育研究センター（佐賀市）で収穫した米と、研究室において生成された清酒酵母を使って製造された。名前は、悠々と酒を飲み、知の探求に酔いしれる姿をイメージしてつけられた。ふくよかですっきりとした切れ味が特徴。この清酒は大学の広報活動のひとつとしてだけではなく、地域産業への貢献も目的としており、毎年地元の酒造メーカーと連携し製造。価格は、1本720ml入り1500円。佐賀大学生活協同組合および佐賀市内の酒販店取り扱い。なお、「悠々知酔」は、2007（平成19）年6月に商標登録済（第5057782号）。権利者は、国立大学法人佐賀大学。

◇**らいぶくんとらりぃちゃん**　［キャラクター（図書館）］
附属図書館のマスコットキャラクター。附属図書館報「ひかり野」（No.33、2009年7月）に拠れば、図書館広報の一環として生まれたキャラクター。「佐賀県の鳥"かちがらす（かささぎ）"をモチーフ」にしたもの。名前は、らいぶくんとらりぃちゃん。

長崎県

長崎県立大学　［公立］

［所在地］〒858-8580　長崎県佐世保市川下町123
［TEL］0956-47-2191
［FAX］0956-47-6941
［URL］http://sun.ac.jp/
［設置者］長崎県公立大学法人
［キャンパス］佐世保校（佐世保市）／シーボルト校（西彼杵郡長与町）
［沿革・歴史］1951（昭和26）年4月、長崎県立佐世保商科短期大学を創設。1957（昭和32）年4月、長崎県立女子短期大学と統合し、長崎県立短期大学と改称。1967（昭和39）年4月、長崎県立国際経済大学と改称。1991（平成3）年4月、長崎県立大学と改称。2005（平成17）年、長崎県公立大学法人長崎県立大学となる。2008（平成20）年、県立長崎シーボルト大学と統合。
［マーク類］2007（平成19）年12月、新たに学章・ロゴマークを制定。SEA（海）・SUN（太陽）の「S」ならびに佐世保校・シーボルト校の「S」をモチーフにしたもの。学章には、大学の英字表記「University of Nagasaki」を周囲に配し、2008（平成20）年からの新しい門出を示す「Founded 2008」も配されている。デザインは、アートディレクター・伊藤敬生氏によるもの。

◇**Wonder Leaf**　［飲料］
看護栄養学部栄養健康学科・田中一成教授を中心に、長崎県・長崎県立シーボルト大学・長崎大学・九州大学において共同開発された高機能発酵茶。長崎県特産のびわ葉と茶葉を混合して発酵させる独自の混合発酵という製造方法でつくられる。紅茶風のすっきりとした味。カテキンなどを豊富に含む茶葉と地元名産のびわ葉をうまく活用することにより、両者の機能がより高められ、中性脂肪の増加や体脂肪の蓄積を抑えるといった効果を引き出した。価格は、1g21袋入り1260円（税込）。有限会社お茶の秋月園（長崎市）取り扱い。

◇**長崎県立大学ロゴマーク入りグッズ**　ながさきけんりつだいがくろごまーくいりぐっず　［大学グッズ］
2007（平成19）年12月制定のロゴマークが入った大学オリジナルグッズ。特徴

的な商品としては、長崎でよく知られている菓子であるカステララスク・クルス・九十九島せんぺいをあつめた長崎県立大学特選銘菓 食べんば長崎980円のほか、波佐見焼プレート1365円、波佐見焼マグカップ945円などがある。そのほかの商品としては、A4クリアホルダ90円、シャープペンシル100円、ペーパーバック100円、ボールペン100円などがある。長崎県立大学佐世保校生活協同組合・長崎県立大学シーボルト校生活協同組合取り扱い。

長崎総合科学大学　[私立]

[所在地]〒851-0193　長崎県長崎市網場町536
[TEL]095-839-3111
[URL]http://www.nias.ac.jp/
[設置者]学校法人長崎総合科学大学
[創立者](川南高等造船学校)川南豊作
[キャンパス]シーサイドキャンパス/グリーンヒルキャンパス(ともに長崎市)
[沿革・歴史]1943(昭和18)年4月、川南高等造船学校が開校。1944(昭和19)年10月、川南造船専門学校と改称。1945(昭和20)年3月、長崎造船専門学校と改称。1950(昭和25)年4月、長崎造船短期大学が開学。1965(昭和40)年4月、長崎造船大学が開学。1978(昭和53)年7月、長崎総合科学大学と改称。
[マーク類]アルファベットロゴは、大学の英字表記「Nagasaki Institute of Applied Science 」の頭文字をとったもの。呼称は、NIAS(ニアス)。

◇**あばまる**　[キャラクター(大学)]

大学のキャラクター。橘湾をのぞむシーサイドキャンパスの近くにはさまざまな種類のペンギンのいる長崎ペンギン水族館(長崎市)があることから、アルファベットロゴの入った帽子をかぶったペンギンをモチーフにデザインされた。学内公募により決定。あばまるの名前は、大学周辺の地域を網場(あば)と呼ぶことに由来。

長崎大学　[国立]

[所在地]〒852-8521　長崎県長崎市文教町1-14

長崎大学　　　　　　　　　　　長崎県

［**TEL**］095-819-2016
［**FAX**］095-819-2024
［**URL**］http://www.nagasaki-u.ac.jp/
［**設置者**］国立大学法人長崎大学
［**キャンパス**］文教キャンパス/坂本キャンパス/片淵キャンパス（いずれも長崎市）
［**沿革・歴史**］1949（昭和24）年5月、長崎医科大学・長崎医科大学附属薬学専門部・長崎経済専門学校・長崎師範学校・長崎青年師範学校・長崎高等学校を統合し、長崎大学を設置。2004（平成16）年4月、国立大学法人長崎大学となる。
［**マーク類**］2005（平成17）年、新たにロゴマークを制定。1949（昭和24）年、オランダ船の舳先に「Nagasaki University」の頭文字「NU」を付け、右肩に大學の字を配したマークが制定されたが、このマークを精緻化し、やや動きを加えたものが正式ロゴマーク。2005（平成17）年11月商標登録済（第4909859号）。また、大學の文字を除いたロゴマークもある。2005（平成17）年9月商標登録済（第4892302号）。ほかにも、長崎大学を表す「N」をかたどった略式ロゴマークもある。2005（平成17）年9月商標登録済（第4892988号）。

◇**オリゴノール**　［医療・健康］
世界初の低分子化ポリフェノール。生体への吸収が低いとされるポリフェノールのポリマーを生体吸収性および活性の高いオリゴマーへ変換したもので、大学院医歯薬学総合研究科生命薬科学専攻・田中隆准教授の研究をもとに、長崎大学・ウサイエン製薬（佐賀県佐賀市）・株式会社アミノアップ化学（北海道札幌市）の産学共同によって開発された。オリゴノールは高い抗酸化・抗老化作用を持ち、血流改善効果、疲労回復・改善効果、美容・美白効果、メタボリックシンドロームの改善効果等の作用がある。現在、ライチから抽出したポリフェノールを低分子化したオリゴノールが株式会社アミノアップ化学から供給販売されており、健康食品をはじめ、さまざまな食品に使用されている。株式会社アミノアップ化学取り扱い。なお、オリゴノールは、株式会社アミノアップ化学の登録商標。

◇**長崎大学オリジナルグッズ**　ながさきだいがくおりじなるぐっず　［大学グッズ］
長崎大学のロゴマークが入ったオリジナルグッズ。商品としては、カステラスク（16枚入り）630円やスポーツタオル1500円、タオルマフラー1300円がある（価格はすべて税込）。長崎大学全学同窓会（長崎市）取り扱い。

熊本県

熊本大学　［国立］

［所在地］〒860-8555　熊本県熊本市黒髪2-39-1
［TEL］096-344-2111
［URL］http://www.kumamoto-u.ac.jp/
［設置者］国立大学法人熊本大学
［キャンパス］黒髪北地区/黒髪南地区/本荘・九品寺地区/大江地区（いずれも熊本市）
［沿革・歴史］1949（昭和24）年5月、第五高等学校・熊本工業専門学校・熊本薬学専門学校・熊本医科大学・熊本師範学校・熊本青年師範学校を統合し、熊本大学を設置。2004（平成16）年4月、国立大学法人熊本大学となる。
［マーク類］2006（平成18）年、コミュニケーションマークを制定。くまもとの「く」のかたちに、Kumamotoの「K」を組み合わせ、前進していく矢印をイメージしたデザイン。校旗を彩る紫紺とうこんで彩色。同年9月、商標登録済（第4985485号）。

◇**球磨焼酎　白岳37度**　くましょうちゅう　はくたけさんじゅうしちど　［飲料（酒類）］

大学オリジナルの米焼酎。球磨焼酎の一般的な度数は25度であるが、米焼酎白岳の原酒に近い香りとコクを出すための最適な度数、37度にこだわって醸造された。マイルドで滑らかな口あたりと芳醇な香りが楽しめる。1000本限定商品（専用の手提げ袋付き）。製造は、高橋酒造株式会社多良木工場（球磨郡多良木町）。価格は、1890円（税込）。熊本大学生活協同組合学生会館ショップでのみ取り扱い。なお、「球磨焼酎」は、2007（平成19）年1月に商標登録済（第5016452号）。権利者は、球磨焼酎酒造組合（人吉市）。「白岳」は、1981（昭和56）年2月商標登録済（第1455021号）。権利者は、高橋酒造株式会社。

◇**熊大クッキー**　くまだいくっきー　［菓子］

株式会社お菓子の香梅（熊本市）とのコラボレーションから生まれたクッキー。熊本大学のコミュニケーションマークをかたどっており、フレッシュバターと香り豊かなココアを練りこんだココア味とアーモンドを贅沢に使ったナッ

ツ味の2種類の味が楽しめる。丁寧に手焼きで焼き上げ、サクサクとした食感。甘さは控えめ。価格は、1箱（10枚入り）1200円（税込）。熊本大学生活協同組合取り扱い。

◇くまぽん　［キャラクター（図書館）］
　附属図書館のキャラクター。附属図書館は、中央館・医学系分館・薬学部分館から構成されている。くまぽんは、緑色の本を持っているまん丸い体型のくま。附属図書館公認キャラクターくまぽんのページ（http://www.lib.kumamoto-u.ac.jp/kumapon/）に拠れば、名前の由来は、熊本の熊（くま）と本（ほん）からとったもの。2008（平成20）年4月1日に図書館キャラクターとして誕生した。プロフィールは、「年齢　ひみつ」「特技　頭の上に本を載せて運ぶこと　情報をかき集めること」「性質　好奇心旺盛　意外と小回りが利く」「好きなもの　夢と希望と辛子蓮根」「嫌いなもの　水たまり」とある。なお、辛子蓮根は、熊本の誇る名物のひとつ。

◇五高珈琲　ごこうこーひー　［飲料］
　大学オリジナルコーヒー。熊本大学ゆかりの五高記念館・小泉八雲（1850～1904）・夏目漱石（1867～1916）をパッケージデザインに使用し、豆と新鮮さにこだわって焙煎。レギュラー・浅煎り・深煎り（各粉・豆）の3タイプが販売されている。レギュラーは、重要文化財の五高記念館ラベル。漱石や八雲が講義していた熊本大学のシンボルといえる建物。深煎りは、小泉八雲ラベル。小泉八雲の人間存在を深く追究する作風にちなみ、深煎りのラベルに採用された。デザインに使用した八雲のレリーフは大学内に設置されている。軽い口当たりの浅煎りは、漱石ラベル。五高在籍時代を含む夏目漱石初期の軽妙・洒脱な作風にちなんでいる。大学内にある漱石の銅像を使用した。価格は、粉・豆ともに各100g280円、各200g550円（すべて税込）。学生会館食堂のコーヒーマシンでも1杯120円で提供されている。熊本大学生活協同組合取り扱い。

◇上肢用CPM装置　じょうしようしーぴーえむそうち　［機械］
　整形外科における治療・リハビリ機器。大学で研究・実用化に成功した「フレキシブルな力制御」技術をもとに、大学院自然科学研究科の川路茂保教授・松永信智准教授と櫻井精技株式会社（八代市）らが共同で技術開発をおこなった。その後ベンチャー企業を設立して技術を移転し、7年間に及ぶフィールド試験を経て商品化に成功。経済産業省と厚生労働省との共管での認定第1号を受けた。肩関節全般の術後・肩関節拘縮・五十肩・肘関節の術後・肘関節拘縮などに適用できるため、整形外科だけでなく一般家庭への展開も可能にした。コストも低く抑えられ、人に優しい形状で操作方法も工夫されてい

る。患者自身がリモコンで容易に操作できるため、積極的なリハビリ活動が続けられ治療効果が大きくなる。

◇ダルナビル　［医療・健康］
医学薬学研究部の満屋裕明教授、アメリカ合衆国のアラン・ゴーシュ教授ら日米共同研究チームが開発した抗HIV薬。抗ウイルス剤の長期投与によって多剤耐性に変化したエイズウイルス（HIV）にも高い効果を示す。深刻な脅威となっている耐性HIVへの幅広い効果が確認された薬は、世界で始めて。申請からわずか半年後の2006（平成18）年6月、米国食品医薬品局（FDA）により処方薬として認可された。エイズ患者に恩恵を与える新薬として期待されている。製品化は、ベルギーのティボテック社（Tibtec, Inc.）による。販売名はプレジスタ（Prezista）。なお、満屋裕明教授は世界初の抗HIV薬「AZT」の開発者でもあり、ダルナビルは、同教授が開発した抗HIV薬としては4剤目にあたる。

◇熊本大学オリジナルグッズ　くまもとだいがくおりじなるぐっず　［大学グッズ］
大学の新ロゴマークなどが入ったオリジナルグッズ。新ロゴマークのほか、五高記念館のデザインが入ったもの多数。商品としては、アルミ名刺入れ500円、絵葉書5枚セット400円、オリジナルネクタイ4500円、革名刺入れ（黒・こげ茶）各2900円、金のしおり750円、クリアホルダーA4（透明・ブルー）各73円、クリスタルペーパーウェイト2000円、蛍光ペン（青・赤・黄・橙・緑）各126円、シャープペンシル（0.5mm芯）84円、Tシャツ1800円、トリプルペン900（アルミボディ）900円、トリプルペン1900（ステンレスボディ）1900円、ネックストラップ350円、ブロックメモ180円、ボールペン（青・赤・黒・橙）各84円、マグカップ680円、メモリアルアルバム、レポート用紙240円などがある（価格はすべて税込）。熊本大学生活協同組合取り扱い。

崇城大学　［私立］
［所在地］〒860-0082　熊本県熊本市池田4-22-1
［TEL］096-326-3111
［FAX］096-326-3000
［URL］http://www.sojo-u.ac.jp/site/view/index.jsp
［設置者］学校法人君が淵学園
［創立者］中山義崇

東海大学　　　　　　　　　　　　　熊本県

　［キャンパス］池田キャンパス（熊本市）/空港キャンパス（菊池郡菊陽町）
　［沿革・歴史］1949（昭和24）年4月、電気・電波学校を創設。1961（昭和36）年4月、君が淵電波工業高等学校を設置。1965（昭和40）年4月、熊本工業短期大学を設立（のち廃止）。1967（昭和42）年4月、熊本工業大学が開学。2000（平成12）年4月、崇城大学と改称。

◇U-ドリンク　　［飲料］

生物生命学部応用生命科学科・上岡龍一教授が開発し、大学発のベンチャー企業である株式会社健康予防醫學研究所（熊本市）が商品化した焼酎粕から生まれた清涼飲料水。酒精分は麦焼酎粕から精製される麦発酵エキス。たんぱく質構成アミノ酸・マグネシウム・カリウム・亜鉛などのミネラル、ビタミン、オリゴ糖、クエン酸など35種類の有効成分が豊富に含まれている。蜂蜜タイプとキシリトールタイプの2種類がある。いずれも麦芽の香り高く、甘酸っぱいさわやかな味。価格は、1本（30ml入り）420円、1箱（10本入り）4200円、1ケース（6箱入り）2万5200円（すべて税込）。株式会社健康予防醫學研究所取り扱い。なお、「ユードリンク」は、2005（平成17）年7月商標登録済（第4876612号）。権利者は、株式会社健康予防醫學研究所。

東海大学〈阿蘇キャンパス〉　［私立］

　［所在地］〒869-1404　熊本県阿蘇郡南阿蘇村河陽
　［TEL］0967-67-0611
　［URL］http://www.u-tokai.ac.jp/undergraduate/agriculture/index.html
　［設置者］学校法人東海大学
　［創立者］（航空科学専門学校）松前重義
　［キャンパス］阿蘇キャンパス（阿蘇郡南阿蘇村）/代々木キャンパス（東京都渋谷区）/高輪キャンパス（東京都港区）/札幌キャンパス（北海道札幌市南区）/旭川キャンパス（北海道旭川市）/湘南キャンパス（神奈川県平塚市）/伊勢原キャンパス（神奈川県伊勢原市）/沼津キャンパス（静岡県沼津市）/清水キャンパス（静岡県静岡市）/熊本キャンパス（熊本市）
　［沿革・歴史］1943（昭和18）年、松前重義が航空科学専門学校を開設。1944（昭和19）年3月、電波科学専門学校・電波工業学校を設置。1945（昭和20）年8月、航空科学専門学校・電波科学専門学校を統合し、東海科学専門学校と改称。1946（昭和21）年4月、東海大学を設立。
　［マーク類］1992（平成4）年11月、建学50周年を機に学校法人東海大学UI検討専門委員会がコンペをおこなって決定された。学校法人東海大学の頭文字

「T」を波にみたててデザインされたもの。このマークは「T・ウェーブ」という。マークは、商標登録済。

◇阿蘇乃魂　あそのたましい　［飲料（酒類）］
　農学部バイオサイエンス学科・荒木朋洋教授を中心とした産官学連携プロジェクト「ムラサキマサリを用いた高度循環型醸造に関する産官学研究〜醸造かすを出さないゼロエミッションプロジェクト」により開発された本格芋焼酎。メンバーは、東海大学・独立行政法人農研機構九州沖縄農業研究センター（合志市）・房の露株式会社（球磨郡多良木町）・有限会社木之内農園（阿蘇郡南阿蘇村）の4者。九州沖縄農業研究センターで生み出された新品種・ムラサキマサリが用いられる。その過程で出る焼酎かすからも、もろみ酢を醸造。その醸造かすを飼料として家畜を育て、家畜の排泄物を堆肥としてムラサキマサリを栽培する。芋焼酎をつくりだすとともに、一切の廃棄物を出さないゼロエミッションを目指し、原材料の生産から製品加工や廃棄物処理まで一貫した完全循環型システムをつくりあげようとする一大プロジェクトである。焼酎でありながら、甘くワインのような香りで風味豊かな味わい。価格は、1本720mlで1501円。木之内農園取り扱い（試験販売）。なお、「阿蘇乃魂」は、2008（平成20）年3月に商標取得済（第5117121号）。権利者は、学校法人東海大学。

大分県

大分大学　［国立］

［所在地］〒870-1192　大分県大分市大字旦野原700
［TEL］097-569-3311
［URL］http://www.oita-u.ac.jp/
［設置者］国立大学法人大分大学
［キャンパス］旦野原キャンパス（大分市）/王子キャンパス（大分市）/挾間キャンパス（由布市）
［沿革・歴史］1949（昭和24）年5月、大分経済専門学校・大分師範学校・大分青年師範学校・大分医科大学を統合し、大分大学を設置。2003（平成15）年10月、大分医科大学を統合。2004（平成16）年4月、国立大学法人大分大学となる。
［マーク類］2003（平成15）年の大分大学・大分医科大学の統合に合わせ、新たに学章（シンボルマーク）を公募し制定。「OITA UNIVERSITY」の頭文字「O」と「U」がモチーフ。2004（平成16）年7月、商標登録済（第4784482号）。

◇**虚空蔵麦酢**　こくうぞうむぎす　［調味料］
教育福祉科学部・望月聡教授と三和酒類株式会社（宇佐市）の関連会社・大麦発酵研究所（宇佐市）の共同研究で開発された発酵大麦エキスからつくられた麦酢。発酵大麦エキスは、麦焼酎「いいちこ」の製造過程でできたもろみから生まれた天然の栄養成分。もろみに含まれるポリフェノール・γ－アミノ酪酸（ギャバ）・オリゴ糖・クエン酸などの健康維持に欠かせない栄養素を、独自の技術によってとりだした。クエン酸由来の麦酢の酸味は刺激がなく飲みやすいのが特徴。素材の持ち味を生かした配合で、毎日無理なく飲み続けられる。安全性を第一に考え、厳選した自然の原料を使用しており、香料や人口甘味料は使用していない。価格は、ブルーベリー1本（720ml入り）1575円（税込）、ラズベリー＆カシス1本（720ml入り）1575円（税込）。以前はゆずと黒糖もあったが、販売終了となっている。三和酒類株式会社取り扱い。

大分県　　　　　　　　　　　　　　　　大分大学

◇スッポンジュレまるまるコラーゲン　［医療・健康］
　教育福祉科学部食物学専攻・望月聡教授と塚崎薬品工業株式会社（宇佐市）の共同研究で開発されたコラーゲン入りゼリー。宇佐市安心院の名物として知られるスッポンは、コラーゲンのほかアミノ酸やミネラルが豊富。そのスッポンの内臓脂肪以外の部位をことごとく使用し、半日のあいだ蒸気釜でじっくり煮詰めて栄養素が溶け出したエキスを抽出。果汁で味をつけてさわやかなジュレに仕上げられる。手軽にすっぽんのエキスを摂取することができ、美容に役立つほか滋養強壮効果も期待できる。価格は、レモン味（1個）473円、ブルーベリー＆カシス味（1個）525円、レモン味（3個セット）1500円、ブルーベリー＆カシス味（3個セット）1650円、詰め合わせ6個セット3150円、詰め合わせ10個セット5250円（すべて税込）。季節限定品の巨峰味（9月～12月）もある。本家活宝安心院亭（宇佐市）取り扱い。

◇つちカエル　［機械］
　リサイクルの輪を実現することを目的に、工学部・酒井謙二教授と大分県産業科学技術センター（大分市）（佐伯メカトロセンターから支援移行）、株式会社エコアップ（臼杵市）の産学官共同開発グループによって開発された生ゴミ処理機。高温環境で活動を活性化する好熱性微生物群「専用つちカエル菌」で自然発酵を促し、約24時間で生ゴミを分解。安全で衛生的な再資源化がおこなわれる。高性能脱臭装置を内蔵し、周辺環境にも配慮した設計。液晶タッチパネル操作画面で簡単操作ができ、投入口が低いため、生ゴミの投入が誰でも楽にできる。撹拌もトラブルが少なく安定した縦軸方式採用、撹拌する羽根から発酵物に、ダイレクトに空気を供給できる。特許取得（第3057488号）。なお、「つちカエル」は、2003（平成15）年6月に商標取得済（第4682747号）。権利者は、株式会社エコアップ。

◇豊のたちばな　とよのたちばな　［菓子］
　大分大学と株式会社ざびえる本舗（大分市）が共同開発した大分県産かぼすを使用したもち菓子。独自の製法により白あんの中にかぼすの果皮と果汁を混ぜ、さわやかな酸味そのままに練りあげ、もち生地でくるんだもの。かぼすが持つ自然な風味と豊かな香りをそのまま生かしている。姫路菓子博2008では第1回橘花榮光章を受賞した。価格は、6個入り735円、9個入り1050円、12個入り1365円、18個入り2100円（すべて税込）。株式会社ざびえる本舗取り扱い。

◇フィットネス・ストレッチャー　［機械］
　総合科学研究支援センター・今戸啓二准教授と後藤体器株式会社（大分市）の共同研究で開発された健康器具。てこクランク機構を応用して他動的に

足関節の底背屈運動を繰り返しおこなうことで、ふくらはぎを効果的にストレッチする。動的ストレッチに伴い静脈流が促進され、関節拘縮を防ぐとともに、静脈血栓塞栓症予防対策としても有効。2007（平成19）年4月には能登半島地震避難所に寄贈され、被災者の健康維持に役立てられた。特許取得済（第4022632号）。

◇柚子の力　ゆずのちから　［医療・健康］
産学官共同開発商品の柚子飲料。経済産業省の平成19‐20年度地域資源活用型研究開発事業「日田産ユズの免疫制御成分を活用したアレルギー軽減飲料の開発」において、工学部・石川雄一准教授を中心に、日田市第三セクターの株式会社つえエーピー（日田市）・大分県立看護科学大学（大分市）・ファームテック株式会社（佐伯市）との共同研究から生まれた。以前から知られていた柚子皮の健康成分を引き出すため抽出技術を開発し、エキスを凝縮させることに成功した。1本当たり生柚子5個分程度の皮エキスが含まれている。これに蜂蜜・米黒酢・柚子果汁の有機酸を加え、柚子風味がさわやかな飲料に仕上げられた。水か湯で8〜10倍に薄めて飲用する。製造量が限られているため通販のみの取り扱いであるが、大分大学生活協同組合・大分県立大学生活協同組合などでも試験的に販売されている。価格は、500ml入り3150円（税込）。株式会社つえエーピー取り扱い。なお、「柚子の力」は、2009（平成21）年9月に商標登録済（第5265865号）。権利者は、株式会社つえエーピー。

∞∞

日本文理大学　［私立］

［所在地］〒870-0397　大分県大分市一木1727
［TEL］097-592-1600
［URL］http://www.nbu.ac.jp/
［設置者］学校法人文理学園
［創立者］菅幸雄
［沿革・歴史］1967（昭和42）年4月、大分工業大学が開学。1982（昭和57）年4月、日本文理大学と改称。

∞∞

◇NBUワイン　［飲料（酒類）］
大学オリジナルラベルのワイン。赤ワインにはBravesロゴマークのラベル、白ワインには40周年記念ラベルがついている。価格は、各1890円（税込）。有限会社ワンエス運営の「NET.NBU」（大分市）取り扱い。

◇**硬式野球部オリジナルスポーツタオル**　こうしきやきゅうぶおりじなるすぽーつたおる　［スポーツ］
　硬式野球部のオリジナルスポーツタオル。日本文理大学硬式野球部は、九州地区大学野球連盟に所属。2009（平成21）年のプロ野球ドラフト会議では、2名の選手が指名された。直近の2009（平成21）年度秋季は、別府大学との延長戦を制し、優勝。スポーツタオルの価格は、1000円。有限会社ワンエス運営の「NET.NBU」（大分市）取り扱い。

◇**サッカー部グッズ**　さっかーぶぐっず　［スポーツ］
　サッカー部のグッズ。日本文理大学サッカー部は、九州大学サッカーリーグ1部に所属。2009（平成21）年シーズンは、4勝8敗2分で、第6位。グッズには、青色のサッカー部缶バッチ200円（税込）、ユニフォーム型のストラップ300円（税込）がある。有限会社ワンエス運営の「NET.NBU」（大分市）取り扱い。

◇**チアリーディング部BRAVESグッズ**　ちありーでぃんぐぶぶれーぶすぐっず　［スポーツ］
　チアリーディング部BRAVESのグッズ。チアリーディング部は、2009（平成21）年度の大会では、第3回チアリーディングアジアインターナショナルオープンチャンピオンシップで総合優勝、男女混成部門優勝を果たし、その後も2009ジャパンカップチアリーディング日本選手権大会大学部門で優勝、第21回全日本学生チアリーディング選手権大会でも優勝した強豪チーム。第5回世界チアリーディング選手権大会でも男女混成部門の日本代表として参加した部員たちが、優勝に貢献した。チアリーディング部BRAVESのグッズとしては、BRAVES缶バッチ（白・メタリック）各200円、チアリーダーキューピー600円、Tシャツキーホルダー500円、Tシャツストラップ300円、BRAVESスポーツタオル1000円、限定品のBRAVES Jr.ポロシャツ（黒）2900円などがある（価格はすべて税込）。有限会社ワンエス運営の「NET.NBU」（大分市）取り扱い。なお、BRAVESという呼称・ロゴマークは学内共通のもの。

◇**レスリング部オリジナルスポーツタオル**　れすりんぐぶおりじなるすぽーつたおる　［スポーツ］
　レスリング部のオリジナルスポーツタオル。日本文理大学レスリング部は、西日本学生レスリング連盟1部に所属。直近の2009（平成21）年度西日本学生秋季リーグ戦では、初優勝を果たした。価格は、1000円（税込）。有限会社ワンエス運営の「NET.NBU」（大分市）取り扱い。

◇**NBUオリジナルグッズ**　［大学グッズ］
　大学のオリジナルグッズ。商品としては、ウォールマグ（カラフル・グリー

ン・シンボル飛行機)各1200円、オリジナル缶バッチ(白・緑)各200円、オリジナル缶バッチセット(4個入り)800円、オリジナル珈琲(150g入り2袋セット)1000円、オリジナルゴルフボール(2個セット)800円、オリジナルスカーフセット1500円、オリジナルストラップ300円、オリジナルふせん80円、オリジナル風呂敷(市松模様・唐草模様)各500円、オリジナル風呂敷セット(市松模様・唐草模様各1枚入り)1000円、オリジナルマグカップ800円、キャラハンクッキーセット(4袋入り アーモンド・ココア・ごま・チョコチップ各1袋)1000円・(アーモンド・ココア・ごま・チョコチップのなかから2袋)500円、ネクタイピン1000円、ペナント500円、ポストカード(8枚入り)300円、ロゴ入りボールペン60円などがある(価格はすべて税込)。有限会社ワンエス運営の「NET.NBU」(大分市)取り扱い。

別府大学　［私立］

［所在地］〒874-8501　大分県別府市北石垣82
［TEL］0977-67-0101
［URL］http://www.beppu-u.ac.jp/
［設置者］学校法人別府大学
［創立者］佐藤義詮
［キャンパス］別府キャンパス(別府市)/大分キャンパス(大分市)
［沿革・歴史］1908(明治41)年、豊州女学校を設立。1945(昭和20)年、別府女学院を開設。1946(昭和21)年、別府女子専門学校が認可される。1950(昭和25)年、別府女子大学を設置。1954(昭和29)年、別府大学と改称。

◇カボスオードトワレ(KABOSUE AUDE TOILETTE)　［美容］
カボスを用いた香水。株式会社ジェイエイフーズおおいた(杵築市)が生産したカボスのエッセンシャルオイルに、およそ70種類にも及ぶ香料を使用してつくられている。カボスの柑橘系の香りをいかして、さわやかに仕上げられた。カボスを模したボトル入り。価格は、1本(50ml入り)3500円(税込)。大分香りの博物館(別府市)取り扱い。

立命館アジア太平洋大学　［私立］

［所在地］〒874-8577　大分県別府市十文字原1-1

大分県　　　立命館アジア太平洋大学

［TEL］0977-78-1111
［URL］http://www.apu.ac.jp/home/
［設置者］学校法人立命館
［沿革・歴史］2000（平成12）年、立命館アジア太平洋大学が開学。
［マーク類］1999（平成11）年4月、シンボルマークを決定。シンボルマークは、学校法人立命館を権利者として商標取得済。

◇APUカレー　［加工食品］
　国際交流から生まれたカレー。立命館アジア太平洋大学は、在学生の半数近くを留学生が占めている国際色豊かな大学。それぞれの国の文化や生活習慣、言語などについて、理解を深めるべく、学内・学外を問わず随所で国際交流の催しが実施されている。そうした国際交流の場で生まれた商品が、APUカレー。学内の食堂で週替わりで提供されてきた各国料理の中から特に人気のあったタイのカレーを採用、レトルトパックとして商品化した。パッケージデザインも学生からの公募によるもの。イエロー・グリーン・レッドの3種類がある。価格は、1人前（220g）各250円（税込）。APUカレー3個箱入り780円（税込）。APUショップ・立命館オンラインショップ取り扱い。

宮崎県

宮崎大学　［国立］

［所在地］〒889-2192　宮崎県宮崎市学園木花台西1-1
［TEL］0985-58-7111
［URL］http://www.miyazaki-u.ac.jp/
［設置者］国立大学法人宮崎大学
［キャンパス］木花キャンパス/清武キャンパス（ともに宮崎市）
［沿革・歴史］1949（昭和24）年5月、宮崎師範学校・宮崎青年師範学校・宮崎農林専門学校・宮崎県工業専門学校を統合し、宮崎大学を設置。2003（平成15）年10月、宮崎医科大学と統合。2004（平成16）年4月、国立大学法人宮崎大学となる。
［マーク類］シンボルマークは、宮崎大学の頭文字「宮」をモチーフに図案化、擬人化されたもの。緑色のなかにある2つの丸が、統合した宮崎大学・宮崎医科大学を象徴している。2004（平成16）年4月、商標登録済（第4763748号）。

◇ゴーヤレクチン　［医療・健康］

ゴーヤ種子由来抗Hレクチン。レクチンとは、糖に親和性を有するタンパク質の総称。医療および犯罪捜査での血液検査試薬として、株式会社富士化学（大阪府大阪市）・株式会社宮崎沖電気（現・OKIセミコンダクタ宮崎株式会社　宮崎市）と共同で開発された。夏野菜ゴーヤの苦味成分モモルデシンには血糖降下作用があり、糖尿病に有効なものとして注目されている。また、種子の中に含まれるレクチンは強い抗H活性（ヒト赤血球の凝集能力）を持つことがフロンティア科学実験総合センター兼農学部・明石良教授らの研究で判明した。そこでこのレクチンを安定的に供給するための細胞培養系の技術開発とともに、医療、血液検査試薬としての製品開発が進められることとなった。宮崎県は国内有数のゴーヤ生産県であるため、廃棄物の種子を容易に大量入手でき、既存の競合製品に比べ安価で提供できることも強み。

◇宮崎大学Beef　みやざきだいがくびーふ　［食品］

農学部附属自然共生フィールド科学教育研究センター住吉フィールド（宮崎

市)で生産された牛肉。同フィールドでは、1971(昭和46)年から肉用牛の飼育・生産能力の遺伝的改良に取り組んできたが、地域や関係者の指導のもとで子牛生産に続く肥育技術も安定、定量・定質の出荷体制が整った。そこで宮崎県経済農業協同組合連合会(宮崎市)との協議の結果、県内の4スーパーにおいて、最高ランクの牛肉「宮崎大学Beef」として毎月2頭程度販売することが決定。2008(平成20)年から一般販売が開始されている。箸で切れるほどの柔らかさを持つ牛肉は、脂も乗り濃厚な味わい。価格は、肩ロース(300g)2100円。株式会社ひろせストアー(都城市)の運営するモールひろせ取り扱い。

鹿児島県

鹿児島女子短期大学　［私立］

[所在地]〒890-8565　鹿児島県鹿児島市高麗町6-9
[TEL]099-254-9191
[FAX]099-254-5914
[URL]http://www.jkajyo.ac.jp/
[設置者]学校法人志學館学園
[創立者]（鹿児島女子手芸伝習所）満田ユイ
[沿革・歴史]1965（昭和40）年4月、鹿児島女子短期大学が開学。

◇シオンちゃん　［キャラクター（大学）］

大学のイメージキャラクター。ローマ神話の女神ミネルヴァの使者で、知性と学問を象徴するフクロウをモチーフにしたもの。鹿児島女子短期大学のシオンちゃん紹介ページ（http://www.jkajyo.ac.jp/introduction/outline/sion.html）に拠れば、「シオンちゃん」の名は学園祭の愛称である「紫苑祭」と愛らしい「シオンの花」に由来。鹿児島女子短期大学ブログ「シオンちゃんだより」でも活躍中。グッズには携帯ストラップ・コンパクトミラー・画面クリーナーなどがあり、オープンキャンパスでも配付されている。なお、シオンちゃんに関する商標が、2006（平成18）年6月に商標登録された（第4957504号）。権利者は、学校法人志學館学園。

鹿児島大学　［国立］

[所在地]〒890-8580　鹿児島県鹿児島市郡元1-21-24
[TEL]099-285-7111
[URL]http://www.kagoshima-u.ac.jp/index.shtml
[設置者]国立大学法人鹿児島大学
[キャンパス]郡元キャンパス/桜ヶ丘キャンパス/下荒田キャンパス（いずれも鹿児島市）

[沿革・歴史]1949（昭和24）年5月、第七高等学校・鹿児島農林専門学校・鹿児島師範学校・鹿児島青年師範学校・鹿児島水産専門学校を統合し、鹿児島大学を設置。2004（平成16）年4月、国立大学法人鹿児島大学となる。

[マーク類]創立50周年を記念し、公募で学章を制定。鹿児島大学の「K」をモチーフに、飛び立とうとしている「鳳」のかたちにデザインしたもの。商標登録済。

◇**篤姫酵母仕込み 天翔宙** あつひめこうぼじこみ てんしょうちゅう ［飲料（酒類）］

天璋院篤姫ゆかりの酵母を使用した焼酎。2008（平成20）年、農学部生物資源化学科焼酎学講座焼酎製造学研究室・高峯和則准教授は、NHK大河ドラマ「篤姫」の主人公・天璋院篤姫とゆかりのある今和泉島津家別邸跡の土をサンプリングし、それを同講座実習棟北辰蔵において特別な条件下で分離、「篤姫酵母」「姫酵母」をつくりだした。柔らかな風味と甘味がある。この酵母をもとに有限会社大山甚七商店（指宿市）にて醸造がおこなわれ、芋の香ばしさが引き出された上品な味わいの焼酎が出来上がった。大学では分離した酵母を希望の焼酎メーカーに無償で提供し、商品に「篤姫酵母」または「姫酵母」の商標を学章及び大学名とともに使用許諾するとしている。価格は、720ml入り1480円、1800ml入り2500円。鹿児島大学インフォメーションセンター取り扱い。なお、「てんしょうちゅう＼天翔宙」は、2008（平成20）年6月に商標登録済（第5138521号）。権利者は、有限会社大山甚七商店。

◇**あらた百** あらたひゃく ［飲料（酒類）］

2009（平成21）年の農学部開学100周年を記念してつくられた本格焼酎。佐々木修教授の指導のもと農学部附属農場で栽培された焼酎用の芋「コガネセンガン」を原材料としている。農学部附属高隈演習林（垂水市）の湧水、天璋院篤姫ゆかりの今泉島津家別邸跡地（指宿市）より採取した土からつくられた「篤姫酵母」を使用して醸造。「あらた百」の「あらた」は農学部同窓会名でもあるとともに農学部キャンパスがある地名であり、さらには「新しい」の意、ラテン語の「翼」の意でもある。アルコール度は25％。価格は、1本720ml入り1764円（税込）。限定生産1万本。薩摩酒造明治蔵（枕崎市）のみの取り扱い。

◇**きばいやんせ** ［飲料（酒類）］

高隈の湧水を仕込水および割水に使った芋焼酎。島津藩の藩有林を受け継いだ農学部附属高隈演習林（垂水市）一帯はシラスや軽石が厚く堆積し、豊富で良質な地下水を育んでいる。ここから湧き出る清冽な水を用いて薩摩酒造株式会社（枕崎市）が焼酎を醸造した。大学は同社に対して学章などの大学商標

の使用を許諾し、鹿児島大学ブランド焼酎として製造販売がおこなわれている。アルコール分は25度。価格は、900ml入り916円、1800ml入り1704円。鹿児島大学インフォメーションセンター取り扱い。なお、「きばいやんせ」は薩摩酒造株式会社の登録商標。

◇**春秋謳歌** しゅんじゅうおうか ［飲料（酒類）］
高隈の涌水を使った壺仕込みの原酒。芋焼酎。島津藩の藩有林を受け継いだ農学部附属演習林（高隈演習林（垂水市））一帯はシラスや軽石が厚く堆積し、豊富で良質な地下水を育んでいる。ここから湧き出る清冽な水を用いて薩摩酒造株式会社（枕崎市）が焼酎を醸造した。大学は同社に対して学章などの大学商標の使用を許諾し、鹿児島大学ブランド焼酎として製造販売がおこなわれている。アルコール分は36度。価格は、1本720ml入り2940円（税込）。薩摩酒造明治蔵取り扱い。なお、「春秋謳歌」は、2006（平成18）年6月に商標登録済（第4960457号）。権利者は、国立大学法人鹿児島大学。

◇**飛魚の雫** とびうおのしずく ［調味料］
魚醤油。すり身の製造過程で生じるとびうおの頭・中骨・内臓等の残渣を有効利用するため、2004（平成16）年、鹿児島大学・西之表市・地元の加工業者による産学官連携で共同研究が開始された。その後、試験・分析など研究をすすめ、アンケート調査を経て2007（平成19）年、商品開発に成功した。塩分濃度は従来の魚醤油の約1/2ほど。カルシウムやアミノ酸など旨味成分を豊富に含み、魚臭さもほとんどない。製造期間も従来と比して大幅に短縮された。2007かごしまの新特産品コンクール奨励賞受賞。価格は、150ml入り480円（税込）。たねがしま魚醤株式会社（西之表市）取り扱い。

◇**ねじめびわ茶** ねじめびわちゃ ［飲料］
農学部の坂田祐介教授等と農業生産法人 有限会社十津川農場（肝属郡南大隅町）の共同研究により開発された茶。国立大学法人鹿児島大学共同事業第1号。鹿児島県産のびわの葉が使用され、ダイエットや健康増進効果があるといい、ビワ茶抽出物を含有する飲食品及び医薬品として注目を集めている。価格は、ねじめびわ茶ペットボトル（500ml）179円（税込）、ねじめびわ茶ティーパック24袋入り840円（税込）。鹿児島大学インフォメーションセンター取り扱い。十津川株式会社（福岡県嘉穂郡桂川町）でも購入が可能。根占枇杷茶（120g）1500円、根占枇杷茶お徳用（250g）2500円、ねじめびわ茶24（24ティーパック）840円などの商品が販売されている。なお、「ねじめびわ茶」は、2008（平成20）年7月商標登録済（第5154698号）。権利者は、十津川株式会社。

◇**びわ丸**　びわまる　[医療・健康]

ねじめびわ茶の有効成分を濃縮した錠剤サプリメント。農学部坂田祐介教授等と農業生産法人 有限会社十津川農場(肝属郡南大隅町)との共同研究により開発された健康茶・ねじめびわ茶の粉末を固め、有効成分を濃縮した錠剤に加工したもの。そのまま噛んで食べられる。摂取量は、1日4粒を目安。1日で、ねじめびわ茶300mlに相当する成分を手軽に摂取できる。価格は、1袋(120粒)で1980円(税込)。十津川株式会社(福岡県嘉穂郡桂川町)取り扱い。なお、「びわ丸」は、2006(平成18)年3月に商標登録済(第4939592号)。権利者は、農業生産法人 有限会社十津川農場。

◇**鹿児島大学オリジナルグッズ**　かごしまだいがくおりじなるぐっず　[大学グッズ]

大学オリジナルグッズ。商品としては、附属図書館クリアファイル(図書館所蔵の「玉里文庫」絵図入り)150円、ボールペン200円、ブックカバー1500円、キーホルダー900円、ペンケース900円、トートバッグ1000円、ネクタイピン1300円、バッジ1100円のほか、農学部と協同組合ケトラファイブが共同開発した竹炭グッズ(竹炭ブロック入り花篭700円、竹炭ボードフォトフレーム700円、竹炭ボード製壁掛けフォトフレーム500円、竹炭押し花(中)8000円、竹炭ブロック250円)などがある。鹿児島大学インフォメーションセンター取り扱い。

鹿屋体育大学　[国立]

[所在地]〒891-2393　鹿児島県鹿屋市白水町1
[TEL]0994-46-4111
[FAX]0994-46-2831
[URL]http://www.nifs-k.ac.jp/
[設置者]国立大学法人鹿屋体育大学
[沿革・歴史]1981(昭和56)年10月、鹿屋体育大学を設置。2004(平成16)年4月、国立大学法人鹿屋体育大学となる。
[マーク類]エンブレムは、川端一誠氏によるデザイン。2007(平成19)年11月、商標登録済(第5090459号)。

◇**初転君**　はってんくん　[スポーツ]

前回り受け身指導用柔道衣。前回り受身は、怪我を避ける観点から柔道にとっ

鹿屋体育大学　　　　　　　　鹿児島県

て欠かせない基本技術である。しかし、その一方で受身技術の習得は初心者にとって難しく、これまで指導者たちが多くの時間と労力を割いて、受身指導をすすめてきた。また、近年では、学校の教育現場で安全教育の一環として受身が取り入れられるようになってきた。そうしたことから、正しいフォームで安全に回転でき、短期間で前回り受身の技術を修得するための手助けとなる初転君が考案された。濱田初幸准教授のもつノウハウがいかされている。価格は、1万500円（税込）。早川繊維工業株式会社（大阪府柏原市）取り扱い。

沖縄県

沖縄国際大学　［私立］

［所在地］〒901-2701　沖縄県宜野湾市宜野湾2-6-1
［TEL］098-892-1111
［URL］http://www.okiu.ac.jp/
［設置者］学校法人沖縄国際大学
［沿革・歴史］1972（昭和47）年4月、沖縄国際大学が開学。
［マーク類］1973（昭和48）年7月、校章を制定。沖縄の花・デイゴの花びらがペンを抱いたかたち。デイゴの花びらは意欲と情熱をあらわし、ペンは学問研究と教育の場を象徴するもの。全体の円形は、友情と平和を示している。

◇はてなん・びっくりん　［キャラクター（大学）］
大学のマスコットキャラクター。赤い服をきて「!」のかたちを模した「はてなん」と青い服をきて「!」のかたちを模した「びっくりん」。胸には沖縄国際大学の略称「OKIU」の文字が入っている。そのグッズも豊富で、商品としては、角型クッション2317円、コルクポット1470円、バッグ（エコマーク付）840円、貯金箱1470円、タイル（木枠付）1943円、腹巻2310円、半袖Tシャツ1444円、帆布ポーチ732円、ピッチャー1890円、マイクロファイバーハンドタオル1853円、マグカップ（小）1680円、マグネット473円、枕2625円、丸型クッション2100円、湯のみ茶碗1470円、B5レポート用紙525円、B6リングノート（罫線80枚）1313円などがある（価格はすべて税込）。UPSOLD沖縄国際大学店取り扱い。

◇ハニカムメッシュカラーTシャツ　［服装］
大学オリジナルTシャツ。胸部には「OIU」のロゴ、背面部には漢字で「沖縄国際大学」と白字で入っている。吸汗・速乾に優れるハニカムメッシュ構造のTシャツで快適。色は、ネイビーとブラックの2色。価格は、1000円（税込）。総務部会計課窓口取り扱い。大学来客者用のオリジナルグッズでもある。

沖縄大学　［私立］

[所在地]〒902-8521　沖縄県那覇市字国場555
[TEL]098-832-3216
[FAX]098-832-0083
[URL]http://www.okinawa-u.ac.jp/
[設置者]学校法人嘉数学園
[創立者]（嘉数学園）嘉数昇
[沿革・歴史]1958（昭和33）年6月、沖縄短期大学が開学（のち廃止）。1961（昭和36）年4月、沖縄大学が開学。

◇オキダイナ（沖大菜）　おきだいな　［食品］
　王志英教授を代表とする地域研究所熱帯野菜研究班によって品種改良された野菜。中国の農村調査をおこなった際に発見したキク科F1種の「油麦菜」の種子を持ち帰り、野菜直売所「たまぐすく花野果村」（南城市）・宮古総合実業高校（宮古島市）で試験栽培。2008（平成20）年8月から本格栽培に向け、西安交通大学と連携して種子の輸入を開始。夏野菜としての本格的な普及を目指し、研究がすすめられている。「たまぐすく花野果村」（南城市）取り扱い。

琉球大学　［国立］

[所在地]〒903-0213　沖縄県中頭郡西原町字千原1
[TEL]098-895-8012
[URL]http://www.u-ryukyu.ac.jp/
[設置者]国立大学法人琉球大学
[キャンパス]千原キャンパス/上原キャンパス（ともに中頭郡西原町）
[沿革・歴史]1946（昭和21）年、沖縄文教学校が開学。1950（昭和25）年5月、沖縄文教学校を吸収し、琉球大学が開学。2004（平成16）年4月、国立大学法人琉球大学となる。
[マーク類]1950年代の開学の頃には、2つの学章が併用されていたが、その一方を1980（昭和55）年の5月、学章として正式制定。モチーフは、芭蕉の葉と羽ペン。その上に、大学の文字を配し円形にまとめられている。2009（平成21）年3月、ロゴマークを制定。大学の英字表記「University of the Ryukyus」の「U」と「R」を組み合わせ、上部に緑色の若葉が添えられ

ている。2009（平成21）年4月商標出願（商願2009-28432）。

∞∞

◇**大地の粒**　だいちのつぶ　［加工食品］

　大豆プロテイン発酵食品。発酵食品・豆腐ように関する研究をすすめる農学部・安田正昭教授らが、株式会社トロピカルテクノセンター（うるま市）及び琉球セメント株式会社（浦添市）と共同研究を実施、ミネラルやイソフラボン、機能性ペプチドなどが豊富な大豆タンパク質発酵食品の開発と商品化に成功した。2002（平成14）年、琉球セメント株式会社から発売。分離大豆タンパク質を、紅麹・黄麹を含む液で発酵させた乾燥粒タイプの栄養機能食品。なお、分離大豆タンパク質は、必須アミノ酸を多く含み、コレステロール調整効果やがん予防、血圧降下作用があることで知られ、健康食品として注目されている。

◇**琉大ゴールド**　りゅうだいごーるど　［食品］

　新たに開発された秋ウコンの品種。農学部では石嶺行男教授とモハメド・アムザド・ホサイン准教授が多年にわたり、海外から様々な種類のウコンを収集、品種改良を重ね、ウコンの研究をすすめてきた。琉大ゴールドは、農学部附属亜熱帯フィールド科学教育研究センターを中心とする「琉大ブランド農産物の開発・生産と事業化研究特別プロジェクト」（2006年〜）によって開発されたもの。分析結果に拠れば、一般的な沖縄在来種と比して、薬効成分であるクルクミンの含量が20倍以上あることが判明している。また、根茎が太いため、収穫量も多い。農林水産省に品種登録を出願中。今後も優良な系統を開発すべく品種改良が進められる。なお、「UR TURMERIC 琉球大学ウコン」として、国立大学法人琉球大学を権利者にウコンに関する商標を2009（平成21）年12月に取得済（第5284442号）。

種 別 索 引

種別索引　　　キャラクター（大学）

キャラクター（大学）

あばまる（長崎総合科学大学）..........307
あぶちゃん（愛知文教大学）............199
アルティ&ベッキー（山梨学院大
　学）...184
イーゴ（EAGO）（青山学院大学）..... 81
エコミとヒューマ（金沢星稜大学）....180
えつぞう（同朋大学）.......................202
お理工ちゃん（静岡理工科大学）.....195
かえるHiPROSPECTS（広島大学）..275
かすがたぬきたーちゃん（高松大学・
　高松短期大学）..............................286
カッチーくん（佐賀大学）................304
がんちゃん（岩手大学）..................... 39
キャプテングロービー（大阪国際大
　学）...236
コクサイくん（札幌国際大学）........... 15
こと（奈良大学）.............................260
SAPPとUNIPON（札幌大学）........... 15
サンチャッカル（新潟産業大学）......174
JとI（城西国際大学）....................... 76
シオンちゃん（鹿児島女子短期大
　学）...322
しずっぴー（静岡大学）...................194
ジュンシー（吉備国際大学短期大学
　部）..272
商大くん（商大君）（小樽商科大学）....... 4
じょうのうさぎ（大阪城南女子短期
　大学）...237
センディ（専修大学）......................101
そったくん（京都教育大学）.............213
そのだ教授とかなえちゃん（園田学
　園女子大学）...............................252
つくっ太郎（新潟工科大学）............172
T-DUCK（大正大学）.....................102
てくたま（近畿大学）......................273

どく太くん（Dok+α）（獨協大学）...... 72
トミタン（富短）（富山短期大学）......177
ドリバー（金沢工業大学）................180
とりりん（鳥取大学）......................265
とんがりケンちゃん（滋賀県立大
　学）...211
なっきょん（奈良教育大学）............257
Nabbit（新潟国際情報大学）............173
なるモンくん（鳴門教育大学）.........282
はてなん・びっくりん（沖縄国際大
　学）...327
パラブン（大東文化大学）................106
P‐のとFa‐た（星美学園短期大学）..100
ビバノスケ（東京歯科大学）............. 79
VIVI（同志社女子大学）..................219
ビビット（島根大学）......................268
ひょうちゃん（兵庫教育大学）.........253
フェニックスくん（大阪学院大学）....236
フカニャン（埼玉工業大学）.............. 67
Blythe（ブライス）（近畿大学）.........244
Ben-k（同志社大学）......................223
ぺんぺんと仲間たち（松本大学・松
　本大学松商短期大学部）................189
ボラ&ティア（群馬医療福祉大学短
　期大学部）................................... 64
マウス（獨協大学）......................... 72
まなぴー（放送大学）....................... 80
Ms.KANA&Mr.JIN（神奈川大学）....163
みずっきー（大垣女子短期大学）......190
めいじろう（明治大学）...................150
Monami（モナミ）Nanami（ナナミ）
　（敬和学園大学）..........................171
ヨッチー（Yochy）（横浜市立大学）...169
Lavy（ラビー）（武庫川女子大学）....255
龍（名称未定）（龍谷大学）..............233
ONE（国際教養大学）...................... 47

事典 日本の大学ブランド商品　　333

キャラクター（図書館）

イスキー（岡山県立大学）................269
おかめちゃん（お茶の水女子大学）..... 84
がまじゃんぱー（筑波大学）............. 55
KIULiくん（九州国際大学）............294
ぎじょにゃん（岐阜女子大学）........191
きゅうと君（九州大学）...................298
キューリット（KyuRitto）（九州大学）..297
くまぽん（熊本大学）.......................310
GLIMくん（学習院大学）................. 86
さるーち（湘北短期大学）...............165
ちゅーりっぷさん（筑波大学）........ 56
TRiTONとtoriko（東洋大学）.........132
のほほんクン（徳島大学）...............282
はぎのすけ（萩ノ助）（東北大学）...... 43
はすかっぷちゃん（北海道大学）........ 30
はびっきーと仲間たち（大阪府立大学）..240
beek（ビーク）（広島経済大学）.........274
ビュー（聖学院大学）....................... 71
らいぶくんとらりぃちゃん（佐賀大学）..305
ライブくんとラリーちゃん（国際医療福祉大学）............................... 63
ライブラリアン13世（梅光学院大学）..278
わらづと君（茨城大学）.................... 54

キャラクターグッズ

金城オリジナルキティ（金城学院大学）..201
慈恵ナースリカちゃん（東京慈恵会医科大学）...............................116
商大くんストラップ（小樽商科大学）.... 4

ストラップ応援キティ（立命館大学）..227
ストラップチアキティ（立命館大学）..227
西南女学院エンジェルちゃんキューピー（西南女学院大学）...........300
たまがわハローキティねつけ（玉川大学）..105
たまがわハローキティハンドタオル（玉川大学）...............................105
チアキューピー（立命館大学）.........227
ハローキティグッズ（明治大学）.....150
名大祭キューピー（名古屋大学）.....205
横浜国立大学オリジナルハローキティ（横浜国立大学）...................167
ヨッチー（Yochy）グッズ（横浜市立大学）..169
立正大学オリジナルハローキティストラップ（立正大学）...............155
リンゴキューピー（弘前大学）........... 38
WASEDA BEARグッズ（早稲田大学）..161

食品

出雲おろち大根（島根大学）............267
愛媛大学の安心米（愛媛大学）........287
オキダイナ（沖大菜）（沖縄大学）.....328
ガゴメコンブ（北海道大学）............. 28
乾燥しいたけ（東北大学）................. 42
近大マグロ（近畿大学）...................262
こうこう（弘前大学）....................... 37
神戸大学ビーフ（神戸大学）............250
コシヒカリ（信州大学）...................186
昆布「仮根」ガニアシ（東京農業大学）.. 21
さがんルビー（佐賀大学）...............304
鹿肉しゃぶしゃぶ（東京農業大学）..... 22
仙寿菜（岐阜大学）...........................191

農大の黒米（東京農業大学）............129
バラフ（佐賀大学）......................305
本くえ鍋セット（近畿大学）............262
宮崎大学Beef（宮崎大学）..............320
芽生さくらむらさき（拓殖大学北海
　道短期大学）............................17
ゆうだい21（宇都宮大学）..............62
琉大ゴールド（琉球大学）..............329

加工食品

いしかりタコ茶漬け（藤女子大学）......24
伊予柑マーマレード（愛媛大学）......287
宇どん（宇都宮大学）.....................61
APUカレー（立命館アジア太平洋大
　学）.......................................319
カラッチ〜〜ノ（横浜国立大学）......166
北里八雲牛ハンバーグ（北里大学）......9
北里八雲牛ビーフジャーキー（北里
　大学）.......................................9
九州大学製法はかた地どりソーセー
　ジ（九州大学）........................297
牛丼の具（北里大学）.....................9
近大キャビア（近畿大学）..............261
黒にんにく（三重大学）.................208
健土健民バター（酪農学園大学）......34
小麦ブランブレッド（群馬大学）......65
米粉100％パン（新ラブライス）（山
　形大学）..................................49
鮭とば（東京農業大学）..................22
雑穀と大地のめぐみのパン（岩手大
　学）..40
ジャム（千葉大学）.......................77
商大ラーメン（小樽商科大学）..........4
植物の恵（広島大学）...................276
草熟北里八雲牛から生まれたビーフ
　カレー（北里大学）...................10
草熟北里八雲牛コンビーフ（北里大
　学）..10

総長カレー（京都大学）.................217
そば（専修大学北海道短期大学）........16
そば（宇都宮大学）.......................61
大学納豆（秋田県立大学）..............46
大地の粒（琉球大学）...................329
韃靼そば（専修大学北海道短期大学）..17
たべよまいか（岐阜大学）..............192
天才ビートくんシロップ（東京農業
　大学）.....................................22
とうふくん（帯広畜産大学）..............7
永遠の幸（北海道大学）..................29
長芋入りメロンパン（東京農業大学）..23
函館がごめ雑炊（北海道大学）........29
冷麦（専修大学北海道短期大学）......17
ふっくらシリーズ（新潟大学）........175
ブルーベリージャム（東北大学）......43
フレッシュチーズ（宇都宮大学）......61
ほたるいか炊き込みご飯調理セット
　（富山県立大学）.......................176
北海道いしかりバーガー（藤女子大
　学）..25
北海道教育大学5キャンパスご当地
　ラーメン（北海道教育大学）........26
舞昆（大阪府立大学）...................241
三重大学カレー（三重大学）...........208
ミルクソース（宇都宮大学）............62
モッツァレラチーズ（宇都宮大学）......62
モッツァレラのたまり漬け（宇都宮
　大学）.....................................62
焼きしろえび炊き込みご飯調理セッ
　ト（富山県立大学）...................177
野生酵母パン（高知大学）..............291

菓子

IQ飴（伊都九大飴）（九州大学）........296
IQ豆（伊都九大豆）（九州大学）........296
愛知大学オリジナルえびせんべい
　（愛知大学）.............................198

菓子　　　種別索引

小豆スイーツ（酪農学園大学）………… 34
アップルスナック（弘前大学）………… 36
あられせんべい（福岡大学）……………302
阿波の恵み（徳島大学）……………………281
エミュー生どら焼き（東京農業大学）‥ 19
エミュープリン（東京農業大学）……… 20
大麦GABAクッキー（宇都宮大学）…… 61
大麦若葉ロールケーキ（東京農業大
　学）……………………………………………… 21
お茶とお豆のパウンドケーキ（お茶
　の水女子大学）……………………………… 84
おちゃのみぃぜ（お茶の水女子大学）… 84
オリジナル瓦煎餅（奈良教育大学）……256
かをりサブレ（明治学院大学）…………143
香川大学ロゴ入り瓦せんべい（香川
　大学）…………………………………………284
香川大学ロゴ型押し和三盆（香川大
　学）……………………………………………284
学習院グッズ（菓子）（学習院大学）…… 86
瓦せんべい（立命館大学）………………226
KITPACK（九州工業大学）………………292
京都大学生協オリジナルチョコレー
　ト（京都大学）……………………………216
京のおぞよ詰め合わせ「花の御所」
　（同志社大学）……………………………221
桐飴（筑波大学）……………………………… 56
熊大クッキー（熊本大学）………………309
くるり（高知大学）…………………………290
黒大豆ドン（専修大学北海道短期大
　学）……………………………………………… 16
國學院どらやき（國學院大學）………… 95
こっふる（松本大学・松本大学松商
　短期大学部）………………………………188
埼玉大学饅頭（埼玉大学）………………… 68
さくらリーフパイ（埼玉大学）………… 68
札幌農學校（北海道大学）………………… 28
商大饅頭（小樽商科大学）……………………4
セントポール（立教大学）………………153
たまがわハニーアイスクリーム（玉
　川大学）………………………………………104

千葉大学ピーナッツサブレー（千葉
　大学）…………………………………………… 78
チョコレート（立命館大学）……………227
つぶあん入り生八ツ橋「夕子」（京都
　大学）…………………………………………217
手づくり玉露あめ（同志社女子大
　学）……………………………………………219
テールヴェルトブッセ（西南学院大
　学）……………………………………………300
東京藝大クッキー（東京芸術大学）……113
東大グッズ（菓子）（東京大学）…………127
豆乳ジェラート（北陸大学）……………181
十勝・ブラン（帯広畜産大学）……………7
豊のたちばな（大分大学）………………315
名古屋大学クッキー（名古屋大学）……204
奈良漬アイス（奈良女子大学）…………258
奈良漬サブレ（奈良女子大学）…………258
奈良のかすていら（奈良女子大学）……258
新渡戸稲造BUSHIDOキャラメル
　（北海道大学）……………………………… 29
農大オリジナルクッキー（東京農業
　大学）…………………………………………… 23
農大特性オリジナルジャム（東京農
　業大学）………………………………………… 23
パウンドケーキ（立正大学）……………155
パウンドケーキ（北陸大学）……………182
箱根甘しょ畑（日本大学）………………196
ハーブ入りタイムクッキー（北海道
　薬科大学）…………………………………… 34
ピーナッツせんべい（千葉大学）……… 78
ひろだいアップルケーキ（弘前大学）‥ 37
ひろだいアップルデザート（弘前大
　学）……………………………………………… 38
ぽんかんハニーシャーベット（玉川
　大学）…………………………………………105
マスせんべい（東京農業大学）………… 23
みかさ（同志社女子大学）………………220
みかさ（立命館大学）………………………230
みしまんじゅう（日本大学）……………196
名大飴（名古屋大学）………………………205

336　事典 日本の大学ブランド商品

種別索引　　　　　　　飲料（酒類）

名大せんべい（名古屋大学）……………205
名大プティゴーフル（名古屋大学）……206
名大饅頭（名古屋大学）…………………206
明大ワッフル（明治大学）………………150
「山形大学」がくちょうせんべい（山形大学）…………………………………50
山口大学まんじゅう（山口大学）………279
雪まりも（北見工業大学）………………13
横国煎餅（横浜国立大学）………………167
楽花生の詩（東京情報大学）……………79
リンゴジャム（信州大学）………………187
レンジで作るお米のケーキ（山形大学）………………………………………50
ロゴマーク入りクッキー缶（福島大学）………………………………………52
YNUサブレ SEAGULL（横浜国立大学）……………………………………167
YNU Sweet Collection（横浜国立大学）……………………………………168
和大飴（和歌山大学）……………………263
和大煎餅（和歌山大学）…………………263
和メロン（茨城大学）……………………53

飲料

網走大麦若葉青汁（東京農業大学）……19
医果同源（弘前大学）……………………36
いはのひめ緑茶（同志社女子大学）……219
越中八尾のおわら桑摘み茶（富山大学）……………………………………178
MG Water 24本入りボックス（明治学院大学）……………………………142
オリジナルディルマ紅茶セット（金城学院大学）……………………………200
かしわ茶（帯広畜産大学）………………6
カムカムドリンク（東京農業大学）……129
GABA茶（静岡県立大学）………………193
碁石茶（高知大学）………………………290

高貴ハマナス花ティー（北見工業大学）………………………………………12
五高珈琲（熊本大学）……………………310
コレカット（東京農業大学）……………21
産学官連携青汁（帯広畜産大学）………6
慈恵水（東京慈恵会医科大学）…………116
零（龍谷大学）……………………………232
ジョミ（青森県立保健大学）……………35
爽快ミントティー（北見工業大学）……13
畜大牛乳・畜大低温殺菌牛乳（帯広畜産大学）……………………………7
ねじめびわ茶（鹿児島大学）……………324
ハーブ＆焙茶（お茶の水女子大学）……85
4-mate（茨城大学）………………………53
名大珈琲（名古屋大学）…………………205
ゆず＆ミント緑茶（お茶の水女子大学）………………………………………85
U-ドリンク（崇城大学）…………………312
リンゴジュース（信州大学）……………187
Wonder Leaf（長崎県立大学）…………306

飲料（酒類）

i-sole（松山大学）…………………………288
I・P・U Beer（石川県立大学）…………179
赤ワイン（立命館大学）…………………225
あきた麦酒 恵（秋田県立大学）………45
阿蘇乃魂（東海大学）……………………313
篤姫酵母仕込み 天翔宙（鹿児島大学）……………………………………323
あらた百（鹿児島大学）…………………323
医果同源アップルブリュー（弘前大学）………………………………………36
いも九（焼酎）（九州大学）……………296
御酒（東京大学）…………………………118
宇大浪漫（芋焼酎）（宇都宮大学）……60
宇大浪漫（麦焼酎）（宇都宮大学）……60
NBUワイン（日本文理大学）……………316

事典 日本の大学ブランド商品　　337

飲料（酒類）　　種別索引

MGワイン（明治学院大学）……………143
おお岡大（梅酒）（岡山大学）……………270
おお岡大（純米吟醸）（岡山大学）………270
おお岡大（本醸造）（岡山大学）…………270
お、明治（明治大学）……………………148
小樽緑丘（小樽商科大学）…………………3
オホーツクビール（北見工業大学オリジナルラベル）（北見工業大学）… 11
オリジナルラベルワイン（帯広畜産大学）……………………………………5
カナストーリー（藤女子大学）…………24
神在の里（島根大学）……………………267
寒梅館（同志社大学）……………………221
きばいやんせ（鹿児島大学）……………323
ギャバリッチ（広島大学）………………275
キャベツワイン モン・プティシュ（横浜国立大学）……………………166
九州大吟醸（九州大学）…………………297
燦樹（山形大学）……………………………49
桐の華（筑波大学）…………………………56
究（秋田県立大学）…………………………45
吟薫（九州産業大学）……………………295
球磨焼酎 白岳37度（熊本大学）………309
神戸の香（神戸大学）……………………251
さぬきよいまい（香川大学）……………284
七五三太（同志社大学）…………………222
蛇子沢（学習院大学）………………………86
春秋謳歌（鹿児島大学）…………………324
賞典禄（東京農工大学）…………………130
白雲なびく（明治大学）…………………149
白ワイン（立命館大学）…………………226
新雪物語（純米吟醸生貯蔵酒）（新潟大学）……………………………………174
新雪物語華甲（大吟醸）（新潟大学）…175
専修一番（専修大学）……………………101
SAUVAGEONNE SAVOUREUSE（香川大学）………………………283
長州学舎（山口大学）……………………279

田園の雫（畜大オリジナル祝ラベル）（帯広畜産大学）……………………7
同志社ワイン（同志社大学）……………222
とちあかね（東京農業大学）……………129
なにわの育（大阪府立大学）……………240
奈良の八重桜（奈良女子大学）…………259
萩丸（東北大学）……………………………43
阪大生（大阪大学）………………………239
弘前大学（弘前大学）………………………37
福島の風出逢い（福島大学）………………51
佛米!夢乃酒（佛教大学）………………224
ブルーナイル（早稲田大学）……………158
ブルーナイル（京都大学）………………217
北星学園大学オリジナルワイン（北星学園大学）………………………25
ポプラ並木（大吟醸）（北海道大学）…31
ポプラ並木（特別純米）（北海道大学）…………………………………31
ホワイトナイル（早稲田大学）…………158
ホワイトナイル（京都大学）……………217
三重大學（梅酒）（三重大学）…………208
緑川（学習院ラベル）（学習院大学）…86
峰が丘の風（宇都宮大学）…………………62
名大地ビール（名古屋大学）……………205
やさしいゆず酒（高知大学）……………290
山梨大学ワイン11種（山梨大学）………185
山ぶどうワイン（信州大学）……………187
悠々知酔（佐賀大学）……………………305
雪の想いで（秋田県立大学）………………46
雪の天使たち（梅酒）（北海道大学）…32
雪の天使たち（ブルーベリーリキュール）（北海道大学）…………32
横浜国大（横浜国立大学）………………167
横浜市大ビール（横浜市立大学）………168
龍（龍谷大学）……………………………233
ルビーナイル（早稲田大学）……………160
ルビーナイル（京都大学）………………218

調味料

うに魚醬（水産大学校）……………277
海からの恵み深層水仕込み本醸造醬
　油（富山県立大学）………………176
江口文味噌（高崎健康福祉大学）……… 66
くじら醬油（水産大学校）……………277
虚空蔵麦酢（大分大学）………………314
昆布真根酢（北見工業大学）…………… 12
鮭太郎・鱒次郎（東京農業大学）……… 21
7年間農薬を散布しないリンゴ園で
　集めたハチミツ（弘前大学）………… 37
太陽タマネギ酢（北見工業大学）……… 13
高嶺ルビーはちみつ（信州大学）……187
たまがわはちみつ（玉川大学）………104
飛魚の雫（鹿児島大学）………………324
なまはげの塩（秋田県立大学）………… 46
二十世紀梨酢（鳥取大学）……………265
はまなす花酢（北見工業大学）………… 13
ふく魚醬（水産大学校）………………278
南沢蜂蜜（東海大学）…………………… 18

医療・健康

アテントお肌安心パッド　軟便モレ
　も防ぐ（東京大学）………………118
アミノフィール（久留米大学）………299
アロマパッチ（東北大学）……………… 41
エンゼルストーク（浜松医科大学）……196
おさかなDHA（近畿大学）…………261
オリゴノール（長崎大学）……………308
家具調トイレHSスライドくん（弘前
　大学）……………………………… 37
Gutsy Bar（ガッツィーバー）（四国
　学院大学）…………………………285
カルシウム黒豆（広島大学）…………275
ゴーヤレクチン（宮崎大学）…………320
GLDXハタケシメジエキス顆粒（高
　崎健康福祉大学）………………… 66
スッポンジュレまるまるコラーゲン
　（大分大学）………………………315
ゼオライトマスク（帯広畜産大学）…… 6
ダルナビル（熊本大学）………………311
東大サプリメント乾杯式アミノ酸
　（東京大学）………………………122
東大サプリメント体力式アミノ酸
　（東京大学）………………………122
糖尿病合併症診断試薬（金沢大学）…181
ナノバブル水（東京医科歯科大学）…112
バリエール（鳥取大学）………………266
光触媒チタンアパタイトマスク（東
　京大学）……………………………123
光触媒歯ブラシ（大阪府立大学）……241
100％植物サプリポリフェノールC
　（山形大学）………………………… 50
びわ丸（鹿児島大学）…………………325
ブルーヘスペロンキンダイ（近畿大
　学）…………………………………244
柚子の力（大分大学）…………………316
RAease（三重大学）…………………209
ラフィーネエパゴールド（山口大
　学）…………………………………279
ラムナノハイジャン（三重大学）……209

美容

青森ヒバ入浴オイル（近畿大学）……243
エミューオイル配合石鹸（東京農業
　大学）……………………………… 19
エミューモイスチャーオイル（東京
　農業大学）………………………… 20
エミューモイスチャークリーム（東
　京農業大学）……………………… 20
「金沢らしい香り」付あぶらとり紙
　（金沢工業大学）…………………180

服装　　　　　　　　　　　　種別索引

カボスオードトワレ（KABOSUE AUDE TOILETTE）（別府大学）……………………………318
貴肌水（北見工業大学）……………… 11
化粧品（信州大学）………………………186
高貴香ハマナス花石鹸（北見工業大学）……………………………………… 12
ジャングルハニーハンドクリーム（京都産業大学）………………………214
スウィートブレア（北見工業大学）…… 12
ディアハーブモイスチュアジェル（摂南大学）………………………………245
白鳳堂のオリジナルリップブラシ・ミラーセット（白百合女子大学）…… 98
ハッカミスト（北見工業大学）………… 13
ファン'プレゼ（富山県立大学）………176
ボディークリーンゼリー（高知大学）……………………………………290
ママ＆キッズバリアオイルAD（東京大学）……………………………………125
MARIANNAナノキューブトライアルセット（聖マリアンナ医科大学）……………………………………165
モイスチャー洗顔フォーム（東京農業大学）……………………………… 24
雪椿オイル（新潟大学）………………175
蓮香あぶらとり紙（東京大学）………127
蓮香オードパルファム（東京大学）……127

服装

愛知大学オリジナルスカーフ（愛知大学）……………………………………198
アロハシャツ（大阪学院大学）…………236
宇崎竜童・阿木燿子ホームカミングデー出演記念限定Tシャツ（明治大学）……………………………………148
エンレイソウネクタイ（北海道大学）… 27
オリジナルネクタイ（東京慈恵会医科大学）…………………………………116

スカーフ（慶應義塾大学）………………… 91
スカーフ（明治学院大学）………………145
橘グッズ（立正大学）……………………155
筑波大学オリジナルグッズ（衣料品）（筑波大学）…………………………… 57
Tシャツ（慶應義塾大学）………………… 92
Tシャツ（明治学院大学）………………145
Tシャツ（立命館大学）…………………227
Tシャツ（立命館大学）…………………228
東京大学消費生活協同組合東大グッズ（衣料品）（東京大学）……………127
ナイキ×RITSUMEIKAN Tシャツ（立命館大学）…………………………228
ニットマフラー（慶應義塾大学）……… 92
ネクタイ（慶應義塾大学）………………… 92
ネクタイ（明治学院大学）………………146
ネクタイ（立命館大学）…………………229
ネクタイ（龍谷大学）……………………232
ネクタイピン（立命館大学）……………229
パーカー（慶應義塾大学）………………… 93
パーカー（明治学院大学）………………146
肌着（九州大学）…………………………298
ハニカムメッシュカラーTシャツ（沖縄国際大学）…………………………327
125特別オリジナルスカーフ（早稲田大学）……………………………………157
ブランケット（慶應義塾大学）………… 93
明治大学オフィシャルグッズ（衣料品）（明治大学）……………………151
名大ネクタイピン（名古屋大学）………205
龍谷大学本館改修記念畳輪袈裟（龍谷大学）…………………………………233
龍大ロゴTシャツ（龍谷大学）…………233
龍龍（Tシャツ）（龍谷大学）……………234
龍龍（トレーナー）（龍谷大学）…………234
早稲田大学オフィシャルグッズ（衣料品）（早稲田大学）…………………161

種別索引　　　　　　　　　　日用雑貨

機械

ADSTEFAN（東北大学）．................. 41
IKABO（公立はこだて未来大学）..... 14
Eliica（慶應義塾大学）..................... 89
LEDノベルティー（キーライト・
　コースター）（名古屋大学）．........203
遠隔情報保障システム（筑波技術大
　学）.. 54
おれん字（慶應義塾大学）................. 89
ガス電子検出器（東京大学）...........120
木いぷ（和歌山大学）......................263
GIGABEAT（九州工業大学）..........293
強電解水 Juju（大阪府立大学）.....240
元気生活ナビゲーター（山梨大学）....185
健歩くん（奈良教育大学）...............256
高感度イムノクロマト（大阪大学）....238
J-crypt（岩手大学）........................ 40
上肢用CPM装置（熊本大学）........310
磁力支持天秤装置（福岡工業大学）....301
SILKYPIX Marine Photography
　（徳島大学）...................................281
赤外線照射融雪システム（長岡技術
　科学大学）......................................172
宙（SoLa）（九州工業大学）............293
超臨界炭酸ガスクリーニング（東北
　大学）.. 42
つちカエル（大分大学）...................315
とうふすていしょん（福岡工業大
　学）...301
ドライミスト（名古屋大学）...........204
とれとれ野菜工房（大阪府立大学）....240
日産自動車の乗用車（横浜国立大
　学）...167
認知動作型トレーニングマシーン
　（東京大学）...................................123
パシオン（滋賀医科大学）...............210

バリアントール（豊橋技術科学大
　学）...202
バリアントール（高知工科大学）.......289
HAL（筑波大学）............................. 57
ピタゴラス（福岡工業大学）...........302
フィットネス・ストレッチャー（大分
　大学）...315
福一目（福井大学）..........................183
VRAISON（九州工業大学）...........293
平面アンテナ（東京工業大学）.......114
ヘルシオ（大阪府立大学）...............241
歩行環境シミュレータ（秋田大学）..... 47
ホットワイヤー化学気相堆積装置
　（HW-CVD）（九州工業大学）.......293
MOMI超（東北大学）...................... 43
USBフラッシュメモリー（東京大
　学）...126
USBメモリー（文教大学）.............. 75
リッテルナビゲーター（東京大学）....126
OneCellピッキング装置（大阪府立大
　学）...242

日用雑貨

IONiZE（福島大学）........................ 51
愛知大学オリジナル扇子（愛知大
　学）...198
アロマ・デ・ライト（金城学院大学）..200
伊勢もめん風呂敷（金城学院大学）....200
伊藤正道イラスト紙袋（文教大学）..... 73
腕時計（東京大学）..........................119
栄大スケール（女子栄養大学）........ 69
栄大特製洋包丁（女子栄養大学）.... 69
エコバッグ（小樽商科大学）............. 3
MAU小紋（武蔵野美術大学）........139
MAU縞（武蔵野美術大学）............139
MAUならび（武蔵野美術大学）.....139
エレメンタッチグッズコレクション
　（京都大学）...................................216

事典 日本の大学ブランド商品　　**341**

日用雑貨　種別索引

エンボスストラップ（立命館大学）……225
お茶の水JAZZ祭×明大グッズキャンパストートバッグ（明治大学）……148
オフィスファニチャー（慶應義塾大学）…………………………………89
オリジナルガラス製爪やすり（金城学院大学）…………………………200
オリジナルキャンパスバッグ（北海道大学）……………………………27
オリジナル手提げ紙袋（東京慈恵会医科大学）………………………116
オリジナルトイレットペーパー（千葉商科大学）………………………77
香川式四群点数法フードモデル（女子栄養大学）………………………69
学習院グッズ（雑貨）（学習院大学）……87
学長ストラップ（南山大学）…………207
缶バッジ（立命館大学）………………226
缶バッチ（明治学院大学）……………143
キーホルダー（中央大学）……………108
キーホルダー（東京大学）……………120
キャット（北見工業大学）………………11
Cubeads キュッキュッ（神戸学院大学）……………………………249
KYOTOシリーズ（同志社女子大学）……………………………219
くまざさ入りスキンケアタオル（浴用タオル）（近畿大学）…………244
クラッチバッグ（文教大学）……………74
クリアリーク・ミント（北見工業大学）……………………………11
くるむ（近畿大学）……………………244
藝大アートプラザオリジナル・ウォレット（東京芸術大学）…………113
携帯クリーナー（立命館大学）………226
携帯ストラップ（白百合女子大学）……98
携帯ポーチ付きトートバッグ（東京大学）……………………………120
計量カップ・スプーン・ヘラ（女子栄養大学）…………………………70

ケータイデコバン（同志社大学）……221
ケータイモコモコ（同志社大学）……221
校名入ネックストラップ（東京慈恵会医科大学）……………………116
Kotono（京都造形芸術大学）………214
小箱（明治学院大学）…………………144
サブバッグ（慶應義塾大学）……………91
33X90（武蔵野美術大学）……………140
ZIPPOライター（立命館大学）……226
写真立て（明治学院大学）……………144
白百合女子大学同窓会×PLAYERSコラボレーションエコバッグ（白百合女子大学）………………98
ストラップ（東京大学）………………120
タオルハンカチ（東京大学）…………121
タオルハンカチ（金城学院大学）……201
田崎真珠製校章チャーム付ストラップ（金城学院大学）……………201
たまがわうちわ（玉川大学）…………103
たまがわクラッチバッグ（玉川大学）……………………………103
たまがわコースター（玉川大学）……103
たまがわショルダーバッグ（玉川大学）……………………………104
たまがわ手提げ袋（玉川大学）………104
たまがわトートバッグ（玉川大学）…104
たまがわミニタオル（玉川大学）……105
チャーム（明治学院大学）……………145
チャーム（立命館大学）………………227
チャーム付き携帯ストラップ（東京大学）……………………………121
ちょうちん（龍谷大学）………………232
筑波大学オリジナルグッズ（雑貨）（筑波大学）………………………58
ツクルクルッ（筑波大学）………………56
デザインストラップ（立命館大学）…228
テーブルセンター（龍谷大学）………232
電子辞書ポーチ（明治学院大学）……145
同志社女子大学オリジナルグッズ（雑貨）（同志社女子大学）…………220

342　事典 日本の大学ブランド商品

種別索引　食器

東大グッズ（雑貨）（東京大学）………128
豆腐作り枠（女子栄養大学）……………70
トートバッグ（慶應義塾大学）…………92
トートバッグ（東京大学）………………122
トートバッグ（明治学院大学）…………145
トートバッグ（立命館大学）……………228
トラベルクロック（東京大学）…………123
ナイロンバッグ（東京大学）……………123
日本手ぬぐい（立命館大学）……………228
ハイブリッド木質チェア（静岡大学）………………………………………194
Hakusai（九州産業大学）………………295
パズル（明星大学）………………………153
80周年記念両面差しパスケース（文教大学）…………………………………74
ハンドタオル（慶應義塾大学）…………92
ハンドタオル（立命館大学）……………229
光触媒シート（東京大学）………………123
ビニールバッグ（東京大学）……………124
ビニールバッグ（明治学院大学）………146
b-bag（武蔵野美術大学）………………140
b-bag lesson（武蔵野美術大学）………141
フェイスタオル REFRESH!（立命館大学）…………………………………229
不織布バッグ（中央大学）………………109
プライムデルタミスト（群馬大学）……65
ポーチ（立命館大学）……………………229
BOXティッシュ（北海道大学）…………31
ポプラの黒板消しストラップ（北海道大学）…………………………………31
ミニスティックストラップ（立命館大学）…………………………………230
ミニタオル（白百合女子大学）…………98
ミニタオル（明治学院大学）……………147
ミニトートバッグ（慶應義塾大学）……93
明治大学オフィシャルグッズ（雑貨）（明治大学）………………………152
名刺フォルダー（明治学院大学）………147
名大オリジナル扇子（名古屋大学）……205

名大ピンバッジ（名古屋大学）…………206
モノトランフィルム（岐阜大学）………191
もみがらボード（東京大学）……………125
やさシート・シャキっとシート（慶應義塾大学）……………………………93
UNICORNストラップ（慶應義塾大学）…………………………………………94
ローテーション4wayクロック（早稲田大学）…………………………………160
龍龍（団扇）（龍谷大学）………………233
早稲田大学オフィシャルグッズ（雑貨）（早稲田大学）………………………162
ワッペン（慶應義塾大学）…………………94
ワンタ（北見工業大学）……………………13

食器

愛知大学オリジナルマグカップ（愛知大学）…………………………………199
Rマグカップ（立命館大学）……………225
ウォールマグ（文教大学）………………74
ウォールマグ（中央大学）………………107
エコはしくん（東海大学）…………………18
エコボトル（中央大学）…………………108
絵皿（明治学院大学）……………………142
MG CaféⅢ（明治学院大学）……………142
MG Caféスプーン（明治学院大学）……142
MG Caféタンブラー（明治学院大学）…………………………………………142
MG Caféトレイ（明治学院大学）………143
MG Caféフォーク（明治学院大学）……143
演習林コースター（東京大学）…………119
カップ＆ソーサーセット（東京大学）…………………………………………119
錯視マグ（東京工芸大学）………………115
スプーンセット（明治学院大学）………145
空の器（横浜国立大学）…………………166
たまがわウォールマグカップ（玉川大学）…………………………………103

皮革製品　　　　　　　　　　　種別索引

たまがわタンブラー（玉川大学）……104
たまがわマグカップ（玉川大学）……105
タンブラー（立命館大学）……………227
デザート皿（東京大学）………………122
北大のハルニレで作ったお箸（北海道大学）……………………………30
北大のハルニレボタンのお箸袋（北海道大学）……………………………30
マグカップ（北海道大学）……………32
マグカップ（慶應義塾大学）…………93
マグカップ（東京大学）………………125
マグカップ（明治学院大学）…………147
マグカップ（立命館大学）……………229
名大マーク入りオリジナルエコマイ箸（名古屋大学）……………………206
山形大学オリジナル商品（食器）（山形大学）………………………………50
ロゴマーク入りコーヒーカップ（福島大学）………………………………52
早稲田大学オフィシャルグッズ（食器）（早稲田大学）……………………162

皮革製品

学習院グッズ（革製品）（学習院大学）………………………………………86
革製携帯ストラップ（慶應義塾大学）‥89
革製写真立て（慶應義塾大学）………90
革製トレイ（東京大学）………………120
革製パスポートケース（慶應義塾大学）………………………………………90
革製ブックカバー（慶應義塾大学）……90
革製名刺入れ（慶應義塾大学）………90
コインケース（東京大学）……………120
財布（東京大学）………………………120
長財布（東京大学）……………………123
ブックカバー（東京大学）……………124
名刺入れ（小樽商科大学）……………5
名刺入れ（東京大学）…………………125

名刺入れ（龍谷大学）…………………233
名刺ケース（明治学院大学）…………147
明治大学オフィシャルグッズ（革製品）（明治大学）……………………151

文房具

アート・リサーチセンタークリアファイル（立命館大学）………………225
井堂雅夫クリアファイル（立命館大学）……………………………………225
伊藤正道イラストクリアファイル（ダブル）（文教大学）…………………73
伊藤正道イラストクリアファイル（文教大学）…………………………73
MAUシール（武蔵野美術大学）………139
MAUペン（武蔵野美術大学）…………139
演習林ペンたて（東京大学）…………119
オリジナルマウスパッド（文教大学）‥74
香川栄養学園オリジナルグッズ（文房具）（女子栄養大学）………………70
学習院グッズ（文房具）（学習院大学）………………………………………87
キーケース（小樽商科大学）……………3
クリアファイル（慶應義塾大学）……90
クリアフォルダー（明治学院大学）…144
消しゴム（明治学院大学）……………144
サンキューカード（明治学院大学）…144
シャープペン（1）（明治学院大学）…144
シャープペン（2）（明治学院大学）…144
シャープペン・ボールペン（小樽商科大学）………………………………4
シャープペンシル（東京大学）………120
シール（明治学院大学）………………144
ストラップ付きボールペン（東京大学）……………………………………121
スリムB5ノート（明治学院大学）……145
大学ノート（東京大学）………………121
高蒔絵シール（慶應義塾大学）………92

玉川学園オリジナルグッズ(文房具)
　(玉川大学)..................106
たまがわマウスパッド(玉川大学)....105
筑波大学オリジナルグッズ(文房具)
　(筑波大学)................... 58
手帳(東京大学)..................121
天体クリアファイル(東京大学)......121
同志社女子大学オリジナルグッズ
　(文房具)(同志社女子大学)........220
東大グッズ(文房具)(東京大学)......128
名古屋大学オリジナルグッズ(文房
　具)(名古屋大学)................206
BINAPグッズ(名古屋大学)..........204
はっぱくんクリアファイル(文教大
　学)............................ 75
はっぱくん付箋(文教大学)........... 75
B5バインダー(明治学院大学)........146
フォトモザイクマウスパット(東京
　大学)..........................124
付箋ノート(東京大学)..............124
ブロックメモ(東京大学)............124
ペーパーウェイト(東京大学)........124
ペンカバー(ボールペン付)(東京大
　学)............................125
北海道大学認定オリジナルグッズ
　(文房具)(北海道大学)............ 32
ボールペン(慶應義塾大学)........... 93
ボールペン(東京大学)..............125
ボールペン(1)(明治学院大学)........146
ボールペン(2)(明治学院大学)........146
マウスパッド(立命館大学)..........229
マーカーペン(明治学院大学)........147
ムサビ・オリジナルクリアホルダー
　(武蔵野美術大学)................141
明治大学オフィシャルグッズ(文房
　具)(明治大学)..................152
目にも不思議なけしごむ(立命館大
　学)............................230
横浜みなとみらいデザインシリーズ
　(横浜国立大学)..................167

立命館コミュニケーションマーク
　グッズ(文房具)(立命館大学)......230
歴史クリアファイル(東京大学).......126
レポートパッド(東京大学)..........127
レポートパッド(明治学院大学)......147
早稲田大学オフィシャルグッズ(文
　房具)(早稲田大学)..............162

本

動け演算(慶應義塾大学).............. 88
オリジナルブックカバー(青山学院
　大学).......................... 82
オリジナルブックカバー(大谷大
　学)............................212
こどもちゃれんじ(お茶の水女子大
　学)............................ 85
Japanese Cook Book(復刻版)(女
　子栄養大学)..................... 70
はっぱくん(絵本)(文教大学).......... 75
はっぱせんせい(絵本)(文教大学).... 75
ブックカバー(東京女子大学)........117
UNICORNブックエンド(慶應義塾
　大学).......................... 94

美術

「阿弥陀経」(サンスクリット語)掛
　軸・額装(龍谷大学)..............231
エミューの卵(殻)(東京農業大学).... 20
掛軸短冊(立命館大学)..............225
クロッキー帳(武蔵野美術大学).......139
色紙・掛軸(新島襄遺墨影本)(同志
　社大学)........................222
新装スケッチブック(武蔵野美術大
　学)............................140
スケッチブック(武蔵野美術大学)....140
「大無量寿経説法図」掛軸(仏表装)
　(龍谷大学)..................... 232

ディンプルアート・カラー（宇都宮大学）……61
東京藝術大学カレンダー・2010（東京芸術大学）……113
ふわふわクロッキー帳（武蔵野美術大学）……141
ホワイトブック（武蔵野美術大学）……141
油一/YUICHI（東京芸術大学）……113

記念品

演劇博物館グッズ（早稲田大学）……156
大賀蓮とその仲間たちセット（東京大学）……119
大隈記念講堂グッズ（早稲田大学）……157
置時計（北海道大学）……27
オリジナル絵はがき（電気通信大学）……111
香川栄養学園校歌オルゴール（女子栄養大学）……69
京都名所絵はがき（立命館大学）……226
慶應義塾創立150年記念切手（慶應義塾大学）……90
シーボルトポストカード「日本植物誌」（京都大学）……216
水産放浪歌（北海道大学）……28
聖書型オルゴール（関西学院大学）……246
専修大学創立130年記念切手（専修大学）……101
創立100周年記念切手（小樽商科大学）……5
高木兼寛学祖フォトスタンド（東京慈恵会医科大学）……117
玉川さくらのオルゴール（玉川大学）……104
たまがわポストカード（玉川大学）……105
テディベアー（桜美林大学）……83
東京大学本郷キャンパスセット（東京大学）……122
奈良女子大学写真集（奈良女子大学）……257

奈良女子大学創立百周年記念切手シート（奈良女子大学）……258
ノリタケ記念プレート（慶應義塾大学）……92
ノリタケ製記念プレート（金城学院大学）……201
北晨寮逍遙歌（北海道大学）……30
ポストカード（明治学院大学）……146
都ぞ弥生（北海道大学）……32
名大絵はがき（名古屋大学）……205

スポーツ

オリジナルスポーツタオル（東京慈恵会医科大学）……116
関西大学カイザースグッズ（関西大学）……243
関西学院大学ファイターズグッズ（関西学院大学）……246
関東学院大学ハリケーンズグッズ（関東学院大学）……164
競争部グッズ（明治大学）……149
京都大学ギャングスターズグッズ（京都大学）……216
クリップマーカーセット（慶應義塾大学）……90
慶應義塾大学ユニコーンズグッズ（慶應義塾大学）……91
硬式野球部オリジナルスポーツタオル（日本文理大学）……317
硬式野球部グッズ（東都大学野球連盟公認）（青山学院大学）……82
硬式野球部グッズ（東都大学野球連盟公認）（亜細亜大学）……83
硬式野球部グッズ（東都大学野球連盟公認）（國學院大學）……95
硬式野球部グッズ（東都大学野球連盟公認）（国士舘大学）……96
硬式野球部グッズ（東都大学野球連盟公認）（駒澤大学）……97

種別索引　スポーツ

硬式野球部グッズ（東都大学野球連盟公認）（専修大学）..................100
硬式野球部グッズ（東都大学野球連盟公認）（拓殖大学）..................102
硬式野球部グッズ（東都大学野球連盟公認）（中央大学）..................108
硬式野球部グッズ（東都大学野球連盟公認）（東京農業大学）..............129
硬式野球部グッズ（東都大学野球連盟公認）（東洋大学）..................132
硬式野球部グッズ（東都大学野球連盟公認）（日本大学）..................135
硬式野球部グッズ（東都大学野球連盟公認）（立正大学）..................155
硬式野球部グッズ（明治大学）..........149
神戸大学レイバンズグッズ（神戸大学）..................................250
ゴルフボール（慶應義塾大学）........ 91
ゴルフボール（明治大学）..............149
ゴルフボール（早稲田大学）............157
ゴルフマーカー（中央大学）............108
サカンポーエナジードリンクタフゲン（近畿大学）......................244
サッカー部グッズ（駒澤大学）........ 97
サッカー部グッズ（明治大学）........149
サッカー部グッズ（日本文理大学）....317
蹴球部キューピーストラップ（慶應義塾大学）.......................... 91
スポーツタオル（文教大学）............ 74
スポーツタオル（明治学院大学）........145
チアスティック（文教大学）............ 74
チアリーディング部BRAVESグッズ（日本文理大学）......................317
中央大学ラクーンズグッズ（中央大学）..................................108
同志社大学ワイルドローバーグッズ（同志社大学）......................222
日本大学フェニックスグッズ（日本大学）..................................135
初転君（鹿屋体育大学）................325

法政大学トマホークスグッズ（法政大学）..................................137
ボールマーカー（明治大学）............150
マフラータオル（立命館大学）..........230
野球部公認グッズ（早稲田大学）........159
ラグビー部オフィシャルグッズ（関西学院大学）........................247
ラグビー部オフィシャル応援グッズ（早稲田大学）......................159
ラグビー部キューピーストラップ（筑波大学）.......................... 57
ラグビー部キューピーストラップ（流通経済大学）...................... 59
ラグビー部キューピーストラップ（成蹊大学）.......................... 99
ラグビー部キューピーストラップ（拓殖大学）..........................103
ラグビー部キューピーストラップ（大東文化大学）......................107
ラグビー部キューピーストラップ（中央大学）..........................109
ラグビー部キューピーストラップ（帝京大学）..........................110
ラグビー部キューピーストラップ（東海大学）..........................111
ラグビー部キューピーストラップ（日本体育大学）......................134
ラグビー部キューピーストラップ（法政大学）..........................137
ラグビー部キューピーストラップ（立教大学）..........................154
ラグビー部キューピーストラップ（関東学院大学）......................164
ラグビー部グッズ（明治大学）..........150
ラグビー部グッズ（同志社大学）........223
ラグビー部ジャージ型ベビーウェア（慶應義塾大学）.................... 94
ラグビージャージ型ベビーウェア（明治大学）..........................151
ラグビー部ジャージ型ベビーウェア（早稲田大学）......................159

事典 日本の大学ブランド商品　347

大学グッズ　　　　　　　種別索引

陸上部グッズ(駒澤大学) 97
立教大学ラッシャーズグッズ(立教大学) 154
立命館大学パンサーズグッズ(立命館大学) 230
ルービックキューブ 東京六大学野球(慶應義塾大学) 94
ルービックキューブ 東京六大学野球(東京大学) 126
ルービックキューブ 東京六大学野球(法政大学) 137
ルービックキューブ 東京六大学野球(明治大学) 151
ルービックキューブ 東京六大学野球(立教大学) 154
ルービックキューブ 東京六大学野球(早稲田大学) 159
レスリング部オリジナルスポーツタオル(日本文理大学) 317
WASEDA×adidasオフィシャルグッズ(早稲田大学) 160
早稲田大学ビッグベアーズグッズ(早稲田大学) 160

大学グッズ

宇都宮大学キャンパスグッズ(宇都宮大学) 63
NBUオリジナルグッズ(日本文理大学) 317
OMCオリジナルグッズ(大阪医科大学) 235
大阪大学オリジナルマークグッズ(大阪大学) 239
岡山大学オリジナルロゴグッズ(岡山大学) 271
帯広畜産大学生協オリジナルグッズ(帯広畜産大学) 8
懐徳堂記念会オリジナルグッズ(大阪大学) 238

香川大学マーク入りグッズ(香川大学) 284
学章入りオリジナルグッズ(兵庫県立大学) 254
学部シンボルグッズ(早稲田大学) 157
鹿児島大学オリジナルグッズ(鹿児島大学) 325
狩野文庫グッズ(東北大学) 42
関西学院大学グッズ(関西学院大学) 247
北見工業大学オリジナルグッズ(北見工業大学) 14
九州大学オリジナルグッズ(九州大学) 298
京都造形芸術大学オリジナルグッズ(京都造形芸術大学) 215
杏林大学グッズ(杏林大学) 88
熊本大学オリジナルグッズ(熊本大学) 311
甲南大学オリジナルグッズ(甲南大学) 248
神戸女学院オリジナルグッズ(神戸女学院大学) 249
神戸大学オリジナルグッズ(神戸大学) 251
古典籍総合データベースグッズ(早稲田大学) 157
滋賀医科大学オリジナルグッズ(滋賀医科大学) 210
滋賀県立大学オリジナルグッズ(滋賀県立大学) 211
信州大学オリジナルグッズ(信州大学) 188
駿河台大学オリジナルグッズ(駿河台大学) 71
総合博物館オリジナルグッズ(北海道大学) 28
漱石文庫グッズ(東北大学) 42
千葉大学グッズ(千葉大学) 78
中央大学オリジナルグッズ(中央大学) 109

種別索引　　　その他

TOHOオリジナルグッズ（東邦大学） ………………………………131
東北大学オリジナルグッズ（東北大学） ……………………………… 44
鳥取大学オリジナルグッズ（鳥取大学） ………………………………266
長崎県立大学ロゴマーク入りグッズ（長崎県立大学） ………………306
長崎大学オリジナルグッズ（長崎大学） ………………………………308
奈良女子大学オリジナルグッズ（奈良女子大学） ……………………259
南山大学オリジナルグッズ（南山大学） ………………………………207
日本女子大学キャンパスグッズ（日本女子大学） ……………………133
一橋大学オリジナルグッズ（一橋大学） ………………………………136
広島大学オリジナルグッズ（広島大学） ………………………………276
福岡大学オリジナルグッズ（福岡大学） ………………………………302
北海道大学認定オリジナルグッズ（ミズナラグッズ）（北海道大学） …… 33
武蔵野大学ブランドマーク入りグッズ（武蔵野大学） ………………138
横浜国大シンボルマークデザインシリーズ（横浜国立大学） ………168
RISグッズ（立正大学） ………………156
龍谷大学オリジナルグッズ（陶芸）（龍谷大学） ………………………234
YCUグッズ（横浜市立大学） …………169
和歌山大学オリジナルロゴグッズ（和歌山大学） ……………………264

その他

ISOIL for Beads Beating（東京大学） ………………………………118
エコポ（九州工業大学） ………………292
窯元くん（福岡工業大学） ……………301
ぎょショック（愛媛大学） ……………288
THEマイクロステップ技術で覚える英単語（岡山大学） ……………271
炭八（島根大学） ………………………268
マイクロフローラ（福井大学） ………183
龍谷念珠（龍谷大学） …………………233

事典 日本の大学ブランド商品　　**349**

大学名索引

大学名索引

愛知大学（愛知県）……………198
愛知文教大学（愛知県）…………199
青森県立保健大学（青森県）……35
青山学院大学（東京都）……………81
秋田県立大学（秋田県）……………45
秋田大学（秋田県）…………………46
亜細亜大学（東京都）………………82
石川県立大学（石川県）……………179
茨城大学（茨城県）…………………53
岩手大学（岩手県）…………………39
宇都宮大学（栃木県）………………60
愛媛大学（愛媛県）…………………287
桜美林大学（東京都）………………83
大分大学（大分県）…………………314
大垣女子短期大学（岐阜県）………190
大阪医科大学（大阪府）……………235
大阪学院大学（大阪府）……………235
大阪国際大学（大阪府）……………236
大阪城南女子短期大学（大阪府）…237
大阪大学（大阪府）…………………237
大阪府立大学（大阪府）……………239
大谷大学（京都府）…………………212
岡山県立大学（岡山県）……………269
岡山大学（岡山県）…………………269
沖縄国際大学（沖縄県）……………327
沖縄大学（沖縄県）…………………328
小樽商科大学（北海道）……………3
お茶の水女子大学（東京都）………84
帯広畜産大学（北海道）……………5
香川大学（香川県）…………………283
学習院大学（東京都）………………85
鹿児島女子短期大学（鹿児島県）…322
鹿児島大学（鹿児島県）……………322
神奈川大学（神奈川県）……………163
金沢工業大学（石川県）……………179
金沢星稜大学（石川県）……………180
金沢大学（石川県）…………………181
鹿屋体育大学（鹿児島県）…………325

関西大学（大阪府）…………………242
関西学院大学（兵庫県）……………246
関東学院大学（神奈川県）…………163
北里大学〈獣医学部附属フィールドサイエンスセンター八雲牧場〉（北海道）……………………………8
北見工業大学（北海道）……………10
吉備国際大学短期大学部（岡山県）…272
岐阜女子大学（岐阜県）……………190
岐阜大学（岐阜県）…………………191
九州工業大学（福岡県）……………292
九州国際大学（福岡県）……………294
九州産業大学（福岡県）……………294
九州大学（福岡県）…………………295
京都教育大学（京都府）……………212
京都産業大学（京都府）……………213
京都造形芸術大学（京都府）………214
京都大学（京都府）…………………215
杏林大学（東京都）…………………87
近畿大学（大阪府）…………………243
近畿大学〈工学部〉（広島県）………273
近畿大学〈水産研究所〉（和歌山県）…261
金城学院大学（愛知県）……………199
熊本大学（熊本県）…………………309
久留米大学（福岡県）………………299
群馬医療福祉大学短期大学部（群馬県）……………………………64
群馬大学（群馬県）…………………64
慶應義塾大学（東京都）……………88
敬和学園大学（新潟県）……………171
高知工科大学（高知県）……………289
高知大学（高知県）…………………289
甲南大学（兵庫県）…………………247
神戸学院大学（兵庫県）……………248
神戸女学院大学（兵庫県）…………249
神戸大学（兵庫県）…………………250
公立はこだて未来大学（北海道）…14
國學院大學（東京都）………………95
国際医療福祉大学（栃木県）………63

国際教養大学（秋田県）……………47	拓殖大学北海道短期大学（北海道）……17
国士舘大学（東京都）………………96	玉川大学（東京都）…………………103
駒澤大学（東京都）…………………96	千葉商科大学（千葉県）………………76
埼玉工業大学（埼玉県）………………67	千葉大学（千葉県）……………………77
埼玉大学（埼玉県）……………………68	中央大学（東京都）…………………107
佐賀大学（佐賀県）…………………304	筑波技術大学（茨城県）………………54
札幌国際大学（北海道）………………15	筑波大学（茨城県）……………………55
札幌大学（北海道）……………………15	帝京大学（東京都）…………………109
滋賀医科大学（滋賀県）……………210	電気通信大学（東京都）……………110
滋賀県立大学（滋賀県）……………211	東海大学（東京都）…………………111
四国学院大学（香川県）……………285	東海大学〈阿蘇キャンパス〉（熊本県）……………………………312
静岡県立大学（静岡県）……………193	
静岡大学（静岡県）…………………193	東海大学〈札幌キャンパス〉（北海道）………………………………17
静岡理工科大学（静岡県）…………194	
島根大学（島根県）…………………267	東京医科歯科大学（東京都）………112
城西国際大学（千葉県）………………76	東京芸術大学（東京都）……………112
湘北短期大学（神奈川県）…………164	東京工業大学（東京都）……………114
女子栄養大学（埼玉県）………………68	東京工芸大学（東京都）……………115
白百合女子大学（東京都）……………98	東京歯科大学（千葉県）………………78
信州大学（長野県）…………………186	東京慈恵会医科大学（東京都）……115
水産大学校（山口県）………………277	東京情報大学（千葉県）………………79
駿河台大学（埼玉県）…………………70	東京女子大学（東京都）……………117
聖学院大学（埼玉県）…………………71	東京大学（東京都）…………………117
成蹊大学（東京都）……………………99	東京農業大学（東京都）……………128
西南学院大学（福岡県）……………299	東京農業大学〈生物産業学部〉（北海道）………………………………18
西南女学院大学（福岡県）…………300	
星美学園短期大学（東京都）…………99	東京農工大学（東京都）……………130
聖マリアンナ医科大学（神奈川県）……165	同志社女子大学（京都府）…………218
摂南大学（大阪府）…………………245	同志社大学（京都府）………………220
専修大学（東京都）…………………100	同朋大学（愛知県）…………………202
専修大学北海道短期大学（北海道）……16	東邦大学（東京都）…………………130
崇城大学（熊本県）…………………311	東北大学（宮城県）……………………41
園田学園女子大学（兵庫県）………252	東洋大学（東京都）…………………131
大正大学（東京都）…………………101	徳島大学（徳島県）…………………281
大東文化大学（東京都）……………106	獨協大学（埼玉県）……………………72
高崎健康福祉大学（群馬県）…………65	鳥取大学（鳥取県）…………………265
高松大学・高松短期大学（香川県）……285	富山県立大学（富山県）……………176
拓殖大学（東京都）…………………102	富山大学（富山県）…………………177
	富山短期大学（富山県）……………177

豊橋技術科学大学（愛知県）……………201	北星学園大学（北海道）……………… 25
長岡技術科学大学（新潟県）……………171	北陸大学（石川県）………………………181
長崎県立大学（長崎県）…………………306	北海道教育大学（北海道）……………… 26
長崎総合科学大学（長崎県）……………307	北海道大学（北海道）…………………… 26
長崎大学（長崎県）………………………307	北海道薬科大学（北海道）……………… 33
名古屋大学（愛知県）……………………203	松本大学・松本大学松商短期大学部
奈良教育大学（奈良県）…………………256	（長野県）……………………………188
奈良女子大学（奈良県）…………………257	松山大学（愛媛県）………………………288
奈良大学（奈良県）………………………259	三重大学（三重県）………………………208
鳴門教育大学（徳島県）…………………282	宮崎大学（宮崎県）………………………320
南山大学（愛知県）………………………206	武庫川女子大学（兵庫県）………………254
新潟工科大学（新潟県）…………………172	武蔵野大学（東京都）……………………138
新潟国際情報大学（新潟県）……………173	武蔵野美術大学（東京都）………………138
新潟産業大学（新潟県）…………………173	明治学院大学（東京都）…………………141
新潟大学（新潟県）………………………174	明治大学（東京都）………………………147
日本文理大学（大分県）…………………316	明星大学（東京都）………………………152
日本女子大学（東京都）…………………132	山形大学（山形県）……………………… 49
日本体育大学（東京都）…………………133	山口大学（山口県）………………………279
日本大学（東京都）………………………134	山梨学院大学（山梨県）…………………184
日本大学〈国際関係学部〉（静岡県）…195	山梨大学（山梨県）………………………184
梅光学院大学（山口県）…………………278	横浜国立大学（神奈川県）………………166
浜松医科大学（静岡県）…………………196	横浜市立大学（神奈川県）………………168
一橋大学（東京都）………………………135	酪農学園大学（北海道）………………… 34
兵庫教育大学（兵庫県）…………………253	立教大学（東京都）………………………153
兵庫県立大学（兵庫県）…………………253	立正大学（東京都）………………………154
弘前大学（青森県）……………………… 35	立命館アジア太平洋大学（大分県）……318
広島経済大学（広島県）…………………273	立命館大学（京都府）……………………224
広島大学（広島県）………………………274	琉球大学（沖縄県）………………………328
福井大学（福井県）………………………183	龍谷大学（京都府）………………………231
福岡工業大学（福岡県）…………………301	流通経済大学（茨城県）………………… 58
福岡大学（福岡県）………………………302	和歌山大学（和歌山県）…………………262
福島大学（福島県）……………………… 51	早稲田大学（東京都）……………………156
藤女子大学（北海道）…………………… 24	
佛教大学（京都府）………………………223	
文教大学（埼玉県）……………………… 73	
別府大学（大分県）………………………318	
法政大学（東京都）………………………136	
放送大学（千葉県）……………………… 80	

事典 日本の大学ブランド商品
―― 開発商品からキャラクターグッズまで

2010年4月26日 第1刷発行

発 行 者／大高利夫
編集・発行／日外アソシエーツ株式会社
　　　　　〒143-8550 東京都大田区大森北1-23-8 第3下川ビル
　　　　　電話(03)3763-5241(代表)　FAX(03)3764-0845
　　　　　URL http://www.nichigai.co.jp/
発 売 元／株式会社紀伊國屋書店
　　　　　〒163-8636 東京都新宿区新宿3-17-7
　　　　　電話(03)3354-0131(代表)
　　　　　ホールセール部(営業)　電話(03)6910-0519

電算漢字処理／日外アソシエーツ株式会社
印刷・製本／光写真印刷株式会社

不許複製・禁断転載　　《中性紙H-三菱書籍用紙イエロー使用》
<落丁・乱丁本はお取り替えいたします>
ISBN978-4-8169-2241-1　　Printed in Japan, 2010

本書はディジタルデータでご利用いただくことができます。詳細はお問い合わせください。

大学博物館事典
―市民に開かれた知とアートのミュージアム
伊能秀明 監修　A5・610頁　定価9,800円（本体9,333円）　2007.8刊
全国130の大学に設置された、総合、歴史、美術、自然史、服飾、楽器、工業科学、植物園、水族館などの大学博物館162館を紹介。各館の沿革・概要、利用案内、所在地だけでなく、市民・学校を対象とした教育活動についても記載。

事典 日本の地域ブランド・名産品
A5・470頁　定価9,975円（本体9,500円）　2009.2刊
大間まぐろ、天童将棋駒、久米島紬など、特許庁登録「地域団体商標」、経済産業大臣指定の国の伝統的工芸品など、日本の地域ブランドや歴史ある伝統的な名産品2,400件のデータブック。各品には来歴などの解説も掲載。

日本国際交流史事典―トピックス1853-2008
A5・760頁　定価14,800円（本体14,095円）　2009.1刊
日本の国際交流史を年表形式で一望できる記録事典。開国、西洋文化の移入、移民から、著名人の来日、国際条約締結、貿易動向、日本文化の紹介まで、黒船来航から155年間の様々な分野のトピック7,713件を収録。

日本経済史事典―トピックス1945-2008
A5・660頁　定価14,490円（本体13,800円）　2008.12刊
戦後から2008年まで63年間にわたる、日本経済の出来事8,281件を年月日順に一望できる記録事典。経済政策、景気、物価、法令、企業合併や財界人事、証券・金融スキャンダル等の事件まで様々な出来事を収録。

装いのアーカイブズ
―ヨーロッパの宮廷・騎士・農漁民・祝祭・伝統衣装
平井紀子 著　A5・250頁　定価3,360円（本体3,200円）　2008.5刊
中世・近世ヨーロッパにおける人々の衣装・衣服の実像から当時の文化を考察。「君主および皇帝・皇后の服装」「戦士の服装」「祝祭服・儀礼服」「作業服・農民服・職業服」「地域の伝統衣装」「スポーツ・レジャー服」など諸階層の服装について、時代・社会背景とともに解説。豊富な図版と参考文献も掲載。

データベースカンパニー
日外アソシエーツ　〒143-8550　東京都大田区大森北 1-23-8
TEL.(03)3763-5241　FAX.(03)3764-0845　http://www.nichigai.co.jp/